KB126705

무원 김교헌 서거 100주기를 추모하다

김교헌의 생애와 역사인식

무원 김교헌 서거 100주기를 추모하다
김교헌의 생애와 역사인식

초판 1쇄 인쇄 2023년 12월 20일
초판 1쇄 발행 2023년 12월 30일

저　자 김동환

발행인 윤관백
발행처 선인

디자인 박애리
편　집 이경남 · 박애리 · 임현지 · 김민정 · 장유진
영　업 김현주

등　록 제5-77호(1998. 11. 4)
주　소 서울시 양천구 남부순환로48길 1, 1-2층
전　화 02)718-6252/6257
팩　스 02)718-6253
E-mail sunin72@chol.com

정 가 30,000원
ISBN 979-11-6068-874-0 93990

·잘못된 책은 바꿔 드립니다.
·무단전제와 무단복제를 금합니다.

무원 김교헌 서거 100주기를 추모하다

김교헌의 생애와 역사인식

김동환

책을 내면서

 역사는 나와 우리를 위한 변명이다. 사관은 역사를 바라보는 안목으로, 역사가의 눈이 무엇보다 소중한 이유가 된다. 주인 됨을 버리면 기준과 척도를 잴 수 없다. 슬기를 잃어버리면 구차함과 억측이 진실을 가리게 된다. 바로 봄을 망각하면 가식과 협잡으로 인해 사실을 정관(正觀)할 수가 없다.

 불안돈목(佛眼豚目)이란 성어가 있다. '뭐 눈에는 뭐만 보인다'는 의미다. 이 이치대로라면, 노예의 눈으로는 주인의 역사를 만들 수 없고 주인의 눈에서는 결코 노예의 역사가 나올 수 없다. 신채호가 "아국(我國)을 망(亡)하는 자는 정론(政論)도 아니며, 학제(學制)도 아니오, 기백년래(幾百年來) 망필(妄筆)을 휘(揮)한 노사가(奴史家)가 시(是)라"고 한탄한 말도 주목된다. 주인의 눈을 저버린 노예의 사필을 일갈(一喝)한 것이다.

 우리가 현전하는 사서에 많은 안타까움을 갖는 것도 노예의 사필과 무관치 않기 때문이다. 언급되는 대부분의 사가들이 유교사관에 젖은 유학자들이다. 정통을 강조하고 난신적자(亂臣賊子)를 여지없이 매도하는 성리학적 유교사관을 담고 있다. 이러한 춘추필법(春秋筆法)은 의리(義理)와 대의명분(大義名分), 그리고 중화주의에 따른 정통성 등이 모든 가치판단의 기준이 된다. 그러므로 조선의 대간(大諫)과 사관(史官)의 활동 역시 당연히 유교의 실천을 위한 것으로, 이들의 활동은 곧 유교사관의 체계화와 직결된다고 할 수 있다. 문제는 이러한 중화적 사대주의사관이 일제강점기 식민주의역사관으로 연결되며 온존하였다는 점이다. 노예의 집단 속에 주인만 바뀐 꼴이 되었다. 다시금 주인의 눈을 잃어버린 아픔을 곱씹지 않을 수 없다.

문득 유몽인(柳夢寅)의 『어우야담(於于野談)』에 기록된 「한상국(韓相國)의 농사」를 떠올려 본다. 상국 한응인(韓應寅)이라는 농사의 '어설픈 이'가 벼[稻]와 강아지풀[稂莠]를 구별하지 못해 벼를 다 뽑아버리고 농사꾼인 양 우쭐해하는 이야기다. 혹여 슬기로 보는 눈을 잃어버린 우리의 역사학이 이런 것은 아닐까. 역사의 '어설픈 이'들이 우리의 역사를 기록한답시고 남의 다리를 긁어준 것은 아닌지 궁금키도 하다. 신채호가 "조선사를 지은 기왕의 조선의 사가(史家)들은 매양 조선의 '혹'을 베고 조선사를 지으려 하였다. 그러나 그네들이 쓴 안경이 너무 철면(凸面)인 고로, 조선의 눈이나 귀나 코나 머리 같은 것을 '혹'이라 하여 베어 버리고, 어디서 무수한 '혹'을 가져다가 붙이었다.…(중략)…조선인이 읽는 조선사나 외국인이 아는 조선사는 모두 '혹' 붙은 조선사요 올바른 조선사가 아니었다"는 주장을 통해, 우리의 얼굴과 혹도 구별 못하는 사가들을 비판한 것과 동일한 교훈이다.

언제부턴가 우리의 역사는 소외와 위축의 역사로 흘러왔다. 공교롭게도 우리 사서(史書)의 수난과 더불어 흔들린 신교(神敎, 단군신앙)의 쇠퇴와 맞물린다. 탄압 속에 사라진 서적도 대부분이 신교서적들이다. 남아서 천대받는 서적도 하나같이 신교사서다. 이유는 간단하다. 뒤집혀진 세상을 살아왔기 때문이다. 정사(正邪)가 전도(顚倒)되고 주객(主客)이 역전된 삶이 우리의 역사적 삶이었다. 혹과 강아지풀인 외래사관에 의해 얼굴과 벼인 신교사관이 압살당해 온 경험이다.

역사에서 올바로 보는 안목도 묻어둘 수 없는 일이다. 우리는 과학성이니 합리성이니 보편성이니 하는 허울 속에, 바로 보는 눈을 잃어버린 지 퍽이나 오래되었다. 전통사회에서는 중국적인 것이 과학적·합리적·보편적인 가치요, 근대 이후로는 제국주의적 잣대가 바로 그러한 가치였다. 우리는 늘 변두리 의식 속에서 빌붙어 사는 것에 길들어져 왔을 뿐이다. 바로 보아야 할 역사의 눈 역시 사팔뜨기가 된 원인이다.

근대에 들어 이러한 올바른 역사의 눈을 뜨게 해 준 인물이 김교헌이다. 그는 모든 기득권을 버리고 환골탈태하였다. 중화적 지식인에서 신교적 역사가로, 지체 높은 사대부에서 독립투사의 길로 인생을 바꿨다. 그의 천지개벽과 같은 변화의 계기는 대종교와의 만남이었다. 그 정신 속에 잉태된 저술들이 『단조사고((檀祖事攷)』·『신단실기(神檀實記)』·『신단민사(神檀民史)』·『배달족역사(倍達族歷史)』 등의 역사서들이다. 그의 역사인식은 우리 민족의 정체성에 기반한 민족적·신교적 가치를 일깨워 주었고, 특히 신교사관과 남북조사관, 부여정통론 등의 새로운 인식의 틀을 제시하였다.

그 뿐만이 아니다. 김교헌의 역사서술은 독립운동 현장에서 정신적 교본으로써의 역할도 담당하였다. 그의 저술은 독립군들 사이에 국사교과서로서 널리 읽혔고 신흥무관학교 등 간도의 민족학교에서 교재로 쓰이기도 했으며, 대한민국임시정부의 교과서로 사용되면서 역사인식 고양에 중요한 지침이 되었다. 나아가 그의 역사인식은 개인적 관심을 넘어 민족주의역사학 성립에도 중요한 바탕으로 작용했다. 김두봉이나 백순, 그리고 안재홍

등이, '사마천을 능가하는 역사가', '대한민국 역사학의 종장(宗匠)', '일본의
대학자도 견줄 수 없는 학자'라고 존경하던 이유도 여기에 있다.

　올해는 김교헌이 서거한 지 꼭 100주기가 되는 해다. 그러나 긴 시간이
흘렀음에도, 그의 생애나 역사인식에 대한 평가 작업은 미미하기 그지없다.
벌써 정리·평가되었어야 할 사안이었음에도 모두들 방기한 상태다. 해방 이
후 우리 사회 전반에 나타나는 구조적 모순과도 무관치 않을 듯하다. 늦었
으나 일천한 지식을 무릅쓰고 이 책을 펴내는 이유다. 현학들의 질정(叱正)
이 당연히 있을 것이다. 그럼에도 용기를 내 본 것은 간단하다. 김교헌 연구
의 단초를 던지고 작은 실마리가 될 수 있다면 하는 바람 때문이다.

2023년 12월 30일
홍천 서곡리 상구재(商丘齋)에서　**김 동 환**

차례

I

머리말

I.
머리말

　역사란 인류 사회의 삶과 관련된 이야기로, 의미 있는 과거 사실들을 인식·기록·해석하는 분야다. 따라서 국사는 그 집단이 경험해 온 사실들을 인식·기록·해석하는 영역으로 규정지을 수 있다. 이것은 역사를 기록함에 객관적 사실이 중시되는 만큼 관점과 해석을 외면할 수 없음을 말해 주기도 한다. 국사를 정리함에도 가치관을 저버릴 수 없음을 일깨우는 부분이다.

　우리의 국사 또한 객관적 사실에 기반을 둔 연구를 통하여 많은 시공간적 지평을 넓혀 왔을 뿐만 아니라, 양적인 면에 있어서도 커다란 발전을 가져 왔다. 그러나 우리 민족사의 변천 속에 감추어진 많은 우여곡절에 대한 고민이, 객관적·합리적·학문적이라는 형식적 잣대에 밀려 민족사의 전면에서 외면된 것도 적지 않다. 일제강점기 독립운동사학을 이끌어 온 인물들(가령 김교헌·박은식·신채호·정인보 등)의 노작(勞作)이 그 대표적 실례라 할 수 있다.

　과거 일제는 식민지 통치의 궁극적 목적을 조선의 완전한 일본화에 두었다. 경술국치(1910) 이후 광복(1945)까지 일제(조선총독부)의 모든 제도(制度)나 영(令)·규칙(規則) 등은 식민지의 완성을 위한 제도적 장치와 무관치 않다. 불행하게도 우리 역사학의 출발 역시 일제의 관학(官學)이 그 시작이다. 그

식민지 완성의 수단으로 동원한 가치 기준이 우리 역사 해석의 중요한 기준이 되었다. 조선(조선인)의 민족성 자체를 미개성·타율성·정체성(停滯性)·반도성(半島性) 등등의 부정적 속성으로 규정하고 그 정당성을 확보하려 한 것이 그것이다.

그에 대항하여 우리의 역사의식을 토대로 진정한 광복을 도모하고자 했던 역사학도 고개를 들었다. 바로 민족주의역사학이다. 망국의 원인이 된 중화적 역사인식에 대한 반성과 함께 일제식민주의역사학에 대항하는 역사학이었다. 그 방면의 선구자적 인물이 김교헌이다.

김교헌은 조선조 말기 과거를 통해 입신양명한 인물로, 그의 집안 또한 대대로 벼슬을 역임한 집안이었다. 조선 사회에서 벼슬하며 살았다는 것은, 유교적 질서에 순응하며 그 가치에 깊이 녹아들었음과 동일한 의미다. 김교헌의 집안 역시 계파조(季派祖)인 김균으로부터 김교헌에 이르기까지 조선조의 유교적 소양을 통해 입신한 대표적 명문가였다. 김교헌은 과거급제 이후 종2품에 이르도록 25년간의 벼슬길을 걸었다. 그리고 25년간의 벼슬 생활 속에서 실천하고 익힌 김교헌의 가치는 바로 소중화인으로서의 성취감이었다. 그 대표적 양태가 『자치통감강목』의 진강(進講) 참여였다. 조선조 대부분의 사대부들이 그러했듯이, 소중화인으로서의 자부심을 마음껏 향유한 것이다. 벼슬 말기 『문헌비고』 속찬위원으로의 참여와 『국조보감』 찬집위원 및 감인위원으로의 발탁은 성리학적 유교 지식인으로서의 최고조를 의미했다.[1]

그러나 김교헌은 유교적 가치로부터 환골탈태한다. 대종교를 중광(重光)한 나철이 외친 '국망도존(國亡道存, 나라는 망했어도 정신은 있다)'의 충격 때문이었다. 이것은 중화주의적 가치관 속에 함몰되었던 김교헌 자신에 대한 반성이자 새로운 출발이기도 했다. 중화주의 역사인식을 벗어난 민족주의 역사인식으로의 변모가 그 대표적 양상이다. 또한 일제하 독립운동의 정신적 동력이 되었던 '국망도존'은, 정신의 망각으로 망한 나라를 정신의 지킴으로 되찾자는 구호였다. 그러므로 일제의 속박을 벗어나고자 했던 대종교의 독립운동 또한, 모든 요소들을 포괄하는 정신을 토대로 운용되었다. 나철이 강조하는 정신[道]을 몸통으로 하여 총체적 독립운동의 동력을 만든 것이다. 대종교의 2세 교주까지 오른 김교헌 역시 이러한 동력의 중추를 담당하였다.[2]

김교헌의 역사의식은 그가 중심이 되어 엮은 『단조사고(檀祖事攷)』를 비롯하여, 『신단민사(神檀民史)』·『신단실기(神檀實記)』·『배달족역사(倍達族歷史)』 등의 저술에 잘 나타나 있다. 그는 이 저술들을 통해 대종교의 역사적 원형인 민족적·신교적(神敎的) 역사관을 정립한다. 특히 그 책 제목으로 사용된 '단조(檀祖)'·'신단(神壇)'·'배달(倍達)'이라는 명칭들은 신교적 성격을 강하게 보여 주는 용어로, 삼신일체(三神一體)인 하느님의 교화와 치화를 받은 민족인 천민(天民)·천손(天孫)의 의미를 부각시키려는 뜻과 통하는 것이다.[3] 김교헌의 이러한 역사정신의 흐름은 후일 신채호·박은식·정인보·안재홍 등의 대종교계 민족사학자들의 역사정신에도 그대로 연결되었다.

마음 아픈 것은 해방된 공간에서의 평가다. 김교헌은 일제강점기인 1923년 독립운동의 현장인 만주 영안현에서 사망했다. 그가 서거한 지 100년이 되었지만, 그의 학문은 '그 때 그 시절의 이야기'로만 치부될 뿐이다. 학문적 계보는커녕 학문적 가치로서도 무의미하게 취급되고 있다. 그 동안 김교헌에 대한 연구래야 대종교 참여 이후의 독립운동 행적과 역사인식에만 국한되어 있다. 그의 독립운동과 관련한 연구를 시작으로,[4] 역사인식에 대한 접근이 그 대표적 사례다.[5] 또한 김교헌의 생애에 나타나는 독립운동과 역사연구의 정신적 배경에 주목한 연구와[6] 그의 저술인 『단조사고』의 서지적·

내용적 분석에 관한 논문[7] 및 그의 가치인식의 검토에 대한 연구를 들 수 있다.[8] 또한 근자에 들어서는 300년 전의 프랑스 신부가 쓴 우리의 역사서와, 김교헌의 역사인식과의 비교에 관한 책이 출판되어 눈길을 끌었다.[9] 또한 김교헌의 주요저술이 번역·역주되어, 자료집 형식으로 출간된 것은 그나마 다행이라 할 수 있을 것이다[10]

김교헌은 한국민족주의역사학의 태두(泰斗)요 종장(宗匠)이다. 또한 민족적·신교적 역사인식에 정신소(精神素)를 불어넣은 사상가였다. 나아가 만주무장독립운동의 실제적 지도자로서 문무를 겸전(兼全)한 투사이기도 하다. 그럼에도 그와 관련한 관심은 세간의 밖에서 늘 맴돌았다. 그의 학문적 평가 역시 관련 기관이나 학계에서 익히 정리되었어야 할 사안들임에도 오랜 시간 외면받기는 마찬가지였다.

그러므로 이 책에서는 김교헌 서거 100주기를 맞아 그의 생애와 더불어 그의 역사 전반을 개략해 보고자 하였다. 크게는 김교헌의 생애와 주요저술, 그리고 그의 역사인식과 인물에 대한 평가를 담았다. 더불어 그의 역사정신과 연관된 사론(史論) 한 편을 덧붙이고, 그가 주도하여 편찬한 『단조사고』 번역본을 부록으로 실었다.

먼저 생애 부분에서는 김교헌의 대종교 참여 전후를 질곡의 시대와 각성의 시대로 나누어 이해해 보았다. 대종교에 참여하며 천지개벽하듯 달라지는 김교헌의 전후 모습을 살필 수 있기 때문이다. 특히 대종교 참여 이전의 김교헌의 삶에 대해서는 그동안 다루어지지 않았던 부분임에 의미가 있을 듯하다. 또한 그의 주요 저술 부분에서는 『신단실기』·『신단민사』 외에도 그가 주도하여 편찬한 『단조사고』와 함께, 그의 교열(校閱)로 대한민국임시정부에서 펴낸 『배달족역사』도 언급하였다.

이어 김교헌의 역사인식을 다루는 부분에서는 그의 정신을 잘 드러내 주는 신교(神敎, 대종교), 남북조, 부여정통 등의 용어를 동원하여 분석해 보았다. 이러한 인식은 대종교계 역사학자들의 공통된 가치로 기존 중화사관에 대한 극복 논리였던 동시에, 당대 일제식민주의역사학에 맞선 민족주의역사학의 논리적 기재이기도 하다. 그리고 언급한 것이 김교헌에 대한 간단한 평가다. 대종교 동지들이자 당대 항일투쟁의 지도급에 있었던 김두봉(金枓奉)·백순(白純)·정신(鄭信)·안재홍(安在鴻)·조완구(趙琬九)·이시영(李始榮) 등의 사후평(死後評)을 토대로 하였다. 대한민국 역사학의 우두머리요 일본의 어떠한 학자도 견줄 수 없는 인물이 김교헌이라는 것이다.

'주인과 노예의 역사학'이란 도발적 제목의 사론도 한 편 실었다. 김교헌의 역사적 행보를, 해방 이후 한국 역사학계의 거목으로 대접받는 두계(斗溪) 이병도(李丙燾)의 행보와 대비하여 서술하였다. 항일투쟁의 현장에서 엮어진 김교헌의 역사학과 일제 관학의 주변에서 형성된 이병도의 역사학을 견준 것이다. 독립과 식민, 애국과 매국, 주인과 노예의 대비적 시각을 통해 그 가치를 따져보고자 했다. 그리고 마지막에 부친 것이 『단조사고』 '해제'와 '번역문'이다. 그 이유도 있다. 『단조사고』가 백암 박은식의 저술이라는 원로 교수의 한마디가 통설처럼 굳어진 데 대한 교정의 시각이다.

Ⅱ
질곡의 시대와 김교헌

Ⅱ.
질곡의 시대와
김교헌

1. 명문가의 종손

김교헌(金教獻, 1868~1923)의 본관은 경주로, 자는 백유(伯猷) 호는 무원(茂園)이며 당명은 보화당(普和堂)이다. 후일 대종교에 입교한 후로 이름을 헌(獻)이라는 외자로 개명했다. 부친은 공조판서를 지낸 김창희(金昌熙)이며 모친은 풍양조씨로 판관을 역임한 조희필(趙熙弼)의 딸이다. 수원 구포(鷗浦)의 외조가(外祖家)에서 장남으로 출생하여 서울에서 성장하였으며, 김교원(金教援)·김교빈(金教彬)·김교준(金教準) 등 세 동생이 있다.

김교헌의 가계는 조선조 개국공신인 계림군(鷄林君) 김균(金稇)의 계파(季派)다. 김균은 공민왕 시절 성균시(成均試)에 합격하였으나 과거에 급제하지 못하다가 근시(近侍)에 소속되어 조준(趙浚)과 친구가 되었다. 조준이 국정(國政)을 맡게 되자 여러 번 천직(遷職)되어 전법판서(典法判書)와 밀직부사(密直副使)까지 이르렀다.[1] 조선이 개국할 즈음에는 조준이 그를 추천하여 함께 동맹(同盟)하여 익대공신(翊戴功臣)이 되고 중추원부사(中樞院副使)에 가자(加資)되었다. 후사로는 김맹성(金孟誠)·김중성(金仲誠)·김계성(金季誠)의 세 아

들을 두었다.[12]

김계성의 후대로 내려와 첨지중추부사를 지낸 김수렴(金守廉, 10대조)과 대사성·대사헌·대사간과 공조·형조판서를 지낸 김남중(金南重, 9대조), 그리고 평시서령을 지낸 김일진(金一振, 8대조)으로 이어진다. 특히 숙종의 왕후인 인원왕후(仁元王后) 부친 경은부원군(慶恩府院君) 김주신(金柱臣, 7대조)이 주목된다.

[표 1) 계림군 김균으로부터 김교헌으로 이어지는 김교헌 가문 18대의 생몰연대와 그 주요 벼슬에 대한 사항

代數	성명	생몰연대	주요 벼슬	비고
17대	김균 (金稛)	?~1398	조선조 개국공신, 중추원부사, 보국숭록좌찬성	경주 김씨 계림군파의 파조(派祖)
16대	김계성 (金季誠)	1381~1419	증 병조판서	김균의 3자
15대	김종순 (金從舜)	1405~1483	도승지, 이조참판, 경기관찰사, 한성부윤, 대사헌, 경상도관찰사, 개성부유수, 평안도관찰사, 지중추부사	
14대	김치운 (金致運)	생몰미상	판관, 봉상시정	
13대	김천령 (金千齡)	1469~1503	이조좌랑, 부응교, 장령, 집의	
12대	김만균 (金萬鈞)	1495~1549	대사간, 강원도관찰사, 동지중추부사	김천령의 4촌형인 김인령의 양자로 감
11대	김명원 (金命元)	1534~1602	좌참찬, 팔도도원수, 호·예·형·공조판서, 우의정, 좌의정	김만균의 2자
10대	김수렴 (金守廉)	1574~1651	홍산현감, 절충장군, 첨지중추부사	김명원의 3자
9대	김남중 (金南重)	1596~1663	경기도관찰사, 대사성, 대사간, 대사헌, 도승지, 공조판서, 형조판서	
8대	김일진 (金一振)	1635~1691	평시서령, 원성현감	김남중의 2자
7대	김주신 (金柱臣)	1661~1721	돈녕부도정, 영돈녕부사, 경은부원군, 오위도총부도총관, 상의원·장악원제조, 호위대장	김일진의 2자, 숙종의 국구(國舅)
6대	김후연 (金後衍)	1694~1735	사복시주부, 충훈부도사, 장악원정, 형조참의	
5대	김효대 (金孝大)	1721~1781	포천군수, 성천부사, 수원부사, 승지, 강원감사, 공조참판, 공조판서	
4대	김사목 (金思穆)	1740~1829	병조참판, 경기도관찰사, 대사헌, 황해도관찰사, 대사간, 이조판서	

代數	성명	생몰연대	주요 벼슬	비고
3대	김영수 (金永受)	1778~1835	부정(副正), 송화현감(松禾縣監)	
2대	김정집 (金鼎集)	1808~1859	영변부사, 황해도관찰사, 공조판서, 한성부 판윤, 형조판서, 대사헌, 예조판서, 좌참찬, 판의금부사	
1대	김창희 (金昌熙)	1844~1890	대제학, 한성부판윤, 대사헌, 약방제조, 지 의금부사	
당대	김교헌 (金敎獻)	1868~1923	병조참의, 대사성, 동래감리 겸 부산항재 판소판사, 동래부사, 부제학, 국조보감감인 위원	대종교 2대교주(무 원종사)

김주신은 전동가문(磚洞家門) 경은가(慶恩家)를 형성하며 가문의 영예를 드
높인 인물로, 그의 7대 종손이 김교헌이다. 7대조 경은부원군 김주신은 소
론(少論)에 속한 입장임에도 불구하고 딸이 숙종의 왕후가 되자 일찍부터 연
잉군(延礽君, 후일의 영조)의 인물됨에 주목하였다. 어린 영조를 사가(私家)에
드나들게 하면서 사랑하였고, 특히 죽기 전에 여식인 인원왕후에게 영조의
후사를 각별히 당부함으로써, 당시의 극심한 노론과 소론의 당쟁 속에서 영
조의 등극을 가능케 하였다. 다음의 기록을 보자.

"몸가짐이 근밀(謹密)하였고, 지성으로 나라를 위하였다. 성상이 즉위하여 환관(宦
官)이 용사(用事)하자, 영의정 김창집(金昌集)이 일찍이 김주신과 더불어 말하기
를, '왕실(王室)이 조석(朝夕)에 장차 망할 것입니다.'하고, 인하여 눈물을 흘리니,
김주신도 울었다. 김창집이 말하기를, '선왕(先王)의 개자(介子)인 연잉군(延礽君)
이 어질고 효성스러워 덕행이 있으니, 공(公)이 만약 왕대비(王大妃)께 아뢰어 저사
(儲嗣)로 삼는다면 환관을 베어 죽일 수 있고, 종국(宗國)도 또한 편안해질 수 있을
것입니다.' 하니, 김주신이 말하기를, '감히 힘을 다하지 않을 수 있겠습니까?' 하였
다. 조금 후에 김주신이 졸(卒)하니, 나이 61세였다. 임금이 발애(發哀)하고, 소선
(素膳)을 들었으며, 시호(諡號)를 효간(孝簡)이라 하였다. 김주신이 이미 졸(卒)한
지 26일 만에 왕대비가 연잉군을 세워 세제(世弟)로 삼았다. 아! 종사(宗社)가 오늘

날에 이르러 억만년(億萬年) 왕업의 기초(基礎)를 세우게 된 것은 모두 김주신의 힘이다."[13]

종사(宗社)가 오늘날에 이르러 억만년(億萬年) 왕업의 기초(基礎)를 세우게 된 것이 모두 김주신의 힘이라 했다. 더 이상의 극찬이 없을 듯하다. 김주신은 젊은 나이 음관(蔭官)으로 갑자기 국구(國舅)가 되었음에도, 사람됨이 상명(祥明)하고 간묵(簡默)하며 조심스런 마음으로 근신하여 처신(處身)하는 것이 한사(寒士)와 같았으므로, 모든 사람들이 칭찬한 인물이었다. 사찬(私撰)에 전하는 그의 인간됨의 일화도 눈에 들어온다.

"부원군 김주신은 천성이 인자하고 너그러웠다. 그는 일찍이 이렇게 말했다. '집에 있어서나 관청에 있어서나 노복과 관속이 죄를 범하면 마땅히 중장(重杖)으로 다스려야 하나, 먼저 그 사람의 배고프고 배부른가와 건강하고 잔약한가를 자세히 살펴서, 그가 배고픈 사람이거나 잔약한 사람이거든, 비록 중죄를 범했더라도 큰 장(杖)을 사용하지 말고 또한 그 장수(杖數)도 감했다가 후일에 다시 때리라.'"[14]

그는 인자한 천성으로 위로는 굽히지 않고 아래로는 너그러웠다. 인원왕후의 인품이 만들어짐도, 사가(私家) 시절 김주신의 인성과도 무관치 않음을 알게 해 준다. 이러한 배경 속에 형성된 인원왕후의 인자한 덕성은 자연히 연잉군(영조)에 대한 정성으로 이어졌다. 어질고 총명했던 영조의 인품이 어디로부터 흘러왔는지도 알 수 있다. 후일 영조가 김주신에게 영의정을 추증하고 시호로 효간(孝簡)을 내린 배경이다. 또한 영조가 인원왕후를 위하여 친히 행록을 적어, "우리 성모(聖母)께서는 성품이 본래 단정하고 엄숙하며 정숙하고 전일하며 조용하고 말수가 적어서…(중략)…7년 동안 성고(聖考)를 시탕(侍湯)하며 한결같은 마음으로 게을리하심이 없었고, 다섯 달 동안 빈전

(嬪殿)에서 모시며 아무리 혹독한 추위와 찌는 듯한 더위라 하더라도 일찍이 혹시라도 떠나시지 않았다.…(중략)…옛날의 성덕(聖德)을 깊이 본받아 백성을 사랑하는 은혜와 백성을 가엾게 여겨 돌보시는 혜택이 피부와 뼈속에 젖어 드는데, 자애(慈愛)로운 어진 마음이 한(漢)나라 명덕황후(明德皇后)보다도 뛰어나시니, 소자(小子) 같은 얕은 효성으로도 자성의 두터운 은혜를 입게 되었다.…(중략)…아! 자성의 은혜는 하해(河海)와 같아 헤아릴 수가 없다. 옥책(玉冊)을 올려 휘호(徽號)를 드날리고 칭상(稱觴)하여 기쁨을 받드는 것은 신자(臣子)로서 당연한 일인데, 스스로 매우 겸손하여 억제하셔서 절대로 받지 않으셨으며,…(중략)…이것이 소자가 울부짖어 애모(哀慕)하며 차라리 죽고 싶은 것이다. 그리고 또 몸소 검소하여 절약하셨으니 이번의 대비전(大妃殿)에서 글로 남기신 것으로 살펴보면 우러러 그 사실을 알 수 있다."[15] 라는 간절한 흠모를 보인 이유도 알게 된다.

영조는 인원왕후와 경은부원군 김주신에 대한 보은의 표시로 큰 저택도 하사하였다. 당시 왕자궁(현재 서울 안국동에 있는 조계사 자리)으로 쓰였던 3백 40간에 이르는 공간이 그것이다. 99간을 넘어서는 안 되는 법이 엄존함에도 불구하고 왕의 각별한 은총으로 이루어진 일이었다.

정조 역시 인원왕후와 김주신에 대한 흠모가 남달랐다. 정조가 승지를 보내 김주신에게 치제(致祭)하게 하며 하교한 예를 보자. 정조는 "국모(國母)로 임어한 지 5기(五紀) 동안 종사(宗社)가 태산 반석처럼 안전하게 될 수 있었던 것은 모두 성후(聖后)께서 내려 준 것이다. 성후의 사친(私親)으로서 왕실에 마음을 다하여 은밀히 돕고 보이지 않는 공을 세워 외인(外人)들로 하여금 그 한계를 엿볼 수 없게 했으니, 실로 이는 전고의 척완(戚畹) 가운데 있지 않았던 일이었다. 오늘을 당하여 추념(追念)하는 거조가 없을 수 없다."[16] 하고, 아래와 같은 치제문까지 친히 내렸다.

내가 왕실의 외척을 보건대

능히 끝까지 잘하기가 드물었는데

어질도다 경은부원군이여

귀한 데 처하기를 공손으로 하도다

도신(塗莘) 쌍후(雙后)와 상서로움이 합하고

마등(馬鄧)의 명예가 어루러져

성후를 돈독히 낳으시니

왕실로 시집을 가게 되도다

황제께서 왕세자로 세우시니

실로 왕비의 전지(傳旨)에 힘입음이라

송나라의 선인태후(宣仁太后)와 같고

주문공의 배필 사씨(姒氏)와 같도다

공이 곧 가까이에서 돕기를

참다운 충정으로 하였으니

반석 태산과 같은 안정은

이 누구의 공이던가

이에 이르러 시를 하사함은

오히려 극진한 대우로 교서함이니

구갑(舊甲)을 거듭 만남에

어찌 처창한 심정을 감당할 수 있으리

남은 음덕이 자손에게 미처

또한 선지(先志)를 받들어 따르니

영령이 어둡지 않거든

이 잔을 흠향하길 바라나이다.[17]

우리 역사에서 외척의 발호는 한두 사례가 아니다. 고려조 김은부(金殷傅)
가 그의 3녀를 현종의 비로 들인 후 문종에 이르는 4대 50여 년간 외척으로 정권을 전횡함이나, 이자연(李子淵)이 3녀를 문종의 비로 들인 후 7대 80여 년간 권력을 휘두른 전례가 있다. 조선조에도 명종이 보위에 오르자 외척인 문정왕후(윤씨)의 집안과 인순왕후(심씨) 집안이 전횡을 휘두른 예는 너무도 유명한 일이다. 정조 역시 외척인 홍씨 집안에서 그렇게 자유롭지 않았던 점을 감안한다면, 그에게 있어 김주신은 외척의 귀감이었던 것이다. 정조는 할아버지인 영조(연잉군)을 길러낸 인원왕후 역시 중국의 성후(聖后)들을 견주며 칭송하고 있다. 그 공로의 근원 역시 김주신으로 귀착된다. 정조가 이 치제문을 내리게 된 배경이다.

이렇듯 김주신은 국구(國舅)의 자리에 있으면서도 자중(自重)과 겸애로 본분을 지켰다. 또한 국사(國事)를 위해서는 당파를 초월하여 넓은 도량과 충절을 보여주었다. 그러한 정신은 그 후손들에게도 훌륭히 답습되어 가문의 전통으로 이어졌다. 형조판서와 공조판서를 역임한 김효대(5대조)는, 나라의 은총이 크면 클수록 스스로를 삼가고 자중하며 분수를 지키는 태도를 강조한 선고(先考, 金後衍)의 유훈을 깊이 새겼다. 그리고 후손들에게 대한 훈계를 극진히 하여 스스로 분수에 맞는 검소한 생활을 솔선수범하였다. 3백여 간 저택의 기둥을 모두 검은 먹물로 칠하도록 한 것이 그 한 예다. 후손들도 이 뜻을 잘 이어받아, 조상 묘를 관리함에도 필요한 묘답(墓畓), 묘전(墓田, 고양·용인·광주·양주의 네 곳)을 제외하고는 촌토(寸土)의 묘답도 마련하지 않는 전통을 지켰다. 영의정을 역임한 김사목(4대조)은 검소함과 성실함을 생활신조로 삼았다. 특히 수하자(手下者)에게 관대하고 남에게 겸허한 반면, 자신은 엄격히 절제하고 안일함을 경계하여 '무구실(無求室)'이라는 액자를 써서 걸어놓고는 교훈으로 삼았다.

3대조인 김영수는 김사목에게 출계(出系)하여 노약함을 걱정한 나머지 별세할 때까지 30여 년간을 벼슬길을 사양하면서 오로지 효성을 다해 덕행을 행한 인물이다. 진정한 효행이 높은 벼슬보다도 훌륭한 일로 여겼기 때문이다. 예조판서를 역임한 2대조인 조부 김정집은 사학에 밝았고 지방관으로 많은 선정을 베풀었다. 평안도관찰사 재임 때 횡포가 극심하였던 온갖 잡세를 혁파하는 등 민심에 부합하는 치세를 올렸다. 공조판서를 역임한 1대인 부친 김창희는 6조의 요직과 삼사(三司)와 문한(文翰)의 주요 직책을 두루 거친 인물이다. 1882년 임오군란 직후에는 호군(護軍)으로 영접관에 임명되어 청군을 이끌고 내조한 오장경(吳長慶)·마건충(馬建忠) 등과 협력하여 군란수습에 활약하기도 하였다.

이렇듯 7대조 김주신이 전동가문을 일으킨 이후 6대를 내려오면서 약 2백 년간, 소론가문임에도 불구하고 노론 측에서 세도의 주류를 이면서, 1정승(一政丞)과 3판서(三判書)를 배출하였다. 또한 선비(先妣)만이 정부인(貞夫人)에 머물렀을 뿐, 선조비(先祖妣) 위로 5대가 모두 정경부인(貞敬夫人)의 교지(敎旨)를 받는 등, 경흥가의 영광이 이어졌다. 이러한 배경 속에서, 김교헌은 전동가문의 정통 종손으로서의 특출한 사명감과 선조들의 유훈을 본받아 스스로 훌륭한 가치관을 키우면서 또한 이를 바탕으로 투철한 가족관과 국가관을 갖게 되었다.[18]

2. 출세의 시대

계림군 김균의 18대손이자 전동가문 김주신의 정통 종손인 김교헌은, 명문가로써의 내력과 문한가(文翰家)로써의 가풍을 이어 인덕과 학문 도야에 게을리하지 않았다. 위로는 집안 종손으로서의 책임과 더불어, 아래로는 세 동생(김교원·김교빈·김교준)을 통솔하는 위엄을 세워야 했다.

특히 막내인 김교준은 맏형에 대한 존경이 남달랐을 뿐만 아니라, 총명함과 발랄함이 남달랐다. 김교준이 (대한)의학교에 입학한 자체가 그의 발랄함의 한 단면이라 할 수 있을 듯하다. 당시 명문거족의 후예로서 천하게 여겼던 의학공부에 뛰어든 자체가 파격이었다. 김교준 스스로가, 자신의 선택에 대해 동네 사람들의 빈축을 받은 일도 있었다고 술회한 것이 그 한 예다. 김교준은 김교헌의 정신적 응원에 힘입어, 의학교를 졸업한 후에도 의사로서만이 아니라 맏형의 길을 따라 독립운동에 헌신했으며, 해방 후 대종교 교주(총전교)도 역임했다.

김교헌은 학문 수학에 정진함이나 집안 단속의 정성에서도 어른들의 기대에 어긋남이 없었다. 마침내 그의 나이 18세인 1885년 과거에 급제하여 벼슬의 길에 오르게 된다.[19] 당시 김교헌의 급제는 그의 집안만의 경사가 아니었다. 영조 이후 김주신 가문에 대한 애착이 남달랐던 왕실에서도 김교헌의 급제는 왕실의 경사와도 같았다. 고종이 하교한 다음의 내용을 보자.

"서상우에게 전교하기를, '이(김교헌의 집안 – 인용자 주) 가문에 급제 소식이 있으니, 매우 드물고 기쁜 일이다. 새로 급제한 김교헌에게 사악을 내려 주고, 방방(放榜)하는 날 경은부원군(慶恩府院君) 내외의 사판에 승지를 보내어 치제하게 하라.'"[20]

김교헌의 급제를 고종 역시 기뻐하고 있다. 그리고 잊지 않는 것이 김주신(경은부원군) 내외의 사판(祠版)에 대한 치제 지시였다. 왕실 외척으로서의 모든 기득권을 묻어두고 오로지 정사의 안정과 번영을 위해 헌신한 경은부원군 김주신에 대한 감사가, 그 후손들에게도 음덕으로 돌아가고 있음을 알려주는 부분이다.

김교헌은 1885년(고종 22년) 3월 29일 가주서(假注書)로 임명되면서 벼슬길을 내딛게 된다. 가주서란 승정원(承政院)에 속한 정7품 벼슬의 이름으로, 승정원 주서(注書)의 정원(定員)과는 별도로 두어진 벼슬이었다. 만약 주서가 사고를 당하였을 때에 그의 일을 맡도록 하기 위해 정원 이외에 별도로 두었던 것이다. 주로 비변사(備邊司)와 국청(鞫廳)에 관계된 일을 맡아보았으며, 가관(假官)이라고도 칭한 자리다.

김교헌은 그 후 성균관전적·부교리·별검춘추·응교·문학·집의·검교사서·경리청군사마·병조정랑·사간·예조참의·돈녕부도정 등을 두루 역임하면서, 대사성·우부승지·내무참의·첨지중추부사·법부참서관 겸 고등재판소판사·중추원의관·비서원승 등의 요직을 두루 섭렵하였다. 이어 문헌비고속찬위원(文獻備考續撰委員) 및 감인위원과 내대신비서관(內大臣祕書官)을 역임한 후에 옥구감리와 더불어 옥구항재판소판사에 임명되었고 이어 동래감리 겸 부산항재판소판사로 자리를 옮겼으며 곧 동래부윤으로 임명되었다. 또한 국조보감찬집위원 및 규장각부제학으로 자리잡았다.

규장각부제학을 맡은 김교헌은 1910년 8월 25일 마침내 종2품 가선대부(嘉善大夫)까지 특승(特陞)하게 된다. 가선대부란 조선시대 종2품의 하계(下階) 문관의 품계로 고려시대의 자덕대부(資德大夫)에 해당하는 벼슬이었다. 조선 태조 1년(1392년) 7월 새로이 관제를 제정할 때 설치되었으며, 고종31년(1894년) 갑오개혁 당시, 칙임관(勅任官)의 하한(下限)인 종2품을 가선대부라 하였다. 의정부도헌(議政府都憲)이나 각 아문의 협판(協辦, 勅任官), 경찰·감옥업무를 관장한 경무청(警務廳)의 경무사(警務使) 중 초임자가 이에 해당하였다.

한편 김교헌의 벼슬 노정 중에 문헌비고속찬위원과 국조보감찬집위원 및 감인위원, 그리고 규장각부제학의 경험은, 후일 대종교를 경험하면서 나타나는 민족주의적 역사서술에 중요한 토대가 되었다. 『문헌비고』는 1770년

(영조 46년)에 처음으로 『동국문헌비고(東國文獻備考)』라는 이름으로 편찬·간행된 것으로, 상위(象緯)·여지(輿地)·예(禮)·악(樂)·병(兵)·형(刑)·전부(田賦)·시적(市糴)·선거(選擧)·재용(財用)·호구(戶口)·학교(學校)·직관(職官) 등 총 13고(考) 100권으로 이루어진 책이다. 후일 1903년 1월 홍문관 안에 찬집소(纂輯所)를 두고 김교헌(金敎獻)·박용대(朴容大)·조정구(趙鼎九)·김택영(金澤榮)·장지연(張志淵) 등 33인이 찬집을, 박제순(朴齊純) 등 17인이 교정을, 한창수(韓昌洙) 등 9인이 감인(監印)을, 김영한(金榮漢) 등 3인이 인쇄를 각각 맡아 5년 만에 『증보문헌비고』로 완성시켰다.

세종 때 처음으로 구상된 『국조보감(國朝寶鑑)』은, 조선시대 역대 왕의 업적 가운데 선정(善政)만을 모아 편찬한 편년체의 사서다. 1457년(세조 3년)에 수찬청(修纂廳)을 두고 신숙주(申叔舟)와 권람(權擥) 등에게 명해 태조·태종·세종·문종 4조의 보감을 처음으로 완성하였으며, 숙종과 정조, 헌종으로 이어오면서 총 82권 24책으로 확대되었다. 그리고 1908년(융희 2년)에는 김교헌 등이 찬집위원으로 참여하여 헌종·철종 2조의 보감을 찬수하였다. 마침내 1909년, 이전의 것과 합하여 순종의 어제서(御製序)와 이용원의 진전(進箋)을 첨부하여 총 90권 28책으로 완성하였다.

김교헌이 부제학을 맡았던 규장각은 조선시대 왕실도서관인 동시에 학술 및 정책을 연구하는 관서였다.[21] 1777년에는 국립출판소라 할 수 있는 교서관(校書館)이 규장각에 소속됨에 따라 규장각은 서적의 출판 및 보급 업무도 전담하게 되었다. 또한 학문적 능력이 뛰어난 문신 관리를 선발하여 재교육하는 초계문신(抄啓文臣) 제도도 주관하였다. 그러나 정조가 죽은 후에는 규장각의 기능이 왕실의 문서를 보관하고 『일성록(日省錄)』을 편찬하는 것으로 크게 축소되었으나, 후일 고종의 친정(親政)이 시작된 이후 그 위상을 어느 정도 회복하였다. 이후 1907년 고종이 강제 퇴위 되면서 규장각은 일제가 장악하였다. 그리고 홍문관·시강원·집옥재(集玉齋) 및 지방 4개 사고(史庫) 소장 도서들을 이관하여 규장각 도서에 편입시켰다. 1910년 일제의 조선 병탄과 함께 규장각은 폐지되었고, 규장각 도서는 조선총독부에서 관리하다가 1928~1930년에 경성제국대학으로 이관하였다.

김교헌이 『문헌비고』의 증보와 『국조보감』 편찬의 완성에 참여했다는 것은 중요한 의미를 지닌다. 이 두 서책은 조선후기 대표적 관찬서(官撰書)다. 왕명에 의해 차출된 김교헌으로서는 당대까지 내려오는 여러 사서들에 대한 열람과 검토를 가벼이 할 수 없음을 직감할 수 있다. 더욱이 규장각에 소장된 수많은 관찬·사찬(私撰)의 서적들을 자유로이 열람할 수 있었던 점도, 후일 그의 역사인식 확장에 소중한 경험이 되었을 것이다.

3. 중화의 굴레

조선은 유교적 성리학을 국시(國是)로 하여 성립된 나라다. 그것은 소중화주의(小中華主義)의 이념적 틀이자 중화사관(中華史觀, 春秋史觀)의 바탕이라 해도 지나치지 않다. 그 기준 속에서는 중국이 세상의 중심이요, 중국 외의 것은 다 오랑캐다. 또한 외세와의 대립 관계에서 자기를 높이고 남을 낮추는 것이 중화사상의 기본적인 틀이기도 하다. 불행하게도 우리 전통사회(특히 조선조 이후)를 지배해 온 가치가 바로 유교적 성리학(중화주의)이라 할 수 있다.

조선 건국의 설계자인 삼봉 정도전은 『조선경국전』 '국호조(國號條)'에서 다음과 같이 언급했다.

"해동은 그 국호가 하나가 아니었다. 국호를 조선으로 삼은 경우가 셋이었으니, 단군, 기자, 위만이 그것이다. 박씨, 석씨, 김씨가 서로 계승하여 신라라고 칭하였으며, 온조는 앞에서 백제라고 칭하였으며, 견훤은 뒤에 후백제라고 칭하였다. 또 고 주몽은 고구려라고 칭하였고, 궁예는 후고구려라고 칭하였다. 왕씨는 궁예를 대신 하여 고려라는 국호를 이어서 사용하였다. 모두 한 귀퉁이를 몰래 차지하여 중국의 명령을 받지 않고서, 스스로 명호를 세우고 서로 침탈하였으니, 비록 칭하던 바가 있더라고 어찌 취할 수 있겠는가? 오직 기자만은 주무왕의 명령을 받아 조선후에 봉해졌다. 이제 천자(天子, 명태조)가 명하길 '조선이란 칭호가 아름답고 또한 그 유래가 오래되었으니, 그 이름을 근본으로 삼고 하늘을 몸으로 삼고 백성을 다스린 다면 후손들이 길이 창성할 것이다'라고 하였는데, 생각컨대 무왕이 기자에게 명하 던 것으로 전하에게 명한 것이니, 그 이름이 이미 바르니 말이 순리에 맞다. 기자는 무왕에게 「홍범」을 펴고, 그 뜻을 미루어 부연하여 '팔조의 가르침'(팔조금법)을 지 어서 나라 안에 시행하였으니, 정치와 교화가 성대하게 행해지고 풍속이 지극히 아 름다웠다. 조선이란 이름이 천하 후세에 알려진 것이 이와 같다. 이제 조선이라는 아름다운 국호를 이미 계승하였으니, 기자의 선정 또한 마땅히 도모해야 할 것이 다. 아! 천자의 덕도 주무왕에 부끄러울 것이 없으며, 전하의 덕 또한 어찌 기자에 게 부끄러울 것이 있겠는가? 장차 홍범지학(洪範之學)과 팔조지교(八條之敎)가 금 일에 다시 시행되는 것을 보게 될 것이다. 공자께서 '나는 그 나라를 동주(東周)로 만들 것이다!'라고 하였으니, 어찌 나를 속이셨겠는가?"[22]

기자를 정통으로 한 조선임을 천명한 내용이다. 물론 그 기자의 조선은 주나라 무왕의 시혜를 받은 기자조선임은 말할 나위 없다. 스스로 중국의 아류국가로 우리를 귀속시켰다. 이러한 기자조선에서의 단군은 단지 민족 시조로서 혈연적(그것도 형식적인) 의미만이 부여되었던 반면, 기자에게는 한 국 사회에 유교를 최초로 도입함으로써 한국 사회를 질적으로 변화시켜 놓 은 문화적 군주이자 고조선의 실질적인 비조라는 의미가 부여되었다. 주무 왕에 의한 기자가 들어와 비로소 우리가 사람다운 삶을 살게 되었다는 의미 이기도 하다. 존주사상(尊周思想)이 조선조의 숭명사상(崇明思想)으로 연결됨도 이러한 배경에서 가능해진다.

따라서 조선조에서의 기자는 중화주의의 에이전트 외에는 아무런 의미가 없었다. 단군에게는 고조선의 혈연적 시조라는 형식적 지위가, 기자에게는 문화적 시조라는 실질적 지위가 부여됨으로써, 성리학을 표방한 조선에서의 모든 역사적·종교적·문화적 중심축으로 기자가 서게 되었다. 한마디로 조선조의 모든 사상(事象)이 중국 중심으로 경도된 것이다.

한편 조선의 성리학적 지배구조를 더욱 강력하게 만든 장치 중의 하나가 과거제도다. 고려 광종 때 쌍기(雙冀)의 건의에 의해 시작된 과거제도는 중국 당나라의 과거임용제도를 모방하여 마련된 것이다.[23] 광종은 중국 후주(後周)의 귀화인 쌍기가 후주에서 태조와 세종의 개혁정치에 관여했던 경험이 풍부한 문신이라는 점에 주목했다. 전제군주를 추구하였던 중국의 국왕들과 마찬가지로 자신의 권력기반을 강화하고자 하였던 광종은 쌍기의 경험을 십분 활용하고자 했던 것이다. 또한 유교에 밝은 인재를 선발하는 과거제는 광종에게 가장 안성맞춤의 제도로 인식되었다. 충효를 근간으로 하는 유교사상을 뿌리 내리는 것이야말로 왕권의 확립에 무엇보다도 긴요했기 때문이다. 요컨대 광종은 과거제의 도입을 통해서 자신의 왕권을 강화할 수 있는 유교이념의 기반을 좀더 공고히 다지고자 하였으며, 유교사상의 세뇌를 받은 새 관료들을 충원하여 개혁에 필요한 인재를 확보하고자 하였다. 이러한 조치가 결국 국왕을 정점으로 하는 관료기구의 정비에도 크게 도움이 될 것은 물론이었다.[24]

과거제도는 문인 통치의 전통, 나아가서는 유교적인 교양과 밀접하게 연결되어 있다는 점에서 봉건시대 유럽의 지배계층인 기사(騎士, knight)나 일본의 사무라이와는 확실히 다른 것이었다. 시험을 치르는 문인들이 배워야 할 지식이 오직 사서오경 내지 육경(六經)으로 요약되는 유학이라 할 수 있기 때문이다. 더욱이 유학은 한대(漢代) 이후 제국(帝國)의 성립과 더불어 국교(國敎)의 위상을 누렸으며, 또한 유학은 충과 효, 즉 군신과 부자와 같은 인간관계를 규율하는 도덕률을 강조함으로써 중국 사회에 깊이 스며들게 되었고 독자적인 유교문화권을 형성하는 핵심적인 요소가 될 수 있었다. 이어지는 당, 송, 명, 청 등의 통일제국시대에 유교는 견고한 지위를 유지할 수 있었다. 유교적인 지식과 교양은 과거제를 통해서 출세의 도구가 되었으며, 나아가 정치에 참여할 수 있는 지름길이 되었던 것이다.[25]

고려시대의 과거에서는 문장 쓰는 능력을 시험하는 제술업(製述業)과 유교 경전을 시험하는 명경업(明經業)이 중심이었다. 이들 시험은 조선시대의 문과에 해당하는 것으로, 합격하면 문관이 될 수 있었기에 가장 중요시되었다. 그래서 흔히 '양대업(兩大業)'이라 불렸다. 당시 제술과(진사과)는 시(詩)·부(賦)·송(頌)·책(策)의 한문학을 중심으로 치러졌고, 명경과는 서(書)·역(易)·시(詩)·춘추(春秋)·예기(禮記) 등의 유교경전으로 시험을 보았다. 이러한 틀은 조선조에 들어와서도 크게 바뀌지 않았다. 소과(小科, 生員科·進士科)나 대과(大科, 初試·覆試·殿試) 모두 사서삼경과 함께 한문학(對策·表·箋·箴·頌·制·詔·論·賦·銘)이 주된 평가의 방법이었다. 조선조의 문과 시험 내용 역시 유교 경전, 시문(詩文), 역사(歷史)가 중심이었다. 이른바 문사철(文史哲)의 인문학 과목들이었다. 따라서 유교적 소양과 도덕 수양이 갖추어지지 않은 사람은 결코 관료가 될 수 없었다. 이러한 학문·교육 구조는, 성리학을 국시로 하는 조선에 들어서는 조선조 사대부들의 사유구조 전부를 지배하게 된다.

이미 과거제도의 폐해에 대해서는 이만규(李萬珪)에 의해 지적된 바 있다. 후세에 자유로운 사상의 발달을 저해한 것과 사대부 계급에 부와 공명사상만을 양성한 점, 공허무용(空虛無用)한 학문으로 유지된 것과 합격 후 연줄 찾는 데만 열중하는 나쁜 습관을 조장한 점 등이 그것이다.[26] 또한 조선조의 교육이 명나라를 높이는 숭명사상이 가득찬 것은 유교사상이 길러온 모화사상에서 비롯된 것이라고 힐난했다.[27] 『천자문』이 중국 것임은 물론이고 그 내용 역시 중국의 역사·지리·인물로 구성되었을 뿐만 아니라, 『동몽선습』 속에는 명나라 태조가 나라 이름을 조선으로 한 것이 기입되어 있다는 것이다. 그 대부분의 일화 역시 제갈량 등 중국 사람만 있고 조선인이 없으며, 유학자들이 『통감』이나 『사략』을 가르치면서도, 조선의 역사는 한 장도 없다는 조선 교육의 문제점을 지적하고 있다.[28]

따라서 조선조 과거급제를 통해 벼슬에 들어선 인물들의 가치관은 성리학적 세계관에서 한 치의 오차도 없었다. 중국 정신의 완벽한 구현을 통해 중국인의 아바타(avatar)로 역할하는 것이 조선조 관리들의 지향이었다. 이것은 명나라의 멸망 이후 나타나는 소중화주의의 가치관 속에서도 다를 바 없었다.

김교헌의 가문 역시 과거를 통해 수많은 급제자들을 배출한 조선조의 명문가였다. 달리 말하면 유교적 가치를 충실하게 학습하고 실천한 대표적 집안이었다. 조선조의 모든 관리들이 그러했듯이, 김교헌의 가문 역시 공사(公私)의 모든 생활 가치를 유교적 질서에 일치시켰다. 김교헌의 7대조로서 경은가문을 일으킨 김주신의 경우에서도 쉽게 확인된다. 김주신은 당시의 제사에 대해 철저하게 주희(朱熹)의 가르침에 충실하려 했다. 풍속이 어떻게 바뀌더라도 재실(再室)과 삼실(三室)의 경우에는 고례(古例)와 주희의 『주자가례(朱子家禮)』에 의거하여 제사하도록 건의한 것이 그것이다.[29] 고례를 소홀히 하지 않은 또 다른 기록을 보자.

"주례(周禮) 하관편(夏官篇)의 사훈(司勳) 조에 왕공(王功)을 훈(勳)이라 하고, 국공(國功)을 공(功)이라 하고, 민공(民功)을 용(庸)이라 하고, 사공(事功)을 노(勞)라 하는 바, 무릇 공이 있는 자는 대증(大蒸, 공신을 함께 배향하는 先王에 대한 겨울 제사 - 인용자 주)에 함께 제사한다 하였으며, 한(漢)나라의 제도에 공신을 묘정(廟廷)에서 제사했는데, 살아 있을 때는 당상(堂上)에서 시연(侍讌)하지만 죽으면 아래로 내려서 한다고 하였다. 이것을 본다면 태묘에 배향하는 모든 신하들은 반드시 제우(際遇)가 융숭하고 공업(功業)이 성대하여야 할 것인 바, 이런 자만을 승배(陞配)하는 것이 곧 옛날의 예법이었던 것이다."[30]

즉 중국 주(周) 왕실의 관직 제도와 전국시대(戰國時代) 각 국의 제도를 기록한 『주례(周禮)』나 한나라의 예법을 통해 정당성을 확보하고자 했다. 또한 중국의 풍속을 따르지 않으면 오랑캐라는 인식이 김주신에게도 다음과 같이 나타난다.

"신체발부(身體髮膚)는 부모에게서 받은 바이니 감히 손상시키지 않는 것이 효도의 시작입니다. 우리나라 남녀들이 귀를 뚫어 중국 사람들에게 기롱(譏弄)을 당하니 또한 부끄러워할 만한 일입니다. 이제부터 서울과 지방에 분명히 유시하여 오랑캐의 습속을 통렬히 변혁하도록 하셨으니, 훌륭하신 왕의 말씀이십니다. 진실로 백성을 교화하여 아름다운 풍속을 만들 수 있을 것입니다."[31]

중국의 풍속에 벗어나는 우리의 귀고리 문화가 오랑캐나 할 짓이라고 공박하는 내용이다. 이러한 인식은 "중화는 예의(禮義)일 뿐"이라고 외친 황경원(黃景源)의 중화론적 사고와 다르지 않다. 황경원은 중국을 중화의 핵심으로 간주하고, 그것의 유무에 따라 중화와 오랑캐가 나뉜다는 주장이다.[32] 문제는 중화를 결정짓는 예의가 곧 중국(명나라)의 가치라는 점에서 본다면, 중화 역시 중국의 가치를 지키는 아니러니로 다시 귀착된다. 이것이 소중화주의다. 특히 이러한 소중화 의식은 명나라 멸망 이후의 조선사대부들의 예외 없는 사고였다. 심지어 김주신은 신하들의 건강 이상으로 인한 일상의

거동마저도 명나라의 예법에 맞추고 있다. 즉

> "김주신이 아뢰기를, '일찍이 『금헌휘언(今獻彙言)』을 보니, 명나라 조정에서 정한
> 제도에 담이 끓고 기침이 나서 참을 수 없는 자는 물러나 편히 쉬도록 한다는 것이
> 있어, 선덕(宣德, 명나라 宣宗의 연호 - 인용자 주) 연간에 증자계(曾子棨)가 담이
> 끓고 기침이 나서 물러나니, 상이 멀리서 보고는 특별히 그가 조회 때마다 나오는
> 것을 면해 주었습니다. 또 성화(成化, 명나라 憲宗의 연호 - 인용자 주) 연간의 경연
> 에서, 호부 상서 마앙(馬昂)은 기침이 나려 하여 물러나 전문(殿門) 밖으로 나갔다
> 가 기침이 다 끝나자 함께 예를 행하였다고 합니다. 이로써 보건대, 우리 조정도 명
> 나라의 예전 제도를 본떠서 노쇠한 신하 가운데 천식을 앓는 자는 특별히 물러나
> 쉬도록 하여 예의를 잃는 일을 면하도록 하는 것이 마땅할 듯합니다.' 하였다."[33]

라는 진언(進言)이 그것이다. 기침하는 신하들의 운신마저도 명나라의 전례
에 따를 것을 아뢰고 있다. 물론 이러한 의식이 김주신의 지나친 중화 성향
이라고만 할 수 없다. 당시 조선사대부들이 지향하고자 한 소중화인으로서
의 상식적 가치, 그 이상도 이하도 아니었기 때문이다.

  과거를 통하여 벼슬길에 오른 김교헌 역시, 이러한 소중화인으로서의 순
치된 관료상(官僚像)을 벗어나지 못했다. 당시 성리학은 조선조 지식인의 사
고의 틀인 동시에 조선조 관료들의 벗어날 수 없는 지침이기도 했다. 혹여
이러한 인식 범위에서 일탈했을 경우, 그것이 곧 국시(國是)를 어긴 사문난
적(斯文亂賊)이 되는 것이다.

  김교헌은 1885년 유교적 지식 검증을 통해 과거에 급제하여, 가주서를 시
작으로 벼슬길에 나섰다. 그리고 1910년 종2품 가선대부에 오르기까지 25
년간을 관직에 종사한다. 본디 조선조의 관료 생활이란 왕명에 순응하며 유
교적 인간상을 세상에 펼치는 것이다. 유교의 이상적 인간상은 군자이며 국

리민복(國利民福)을 모든 제도의 목표로 두고 있다. 덕치주의와 결부된 조선의 관료 행태는 유교적 관리론에 잘 나타나 있다. 유교적 관료 행태는 이와 같은 군자를 등용하는 데서 비롯되었고 이는 유교 통치이념으로서의 민본주의를 건국이념으로 설정한 조선조의 유학정신에 그 근원을 두고 있다고 하겠다. 이같이 군자형의 인재를 관료 등용의 제1목표로 삼은 유교적 관료 행태가 관리자론으로 표출된 것이다.

김교헌도 유교적 관료로서의 충실한 노정을 거쳐 갔다. 특히 경연(經筵)의 진강(進講) 참여를 통한 성리학적 역사인식의 연마 과정이 눈에 띈다. 조선조의 경연이란 왕에게 경사를 가르쳐 유교의 이상정치를 실현하려는 것이 목적이었으나, 실제로는 전제왕권의 사적인 행사를 규제하는 데 중요한 기능을 수행했다. 국왕과 신하가 경전이나 사서를 함께 읽고 인격을 훈련하고 학문을 닦으며, 이를 기초로 국정 운영의 원칙과 전망을 공유하고 나아가 당시 정책을 검증하던 제도였다.[34] 김교헌은 벼슬을 시작한 후 3년째인 1887년부터 1888년까지 『자치통감강목(資治通鑑綱目)』을 통한 진강에 무려 35회나 참여한다.[표 2 참조]

[표 2] 김교헌이 벼슬 초기 『자치통감강목』으로 직강에 참여한 35차례의 기록(『승정원일기』 참조)

記錄原典	該當年度	月	日	당시 벼슬
『승정원일기』	고종 24년 정해(1887, 광서13)	윤4월	18일(을사)	記事官
			22일(기유)	
			24일(신해)	
		5월	19일(병자)	記注官
			20일(정축)	
			21일(무인)	
			22일(기묘)	記事官

記錄原典	該當年度	月	日	당시 벼슬
『승정원일기』	고종 24년 정해(1887, 광서13)	5월	23일(경진)	記事官
			24일(신사)	
			25일(임오)	
			26일(계미)	
			27일(갑신)	
			28일(을유)	
			30일(정해)	
		10월	2일(을유)	
			4일(정해)	
		11월	1일(갑인)	
			12일(을축)	
		12월	7일(기축)	
			8일(경인)	
			9일(신묘)	
			13일(을미)	
			14일(병신)	
			15일(정유)	
	고종 25년 무자(1888, 광서14)	4월	28일(기유)	別檢春秋
		5월	15일(병인)	
		10월	26일(갑진)	
			27일(을사)	
			28일(병오)	
			29일(정미)	
		11월	1일(무신)	
			2일(기유)	
			9일(병진)	
			10일(정사)	
		12월	1일(무인)	

당시 김교헌은 기사관(記事官, 혹은 記注官)과 별검춘추(別檢春秋)의 직책으로 진강에 참여하였다. 기주관은 조선시대 춘추관에 두었던 종5품 혹은 정5품의 관직으로 역사의 기록과 편찬을 담당한 사관직이었다. 별검춘추 역

시 사관 역임자 중 청요직(淸要職)에 있는 자 가운데서 특별히 선임하는 직책이었다. 특히 청요직이란 정승이나 판서로 승진하기 위해 반드시 거치는 관직 중 하나로, 주로 삼사의 관원이나 이조 전랑들과 같이 청렴하고 능력 있는 자들이 발탁되는 자리였다. 별검춘추 관직의 품계는 그다지 높지 않으나, 하는 일의 중요성이 높았던 직책을 불렀던 것으로, 당시 김교헌이 엘리트 관료였음을 알게 해 주는 부분이다.

김교헌이 참여한 진강의 서책이었던 『자치통감강목』은 송나라 때 주희(朱熹)가 쓴 것으로 강목체(綱目體) 효시를 이루는 역사서로, 북송시대 사마광(司馬光)이 지은 『자치통감』에 대해 『춘추』의 체재에 따라 찬술한 책이다. 사실에 대하여 큰 제목은 강(綱)을 따로 세우고, 사실의 목(目)으로 구별하여 강목의 형식으로 편찬하였다. 강목의 '강'은 『춘추』의 예에 따라 큰 글자로 제요(提要)를 총괄하고 포폄(褒貶)하는 것이며, '목'은 『좌전(左傳)』의 예에 따라 분주(分註) 방식으로 조목(條目)에 따라 상세히 서술하는 것이다.[35] 주희는 생전에 이 책의 완성을 보지 못했고, 그 문인 조사연(趙師淵)이 번천서원(樊川書院)에서 이어 편찬을 완료하였다.

『자치통감강목』은 주희의 사찬(私撰) 사서로서, 천리(天理)로 역사를 해석하고 역사를 통해 경전을 연구하는 송나라 지식인의 경사관(經史觀)과 역사관에 기초한 서술이었다. 또한 주희는 강목의 기사 형식에다 자신의 사관을 가득 채워 스스로의 주관성을 강하게 투영하였다.[36] 주지하는 바와 같이 주희는 주렴계(周濂溪)·장횡거(張橫渠)·정명도(程明道)·정이천(程伊川) 등의 '성즉리(性卽理)' 사상과 '심성론'을 계승하여 성리학의 사상 체계를 완성시킨 인물이다. 『자치통감강목』 역시 주희의 성리학적 역사관에 기초한 강목체 역사서였다.

그러므로 강목체 역사서술에서 강조되는 역사 정신은 춘추대의의 명분이

다. 즉 성리학적 명분을 이상으로 여기며, 참월(僭越, 자신의 분수에 넘치게 외람
됨)한 자와 난신적자(亂臣賊子)를 응징하려는 뜻이 강하게 반영되어 있다. 의
리와 명분이 강조되고 인물에 대한 도덕적인 평가가 중점적으로 서술되고
있으므로 사론이 적은 것이 일반적인 특징이다. 또한 특정 사건을 선정하여
목과 주에서 설명하며, 표현방식에서 저자의 포폄을 반영하므로 주자의 성
리학적인 도덕사관을 가장 효과적으로 담아내는 서술방식이 된다. 『자치통
감강목』은 이 전통을 가장 충실히 확대한 예의 하나로, 그 초점은 이미 사
(史)가 아닌 경(經)에 맞춘 것이었고, 사학(史學)의 경학화(經學化) 또는 사실상
사(史)가 실종된 경(經)과 사(史)의 일체화된 대표적인 저술이 되었다.[37]

조선조에 『자치통감강목』을 강의한 효시는 1400년 정종 2년 때 하륜(河
崙)과 이첨(李詹)의 진강에서 찾을 수 있다.[38] 그리고 조선 말 1893년 고종 30
년까지 꾸준히 진강되었다.[39] 그러므로 『자치통감강목』은 조선조 역사인식
의 기준이 되었을 뿐만이 아니라, 역사 편찬의 지침이 되었다. 심지어는 『조
선왕조실록』도 『자치통감강목』의 체재에서 영향받은 것이다. 『조선왕조실
록』이 편년체라고는 하지만, 성리학적 포폄의식의 전범인 『자치통감강목』
의 강목체를 전제로 함을 보아도 알게 된다. 당시 그 어떤 지침과 기준에 앞
서, 『자치통감강목』의 「범례」와 필법은 사관들의 상식이었기 때문이다.

또한 『자치통감강목』은 왕조의 정통론을 중시함으로써, 삼국의 촉(蜀)·동
진(東晉) 등 그때까지 정통성 여부가 일정하지 않았던 여러 왕조를 정통으로
인정했다. 동진의 역사가인 습착치(習鑿齒)가 『한진춘추(漢秦春秋)』에서 제기
한 촉·한정통론이 비로소 『자치통감강목』에서 자리 잡았다. 이러한 인식은
북방을 여진족에게 점령당한 남송 치하의 한족의 저항정신을 반영한 것으
로, 주자학의 확립과 함께 후세의 정론으로 자리 잡는다. 한마디로 촉·한정
통론을 토대로 한 중화주의 역사관(춘추사관)의 정착을 의미하는 것이기도

했다.

아무튼 김교헌은 과거를 준비하던 시기는 물론이려니와, 과거 급제 후 벼슬 초기부터 유교(성리학)적 관료로서의 학습효과를 충실히 경험했다. 그 대표적 양태가 『자치통감강목』의 진강 참여였다. 조선조 대부분의 사대부들이 그러했듯이, 소중화인으로서의 자부심을 마음껏 향유한 것이다.[40] 그리고 25년간의 벼슬 생활 속에서 실천하고 익힌 김교헌의 가치는 바로 소중화인으로서의 성취감이었다. 조선을 지탱한 사상적 구조 속에서 일탈 없는 유학자의 완성상이 김교헌이었다. 벼슬 말기 『문헌비고』 속찬위원으로의 참여(1904)와 『국조보감』 찬집위원 및 감인위원으로의 발탁(1908, 1909)은 성리학적 유교 지식인으로서의 최고조를 의미했음을 보여준다.

Ⅲ
각성의 시대와 김교헌

Ⅲ.
각성의 시대와
김교헌

1. 흔들리는 조국

후금으로 등장(1616년)한 청나라의 건국은 동아시아의 일대사건이었다. 특히 1644년에 명나라가 멸망하고 청나라가 중원을 차지한 사태는 중요한 변환을 예고했다. 동아시아 중화질서의 구도 속에서 문명과 야만, 주인과 노예, 중화와 오랑캐의 위치가 바뀐 것이다. 당시 조선과 일본은 청나라가 중원을 차지한 새로운 역사적 상황 속에서 자신들의 존재 방식을 새롭게 규정하기 위한 정치, 사상적 노력을 각자가 처해있던 고유한 역사적인 조건을 바탕으로 차별성을 띠며 전개해나가게 된다. 이 점에서 명청교체에 따른 동아시아 중화질서의 변동이라는 사건은 근대 이전 동아시아 역사의 연동성과 개별성을 동시에 이해하기 위해서 중요하게 주목해야 할 역사적인 사건이라고 할 수 있다.

일본은 도쿠가와 시대의 유학자들, 특히 17세기 전반까지의 유학자들은 대체로 이(理)·천(天)·예(禮)·문(文) 등의 보편적 가치를 받아들이는 입장에 서 있었다. 가령 일본 주자학의 원조라 불리는 후지와라 세이카(藤原惺窩)는 일본이든 한국이든 베트남이든 중국이든 이(理)는 다 똑같다고 생각했으며, 사토 잇사이(佐藤一齋) 또한 인간적인 눈으로 보면 화이(華夷)가 구분되지만 하늘의 눈으로 보면 화이란 없음을 주장했고, 아메노모리 호슈(雨森芳洲)나 오규 소라이(荻生徂徠) 등은 예악과 풍속을 기준으로 한 상대적인 문화적 화이관념에 주목했다. 이러한 가치를 문화적 중화주의라 해도 무방할 듯하다. 더욱이 명청교체기(17세기 후반에서 18세기 전반)를 전후로 하여 종래의 문화적 중화주의는 급속히 일본이 곧 중화라는 '일본=중화'주의로 바뀌어 갔다. 스이카 신도(垂加神道), 국학(國學), 미토학(水戶學) 등의 담론에서 이런 '일본=중화주의'의 현저한 분출을 얼마든지 확인할 수 있다.[41] 이렇듯 일본은 명청교체 및 국학의 등장을 기점으로 하여 자립성의 기반을 마련키 위해 부단한 노력을 경주했다. 이러한 의식이 근대 일본으로 이어지면서 서구와의 대항관계로 설정된 '동아문명'으로써 종래의 중화문명을 대체하려는 시도를 그치지 않았다.

그러나 명나라 멸망 이후의 조선은 더더욱 소중화(조선중화주의)로 빠져들게 된다. 물론 학계의 일각에서는 조선중화주의를 합리화하려는 시도도 적지 않다. 조선이 변방의식을 완전히 탈피하고 조선문화가 최고라는 조선제일의식과 자존의식을 가능케 하여 조선 고유문화 창달의 원동력이 된 것이 조선중화주의라는 것이다.[42] 그러나 조선중화주의를 명나라의 쇠망 이래 중화(中華)가 조선으로 계승된 것으로 조선후기 일부지식인들 사이에 풍미하였던 신념으로 이해한다면,[43] 조선중화주의가 중국의 배타적인 민족 우월주의의 한계를 깨뜨렸다는 주장에[44] 쉽게 동의할 수 없는 측면이 있다.

오히려 중화주의는 동아시아에 보편적 문화 표준을 제공한 것만이 아니라 정치적으로도 지배적 영향력을 행사하면서, 보편의 얼굴과 배타적 화이관에 근거하는 제국주의의 얼굴을 모두 드러냈다. 전자는 보편적 가치관에,

후자는 절대주의적 가치관에 기반한다. 문화가 수용자 측의 주체적이고 창조적 수용 없이 절대적이고 획일적 표준으로 충실하게 준수되었다면, 그것은 제국주의적 맥락에 놓이게 되는 것이다. 중화사상이 조선인들에게 일종의 보편 원리로서 수용되었다고 하더라도, 다른 한편으로 그것은 변방과 차별 짓는 중화의 배타적 우월성을 강조하고 가치 표준을 강요하는 제국주의의 기능을 가지게 된다. 강자가 설파하는 보편이란 결국 제국의 특수성이며, 제국의 특수성은 보편의 형식으로 강요되는 것이다.[45]

특히 왜란 이후 조선 조정에 형성된 '재조지은(再造之恩)'의 정서는 단순한 사건의 범주에서 탈피하여 일종의 '숭명(崇明)'사상으로 발전되었고 조선이 명나라에 대한 사대 관념을 무한적으로 확장시킨 하나의 원인이 되었다. '재조지은'이란 말 그대로 '명나라가 조선을 구원하고 아울러 국토를 회복케 하였기에 조선에 대해 재조(再造)의 은혜를 지닌다'라는 의미다. 이는 조선왕조의 양반 지식 계층이 본래부터 지녀왔던 명나라에 대한 전통적 인식이 발전한 산물이었으며, 또한 임진왜란을 통해 한층 더 심화된 결과였다. 조선이 명나라가 멸망한 이후에도 계속하여 명에 대한 대의명분을 고수하였던 이유는 바로 여기에 있었던 것이다.[46]

불행한 것은 성리학의 화이론적 세계관을 부정하며 등장하는 실학의 본질 역시 소중화적 가치의 벽을 허물지 못했다는 점이다. 이것은 당시 권력층과 먼 몰락 지식층의 개혁론이었기에 시대적 흐름을 바꾸어 놓지 못하였다는 실학의 한계성보다 더 본질적인 문제였다. 즉 실학 등장의 배경이 되는 지행합일(知行合一)의 양명학적 가치나 청의 고증학, 그리고 서양의 학문을 전래 등등이, 유학에 의해 붕괴된 우리의 정체성 각성과는 너무도 거리가 있었다. 더욱이 사회적 변화에 둔감했던 당시 지배층의 무능력은 공권력의 붕괴로 이어지면서 조선의 분위기는 누란지세로 치닫게 된다. 서민들의 삶 속에서는 고리대가 만연하고 사기와 기만에 의한 상술 등이 비일비재했다. 도적과 화적의 범람하는가 하면, 금전에 의한 관직 매매 및 인신매매가 끊이지 않았고, 유리표박하는 농민들이 전국적으로 들끓었다. 조선의 말기적 현상이 노골화된 것이다.

김교헌이 처음 벼슬을 시작한 1885년만 해도 여러 사태가 벌어졌다. 고종이 즉위한 지 22년이 되는 해로, 고종이 경복궁 화재로 창덕궁으로 옮겼다가 경복궁으로 환궁하고, 청나라로 끌려갔던 대원군이 환국한 해도 이때다. 특히 이 해에 들어 사회적 혼란과 위기가 곳곳에서 나타났다. 황해도 초산에서 민란이 발생하고, 경기도 여주에서 농민이 봉기하여 관청을 습격하는가 하면, 강원도 원주에서는 농민 봉기하는 사건 등이 잇달아 벌어졌다.

이 해의 국내외 정세 역시 급박했다. 갑신정변으로 인해 입장이 난처해진 일본이 오히려 무력을 앞세워 한성조약(漢城條約, 朝日善後條約)을 체결함으로써, 조선에서 청나라와 대등한 세력을 유지할 수 있게 된 것이다. 또한 이토오 히로부미(伊藤博文)가 천진(天津)으로 건너가 이홍장(李鴻章)과 담판을 지어 조선에 대한 영향력을 지속할 수 있는 천진조약도 이 해에 맺어졌다. 나아가 영국이 러시아의 조선 진출을 견제하기 위해 거문도를 불법 점령한 사건 역시 이 해의 일이다.

2. 국망도존의 교훈

조선 후기로 접어들면서 송시열(宋時烈)의 사문난적(斯文亂賊)으로부터 개화파의 동도서기(東道西器)까지 수많은 가치 구호들이 난무했다. 송시열은 조선의 주자로 추앙받은 인물이다. 한 번은 경전(經傳)의 주해 문제로 윤휴(尹鑴)와 사이가 나빠졌다. 평소 윤휴와 친교가 깊고 그의 자질을 아끼는 윤

선거(尹宣擧)가, 송시열 앞에서 윤휴를 변호하는 태도를 취하여 두터웠던 교
분도 멀어졌다. 이것이 뒤에 노론과 소론이 갈라지는 한 계기가 되었다. 또
한 사문난적(斯文亂賊)이라는 가치 표현도 당시 송시열의 분노로 표출된 말
이다. 당시 송시열의 토로를 보자.

"하늘이 공자에 이어 주자(朱子)를 냈음은 진실로 만세의 도통(道統)을 위한 것이
다. 주자가 난 이후로 현저해지지 않은 이치가 하나도 없고 밝아지지 않은 글이 하
나도 없는데, 윤휴가 감히 자기 소견을 내세워 마음대로 억설(臆說)을 한다. 공(公,
尹宣擧 – 인용자 주)은 장래가 유망한 우계(牛溪, 成渾인용자 주)의 외손으로서, 도
리어 편당이 되어 주자에게 반역하는 사람의 졸도가 됨은 무슨 짓인가?…(중략)…
공은 주자는 고명하지 못하고 윤휴가 도리어 더 낫다고 여기는 것인가? 또한 윤휴
같은 참람한 사문난적(斯文亂賊)을 고명하다고 한다면, 왕망(王莽)·동탁(董卓)·
조조(曹操)·유유(劉裕) 같은 역적들도 모두 고명한 탓이겠는가? 윤휴는 진실로 사
문난적으로서, 모든 혈기(血氣) 있는 사람들이면 누구나 마땅히 죄를 성토해야 한
다. 춘추(春秋)의 법이 난신(亂臣)과 적자(賊子)를 다스릴 적에는 반드시 먼저 그의
편당을 다스리게 되어 있으니, 왕자(王者)가 나타나게 된다면 공이 마땅히 윤휴보
다 먼저 법을 받게 될 것이다."[47]

윤휴의 『중용설(中庸說)』에서 주자의 『중용장구(中庸章句)』를 무시하고 제
멋대로 해석했다는 데서 오는 송시열의 분노였다.[48]
박지원(朴趾源)은 1773년 박제가 『초정집(楚亭集)』의 「서(序)」를 써주면서,[49]
고문(古文)만 답습하는 상투에서 벗어나 옛것을 본받으면서도 새롭게 지어
내는 법고창신(法古刱新)을 주장했다. 한편 정조는 서양학, 패관잡기, 명말
청초의 문집을 사(邪)로 규정하고, 이를 배격함으로써 순정한 고문의 문풍
을 회복하고자 하는 가치운동을 주장했다. 문체순정(文體醇正, 歸正, 文體反正)
의 외침이 그것이다. 나아가 정학(正學)을 지키고 이단인 사학(邪學)을 배척

하자는 척사위정(斥邪衛政)이 외쳐지는가 하면, 동양의 도(道)는 지키되 서양 세력의 방어를 위해 서양의 기(器)적인 측면은 적극적으로 수용해야 한다는 동도서기가 등장하게 된다.

문제는 이들이 지키고 내세우자는 가치(正文, 法古, 醇正, 衛正, 東道)의 정체성에 있다. 모두 유교적 가치들이다. 이러한 유교적 가치는, 주자의 가치에서 한 치라도 어긋나면 안 된다는 사문난적으로부터, 우리의 정신가치(유교적 가치)를 토대로 서양의 물질문명을 적극 수용하자는 동도서기까지 변함이 없었다. 혹자는 우리의 동도서기를 중국의 중체서용(中體西用)이나 일본의 화혼양재(和魂洋才)와 등치시켜 이해하려 한다. 그러나 우리의 동도서기는, 중국이나 일본이 국학이라는 이름으로 그들의 정체성(和魂이나 中體의 근간)을 세우고자 한 것과는 분명하게 대비가 된다.[50] 중국의 '중체'는 중국 정체성의 근간에서 유래하는 것이며,[51] 일본의 '화혼' 역시 일본의 고유한 정신과 연결되는 가치이기 때문이다.[52]

김교헌 역시 이러한 가치 구호에서 자유로울 수 없는 인물이었다. 그의 25년 벼슬 행적이 이를 대변해 준다. 그나마 김택영(金澤榮)이 주도하여 1900년 전사자(全史字)[53]로 간행한 『연암집』을 교정(校訂, 參訂)한 것만으로도 위안이 될 뿐이다.[54] 그도 그럴 것이, 박지원의 글은 그 후손들이 엮어내고자 해도 당시 유학자들의 눈이 두려워 내놓지 못했다. 1866년 박지원의 손이었던 박규수(朴珪壽)가 평안도관찰사가 되자, 그 동생인 박선수(朴瑄壽)와 문집의 간행을 의논했으나 실행하지 못하였다. 「호질(虎叱)」이나 「허생전(許生傳)」 속에 들어있는 박지원의 풍자가, 당시 유림(儒林)의 비난을 받는 글이 많다는 이유 때문이었다. 박규수는 우의정까지 지냈으며 박선수 역시 공조판서, 형조판서 등을 두루 역임한 인물이다. 당대의 실세였던 그들도 사문난적의 망령이 두려워 조부의 문집 발간을 피해 갔다.

김교헌의 가치 변화에서 또 하나 주목되는 것이 있다. 척사위정적 수구파로서의 면모를 벗고 동도서기적인 개화파로 변모되는 양상이 그것이다. 김교헌은 1898년 독립협회에 참여하면서 만민공동회를 주도했다. 당시 대한제국은 밖으로는 제정러시아의 본격적인 식민지 속국화 침략 정책의 강화와 열강의 경쟁적인 이권 침탈 요구가 자행되고 있었다. 또한 안으로는 친러 수구파 내각이 수립되어 이에 야합하는 상황에 처하게 되었다. 마침내 대한제국은 반식민지 상태에 떨어질 위험에 직면하게 된 것이다. 이러한 시대적 상황을 맞아 김교헌은 만민공동회에 부회장 겸 회장대리급으로 참여한다.[55] 주목되는 것은 당시 만민공동회에 간부로 참여한 상당수의 인물들이 후일 나철(羅喆)이 중광(重光)한 대종교에 참여한다는 점이다. 김교헌·류근(부회장 또는 회장대리급), 나철(도총무부장·총무장·부총무급), 장지연(편집부장급), 신규식(재무부과장 및 부장급), 최동식·오기호·김인식(선전부과장 및 부장급), 지석영(서무부과장 및 부장급), 신채호(내무부·문서부서기장 및 과장·부장급), 이동녕(간사부과장 및 부장급), 김윤식·박은식(문교부과장 및 부장급) 등등이 그들이었다.[56]

마침내 20세기 들어 한국 정신사의 판을 뒤집은 일대 외침이 등장한다. 홍암 나철의 '국망도존(國亡道存, 나라는 망했으나 정신은 있다)'이 그것이다. 이 구호는 을사오적 주살을 주도했던 나철이 대종교를 일으키는 명분으로 내세운 것이다. 나철의 정치적 스승인 운양(雲養) 김윤식(金允植)이, 1916년 나철이 자결하자 치제문을 쓴다. 그 일부를 보자.

…(전략)…

君甞語余 그대(나철 – 필자 주)가 일찍이 나(김윤식 – 필자 주)에게 말하길
昨非今悟 어제가 잘못이었음을 오늘에 깨달았다고

國亡道存 나라는 망했어도 정신은 남았으니

天所畀付 하늘이 위임한 바라 하였네

…(후략)…[57]

　대종교를 일으키기 전, 나철이 김윤식에게 '국망도존'을 내세워 유교적 지식인으로 살아온 과거의 삶을 후회하는 내용이다. 그리고 대종교를 일으키는 일이 하늘이 준 사명이라 고백하고 있다. 이러한 나철의 신념은 1909년 대종교를 중광한 이후, 수많은 동지들을 규합하는 명분으로도 외쳐졌다. 그 대표적 사례가 단애(檀崖) 윤세복(尹世復)의 경험에서 드러나고 있다. 윤세복이 대종교 3세 교주가 된 이후인 1925년, 만주 지역에서도 대종교 포교 금지령이 내려져 7년 동안이나 지하활동을 전개한다. 그리고 만주괴뢰정권의 합법적인 양해 속에 대종교 포교 재개의 의지를 다지면서 다음과 같은 각오를 되새겼다.

　　"우리 대교(大敎, 대종교 - 인용자 주)가 중광한 지 25년 동안 너희 일본의 무리한 박해를 늘 받아왔으나, 지금 시국의 정세는 더욱 변천되고 갈 데 올 데가 없는 오늘날, 나는 한배검의 묵시를 받고 스스로 순교의 길을 떠나는데, 만일 너희 당국의 양해를 얻으면 '국수망이도가존(國雖亡而道可存)'이라 하신 신형(神兄, 홍암 나철을 가리킴 - 인용자 주)의 유지를 봉승할 것이오. 또 여의치 아니하면 나의 일신을 희생하여 선종사(先宗師, 2세 교주 김교헌을 가리킴 - 인용자 주)의 부탁하신 대은(大恩)을 갚겠노라"[58]

　절체절명의 순간을 맞아서도 대종교를 일으킨 스승 나철의 유지를 잇지 못하면 차라리 죽겠다는 말이다. 또한 윤세복의 삶의 정신적 지표가 무엇인가도 분명해 진다. 나철이 내세운 "나라는 비록 망했으나 정신은 가히 존재

한다[國雖亡而道可存]"라는 대종교 중광의 명분을 다시금 새기고 있다. 윤세복은 1910년 서울 간동(諫洞)에서 나철을 처음 만나 음 12월 23일·25일·27일 사흘 밤을 독대했다. 그리고 역사와 대종교와 시국에 대한 깨우침을 얻고 대종교에 입교했다.[59] 그가 나철로부터 '국망도존'이라는 각성의 구호를 접한 시기도 이 시기였을 것으로 추찰된다.

김교헌이 대종교에 입교한 시기도 1910년 음력 정월 15일 중광절이었다. 앞의 김윤식이나 윤세복의 경험에서 보더라도, 김교헌 역시 나철의 '국망도존'에 깊은 공감을 했을 듯하다. 본디 김교헌은 나철보다 5살 아래지만 관직 진출로는 5년 선배다.[60] 앞서 본 바와 같이 만민공동회 활동 당시도 김교헌이 회장대리급을 맡은 반면 나철은 부장급으로 참여하였다. 그러나 대종교 활동에서는 스승(나철)과 제자(김교헌)의 관계로 인연을 맺었다. 아마도 김교헌 역시 만민공동회 활동 이후부터 대종교 입교 시기 사이에 나철의 '국망도존'의 논리를 많이 경험했을 것이다.

한편 '팔관(八關)'은 나철이 대종교를 중광하기 위한 또 하나의 명분이었다. 중광(重光)이란 '거듭 빛남', '다시 일어남'의 의미로 전래 단군신앙의 부활과 같은 말이다. 1909년 대종교를 다시 일으킨 나철은, 고려말 몽고 침입에 의해 폐쇄된 팔관을 다시 일으킨다는 명분으로 대종교를 중광하였다.[61] 나철의 다음 기록에서도 그러한 의식을 확인할 수 있다.

"몽고의 고려 침학(侵虐) 이족((異族))의 혐의(嫌疑)로다 / 서적문기(書籍文記) 다 뺏고 교문제전(敎門祭典) 다 폐절(廢絕)"[62]

"안으론 인지(仁智)를 닦으며 밖으로는 신의(信誼)로 사귀고, 진실한 정성은 팔관(八關)의 재계가 있으며, 풍속은 또한 구서(九誓)의 예를 전하였고, 삼법(三法)을 힘써 행하여 먼저 욕심물결의 가라앉음을 도모하며, 한 뜻을 확실히 세워 스스로 깨닫는 문이 열림을 얻게 하라"[63]

　　나철은 몽고의 침략으로 인해 교문제전(敎門祭典) 즉 팔관이 단절된 것으로 이해했고, 팔관의 재계가 우리 민족 진실한 정성의 예(禮)임을 말하고 있다. 우리 역사 속에서도 묘청(妙淸)이 팔관과 통하는 팔성(八聖)의 힘으로 금나라에 대해 자주성을 나타내고자 했고, 이지백(李知白) 역시 팔관의 정신으로 거란에 대해 맞서라 했다. 또한 대몽항쟁의 정신적 배경에 팔관의 힘이 뒷받침되었으며 일제강점기에 팔관의 부활체라 할 대종교가 총체적 항일운동의 선봉에 섰다는 것은, 팔관의 정신에 담겨있는 자주적·민족적 의취가 그대로 나타난 것이라 할 수 있다.[64]

　　최남선 역시 고려의 팔관회를 불교의 팔관과는 전혀 다른 것으로 이해하며, 우리 고유의 대종교적 성격의 의례임을 밝혔다. 그는 그 언어학적인 어원를 아래와 같이 '붉은교(풍류도)'에서 찾으려 했다.

　　"이 팔관(八關)은 요컨대 '밝'의 구칭어(具稱語)일 '밝안(붉은)'의 대자(對字)로서, 신라의 '부루'에 대한 고려 때의 호칭이었던 것입니다."[65]

　　또한 최남선은 여기에 말하는 '부루'를 신라말 최치원의 풍류(風流)와 같은 것으로 이해했다. 그 현묘한 종교적 요의(要義)가 단군신앙의 교의(敎義)와 연결된다고도 주장했다. 이러한 '붉은'의 신앙적 전통은 1년에 한 번 제천제례를 가장 소중하게 봉행함에 있다. 이것을 우리말로 '붉은이'라 칭하고 '신세(神世)의 표상' 나타냈다는 것이다. 신라의 불구내(弗矩內), 고려의 팔관회, 조선조의 부군(府君)굿이 다 그것의 연장으로 보았다. 그리고 나철의 대종교 이후에는 10월 개천절로 자리 잡았다는 설명이다.[66]

주목되는 것은 최남선의 이러한 이해가 김교헌의 저술인 『신단실기(神檀實記)』「역대제천」부분의 인식과 동일하다는 것이다.[67] 최남선이 김교헌의 영향을 절대적으로 받았다는 점을 고려한다면,[68] 이러한 인식 또한 당연할 듯하다. 최남선과 조선광문회의 관계를 보더라도 알 수 있다. 대종교가 중광한 다음 해인 1910년 10월에 시작된 조선광문회는, 대종교적 구국이념을 받드는 인사들을 중심으로 만들어진 '대종교공동체'로서, 한국의 역사와 언어 및 전통을 중시하는 문화적 민족주의자들의 집합소였다는 주장을 보더라도 짐작이 간다.[69] 당시 최남선은 조선광문회의 주간을 맡아 주요 업무를 주관하였으며, 김교헌을 비롯한 박은식·류근·이인승·남기원·주시경·김두봉·이규영·권덕규 등이 참여하여 활동하였다. 여기서 주목되는 것은 이인승과 남기원을 제외한 나머지 인물들이, 당시 혹은 그 후 대종교에 참여하여 활동하는 핵심인물들이라는 것이다. 특히 김교헌은 1910년 조선광문회 활동을 이끌면서 고전(古典)과 사서(史書)의 수집·간행 및 보급에 적극적으로 나섰다. 최남선·장지연·류근·신채호 등도 이 당시 김교헌의 영향을 받으며 민족사에 대한 인식의 지평을 넓혀 갔다. 광문회에서는 김교헌의 가문에 역대로 수집·소장되어 오던 방대한 양의 서책과 문헌이 중요하게 활용되었고, 후일 그 책들은 최남선이 보관하다가 고려대학교 도서관에 기증되었다.[70]

아무튼 나철의 '국망도존'은 미증유의 일대 경종이었다. 긴 세월 중화주의적 가치관 속에 함몰된 우리 정체성 회복의 외침이자 일본제국주의에 대한 저항의 중심이었다. 일제하 독립운동의 정신적 동력이 되었던 이 외침은, 정신의 망각으로 망한 나라를 정신의 지킴으로 되찾자는 구호였다. 그 정신[道]이 바로 단군이요, 그 단군정신이 곧 대종교였다. 그러므로 일제의 속박을 벗어나고자 했던 나철의 독립운동 또한, 모든 요소들을 포괄하는 정신을 토대로 운용되었다. 나철이 강조하는 정신을 몸통으로 하여 언어투쟁

(한글운동)·역사투쟁(민족주의역사학의 개척)·무장투쟁 등등, 총체적 독립운동의 동력이 된 것이다.[71]

　김교헌은 그 역사투쟁의 중심에 섰던 인물이다. 대종교 참여 이후에 그가 저술한 『신단민사(神壇民史)』·『신단실기(神壇實記)』·『배달족역사』에 담긴 역사인식이 그것에 대한 답이다. 『신단민사』는 역사적 강역인식에서 대륙을 주요 활동무대로 설정하여 고조선부터 조선조까지 철저하게 대륙적 인식을 토대로 전개하고 있다. 까닭에 고려와 조선시대도 여요시대(麗遼時代)·여금시대(麗金時代)·조청시대(朝淸時代)라는 남북조사관으로 서술했다. 그리고 전래 신교문화에 대해 단군의 오훈(五訓)을 시작으로 역대국가들의 제천행사를 밝힘과 함께 구서(九誓)·오계(五戒)·팔관(八關)의 의미를 구명한은 물론, 대종교의 역대 교명(敎名)을 설명함으로써 민족문화의 고유성과 공유성(公有性)·전통성·자주성을 강조하고 있다. 『신단실기』에서도 단군에 대한 사적(事蹟)과 전래 신교사상에 대한 자취를 모아 자료집의 성격으로 정리해 놓았으며, 『배달족역사』는 김교헌이 교열(校閱)한 것을 대한민국상해임시정부가 발간하여 교과서로 사용한 것이다. 『신단민사』의 굵은 줄기만을 간추려 놓은 축소판이라 할 수 있는 책이 『배달족역사』다.

　이러한 가치의 변화는, 벼슬 시절 김교헌이 경연을 통해 숙지했던 『자치통감강목』의 역사인식과는 근본적으로 다른 이해였다. 즉 유교적 중화사관에서 반유교적 신교사관으로의 일대 반전이었다. 또한 법고창신·위정척사·동도서기로 이어오던 조선후기 지식인들의 정신적 굴레에서도 완전히 탈피했다는 의미이기도 하다. 그러한 변곡점이 바로 '국망도존'이었다.

3. 항일투쟁의 선봉

나철을 종교적 스승으로 확신한 김교헌은 1910년 음 1월 15일에 대종교에 정식으로 입교한다. 그리고 1911년 4월에 영계(靈戒)를 받고 지교(知敎)로 초승(超陞)하였으며 총본사 부전무 및 경리부장을 역임하였다. 또한 도사교(都司敎, 敎主를 이름 – 필자 주)의 직무를 위임받아 4년간 관리하게 된다.[72] 김교헌은 1914년에 상교(尙敎)로 승질(陞秩)하고 대종교남도본사의 전리를 맡는가 하면, 1915년에는 남도본사 도강사(都講師)로 자리를 옮겼다. 1916년에 총본사 전강(典講)으로 전임(轉任)된 후, 그 해 8월(음) 나철의 유명(遺命)을 받아 9월 1일(음) 도사교로 취임하였다. 당시 김교헌에게 교주의 권한을 넘기는 나철의 전수도통문(傳授道統文)은 다음과 같다.

대종교도사교 제2세
한얼명령의 큰 운수가 너의 밝은 몸에 있으니 힘쓰고 공경할지어다.(神命曆數在爾
哲躬 勗哉欽哉)

단제강세 4373년 병진 8월 15일 대종교도사교 나철
사교 김교헌 철체(喆棣)[73]

또한 나철은 김교헌에게 다음과 같은 간곡한 유서도 남긴다.

"보화당(普和堂, 김교헌의 堂號 – 인용자 주)보시오. 아사달메 한배님 오르신 곳에 들어와서 이 세상을 위하며 이 백성을 위하여 한번 죽기를 판단하니 죽음은 진실로 영광이로되 다만 다시 만나서 즐거워함을 얻지 못하고 천고(千古)의 이별을 지으니 보통 인정으로써 헤아리면 혹시 섭섭할 듯하나, 죽음에 다다라서 한번 생각하건대 선생(김교헌을 지칭함 – 인용자 주)의 지신 짐이 매우 무겁고 크오니 오직 힘써 지음[餐]을 더 하시와, 이 세상에 복이 되며 이 백성이 다행하게 하소서. 여러 개의 서

류는 아래 적은 대로 거두시오. 큰길의 편하게 닦음을 길게 기리오며 널리 베푸시고 크게 건지심을 정성껏 비나이다. 개천한 지 일흔두돌[七十二週]인 병진 가배절 철형(喆兄, 나철 자신 – 인용자 주) 죽음에 앞서 황급히 적음."

그리고 나철은 김교헌에게 순명삼조(殉命三條), 전수도통문(傳授道統文), 밀유(密諭), 공고교도문(恭告敎徒文), 유계장사칠조(遺誡葬事七條), 이세가삼장(離世歌三章), 중광가오십사장(重光歌五十四章), 여일본총리대외서초(與日本總理大隈書抄), 여조선총독사내서초(與朝鮮總督寺內書抄) 등의 유서를 전했으며, 인장(印章), 대종교인(大倧敎印), 대종교도사교장(大倧敎都司敎章), 대종교총본사종령(大倧敎總本司倧令), 고경각인(古經閣印) 등을 남겼다.[74]

김교헌은 1916년 9월 1일(음) 마침내 대종교 제2세 교주에 올랐다. 당시 남도본사 전리(典理)였던 최전(崔顓) 등이 계유문(啓由文)과 전수도통문(傳授道統文), 그리고 하사(賀辭)를 올리고, 김교헌이 답사(答辭)로써 제2세 교주를 승낙하였다. 특히 김교헌은 답사를 하면서 대종교인으로 '말아야 할 아홉가지[九勿]'를 다음과 같이 강조했다.

一, 종규(倧規)에 어기우지 말 것
一, 윤리를 어지럽게 말 것
一, 신의를 잃지 말 것
一, 직업을 버리고 게으르지 말 것
一, 사치를 숭상하지 말 것
一, 질투심을 가지지 말 것
一, 와언(訛言)을 짓지 말 것
一, 이기욕을 채우지 말 것
一, 함부로 정법(政法)에 간섭하지 말 것[75]

제2세 교주로 취임한 김교헌은 1917년 봄 만주 화룡현으로 활동의 거점을 옮겼다. 당시 일제의 대종교포교금지령으로 인해 국내에서의 포교가 불가능해지자, 총본사 소재지요 또 대종교우들의 활동무대인 동만주 화룡현으로 이동한 것이다. 김교헌은 1917년 어천절(음력 3월 15일)을 기하여 화룡현 삼도구 소재 총본사에서 제1회 교의회를 소집하였다. 이것은 종문 최고의 의결기관으로 대종교 중광 후 처음 개최되었던 의회로 기록된다. 이 회의에서 나철이 1910년 1월 15일(음)에 종령 제1호로 신리(神理)와 함께 제정 반포한 홍범17조항을 전문 23항으로 개정하였다. 더불어 직제와 교도들의 준수할 종문규약 등 58개 조항을 67조 규제로 개정 발포하여 직제를 현실화하고 교헌을 확립하였다.[76]

또한 김교헌은 포교의 본거를 동만(東滿)으로 옮기면서 시교당 확장사업을 대대적으로 추진하였다. 그 결과 1922~1923년 2년 동안 개척한 시교당 수가 46개소에 이르렀다. 대종교의 시교당 설치는 바로 항일운동의 교육장인 동시에 항일독립운동의 거점이 되었다. 그러므로 대종교의 시교당이 늘어난다는 것은 항일독립운동의 의식과 거점이 그만큼 확산된다는 의미이기도 했다.[77]

김교헌은 증가하는 교도와 시교당의 통솔을 용이케 하기 위해, 1922년 3월 5일(음)에 종령(宗令)으로 동일도본사와 동이도본사의 관할구역을 조정하고 소속 지사의 위치를 따로 정함과 동시에 교구분리조례(敎區分離條例)를 아래와 같이 발포하였다.[78]

[부(附) 교구분리조례]
제1조 대종교의 동도교계를 노인령으로 한하여 영남(嶺南)은 동이도구에 속케 하고 영북(嶺北)은 동이도구에 속케 함.

제2조 동일도본사 위치는 연길 역내(域內)로 정하고 동이도본사 위치는 영안역내에 정함.

제3조 동일도 제1지사는 왕청현 덕원리에 잉치(仍置)하며 왕청과 혼춘의 교구를 관할케 하고, 동제2지사는 연길현 용정촌에 치(置)하여 연길과 화용의 교구를 관할케 하고, 동제3지사는 위치를 경성(鏡城) 역내로 정하여 함북 전도(全道)의 교구를 관리케 함.

제4조 증전(曾前) 동일도 제3지사구에 속하였던 각 시교당은 동이도 교구 내로 이속(移屬)함.

제5조 동이도 제1지사는 영안현 가리에 치(置)하여 영안과 목릉과 동녕의 교구를 관리케 하고, 동제2지사는 해삼위에 치하여 연해주일대지의 교구를 관리케 하고, 동제3지사는 밀산현 동촌에 치하여 의란(依蘭) 전도(全道)와 접영(接迎)한 연해주 지대의 교구를 관리케 함.

제6조 본령은 개천 4379년 임술 3월 15부터 시행함.

또한 김교헌은 백포(白圃) 서일(徐一)의 묘책(墓柵) 건립도 추진하였다. 1923년 중광절(음력 1월 15일)을 기해 대종교 대일시교당(밀산현 소재)에서 중광적 경하식을 봉행하고 서일의 묘소에 원(圓)·방(方)·각(角)의 목책을 건립하였다. 그리고 교우들로 하여금 시화(時貨) 대양(大洋) 150원을 갹출토록 한후, 밀산현 대홍동에 있는 제전(祭田)을 구입해 향사비(享祀費)로 충당하게 하였다.[79]

김교헌은 1916년 나철의 뒤를 이어 대종교의 교통을 전수받은 뒤, 1920년 경신대참변을 경험하면서도 만주 지역과 연해주, 중국 본토 및 국내 각지에 교세를 크게 진작시켜 무려 40만 교도를 확보하였다. 그러나 삼일운동과 청산리대첩 이후 일제의 잔악한 박해로 불행히도 10만교우의 희생과 수십 처의 교당이 폐쇄 지경에 이르렀다. 그럼에도 김교헌은 규제 개정을 통한 설당(設堂) 업무와 교직자의 선임을 속행하여 획기적 변화를 일으킨다.

1923년 추기(秋期)의 통계만 보더라도, 동서남북의 4도본사를 비롯하여, 10개 지사와 80여 개소의 시교당에, 400여 명의 교직자 및 50여 명의 순교원과 시교원을 임명 배치하여 대종교 중흥에 전력을 기울였다.

한편 김교헌은 무장항일운동에도 정신적 영향력을 크게 떨쳤다. 그는 나철의 유언으로 대종교 중광 2세 교주를 맡는 인물로서, 특히 국운쇠망의 시기에 민족사의 지평을 새로이 열어 민족적 자긍심 고취를 통한 무장항일의 정신적 토대를 마련했다. 그는 1910년 대종교에 입교하면서 대종교적 신념으로 평생을 살기를 각오하고, 당시 그의 집에서 청소년 학도들을 방과 후에 모아놓고 민족사 교육을 실시하는 열정을 보인 인물이다.

앞에서 언급한 김교헌의 역사서들은 단군을 비롯한 고유한 민족사상서임과 동시에 민족사를 체계화한 한국사이기도 했다. 또한 국권을 상실한 일제하에서 무엇보다 시급한 문제가 국권회복을 위한 독립투쟁으로 인식해 볼때, 역사교육을 통한 독립의식의 함양과 고취는 무엇보다 중요한 요소였던 것이다. 그러므로 김교헌의 역사서 『신단민사』는 재만한인사회의 학생들에게 역사의식을 통한 독립사상을 고취시키는데 지대한 역할을 했다. 당시 간도 용정의 동흥학교를 비롯한 여러 중학교에서 교과서로 쓰였는가 하면,[80] 목릉현의 한인교육회에서도 각 학교에 역사교재로 『신단민사』를 사용하도록 하였다.[81] 이 시기 만주 지역 『신단민사』의 보급은 상당했을 것으로 추정되는데, 길림성 왕청현에 거주하던 대종교인 이단(李檀, 생몰미상)의 집에서 『신단민사』 130권이 압수되었다는 기록을 보아도 짐작할 수 있을 듯하다.[82] 또한 『배달족역사』는 상해임시정부의 학생교육서로 쓰였을 뿐만 아니라, 나아가 중광단·정의단·대한군정서(북로군정서)를 비롯한 독립군들에게도 김교헌의 역사서는 정신교육의 중요한 교재로 사용되면서, 독립투쟁정신을 북돋는데 크게 공헌을 하였다.

북로군정서·신민부·한족연합회 등에서 주요간부로 독립군을 이끌었던 정신(鄭信)은 김교헌을 추모하면서 "나는 이 어른을 종교가나 문학가로만 보지 않고 군사가(軍事家)로도 보는데 이는 우리가 북간도(北間島)에서 군사 행동을 할 때에 이 어른이 미리 말한 것이 여러 차례 있는데 그 뒤에 모두 이 어른 말한 대로 되었다"고 회고하고 있다.[83] 이것을 보면 그가 단지 역사 의식의 고양을 통해 독립의식을 일깨운 정신적 역할로만 머문 것이 아닌 무 장항일운동의 작전과 방향설정에도 간여했음을 엿볼 수 있는 말이다.

이러한 무장항일운동에 김교헌이 직접 참여한 또 하나의 근거로는, 그가 주도하여 일궈낸 「대한독립선언서(무오독립선언서)」에 반영된 내용을 보더라 도 직감할 수 있다. 대종교도들이 중심이 되어 발표한 이 선언서의 내용은 대종교적 정서를 반영한 무장혈전주의를 그대로 드러낸다. 먼저 이 선언은 대종교의 중광의 헌장인 「단군교포명서」에서 연유된 단군대황조(檀君大皇 祖)에 원(願)하고 맹세하는 내용이다.[84] 또한 자주독립쟁취의 방법으로써 평 화적 협상이나 외교적 노력이 아닌, 우리 독립군의 힘과 피로써 빼앗긴 조 국을 되찾아야 함을 다음과 같이 천명하고 있다.[85]

"우리 마음이 같고 도덕이 같은 2천만 형제자매여, 단군황조께서는 상제 좌우에서 명을 내리시어 우리에게 기운을 주셨다. 세계와 시대와는 우리에게 복리를 주고자 한다. 정의는 무적(無敵)의 칼이므로 이로써 하늘에 거스르는 악마와 나라를 도적 질하는 적을 한손으로 무찌르라. 이로써 4천년 조종(祖宗)의 영휘(榮輝)를 빛내고 이로써 2천만 적자(赤子)의 운명을 개척할 것이다.

궐기하라! 독립군! 독립군은 일제히 천지를 바르게 한다. 한 번 죽음은 사람의 면할 수 없는 바이니 개·돼지와도 같은 일생을 누가 원하는 바이랴. 살신성인하면 2천 만 동포는 같이 부활할 것이다. 일신을 어찌 아낄 것이냐. 힘을 기울여 나라를 회복 하면 삼천리 옥토는 자가소유(自家所有)이다. 일가의 희생을 어찌 아깝다고만 하겠 느냐.

아아! 우리 마음이 같고 도덕이 같은 2천만 형제자매여! 국민된 본령을 자각한 독
립인 것을 명심할 것이요, 동양평화를 보장하고 인류 평등을 실시하기 위해서의 자
립인 것을 명심하도록 황천(皇天)의 명명(明命)을 받들고 일체의 사악(邪惡)으로부
터 해탈하는 건국(建國)인 것을 확신하여 육탄혈전함으로써 독립을 완성할 것이
다."[86]

그러므로 이 선언서에 담긴 항일민족독립운동의 방략은 완전자주독립과
항일무장독립전에 있으며 이후 재만한인독립운동의 행동지침을 제시한 헌
장이 됨은 물론,[87] 재만항일독립운동단체인 중광단·정의단·북로군정서·신
민부 등으로 맥락을 이어가는 행동지침을 제시한 이념과 사상이 되었다고
할 수 있다.[88]

또한 이러한 무장혈전주의의 정서는 지역을 뛰어넘어 대부분 대종교지도
자들의 중심정서였다. 가령 「대동단결선언」과 「무오독립선언」을 모두 주도
했고 상해를 중심으로 정치·외교적 항전을 수행했던 신규식(申圭植)의 예에
서도 확인된다. 그의 저술 『한국혼』에서 다음과 같이 절규하며 혈전주의를
고무하고 있다.

"치욕을 알게 되면 피로써 죽엄을 할 수 있고, 치욕을 씻으려면 피로써 씻어야 할
것이다. 치욕을 잊어버린 자는 피가 식었음만이 아니라 피가 없는 것이다. 치욕을
아는 자의 피를 보지 못하거늘 어찌 치욕을 씻어버릴 수 있는 피가 있기를 바랄 것
이냐! 오호! 동포들이여! 피가 있는 것인가? 또는 없는 것인가?"[89]

대종교의 조직적 무장투쟁은 만주무장투쟁의 실질적 영도자였던 서일이
죽은 후에도 계속되었다. 김교헌이 대종교적 차원에서 무장투쟁 관여한 사
례가, 1922년 일제의 문서에서도 확인된다.[90] 당시 일제의 간자(間者)였던 이
림삼(李林三)이 하얼빈 총영사 야마우치 시로(山內四郎)에게 보고한 내용을

보면 알 수 있다. 서일의 순국 이후 밀산에서 다시 영안으로 대종교총본사를 옮긴 김교헌은, 각지로 흩어진 북로군정서 간부들과 긴밀히 연락하며 재기를 도모했다. 또한 측근인 신최수(申最秀)를 국내로 파견하는 등 분주하게 움직였고, 특히 무기와 탄약까지 구입하는 등 조직적 무장투쟁의 준비를 도모한 것이다.

한편 김교헌은 교육활동을 통한 민족의식 고취에도 심혈을 기울였다. 당시 대종교에 있어 학교는 곧 독립운동의 기지이자 시교당이었다. 김교헌은 1922년 3월 연해주의 블라디보스토크에서는 동림동흥학교(東林東興學校)와 여자야학부(女子夜學部)의 설치를 통해, 그 지역 한인사회에서의 문맹퇴치운동을 전개하여 교육수준을 높이는 운동을 전개하였다. 또한 1922년 10월에는 동이도본사(東二道本司) 강당에서는 약 2개월에 걸쳐 대종교 종경(倧經), 한국사강습회를 개최하여 역사와 대종교의 교리를 강의하여 민족혼과 항일독립운동의 열의를 고조시켰다. 이러한 열정은 1923년 6월 동일도본사 교리강습회를 개최로도 나타나며, 블라디보스토크에서 결성된 해항청년회(海港靑年會) 조직으로 이어진다. 그리고 연길현 용정촌에서도 용정청년회를 조직하고 대종교의 발전, 교우 간의 친목, 문화보급, 덕·지·예(德智禮)의 발전과 청년들의 정신을 앙양하는데 노력을 기울였다. 국내에서도 1922년 2월 남일도본사 내에 음악강습소를 만들어, 자매 교우 50명을 중심으로 신가(神歌, 한얼노래) 강습을 통한 그 보급을 도모하였다.[91]

이것은 대종교의 교학일여(敎學一如) 정신의 실천으로써, 김교헌뿐만이 아니라 서일이나 윤세복에게도 그대로 나타나는 대종교 항일투쟁의 대표적 특징이었다. 서일이 1911년 중광단을 조직하여 무장항일투쟁의 전초기지를 만들었을 당시도 명동학교·동일학교·청일학교 등 10여 개의 학교를 설립하여 운영하였던 것이나, 윤세복이 1911년 만주 환인현으로 이주하여 대종교 포교의 거점을 잡을 당시도 가장 먼저 동창학교 설립을 시작으로 백산학교·대홍학교·대종학원 등 수많은 학교들을 설립·운영하였던 것도 모두 이러한 정신의 철저한 실천이었다. 또한 신흥강습소에서 발전된 서로군정서의 신흥무관학교나 북로군정서의 사관연성소, 신민부의 배달학교 그리고 이 외의 무수한 소학교나 야간강습소 운영 등도, 대종교의 교학일여(敎學一如)을 통한 독립투쟁의 철저한 구현이었다.[92]

그러나 경신토벌이 시작되어 그 잔학한 만행으로 남북만의 방방곡곡에서 살인, 방화와 약탈 참변이 다년간 이어졌다. 특히 대종교도들에 대한 탄압이 극심하여 교우들 태반이 피해를 당해 흩어지고 교당은 폐허되지 않은 곳이 없었다. 뿐만 아니라 서일과 신규식의 죽음, 그리고 주변에서 늘 힘을 보탰던 교우 호정(湖亭) 한기욱(韓基昱) 일가가 토비들에게 참화를 당한 사건이 겹치면서 몸져눕게 된다. 그리고 1923년 11월 18일(음) 영안현 남관 대종교 총본사 수도실에서 숨을 거둔다. 향년 56세였다.

IV
김교헌의 주요 저술

IV.
김교헌의 주요 저술

　나철에 의해 성립된 대종교의 업적에 있어 고귀한 하나가 일제강점기 문화항쟁을 통한 민족문화확립에의 기여라 할 수 있다.[93] 그 중에서도 단군의 의미를 민족적·사회적인 의미로 대중화시킴으로써 우리 민족문화에 획기적인 변화를 몰고 왔다는 것은 매우 중요한 의미를 갖는다. 단군이라는 이미지의 대중화는 곧 각 방면에서의 단군신드롬과 직결되기 때문이다.

　특히 대종교의 중광은 우리 민족의 경절인 개천절의 문화적 정착과 생활 속에 녹아 흘러온 단군문화의 의미 각성을 통해 민족의식의 고양, 그리고 민족문화의 인식 폭을 넓혔다는 점에서도 문화사적 의미가 크다. 개천절의 유래는 상고 때부터 내려오는 영고(迎鼓)·동맹(東盟)·무천(舞天) 그리고 10월 상달제 등에 그 근원을 두고 있으나, 그 명칭의 역사적 흐름은 정확하지 않다. 구한말 대종교 중광의 헌장이라 할 수 있는 「단군교포명서」의 서두에 보면

　　"금일은 유아(惟我) 대황조단군성신의 4237회 개극입도지경절이라 우형(愚兄) 등 13인이 태백산(지금의 백두산) 대승전에서…(중략)…범아(凡我) 동포형제자매에게

근고하노니"[94]

라는 기록과 맨 마지막에 포명일자가 '단군개극입도(檀君開極立道) 4237(1904)
년 10월 3일'로 적혀있음을 볼 수 있다.[95] 후일 나철이 이것을 계승하여
1910년 9월 27일 교명(敎命)으로 의식규례(儀式規例)를 제정발포하면서 제3
항에 '개천절은 강세일(降世日)과 개국일(開國日)이 동시 10월 3일이라 경일
(慶日)을 합칭(合稱)함'[96]이라고 규정함으로써, 그 명칭이 분명해지는 것이다.
또한 일제강점기 개천절은 대종교로 국한되는 종교적 기념일을 넘어서 범
민족적 기념일로 인식되었을 뿐만이 아니라, 망명동포들이 거주하는 곳이
면 때마다 기념행사를 거행하여 민족의식을 고취시키고 조국독립의 의지
를 다지는 계기로 삼았다. 까닭에 안재홍은

> "조국의 자유와 민족의 독립자주하는 정신이란 별것이 아니고 우리 국조 단군 적부
> 터 스스로의 민족, 스스로의 나라, 스스로의 문화의 기업(基業)을 세워주고 열어주
> 고 또 길러 주신 그 연원, 그 전통, 그 그늘에 말미암은 것입니다. 그렇기 때문에 해
> 마다 이 개천절을 국경일로 기념하게 된 것이고, 동시에 국조이신 단군의 성적을
> 옹호하고 유지하는 사업은 문득 민족정기를 똑바로 세워 독립과 자유와 통일 단합
> 을 재촉하는 기본조건의 하나로 되는 것입니다."[97]

라고 개천절의 의미를 부여하고 있고, 조소앙 또한 우리 민족이 단군의
개천건국 이래 동방에서 가장 유구한 역사와 찬란한 문화를 가졌다고 자부
하면서, 고구려의 무위(武威)와 신라·백제·고려·조선의 문화를 자립하면서
오늘에 이르렀으니 세계 어느 민족에 비하여도 손색이 없었고 이렇듯 찬란
하고 유구한 문화 위에 독립 자주하여 온 것은 물론이고 문화적으로도 영도
적 지위에 있었음을 자타가 부인할 수 없는 것이라고 단정하고 있다.[98] 한편

정인보도 1935년 발표한 글에서 시월(十月) 개천절(開天節)의 철학적 의미를 다음과 같이 부여하고 있다.

"삼위태백을 굽히어 보아 인간에 홍익을 도(圖할) 수 있음을 헤오시고, 태백산정 신단수 하에 하강하셨다 하는 환웅천왕의 성윤(聖胤)이신 단군은 곧 상천(上天)의 부촉(咐囑)을 몸 받으신 고의(古義)라. 홍익인간이 단군의 심인(心印)인 동시에 이른 바 천부인 삼개(三個)라 함이 환인·환웅·단군 삼위의 일심(一心)이 한가지 이에 있음이 인(印)침 같다 함을 화전(化傳)함이리니, 그 심인이 있는 곳을 찾으려 할진대 홍익인간이 시(是)요, 인간에 홍익을 도(圖)하시니 만큼 두루요, 또 크되 삼위태백으로 그 베푸심에 근본을 삼으시니 고전(古傳)이 비록 간소할지언정, 고정교(古政敎)의 면모를 삼가 계고(稽考)함직하니……"[99]

즉 개천(開天)의 의미가 단군이 하늘의 부탁을 받아 홍익인간의 뜻을 이 땅에 새긴 것으로 해석함으로써, 천민의식(天民意識)으로서의 자부심과 문화민족으로서의 유구함을 강조하여 민족적 단결을 일깨우는 것이다.

더불어 「단군교포명서」에서는 우리 고유 한복에 나타나는 흰색의 영금(領襟, 동정)과 단임(襢任, 댄님), 어린아이의 변발(辮髮) 치장시의 단계(襢戒, 댕기), 그리고 집안 성조신(成造神)에 대한 고사(告祀)와 단군어진(檀君御眞)에 대한 유래, 또한 팽우씨(彭虞氏)와 관련된 선령당(仙靈堂, 성황당·서낭당)과 고시씨(高矢氏)를 기리기 위해 유래된 '고시레' 등등의 문화적 배경을 설명하고 있다.[100] 이것은 그 동안 불교나 유교문화 속에 소외되고 외면된 민간기층문화(民間基層文化)에 문화적 정체성을 부여함으로써, 단군문화의 복원이라는 문화사적 의미와 함께 우리 민족의 문화적 정체성을 와해시키려 했던 일제에 대해 문화적 저항요소로 크게 작용하였다.

한편 대종교의 문화항쟁에 있어 빼어 놓을 수 없는 것이 국어와 국사 확립을 통한 저항이라 할 수 있을 것이다. 민족 집단에 있어 국어와 국사는 그 집단의 철학·사상과 더불어 정체성을 지탱하는 핵심요소가 되기 때문이다. 일제강점기 이 두 분야에 대해 보여준 대종교의 애착과 관심은 실로 대단한 것이었다. 특히 국사부문에서의 대종교의 역할은 소중한 경험으로 남는다. 그 중심에 있었던 인물이 김교헌이다.

김교헌은 그의 저술인 『단조사고』·『신단민사』·『신단실기』·『배달족역사』 에서 대종교의 역사적 원형인 신교사관(神敎史觀)을 정립한다. 『단조사고』는 우리 민족사의 시원을 파악할 수 있도록 인도한 역사서이자, 우리 문화의 유구한 원천을 확인시켜준 문화서이다. 또한 우리 민족 구난(救難)의 상징으로서의 단군을 되살려 놓은 책인 동시에, 우리 민족 결속을 위한 구심으로서의 단군이라는 의미를 일깨워준 기록물이라 할 수 있다. 수많은 사서들의 단군 관련 기록을 통하여 단군에 대한 자취의 시종(始終)과 문화적 흔적을 망라한 것이 그렇고, 망국의 질곡 속에서 민족주의사관의 밑거름이 됨은 물론 조국독립을 위한 정신적 동력을 제공해 준 점이 그것이다.

『신단민사』에서는 우리 단군민족의 혈통의 흐름을 대종교의 경전인 『신사기』와 같은 구족설(九族說)에 그 근원을 찾음과 함께, 역사적 강역인식에서는 대륙을 주요 활동무대로 설정하여 고조선부터 조선조까지 철저하게 대륙적 인식을 버리지 않고 있다. 까닭에 고려와 조선시대도 여요시대(麗遼時代)·여금시대(麗金時代)·조청시대(朝淸時代)로 서술하고 있는 것이다. 그리고 신교문화에 대해 단군의 오훈(五訓)을 시작으로 역대국가들의 제천행사를 밝힘과 함께 구서(九誓)·오계(五戒)·팔관(八關)의 의미를 구명함은 물론, 대종교의 역대 교명(敎名)을 설명함으로써 민족문화의 고유성과 공유성(公有性)·전통성·자주성을 강조하였다. 『신단실기』에서도 단군에 대한 사적(事蹟)과 신교사상에 대한 자취를 모아 자료집의 성격으로 정리해 놓았으며 『배달족역사』는 김교헌이 교열(校閱)한 것을 대한민국상해임시정부가 발간한 것으로, 『신단민사』의 굵은 줄기만을 간추려 놓은 축소판이라 할 수 있는 책이다.

1. 『단조사고』[101]

『단조사고』는 김교헌·류근·박은식 등이 주도하여 대종교협제회 이름으로 출간한 단군자료집으로, 우리 민족사의 중요한 가치인 단군의 의미를 자료집으로 집성한 근대 기록의 희귀서인 동시에, 후일 단군과 관련한 연구와 활동에 중요한 역할을 제공해준 책이다.

먼저 그 체재를 간략해 보면, 『단조사고』는 도표 2장[배달족원류(단군혈통) 1도와 삼천단부(단군강역) 1도]과 내편(內篇)과 외편(外篇)으로 엮어져 있다. 도표 1의 '배달족원류도(단군혈통)'는 배달민족이 여섯 지파로 나뉘어 남방족(조선)과 북방족(금)으로 모아지는 계통도이며, 도표 2의 '삼천단부(단군강역)'는 만주와 연해주를 망라하는 배달민족의 강역형세도라 할 수 있다.

본문의 전체 구성은 두 권(내편·외편)의 형식으로 엮어져 있다. 내편과 외편의 맨 앞에는 저술자(大倧敎編)를 밝혔으며 각 권 모두(冒頭)에 전체 내용의 대강을 적은 후 내용 전개를 꾀하고 있다.

먼저 내편에서 말하고자 하는 주요항목은 '삼신을 살펴보면 환인과 환웅과 환검이다'로부터 '경자(庚子)에 아사달산에 들어가 다시 신(神)이 되어 하늘로 올라갔다' 등의 19개 항목이며, 외편에서 밝히고자 한 주요항목은 '문화(文化)에 삼성사(三聖祠)가 있다'로부터 '바다를 둘러있는 것은 오직 삼신산(三神山)이다' 등의 17개 항목이다. 또한 『단조사고』 본문 내·외편은 위의 36개 주요항목을 주론(主論)으로 세우고, 그 근거와 함께 의견을 다는 3단계 방식(주론 – 근거 – 의견) 혹은 2단계 방식(주론 – 근거)으로 전개하고 있다.

이러한 서술방식은 전통적으로 보면 강목체(綱目體)와 흡사하다. 강목체란 편년체 역사기술의 하나로 다양한 역사적 사건을 객관적으로 전개하기보다는 저자의 사관에 따라 중요하다고 생각되는 사건을 서술하는데 용이하다. 즉 『단조사고』의 서술방법을 살피면 주론은 강(綱)에 부합되며 근거는 목(目)에 해당한다고 할 수 있다. 『단조사고』 본문에 나타나는 36개 주요항목 중, 3단계(주론 – 근거 – 의견)의 형식을 취한 것이 10개 항목(내편에 9개 항, 외편에 1개 항)이며, 나머지 26개 항목은 2단계(주론 – 근거)의 형식을 보이고있다. 이렇듯 『단조사고』가 강목체의 형식을 취했던 것은 저술자의 입론(立論)을 보다 강조하기 위하여 가능한 한 많은 국내외 문헌 전거를 제시하려한 목적에서 나온 듯하다.

다음으로 그 내용을 살피면, 『단조사고』의 내용은 단군의 혈통과 강역, 행적과 유속들을 통해 단군의 역사성과 대종교의 당위성을 확보하고자 한 것이다. 책 제목인 『단조사고』에서의 '단조(檀祖)'란 '단군대황조(檀君大皇祖)'의 준말로써 대종교의 등장과 함께 대종교단에 의해 보급된 용어다. 나철이 1909년 1월 15일(음) 대종교를 일으킬 당시, 대종교 중광을 위한 종교적 상징으로 세운 것이 '단군대황조신위'이며, 대종교의 중광선언(重光宣言)으로 「단군교포명서」에도 수없이 언급되면서 파급된 것이다. 이 「단군교포명서」에는 '단군대황조'라는 말이 무려 36회나 반복되는데, 각 문단 혹은 주요 문장의 주어가 모두 '단군대황조'로 나타나 있다.[102]

또한 '배달족원류'는 단군의 혈통을 밝힌 것이며, '삼천단부'는 그 강역을 표시한 것이다. 또한 내편에서 밝히고자 한 것은 단군의 탄생(출현)부터 승천(어천)까지의 행적을 말하고 있고, 외편에서는 단군을 숭상하고 받든 유속들을 기록을 통해 증명하고자 했다.

먼저 '배달족원류(단군혈통)'라는 도표에서는 '배달(단군)족'이 여섯 지파로 나뉜 후 최종적으로 조선족(남방)과 만주족(북방 – 후금)으로 귀착된다고 이해했다. 그 지파의 흐름을 자세히 살피면 다음과 같이 정리된다.

배달(단군)　　→조선→한(韓)→진한→신라→고려→조선
배달(단군)　　→조선→한→변한→가락→신라→고려→조선
배달(단군)　　→조선→한→마한→탐라→신라→고려→조선
　　　　　　　조선→한→마한→백제→고려→조선
　　　　　　　조선→한→마한→고구려→고려→조선
배달(단군)　　→예→고구려→고려→조선
　　　　　　　예→고구려→발해→여진→금→후금
배달(단군)　　→맥→고구려→고려→조선
　　　　　　　맥→고구려→발해→여진→금→후금
배달(단군)　　→북부여→고구려→발해→여진→금→후금
　　　　　　　북부여→백제→고려→조선
　　　　　　　북부여→규봉(圭封)→고구려→고려→조선
　　　　　　　북부여→규봉→고구려→발해→여진→금→후금
　　　　　　　북부여→동부여→고구려→발해→여진→금→후금
　　　　　　　　　　　고구려→요→발해→여진→금→후금
　　　　　　　　　　　고구려→정안→여진→금→후금
배달(단군)　　→북부여→선비→계단→요→발해→여진→금→후금
배달(단군)　　→옥저→고구려→발해→여진→금→후금
　　　　　　　옥저→발해→여진→금→후금
배달(단군)　　→숙신→읍루→물길→말갈→발해→여진→금→후금
　　　　　　　　　　　말갈→여진→금→후금
半배달(기자) →한→삼한→신라→고려→조선
半배달(기자) →고구려
半배달(기자) →마한

기자를 반배달족(半倍達族)으로 간주하고 우리 민족의 지파로 편입시켰다는 것이 주목된다. 특히 조선족(南朝)과 만주족(北朝)을 같은 단군의 혈통으로 엮었다는 것은, 대종교적 대륙사관의 중요한 근거가 되었다 할 수 있다.

이어 도표2로 실린 '삼천단부(단군강역)'는 배달민족의 강역형세도로써, 남으로는 탐라(제주도)로 시작하여 동으로 동해 전체와 인접되었다. 동북으로는 달단해협(韃靼海峽)에 닿아 있고 북으로 흑룡강을 경계로 하였으며 서북으로 이륵호리산(伊勒胡里山)을 이고 있다. 서쪽으로는 홍안령을 경계로 산융(山戎)과 접했으며 서남 방향은 요하(遼河)를 끼고 발해와 황해에 맞닿았다.

여기서 주목되는 것은 『단조사고』에 도표로 실려 있는 '삼천단부'가 단순한 지도의 의미를 넘어 대종교의 전래 종지(宗旨)와 직결된다는 점이다. 즉 '삼천단부'란 우리 배달민족의 성역의식(聖域意識)과 직결된 것으로, 고구려의 건국정신인 다물정신으로 계승되고, 그러한 영토의식이 일제하 대종교 계열의 만주독립군들에게 '배달국이상향'의 정서로까지 이어졌다는 것이다.[103] 대종교적 인식 속에서의 '삼천단부'라는 말 속에는 여기에 속한 집단들의 정신적 동류의식에서 배태된 영토 관념이 자리 잡고 있음이 확인된다.

다음으로 대종교단에 의해 저술된 『단조사고』의 본문(내편·외편) 역시 대종교의 교리·역사·문화에 대한 정당한 인식을 확보하는데 초점이 맞춰져 있다. 이것은 백두산문화의 세계중심설이나 범동이민족주의(凡東夷民族主義), 또한 대륙주의 역사관이나 신교계승설 등을 표방하는 대종교의 인식[104] 과 그대로 합치한다.

우선 『단조사고』 내편 첫 시작이, 대종교 신관의 중심을 이루는 '삼신설(三神說)'의 옹호로 출발한다는 점이다. 삼신설이란 우리 민족 상고의 신앙 체계다. 옛 임금들이 단군삼신을 공경하여 섬기는 것을 도로 삼았다는 기록이나,[105] 인(因)·웅(雄)·검(儉) 삼신이 비로소 나라를 세운 공덕을 늘 전해 외우고 잊지 않았고, 중국 사람들도 삼신을 받드는 자가 있어 동북에 신명지사(神明之舍)가 있었다는 내용에서도[106] 확인할 수 있다. 이것은 동이족이 세운 은나라가 천·지·인 삼신을 신앙의 대상으로 삼았다는 주장과도[107] 연결되는 부분이다.

또한 삼신설은, 삼신인 한인·한웅·한검이 별개의 위상이 아니라, 쓰임에서만 셋으로 나타날 뿐 몸으로서는 하나라는 삼신일체설(三神一體說)과 동일한 의미다. 『단조사고』에서도 나철의 「신리(神理)」를 인용하여 삼신일체의 의미를 옹호하고 있으며, 특히 대종교의 의견이라 할 수 있는 안(按)에서는 삼세설(三世說)을 부정하고 삼신설의 타당함을 네 가지의 이유를 들어 개진했다.

다음으로 『단조사고』 내편에서 말하고자 하는 주론(主論) 19개 항목 가운데, 대부분의 항목이 대종교의 종교적 상징 혹은 교화치적과 관련된 내용들이다. 먼저 '천부삼인'과 '태백산 단목(檀木)'은 그 종교적 상징성이 뚜렷하다. 즉 단목은 신단수(神檀樹)로 우주수(宇宙樹)이며 천상과 지상을 연결하는 신앙의 보편적 상징물로 이해되고 있다. '오사(五事)' 역시 대종교적 의미가 남다르다. '오사'란 주곡·주명·주병·주형·주선악(主穀主命主病主刑主善惡)의 인간 주요 생활과 관련된 오사통치(五事統治)를 말하는 것으로, 먹고 사는 것, 삶 속에서의 위계(位階), 삶의 생노병사(生老病死), 삶의 질서, 삶의 도덕과 윤리 등을 관장한 통치 질서라고 할 수 있다. '삼백육십여 가지 일을 다스렸다' 함도 남다른 종교적 의미를 담고 있다. 즉 대종교에서의 '삼백 육십여사'는 단순한 숫자의 의미를 떠나 질서의 완성, 교화·치화의 실현, 이상향 구현이라는 의미와 밀접하다. 즉 홍익인간을 숫자의 운도로 가장 크게 표시한다면 삼백 육십이라고 말할 수 있는 것이다. 대종교단의 주경전인 「삼일신고」의 전문(全文)이 삼백 육십 여자로 이루어져 있고 『참전계경』도 삼백 육십 여사로 짜여져 있음도 종교적 연관성이 깊음을 보여주는 것이다. 「신사기」에서 치화주 한검(桓儉)이 여러 신관들에게 직분을 나눠주어 삼백 육십 여사를 다스리게 했다는 기록[108] 역시 종교적 의미가 깊음을 확인시켜 준다.

다음으로 '신(神)으로써 교(敎)를 베푸니 대종(大倧)이라 한다'는 주론은 대종교의 정체성을 분명히 밝힌 부분이라 할 수 있다. 본디 단군교라는 이름으로 출발(1909년 음력 1월 15일)하여 대종교로 개칭(1910년 음력 8월 5일)했는데, 순수 삼신일체 하느님 신앙으로의 환원을 의미한다는 것이다.[109] 또한 '비서갑신녀'나 '팽우'. '고시'와 '여수기' 등은 「신사기」에 나오는 대종교 치화행적의 주요인물들이라는 점에서 주목된다.[110] 특히 '갑자에 천부삼인을 잡고 태백산 단목 아래에 내려왔다'는 내용과 '경자(庚子)에 아사달산에 들어가 다시 신(神)이 되어 하늘로 올라갔다'는 주론은, 대종교의 2대 경절인 개천절(開天節)과 어천절(御天節)의 근거가 되는 주장들이다.

한편 『단조사고』 '외편'에 실린 17개 항목의 주론 역시, 단군과 관련된 종교적 유적과 제사·유풍(遺風)에 관한 것들로써, 대종교의 성지(聖地)·제례·예법의 골대를 이루고 있다. 문화(文化)의 삼성사(三聖祠), 평양의 숭령전, 영주(永州)의 목엽산묘(木葉山廟), 봉화(奉化)의 태백산사(太白山祠), 강동(江東)의 선침(仙寢 - 단군릉), 묘향산의 신굴(神窟 - 단군굴), 백두산의 박달나무[檀木]와 영궁(靈宮), 삼신산(三神山) 등과, '내편'에 실린 마니산 제천단은 대종교의 주요 성지로 추앙되는 곳들이다.

또한 '외편'의 기씨조선(箕氏朝鮮)의 사당제, 예(濊)와 부여(扶餘)와 삼한(三韓)의 국읍제(國邑祭), 신라(新羅)와 가락(駕洛)의 신궁제(神宮祭), 고구려와 백제의 교사제(郊社祭), 발해와 고려와 조선의 묘전제(廟殿祭) 등은 대종교단의 역대제례에서 빼놓지 않는 행사들이다. 더불어 '외편'에 등장하는 동방시조로서의 단군, 동방군자(東方君子)의 나라, 분야(分野)로는 미성(尾星)과 기성(箕星)에 해당, 예법(禮法)과 의기(義氣)를 숭상하는 풍속 등도, 모두 단군신앙의 유풍과 밀접한 관련을 맺고 있다.

이렇듯 『단조사고』 '내·외편'의 전부가 단군의 행적과 유적·제례 등과 관련된 내용들이다. 또한 전래 단군신앙의 교사(教史)·교의(教義)·문화(文化)와 불가분의 연관을 갖는다. 이것은 『단조사고』가 대종교단으로부터 출간된 것과도 연결되는 것으로, 그 출간의 의도를 확인할 수 있다. 즉 『단조사고』는 단군의 역사와 문화를 객관적으로 구명하려는 내용들인 동시에, 대종교의 역사와 문화적 당위성을 확보하기 위하여 만들어진 것이다.

2. 『신단실기』

『신단실기』는 대종교의 종리(倧理)와 밀접한 연관을 갖는다. 이는 처음 대종교의 교명이 단군교인 것처럼, 단군을 종조로 내세워 민족종교의 교리와 단군역사를 체계화시킨 것이다. 따라서 『신단실기』는 일제에 의해 나라는 강탈당했으나, 우리에게는 유구한 민족의 시조가 있고 민족사가 있으며 민족의 고유한 종교가 있다는 것을 밝히고자 한 종교서인 동시에 민족혼을 일깨우는 단군역서서라 할 수 있다.[111] 이 책의 내용 구성은 단군시대의 역사, 대종교(檀君神教)의 기본적 신관, 대종교의 발전 과정, 역대 제천행사, 단군 관련의 민간신앙, 단군 관련 역사 유적, 백두산에 관한 논고, 단군고조선에 대한 영토문제, 상실된 태고의 단군고사 등, 총 19개 항목[단군세기·삼신상제·교화원류·신이징험(神異徵驗)·단사전묘(壇祠殿墓)·역대제천·족통원류·시사악장(詩詞樂章)·고속습유(古俗拾遺)·단군향수변(檀君享壽辨)·단군변(檀君辨)·강동릉변·부루변·태백산변·평양급패수변(平壤及浿水辨)·단군강역고·백두산고·백악고·경사재액(經史災厄)]에 이르는 단군 관련 역사 기록을 정리한 것이다.

　이 책에서 가장 주목되는 부분은 「단군세기」다. 우선 「단군세기」는 단국·
부여·고구려·백제·신라·발해·예맥·동옥저·비류·숙신·삼한·정안국·요·금의
순으로 14왕조의 흥망을 개관한 것으로, 이들 국가들 모두 단군족으로 이해
하고 있음이 주목된다. 「단군세기」의 첫 부분인 '단국(檀國)'에서는 신교(神
教)의 성립과 삼천단부의 설치, 단군 칭호와 배달(倍達) 국호의 유래를 비롯
하여 팽우·신지·고시·여수기·비천생(裵天生) 등의 역할을 설명하고 있다. 또
한 국호를 조선으로 변경한 것과, 태자 부루의 도산회의(塗山會議), 삼랑(三
郎)의 활동, 그리고 단군의 어천(御天)에 대해 기록했다.

　흥미로운 것은 위만과 사군이부(四郡二府)의 역사를 삭제하고 있다는 점
이다. 또한 삼국시대도 고구려·백제·신라 순으로 서술하고 있음이 주목된
다. 이는 국사를 단군족(배달족)의 단일민족사로 체계화하고, 요·금과 같은
북방족까지도 국사에 편입시키며, 나아가 만주에서 영위되었던 국가들을
국사의 주류로 부각시키는 결과를 가져온 것으로, 대종교에서 표방하고 있
는 단군중심의 역사관을 그대로 반영하고 있음이 확인된다.[112]

　한편 「단군세기」에서는 문헌 제시 없이 서술되고 있으나, 대체로 『고기』
를 비롯하여 『삼국유사』·『삼국사기』·『동명왕편』·『위지동이전』 등에 의거
하여 작성된 것이며, 끝부분에 미수 허목과 수산 이종휘의 단군에 관한 언
설을 소개하고 있는 것으로 보아, 허목(許穆)의 『기언(記言)』 속에 들어 있는
『동사(東事)』와 이종휘(李種徽)의 『동사(東史)』 및 『수산집(修山集)』의 영향을
많이 받은 것을 알 수 있다. 허목과 이종휘의 사학에 대해서는 신채호의 『조
선상고사』에서도 높이 평가하고 있는 터이지만,[113] 시간적으로 보아 『신단
실기』는 『조선상고사』보다 16년이나 앞선다는 점에 , 『신단실기』의 선구적
위치를 확인할 수 있다.[114]

또한 「단군세기」에서 특히 눈에 띄는 것은 숙신에 관한 설명이다. 김교헌에 의하면 숙신이 당시의 북간도이던 동만주(영고탑 부근)에 있던 나라로서 상고시대 동방구이(東方九夷) 가운데 최강국이었음을 강조하고 있다. 그리고 석노(石砮)·피갑골(皮甲骨)·단궁(檀弓)·고시(楛矢) 등을 만들어 썼는데, 단궁이 중국에 알려져 동인(東人)을 이(夷, 大弓의 뜻)라고 부르게 되었다 한다. 그리고 식신·직신·읍루·물길·말갈은 모두 동종이며, 숙신의 땅은 뒤에 모두 발해의 소유가 되었다는 인식이다. 이러한 숙신에 대한 연구는, 당시 재만 역사가들의 공통된 관심사로서 한인의 간도이민과 관련된 추세였을 듯하다.

「삼신상제」 이하 「경사재액」에 이르기까지의 18항목은 단군 또는 단군조선과 관련되는 신앙·습속·지명·강역·연대, 그리고 문헌들을 고증 또는 소개하고 있다.[115] 먼저 「삼신상제」에서는 삼신이 환인(天)·환웅(神)·단군(神人)에서 유래하고 삼신이 곧 상제·제석이며, 삼신산이 태백산(白頭山)이라는 것을 『고금기』·『한서』·『풍속고』 등을 인용하여 밝히고 있으며, 삼신에 대한 부설로서 부루단지 혹은 업주가리에 대한 민간 풍속을 소개하고 있다.

다음에 「교화원류」를 보면, 단군이 성인 혹은 신인으로서 신교를 설립하여 주곡·주명·주형·주병·주선악하고 , 남녀·부자(父子)·군신·의복·음식·궁실·편발·개수의 제도로써 교화하며, 구이의 소국을 모두 신교로써 교화하여, 백이(伯夷)가 인현지풍(仁賢之風)의 소문을 듣고 귀화했다는 것이다. 또한 『성호사설』를 인용하여, 단군조선이 요·심지방을 병유(并有)하면서 유·영(幽營)의 순(舜)과 상접하였으므로 중국문화의 영향을 받았으리라는 것과, 『신이경(神異經)』을 통해서는 동방인이 주의(朱衣)·호대(縞帶)·현관(玄冠)·채의(綵衣)를 착용하고, 서로 범하지 않고 서로 훼손치 않으며, 타인의 환(患)을 보면 목숨을 걸고 구해주어 선인(善人)이라고 일컬어진다는 것이다. 그리고 동방인이 예의가 바르다고 알려진 것은 단군·기자의 교화의 결과로, 공자가 부해(浮海)의 뜻을 품고 공자의 후손 공소(孔昭)가 고려에 귀화한 것은 이 때문이라 했다.

한편 단군이 창시한 종교를 명나라 왕세정(王世貞)의『속완위여편(續宛委餘編)』과『만주지(滿洲誌)』를 인용하여 다음과 같이 말했다. 즉 부여에서는 대천교(代天敎) 혹은 배천교(拜天敎), 신라에서는 숭천교(崇天敎), 고구려에서는 경천교(敬天敎), 고려에서는 왕검교(王儉敎)라고 하였다는 것이다. 이어 최치원이 나라에 현묘한 도가 있는데, 유·불·도의 3교를 포함하고 있다는 것 등을 밝히고 있다.

다음으로「신이징험」은 삼신상제가 인간에게 길흉화복을 내려준 여러 가지 신이한 징험의 사례들을 모은 것이다. 예컨대『배씨구보(裵氏舊譜)』에 보이는 비의동자설화(緋衣童子說話),『동사유고(東事類考)』에 있는 비삼문(扉三門) 전설, 아란불의 몽천(夢天)[116] 전설, 솔거의 신화,『이상국집』의 김생신필(金生神筆),『용비어천가』의 구변진단지도와 금척(金尺)에 관한 기사,『성종실록』에 기록된 삼성사 신앙에 관한 기록 등이 그것이다.

「단사전묘」에서는 마니산 참성단, 구월산 삼성사, 평양의 숭령전·성제사, 발해의 보본단과 목엽산묘, 금의 태백산묘, 고구려의 부여신묘와 고등신묘에 관한 내용을,『수산집』·『문헌비고』·『춘관통고』·『문원보불(文苑黼黻)』·『고려사지리지』·『요사』·『금사』·『후주서』의 기록을 통해 제시하고 있다. 더불어 김교헌은 이러한 단·사·전·묘의 의미가, 단군신교에 대한 추원보본(報本追遠)의 뜻을 가진 것이라는 해석을 보였다. 이러한 의례가「역대제천」에서 드러나는데, 고조선·부여·예맥·삼한·고구려·백제·신라·고려·요·금 등에서 이루어지고 있었던 제천행사, 즉 영고·무천·천군·동맹·교천·연등·예화악·사류(射柳) 등을 소개하고, 중국의 봉선(封禪)·환구제(圜丘祭)보다 앞서서 동방의 제천이 행해졌는 것이 김교헌의 견해다.

「족통원류」에서는,

"단군의 자손을 배달종족이라고 한다. 나뉘어서 5파가 되었는데 첫째는 조선족, 둘째는 북부여족, 세째는 예맥족(濊貊族), 네째는 옥저족, 다섯째는 숙신족이다."[117]

라고 인식을 전제로, 나중에는 신라족과 발해족이 여러 분파를 흡수하여 전자가 현조선족으로 이어지고, 후자가 현만주족으로 이어져 내려온 것으로 이해하고 있다. 특히 과거에 중국계로 이해되어 온 한족(韓族, 辰韓·弁韓)을 배달족으로, 기자 후예와 마한을 반배달족으로, 그리고 북방 이민족으로 간주 되어 온 선비·거란·요·금·여진·청·말갈·만주족 등을 모두 배달족으로 간주하는 것이 특이한 점이다. 김교헌의 이러한 인식은, 1911년에 나온 『단조사고』 속에 「배달족원류(단군혈통)」으로 실린 그림을 서술 형식으로 설명했다 해도 과언이 아닐 만큼 정확히 일치한다. 좀더 근원적으로 보면, 대종교단에 전해져 오는 『단군교오대종지서(檀君敎五大宗旨書)』 맨 앞에 실린 「대황조신손원류지도(大皇祖神孫源流之圖)」에서 동일한 인식이 나타난다는 점이다. 앞에서 본 「단군세기」에, 단국(檀國)·부여·고구려·백제·신라·발해·예맥·동옥저·비류·숙신·삼한·정안·요·금 등의 역사를 서술하고 있는 것도 이와 같은 족통(族統) 관념에 근거하고 있음을 알 수 있다.

「시사악장」에서는, 조선조의 문인 또는 중국 문인이 지은 단군에 관한 시사(詩詞) 혹은 악장(樂章)을 모았고, 「고속습유」는 달[月]·임금[王]·서낭당(仙王堂)·고시네(高矢네)·단단(檀檀)·동령(東嶺)·댕기(檀戒·檀祈)·성주(成造)·신단제(檀神祭)·배(白) 등의 어원과 풍습이 모두 단국에서 유래한 유풍 미속이라는 것을 밝혔는데, 언어·민속적인 측면에서 단국의 문화를 이해하고 있다는 점에서 주목된다.

이밖에도 「단군향수변」에서는, 『동국통감』을 따라 1,048년이 단군의 향수(享壽)가 아니라 단군조선의 역년(歷年)임을 밝혔다. 또한 『동사강목』을 근거로 하여 단군이 '단국의 임금'임을 주장하고(「단군변」), 강동 단군묘가 후세 단군의 무덤이며(「강동릉변」), 부루는 두 사람으로 하나는 단군의 자요 다른 하나는 해모수의 자라고 주장하면서(「부루변」), 태백산이 묘향산이 아니라 지금의 백두산이라는 것을 밝혔다.(「태백산변」)

한편 「평양급패수변」에서는 『열하일기』를 들어 복수의 평양설을 제시하면서, 요동의 봉성(鳳城), 요서의 영평·광녕 사이, 요양, 대동강유역 등을 평양으로 보았다. 마찬가지로 패수 역시 요동의 헌우란수(蓒芋濼水)와 대동강을 동시에 꼽았다. 「단군강역고」를 통해서는 『강역고』·『와유록』·『동방지명변』을 인용하여, 단·기시대의 강역을 요·심 일대를 포함하여 서쪽으로 요하를 넘어서고 북으로 흑수(黑水)를 넘어섰다고 밝히고, 한사군의 위치 역시 반은 요동에 반은 여진에 있었다는 것이다. 이어 『동사강목』을 근거로 백두산의 명칭이 불함·개마·도태·백산·태백·장백산 등 다양하게 불렸으며(「백두산고」), 백악은 백아강=아사달=구월산을 의미한다는 것이다.(「백악고」)

『신단실기』의 말미에는 「경사재액」이 실려 있다. 말 그대로 단군시대의 고사와 경전이 후세에 인멸된 과정을 설명한 것이다. 이에 의하면, 단군시대의 경사가 부여·고구려에 유전하여 번역 간행된 것이 많았으나, 신라와 당이 고구려를 멸하면서 서고를 불태우고 민간소장을 거두어 태웠다 했다. 또한 부여에 소장되었던 것은 발해로 전해졌으나, 금(시대적으로 보면 요나라의 오기인 듯하다 - 필자주)이 나·당의 전철을 밟아 훼손하였다는 것이다. 그래도 남아 전해온 경사의 일부마저도, 조선조 세조·예종·성종 때의 수서령(收書令)에 의하여 수거된 뒤 병화(兵火)로 인하여 유실되었음을 밝혔다.

이렇듯 『신단실기』는 단군의 역사를 수집·정리하여, 우리의 시각에서 해석했다는 점에서 의미가 크다. 그 연대표기에 있어서도 과거 존화사상의 잔재인 중국의 연호 표기나, 한말 교과서에서 보이던 일황연기(日皇年紀)를 쓰지 않고, 개천기년법을 쓰고 있다. 이는 단군숭배와 관련된 것이기도 하지만, 사대적 잔재와 친일적 굴욕를 청산하려는 의도로 파악된다.

또한 이 책의 특징을 정리해 본다면, 과거의 방대한 역사 문헌 안에 단편적으로 매몰되어 있었던 단군 관련 기사를 새로 발굴·수집하여, 그러한 단군 기사들에 일관된 관련성을 부여하면서 근대적인 단군사관을 재구성한 점에 있다. 특히 본서에서는 여러 가지 역사 기사를 종합하면서 동이족 곧 동북아시아 민족들이 공통적으로 신봉한 단군신교의 내용을 구체적으로 제시하였다. 그 단군신교의 내용이란 바로 '천신신앙'과 '제천의례'인 것이다. 그 뿐만 아니라 중국의 제천과 신선사상과 같은 것이 고대의 단군신교에 그 연원이 있다고 보고 오히려 고대 중국문화의 기원이 동이족의 신교 문화 속에 있었다고 주장을 폈다. 이러한 견해는 전통적인 유교 존화사대주의를 극복하여 민족의 문화적 주체성을 확립하는데 크게 기여하게 된다. 또한 이 책에서는 기존 성리학적 관점에서 음사(淫祀)·음습(淫習)으로 비판되어 오던 토착적인 민속문화를 한민족의 고유전통으로 긍정하고 평가하여 역사 연구를 위한 귀중한 연구 대상으로 삼았다는 점이 주목된다. 그러한 의미에서 본서는 근대적인 '민속학'의 효시로도 매우 큰 의의를 지닌 것이다.[118]

한마디로 『신단실기』는 저자 김교헌이 대종교도의 입장에서 단군 또는 삼성에 대한 깊은 종교적 신앙심을 바탕으로 하여 편찬한 것이면서도, 어디까지나 문헌적 자료에 입각하여 객관적으로 배달족의 역사를 서술하려고 노력한 흔적이 많다는 점에서 단순한 사화로만 치부하기는 어렵다. 물론 대종교적 교리에 입각한 역사해석이 없는 것은 아니지만, 단군조선의 역사와 문화를 무리하게 날조하지 않았다. 조선 후기 실학자들이 밝혀낸 단편적인 연구 성과를 광범하게 수집·정리하고, 여기에 대종교적인 세계관을 투영시켜 새로운 상고사의 체계를 수립하였던 것이다.[119]

3. 『신단민사』

『신단민사』는 단군에서 갑오경장에 이르는 통사 체계의 구성에 목적을 두고 교과용으로 편찬된 저술이다. 그러므로 훨씬 평이하고 정리된 개설서의 면모를 갖춘 저술로, 20세기 대표적인 통사라는데 그 사학사적 의미가 크다.

앞서 살핀 『신단실기』가 상고 단군의 역사를 중점으로 한 저술이라면, 『신단민사』는 상고(신시시대·배달시대·부여시대·종교·제도·문학기예·풍속), 중고(열국시대·남북조시대·종교·제도·문학기예·풍속), 근고(여요시대·여금시대·고려시대·종교·제도·문학기예), 근세(조선시대·종교·제도·문학기예·풍속) 등으로 시대를 나누어 통사 체제로 서술된 역사서다. 『신단민사』의 시대구분에서의 목차 가운데, 근고에서 요·금도 한국사에 포함시켰다는 것은, 만주를 지난날의 역사에서 우리의 영역으로 즉 구강(舊疆)으로 보았다는 것이라 할 수 있다. 그리고 이 『신단민사』는 또한 전래 신교(神敎, 대종교)의 가치를 기반으로 우리 민족사의 정통을 강조하고 체계화하였다는 점에서 의미가 크다.[120]

이 책의 「범례」(전체 9항) 앞 3항을 보면

"1. 이 책은 나라마다의 편년(編年)을 따져서 쓰지 않고 민족을 기준으로 하여 단군민족 전체를 망라하여 썼기 때문에 책 이름을 『신단민사』라 한다.
2. 이 책은 사담체(史談體)와 개화사체(開化史體)로 썼으며 한글과 한문을 함께 써

서 읽기에 편하도록 했다.

3. 이 책은 민족의 고유한 정신과 전해 내려오는 아름다운 풍속을 중요시하므로 신
단민족의 가치를 밝혔다."[121]

라는 서술 기준을 밝히고 있다.

먼저 「범례」 1항을 보면, 이 책이 좁은 의미의 국가사가 아니라 넓은 의
미의 민족사로 편찬되었다는 것을 보여준다. 여기서 민족이라는 것은 단군
민족=배달족=신단민(神檀民)=구이(九夷, 九族)을 가리킨다. 단군민족은 국조
를 중심으로 부른 것이며, 배달족은 최초의 국호인 단(檀)의 방언에 따른 호
칭이다. 또한 신단민은 배달족에 대한 존칭(신성한 배달민)이며, 구이 혹은 구
족은 중국 측 문헌에 보이는 배달족의 명칭이다. 배달족은 『단군교오대종
지서』의 「대황조신손원류지도」와 『단조사고』의 「배달족원류단군혈통(圖)」,
그리고 『신단실기』의 「족통원류」 부분처럼 조선족·부여족·한족·예족·맥족·
옥저족·숙신족으로 나뉜다. 이 중에서 가장 주류를 이루는 것은 조선족으
로, 조선족이 부여족으로 이어지고, 부여족이 다시 동부여·북부여·졸본부
여·서라부여·남부여로 나뉘어져, 졸본부여가 다시 고구려·발해·여진·금·청
으로 이어지고, 서라부여가 다시 신라·고려·조선으로 이어지며, 부여에서
백제가 나온다.

부여족의 부여는 북예(北濊)로 이어지고, 한족의 한(韓)은 진한·변한으로
나뉘어 진한이 신라로 연결되어, 변한이 가락으로 이어진다. 그리고 삼한
의 하나인 마한은 타래족(他來族, 半倍達族)인 기씨의 후예로 간주되고 있다.
예족의 예는 서예(徐濊)·한예(寒濊)·동예(東濊)·불내예(不耐濊) 등으로 나뉘어
지고, 서예가 주나라 초기에 서국을 세워서 1천여 년간 50여 국을 거느리는
동방의 맹주가 되었다. 맥족의 맥은 북맥(北貊)·호맥(胡貊)·양맥(梁貊)·구려맥

(句麗貊)·소수맥(小水貊)·예맥·우수맥(牛首貊) 등 7파로 구분하고, 그 중에서 북맥을 선비·거란·요로 연결시켰다. 옥저족의 옥저는 동옥저와 서옥저로 나뉘어지며, 숙신족의 숙신은 읍루·물길·말갈·여진으로 이어진다.

다만 『신단실기』와 차이가 있다면, 『신단실기』에서는 조선족에서 삼한·신라·고려·조선으로 연결되고 부여족에서 고구려·발해·백제·여진(金·淸)이 이어지는 것으로 보았으나, 『신단민사』에서는 조선족과 부여족을 일원적으로 체계화하고 있다는 점이 서로 다르다. 즉, 민족사 체계에서 한족보다도 부여족의 위치를 더욱 높인 것을 알 수 있는데, 아마도 만주사(北疆史)를 반도사(南疆史)보다도 더 중요시한 결과가 아닌가 짐작된다.[122]

이어 『신단민사』에서는 우리의 역사 활동의 무대로, 만주(北疆)와 반도(南疆)를 하나로 묶어 인식하고 있다는 점이다. 즉 배달족의 활동무대를 모두 영토(領土, 國土)로 간주하는 입장에서 만주와 한반도가 하나의 국가로 통합된 시대를 통일시대로 이해하고, 그렇지 않았던 시대를 열국시대 혹은 남북조시대로 부르고 있다. 이러한 관점에서, 역사상 통일시대는 신시시대(神市時代, 桓族시대)·배달시대(단군조선)뿐이며, 소위 삼국시대는 열국시대로, 통일신라시대는 남북조시대로, 그리고 고려와 조선도 각각 남북조시대로 취급되고 있다. 통일신라 이후에도 만주에는 배달족 국가인 발해·요·금·청이 계속 건설되었던 까닭이다. 그리고 이러한 논리를 가지고 이해한다면, 배달족은 상고시대를 제외하고는 한 번도 통일을 이루지 못한 것이 되며, 만주의 실지(失地)를 다시 수복함으로써만 민족의 재통일이 이루어지고 민족사가 곧 국사가 될 수 있다는 논리로 귀결된다. 이 책의 권두에 「남북강통일국계표(南北疆統一國系表)」를 작성하여 북강국가와 남강국가를 확연히 구별하고 있는 것도, 이러한 취지와 관련된 것이다. 소위 북강국가는 기씨조선·위씨조선·부여·고구려·발해·요·금·청이며, 남강국가는 마한·백제·가락·신라·고려·조선이 이에 포함된다.

대종교사관의 입장으로 볼 때 이러한 인식은 이상한 것이 아니었다. 즉 대종교에 있어 백두산 남북마루는 신앙의 발상지이므로, 만주 역시 우리의 구강인 동시에 종교적 성지로 이해되었던 것이다.[123] 그러므로 대종교단에 전래되는 오대종지(五大宗旨)에서 성역의식에 대한 애착이 끊이지 않고 연결되는 것도 위와 같은 배경과 밀접하다.

대종교 성지수호의 의지를 잘 드러내 주는 문헌이 『단군교오대종지서』다.[124] 이 책은 근대 단군신앙 부활의 상징적 인물인 백봉신사(白峰神師)가 친열(親閱)한 것으로, 나철이 오대종지를 정식으로 발포한 시기보다 2개월 앞선 기록이다. 그리고 이 기록에는 오대종지 성립의 역사적 배경과 의미 그리고 변화에 대해서 자세히 밝히고 있다. 특히 여기서 주목되는 것은 나철 발포한 오대종지 중의 '정구이복(靜求利福)'이 '안고기토(安固基土)'로 기록되어 있다는 점이다.

[표 3] 이 표는 『단군교오대종지서』에 나타나는 시대별 오대종지의 변화와 대종교를 중광한 홍암 나철이 1909년 음력 12월 1일 발포한 오대종지를 참고하여, 필자가 도표로 정리한 것이다.

시 대 오대종지	단군시대	고구려시대	구한말 백봉신사	1909년 12월 1일 홍암 나철
종지1	염조신(念祖神)	경천조(敬天祖)	경봉천신(敬奉祖神)	경봉천신(敬奉天神)
종지2	연명성(演明性)	감영성(感靈性)	감통영성(感通靈性)	성수영성(誠修靈性)
종지3	합동류(合同類)	애족우(愛族友)	애합족우(愛合族友)	애합종족(愛合種族)
종지4	수단부(守團部)	완기토(完基土)	안고기토(安固基土)	정구이복(靜求利福)
종지5	근의식(勤衣食)	흥산업(興産業)	근무산업(勤務産業)	근무산업(勤務産業)

나철이 전래의 오대종지 중의 '안고기토'를 '정구이복'으로 바꾸어 공포한 이유는 분명하지 않지만, 아마도 당시엔 남의 영토에 속해 있던 배달고토(倍達故土)에 대한 성지 회복의 주장이 미묘한 지정학적 마찰의 소지가 있었기 때문인 듯 생각된다. 그러나 나철이 1914년 5월 13일 만주 화룡현 청

파호(백두산 북쪽 기슭)에 총본사를 설치한 것이나,[125] 유언을 통하여 묻히고
자 했던 곳도 이 백두산 북록(만주 화룡현 청파호)임을 볼 때,[126] 나철이 '정구
이복'으로 숨기고자 했던 '배달고토에 대한 열렬한 집착(안고기토)'을 확인할
수 있다.

『단군교오대종지서』는, 한국종교사의 정통이라 할 수 있는 신교의 흐름
을 체계적으로 정리한 유일한 서책이라 할 수 있다. 단군신앙을 부활시키는
데 선각자 역할을 했던 백봉신사가 친히 교열한 이 책은, 표지를 포함하여
33쪽으로 이루어진 필사본이다. 그 주된 내용은 신교의 흥망사로서, 신교의
성립으로부터 중광(重光, 다시 일어남)을 천명하기까지의 과정을 상세히 기록
하고 있다. 특히 우리 고유의 신교가 겪게 되는 7차례의 비운을 적시하고 있
다는 점에서 주목을 끈다.

『단군교오대종지서』에서 전하는 오대종지 가운데, 영토의 소중함을 강
조한 부분(단군조에서는 守團部, 고구려에서는 完基土)이 나타난다는 것이다. 이
것은 김부식(金富軾)의 『삼국사기』에 고구려의 건국정신인 다물(多勿)을 "고
구려 말로 다물은 잃어버린 옛 강토를 되찾는 것이다.(麗語謂復舊舊土爲多
勿)"[127]라고 설명한 기록과 일맥한다는 점에서 향후 많은 연구가 기대된다.
특히 『단군교오대종지서』에서는 단군시대 '수단부'의 종지를,

"강역을 지켜라. 옛날 삼천단부의 강역은 대황조께서 하늘로부터 나누어 받아 몸소
개척하시어 자손에게 물려주었으나 자손들이 그 근거지를 지키지 않았다. 삼천단
부가 하나 되어 존재할 때 동시에 다 같이 형제의 근거지이다. 본시 이 땅 저 땅이
없었기를 몇 천 년 오다가 한(漢)나라 도적들이 침입하여 각 단부가 찢어지는 피해
를 당했다. 금일 단부를 하나로 모아서 옛 근거지를 회복하는 것은 단군조의 배달
조의 영광이다.[128]

라고 설명함으로써, 삼천단부가 곧 신교(대종교)의 성역이요 그것을 회복하는 것이 배달조의 영광임을 밝히고 있다.

그러므로 고구려가 다물정신[完基土]을 내세워 단군구강(檀君舊彊)을 회복하고자 했던 취지 또한 자연스레 드러나는 것으로, 즉 국운과 신교의 흥망이 이것과 밀접하기 때문이었다. 고구려가 오대종지(敬天祖·感靈性·愛族友·完基土·興産業)를 입국정신(立國精神)으로 삼아 체행실천(體行實踐)했다는 기록은,[129] 김부식이『삼국사기』「고구려본기」에 기록한 다물의 의미와 견주어 볼 때, 결코 허구가 아님을 확인할 수 있는 것이다. 특히 주몽이 다물을 연호로 삼아 고구려를 건국했음을 보면, 다물은 고구려의 건국정신이 된다는 점에서도 그 의미가 통한다.

다음으로『신단민사』「범례」 2항에서는, 정사(正史)에 보이지 않는 사화 내지는 전설을 수록함과 동시에 근대적인 역사 서술 방식을 취하고 있다는 의미를 밝히고 있다. 말 그대로 사담이란 이야기 형식의 역사 서술을 말한다. 그렇다고『신단민사』가 사찬(私撰) 서술이나 야사(野史)에 근거하여 엮어졌다는 말이 아니다. 오히려 근자에 많이 언급되는 내러티브(narrative)의 역사학과 연결되는 의미다. 내러티브란, 이야기하는 존재로서의 인간을 전제로 이야기의 형태 속에서 사건을 제시하고 이 세계의 모습을 집약시키는 것과 통한다.[130]『신단민사』의 서술이 평이하게 다가오는 이유다.

또한 개화사체란 전통적 편년체나 왕조중심의 연대기적 서술을 벗어난 근대적 역사 서술의 기법이라는 의미로 이해된다.『신단민사』가 고대에서 근세까지 생활사나 분류사적 기법으로 엮어진 이유라 할 수 있다. 그리고 국한문을 병용한 것은 한말의 교과서를 비롯하여 1910년대 초의 상당수의 사서들이 아직도 순한문 서술을 탈피하지 못한 사실에 비추어 진일보한 대중적 서술 방식으로 평가된다. 이 책「범례」 5항에서 시대구분과 편(編)·장

(章)·절(節)의 구분원칙을 제시한 것도 이와 관련이 있다. 편에서는 상고·중고·근고·근세로 4분하고, 각 편마다 종교·제도·학예·풍속의 4장을 두었으며, 각 장은 몇 개의 절로 구성되어 있다.

이와 같은 시대구분법과 편제 방식은 이른바 개화사체를 따른 것으로서, 현채(玄采)의 『동국사략』(1906) 이후 널리 통용되던 신사체(新史體)의 형식이다. 그런데 『신단민사』는 신사체의 형식을 넘어서 장·절의 제목이나 역사 용어를 완전히 근대적인 것으로 바꾸어 놓았다는 점에서도 획기적인 의미를 갖는다. 즉 종전에 유가들이 존화·존왕실적인 입장에서 써오던 '왜란'·'호란' 등등의 용어를 '일본의 입구(入寇)', '형제의 맹약(盟約)'. '모모(某某)의 거병(擧兵)' 등으로 바꾸어 놓은 것이다. 「범례」 7항·8항[131]에서 중고편 이후의 서술에 있어서 시대별 장마다 첫 번 째 절에 그 장의 개요를 적고, 또 각 장의 서술 분량을 균일케 하여 독자의 편의를 도모하였음도, 교과서의 학습효과를 대중적으로 살리기 위한 근대교과서의 체제를 발전시킨 것이다.[132]

끝으로 「범례」 3항에서는, 우리 민족의 고유 정신과 전래 미속에 중점을 두었음을 밝히고 있다. 실제로 본서는 문화사 서술에 주력하고 있으며, 문화 중에서도 종교·제도·문학기예·풍속을 반드시 각 시대마다 서술하고 있다. 그리고 종교에 대한 서술에서는 반드시 민족 고유신앙인 신교(神敎, 대종교의 전신)를 첫머리에 싣고, 풍속 항에서는 관혼상제와 의식주 생활상의 고유한 풍습을 소개하는 데 주력하고 있다. 일반적으로 고유한 정신이 많이 나타나는 것은 제도보다는 종교와 풍속이라는 점에서, 저자가 종교와 풍속의 서술에 주력한 것으로 이해된다. 『신단민사』가 사담체와 개화사체를 병용하여 사담을 많이 실은 것도 실은 민족의 고유정신과 미풍을 소개하여, 말 그대로 『신단민사』의 가치를 드러내고자 한 것과 관련이 있을 듯하다.

사실 신교와 관련한 종교나 풍속은, 당시 유교적 기준으로 여과된 정사(正史)에서는 찾을 수 없는 요소들이기 때문이다.

나아가 『신단민사』는 「범례」의 마지막에서, 연대표기 방법으로 개천기년(開天紀年)과 간지를 따랐음을 밝히고, 이러한 편년 방식이 가진 불편한 점을 후일 고칠 것을 약속하고 있다. 김교헌이 『신단실기』와 마찬가지로 개천기년의 연대표기 방법을 우선 택한 것 역시, 대종교적 정서에서 기인한 것이다. 또한 종래 유가들이 써오던 중국연호 표시법이나, 한말교과서에 많이 채용되었던 일황기년법이 극복되었다는 점에서도 긍정적인 의미를 갖는 것이다.[133]

『신단민사』는 그 내용면에 있어서도 주목된다. 특히 이 책의 핵심이 되는 상고사 인식과 문화사 인식 측면에서 『신단실기』와 내용상 일맥하고 있다.

우선 제1편 상고에서는 신시시대·배달시대·부여시대를 각각 나누어 구분하고 있다. 즉 신시시대는 신인(神人, 桓儉)이 태백산에 하강하여 단국을 건국하기까지의 124년간을 말하며, 배달시대는 환검이 재위한 93년간을 가리킨다. 그리고 부여시대는 단군의 후예가 개천(開天) 2,399년에 부여(今 阿城)에 천도한 이후라고 설명했다.

또한 기자조선이 요서의 영평·광녕에 위치하고 , 한사군이 요서·요동에 있다고 하는 것과, 구이(九族)를 모두 배달족으로 간주하는 까닭에 복의·순·대련·소련이 모두 조선인으로 이해되고, 주대(周代)에 양자강 유역에 세워졌던 서국은 예인(濊人)이 개척한 식민지로 서술되고 있다. 선비·거란·요·여진·숙신·읍루·물길·말갈·만주족 등을 모두 배달족으로 간주하는 까닭에 소위 통일신라시대가 남북조시대(신라·발해·요)로, 고려시대가 여요시대·여금시대로, 조선후기가 조청시대(朝清時代)로 각각 호칭되면서, 요·금·청의 역사가 국사에 편입되어 서술되고 있다. 이러한 인식체계는 앞 절의 『신단실기』의 내용과 다르지 않다.

주목되는 것은 『신단민사』가 문화사 서술에 있어서 종교를 가장 먼저 서술하고 있는데, 그 중에서도 단군신교를 유교·불교·도교 등 다른 종교보다 우선적으로 서술하고 있다는 것이다. 신교는 신시시대부터 조선조 말에 이르기까지 각 시대에 빠짐없이 서술되고 있으며, 특히 상고시대의 종교에서는 신교 하나만을 7절(신교의 門戶·신교의 拜天·신교의 祠祀·신교의 九誓·신교의 五戒·신교의 八關·신교의 別派)로 나누어 상세하게 서술하고 있다.[134] 이러한 인식은 대종교의 개교(開敎)·교리(敎理)·제전(祭典)·계율(戒律)과 그대로 접맥되는 가치로, 대종교의 전부라 해도 과언이 아니다.

즉 신교의 교문이 단군으로부터 시작되었음을 밝히고, 그 교리를 단군의 『삼일신고(三一神誥)』 오훈(五訓, 天訓·神訓·天宮訓·世界訓·眞理訓)에서 찾았다. 또한 단군의 10월 배천(拜天)을 시작으로 부여의 영고, 예맥의 무천, 진한·변한의 계음, 마한의 소도 등으로 이어졌고, 소도를 주관하는 이를 천군이라 하였다. 사당의 기원이 기자의 삼신봉안(아사달)에서 비롯되었으며, 부여의 고속(古俗)을 들어 신교의 아홉맹세[九誓, 孝·友·信·忠·遜·德·禮·規·恤]를 설명하고 있다. 특히 아홉맹세를 행함에 있어 서치례(序齒禮)를 소중히 했음도 밝히고 있다.

이어 신교의 계율이 엄격했음을 밝히면서 그 통용되는 것으로 오계(五戒)를 들었는데, 후일 원광법사(圓光法師)가 이를 세속오계(世俗五戒)로 계승한 것이라 했다. 또한 신교의 팔관회(八關會)를 설명하면서, 팔관이란 곧 신교의 팔죄(八罪, 殺生·偸盜·淫泆·妄語·飮酒·高大上坐·香華着·觀聽自樂)를 금폐(禁閉)하는 것으로, 윤등(輪燈)·향등(香燈)·채붕(彩棚)을 설치하고 왕과 왕비 그리고 조정 백관들이 모여 의례를 행하는 것이다. 끝으로 중국의 선교(仙敎) 역시 신교의 별파로서 탄생했다고 한다. 대종교를 일으킨 나철의 유언에서도

"진실한 정성은 일찍이 팔관(八關)의 재계(齋誡)가 있었으며, 두터운 풍속은 또한 구서(九誓)의 예식을 전하였고…."[135]

라는 내용이 들어있음을 볼 때, 팔관과 구서가 대종교의 중요한 계율임을 알 수 있다.

『신단민사』에서는 이러한 신교의 전래를 부여는 대천교, 신라는 숭천교, 고구려는 경천교, 발해는 진종교 등으로 불렀고, 그밖에 신교의 속칭으로서 장교(掌敎)를 선인(仙人)이라고도 하여 왕검선인·신지선인·지제선인·남해선장(徘天生) 등의 칭했다 한다. 또한 해모수·주몽·혁거세를 천선(天仙)으로, 남해차차웅·김수로왕을 대선(大仙)으로, 명림답부·김유신을 국선(國仙)으로 칭했고, 고구려 관직에 조의선인(皂衣仙人)이 있으며, 신라에는 선랑(仙郎, 花郎)이 있다고 서술했다. 이러한 기풍은 고려에도 계승되어 왕검교라 하였고, 신교의 제천을 팔관재·연등이라 하였으며, 강감찬·홍언박(洪彦博)과 같은 신교의 독신자가 나오기도 했는데, 요·금에서도 신교가 융성이 이어졌다고 했다.

김교헌은 신교가 쇠퇴한 시기를 몽고 침략 이후로 보고 있다. 즉 몽고가 라마교(喇嘛敎)를 적극 포교하고 금의 신교를 금할 때, 고려에서도 신교의 문호가 폐색되기 시작했다고 본 것이다. 이러한 인식은, 대종교가 몽고 침입에 의한 팔관 행사의 단절을 교맥(敎脈)의 단절로 이해하고 있음도 이와 무관치 않다.[136] 즉 대종교를 일으킨 나철의 다음 기록에서도 그러한 의식을 그대로 확인할 수 있다.

"몽고의 고려 침학(侵虐) 이족(異族)의 혐의(嫌疑)로다 / 서적문기(書籍文記) 다 뺏고 교문제전(敎門祭典) 다 폐절"[137]

나철은 몽고의 침략으로 인해 교문제전(敎門祭典) 즉 팔관이 단절된 것으로 이해한 것이다. 그러므로 조선시대에는 오직 북강(만주)에서만 떨치고, 남강(반도)에서는 그 여의(餘儀)만이 남아 김시습·홍유손·정붕·정수곤·정희 량·남주·서경덕·정렴·정작·정초·전우치.윤군평·남사고·박지화·이지함·류형 진·장한웅·곽재우 등에 의해 전해져 선교(仙敎)로 오해 받으며 잔존해 왔다 고 했다.

이처럼 『신단민사』가 신교에 역점을 두고 문화사를 이해하려고 하는 것 은 신교가 대종교의 원류라는 점에서 당연한 것으로 보인다. 그러면서도 『신단민사』는 신교 외의 다른 종교에 대해서도 외면하지 않았다. 유교·불 교·도교 등에 대한 서술도 빠뜨리지 않고 있으며, 그 종교들의 긍정적 역할 역시 인정하고 있다는 점에서 서술의 객관성이 엿보인다.

『신단민사』는 전체적으로 보아 근대종교로서의 대종교의 입장에서 고대 종교를 이해하고 문화사에 대한 이해 체계를 재구(再構)한 책이다. 문화에 있어서 종교의 비중이 강조되고, 특히 원시종교로서의 신교가 강조된 점이 특징이다. 다만 충분한 자료의 뒷받침이 부족한 사화·전설이 사실(史實)로 서 많이 채용되었다는 점에서, 일종의 종교사화와 같은 성격을 띨 수 있다 는 점이다. 뿐만 아니라 혈통이나 문화의 기원은 같다 하더라도, 뒤에 가서 문화적 성격이 서로 달라진 북방민족을 모두 단일민족으로 이해하여 국사 에 편입시켰다는 지적도 극복해야 할 과제다. 이러한 서술은 본서의 새롭고 진취적인 시각이라는 점도 있겠지만, 이 책의 약점으로도 지적될 수도 있을 듯하다.[138]

그럼에도 역사의식에 있어서 근대적 민족주의를 바탕으로 하여 유교중 심·중국중심의 국사체계를 부인하고, 배달족이라는 단일민족을 설정하여 민족사 체계를 통사로서 구성했다는 것은 그 의미가 적지 않다. 적어도 민 족주의사관에 입각한 통사는 『신단민사』를 효시로 꼽지 않을 수 없다. 더욱이 편사 방법으로 소위 개화사체를 도입하고, 기층 사회와 깊이 연결된 종교·신앙·풍습에 중점을 두어 문화사 체계를 재구성하려고 한 것은, 근대역사학이 다루어야 될 기본적인 과제를 선구적으로 취급한 것이라 할 것이다.

특히 『신단민사』는 1923년에 상해에서 인쇄·공간될 당시, 독립신문 사장이었던 희산 김승학의 노력이 남달랐다.[139] 그리고 출간 이후 중국 각지의 민족학교에 배포되면서, 한국인 자제들을 위한 역사교과서로 널리 사용되게 되었다.[140] 또한 배달민족이라는 새로운 민족관념을 바탕으로, 한반도뿐만 아니라 중국 전역을 포함한 대조선주의 사관을 창도한 『신단민사』는 한국인 망명운동가들의 처지를 합리화해 주는 역사서로 급속히 보급되어 나갔다.[141]

그러므로 해방 후 백수(白水) 정열모(鄭烈模)는 『신단민사』를 배달민족사의 효시로 꼽으면서, 김교헌이었기에 이 저작이 가능했고 김교헌의 저작이기에 이 책의 의미가 더욱 크다고 평가했다.[142] 김교헌과 오랜 인연을 이어왔던 우천(藕泉) 조완구(趙琬九)의 다음과 같은 평가가, 김교헌과 『신단민사』에 대한 무게를 대신해 줄 것이다.

"이 『신단민사』는 무원 김교헌 선생이 지은 뛰어난 책이다. 선생의 깊고 넓은 학문은 모든 것을 바르고 깊게 살폈으니 당시에는 이에 관하여 선생을 따를 이가 없었다. 더욱이 동방의 역사에 오로지 힘을 쏟아 연구를 쉬지 않아 누구든지 그 한 마디 한 글자에 찬사를 아끼지 않은 것은 세상이 다 아는 일이다.
선생이 북만(北滿)에 있을 때는 이미 나라가 허물어졌고 예의는 짓밟힌 지 거의 10년이라는 세월이 지났다. 그때 우리 겨레의 모든 것은 더할 수 없을 정도로 파산되어 남북강토에 남아 있는 백성과 나라의 살림은 한 역사의 과거가 되고 말았다. 또 우리 겨레가 어디로부터 왔는지, 그 자취를 찾아보기 어려울 정도로 비참한 시운(時運)에 이르렀다.

더구나 남쪽 백성들이 왜구에 쫓겨 고국을 등지고 이곳에 몰려들어 가시밭을 개간하고 자갈밭에 도랑을 파서 겨우 입에 풀칠하였다. 그러니 동포들의 말할 수 없는 고통은 두 눈을 뜨고 차마 볼 수 없을 정도였다. 게다가 민족문화의 근본 내력조차 희미하여 조상까지 잊을 날이 멀지 않았다는 것이 그때의 현실이니, 인간의 도리가 한 구석에라도 남아 있는 사람이라면 이를 비통하고 두렵게 느끼지 않을 수 없는 일이었다. 그뿐 아니라, 악독한 원수들이 민족의 뿌리부터 말살하려고 우리 역사의 자취를 보고 듣지 못하게 했으며 드디어 엉뚱한 사설(邪說)과 위서(僞書)를 제멋대로 꾸며 우리의 정신을 바꿔놓으려 했다. 따라서 이 악독한 무리들이 날뛰는 모습이 날로 심하여 선생은 분한 마음을 누를 길이 없어 붓을 들어 겨레의 바른 자취를 밝히기 시작한 것이다.

이 책은 남쪽 강토인 반도 일각에 국한되지 않고 배달겨레가 생겨나서 이어지고, 나뉘어졌다가 합해지고, 흥하였다가 왕조가 바뀌며 발전되어온 사정을 나누어 편술하므로 남북만주에서 우리 자녀들 곧 중학생들을 가르칠 교재로 삼았다.

이 책은 세 시대로 크게 나누어 그 시대마다 흥하고 바뀌고 나뉘며 합한 것에 대하여 기록하였다. 또 단군 이후 각 왕조의 시작과 마침, 정치·종교·문화·풍속 등을 분리하여 기술하므로 한 눈에 밝히 이해되게끔 하였다.

이 책이 처음 출간되어 나라 밖에 있는 자유한국인사회(교포)에서 많이 읽혀졌다. 그러다가 교포들이 사는 지역이 점점 축소되고 그나마 유랑생활의 세월이 길어지고 갈수록 생활이 어려워져서 이 책이 거의 없어지게 되었다.

다행히 지난 해 광복을 맞았다. 이에 신단후손이 다시 살 길이 열려 자연히 우리의 바른 역사가 시급히 나오기를 바라기에 이 귀중한 책을 다시 찍게 되었다. 누구든지 이 책을 자세히 읽어 우리의 유구한 역사적 사실을 잘 아는 것이 무엇보다 시급한 일이다. 이 책을 다시 펴내는 데는 오직 독지가 여러분들의 힘이 컸다. 또 부족한 나에게 머리말을 부탁하므로 반드시 사실을 세상에 알려야할 의무가 있다고 느꼈기 때문에 이 글을 쓴다.

선생이 쓴 사서로 『배달족역사』는 소학생 교과서로 사용할 수 있도록 간략하게 요점만 따서 펴낸 것이다. 아울러 『진단사승(震旦史乘)』은 원고가 난리 통에 없어진 것을 아직 찾지 못한 것이 유감임을 적어둔다."[143]

4. 『배달족역사』

『배달족역사』는 김교헌이 편집·교열하여 대한민국임시정부에서 소학생용 교과서로 편찬한 것이다.[144] 『신단민사』와 더불어 1922에 출간된 이 책은, 『신단민사』를 요약하여 정리한 것이다. 전체 네 부분(상고역사·중고역사·근고역사·근세역사)으로 구성되었고 각 부분의 앞에 '배달족교과서'라고 붙어있어,[145] 이 책이 교과서로 쓰였음을 보여준다.

이 책의 각 장은 상고역사 4장, 중고역사 3장, 근고역사 4장, 근세역사 3장의 전체 14장으로 엮어져 있다. 또한 각 장에 딸린 각 과(課)의 분량도 대략 3줄 이내로 요약 서술하고 있다. 그 목차 내용의 대략을 살피면 다음과 같다.[146]

배달족교과서 상고역사

제1장 신시시대 : 제1과 민족의 산거, 제2과 신인의 화강, 제3과 신인의 능력, 제4장 단부의 정치, 제5과 신시의 명칭

제2장 배달시대 : 제1과 단군의 건국, 제2과 사도(徙都)와 치수, 제3과 축성(築城)과 설단(設壇), 제4과 국계(國界)와 감정(勘定), 제5과 명신(名臣)과 석보(碩輔), 제6과 신후(神后)와 현자(賢子), 제7과 군국(郡國)의 제도, 제8과 군국의 군장, 제9과 단군의 어천, 제10과 칭호의 습용(襲用), 제11과 민장(民長)의 치재(峙才), 제12과 외지(外地)의 식민(殖民), 제13과 예인(濊人)의 천사(遷徙), 제14과 부여의 변칭

제3장 부여시대 : 제1과 후단군의 북천, 제2과 기자의 동래, 제3과 언왕(偃王)의 벌주(伐周), 제4과 서국(徐國)의 역년, 제5과 기씨의 국토, 제6과 예맥의 용강(勇强), 제7과 위만의 절거(竊據), 제8과 삼한의 분립, 제9과 예맥의 변혁, 제10과 위씨의 국혁(國革), 제11과 사군(四郡)의 분열

제4장 상고문화 : 제1과 신교의 배천, 제2과 신교의 구서, 제3과 신교의 오계, 제4과 신교의 팔관, 제5과 문학과 기예

배달족교과서 중고역사

제1장 열국시대 : 제1과 남북의 제국(諸國), 제2과 읍루와 선비, 제3과 동북의 부여, 제4과 서원(徐菀)의 부여, 제5과 졸본의 부여, 제6과 신라의 태조, 제7과 고구려의 성조, 제8과 백제의 태조, 제9과 마한의 국폐(國廢), 제10과 고구려의 신종(神宗), 제11과 가락의 태조, 제12과 석씨(昔氏)의 득국(得國), 제13과 계림의 국호, 제14과 고구려의 태조, 제15과 선비의 단석괴, 제16과 동천(東川)의 복국(復國), 제17과 김씨의 득국, 제18과 광개토대왕, 제19과 부여의 역년, 제20과 가락의 역년, 제21과 을지문덕의 약(略), 제22과 김유신의 지(志), 제23과 양만춘의 능(能), 제24과 여제(麗濟)의 역년

제2장 남북조시대 : 제1과 남북의 삼조(三朝), 제2과 나당의 교전, 제3과 발해의 고조(高祖), 제4과 발해의 무종(武宗), 제5과 거란의 팔부(八部), 제6과 발해의 선종(宣宗), 제7과 신라의 분열, 제8과 견훤의 후백제, 제9과 궁예의 태봉, 제10과 태봉의 병변(兵變), 제11과 해라(海羅)의 역년

제3장 중고문화 : 제1과 신교의 명칭, 제2과 유교 · 불교와 도교, 제3과 경당과 이두, 제4과 서법과 회화, 제5과 공장(工匠)의 예술

배달족교과서 근고역사

제1장 여요시대 : 제1과 고려와 요, 제2과 요의 태조, 제3과 고려의 태조, 제4과 요의 태종, 제5과 여진의 부락, 제6과 최광윤의 재(才), 제7과 요의 경종(景宗), 제8과 여요의 교봉(交鋒), 제9과 서희의 각병(却兵), 제10과 대연림의 흥요(興遼), 제11과 요의 성종(聖宗), 제12과 요의 국력, 제13과 강감찬의 공, 제14과 요의 흥종(興宗), 제15과 동여진의 강(强), 제16과 윤관의 축성, 제17과 구성을 환귀(還歸), 제18과 요국의 정란

제2장 여금시대 : 제1과 고려와 금, 제2과 금의 태조, 제3과 요의 역년, 제4과 금 · 송의 국교, 제5과 서요의 건혁(建革), 제6과 금의 태종, 제7과 묘청의 술(術), 제8과 김부식의 지(智) 제9과 금군(金軍)의 정예, 제10과 금의 세종, 제11과 문관(文冠)의 화(禍), 제12과 무인의 전권(專權), 제13과 몽고의 침금(侵金), 제14과 금의 역년, 제15과 요의 유족(遺族), 제16과 요병(遼兵)을 토평(討平), 제17과 여 · 몽의 맹(盟),

제18과 몽고가 절화(絶和)

제3장 고려시대 : 제1과 남강(南疆)의 독전(獨全), 제2과 여·몽의 교전, 제3과 용승(勇僧)의 퇴적(退賊), 제4과 김방경의 간(幹), 제5과 군정(君政)의 복고, 제6과 삼별초의 난, 제7과 해도(海島)의 토평(討平), 제8과 일본의 정벌, 제9과 원인(元人)과 통혼(通婚), 제10과 일본을 재벌(再伐), 제11과 합단(哈丹)의 입구(入寇), 제12과 충선(忠宣)의 연저(燕邸), 제13과 고려의 원원(援元), 제14과 고려의 절원(絶元), 제15과 홍두군(紅頭軍)의 입구(入寇), 제16과 납합출(納哈出)의 구변(寇邊), 제17과 원병(元兵)을 격각(擊却), 제18과 신돈의 용사(用事), 제19과 신황(辛黃)의 성변(姓辨), 제20과 연해(沿海)의 왜구, 제21과 해구를 격섬(擊殲), 제22과 정명(征明)의 행군, 제23과 위화도의 회군

제4장 근고문화 : 제1과 신교의 명의(名儀), 제2과 신교의 묘례(廟例), 제3과 신교의 배천사류(拜天射柳), 제4과 신교의 피금(被禁), 제5과 유교의 진흥, 제6과 유교의 성리학, 제7과 불교의 선종·교종, 제8과 도교의 재초(齋醮), 제9과 서적의 저술, 제10과 판각과 활자, 제11과 서법과 회화, 제12과 건축과 주조(鑄造), 제13과 기구의 제조

배달족교과서 근세역사

제1장 조선시대 : 제1과 남강(南疆)을 자치(自治), 제2과 조선의 태조, 제3과 이지란의 노(勞), 제4과 개국의 시설, 제5과 국교(國交)를 중수(重修), 제6과 대마도의 역(役), 제7과 야인과 교전, 제8과 김종서의 책(策), 제9과 세종의 치적, 제10과 문종의 탁고(託孤), 제11과 세조의 수선(受禪), 제12과 이징옥의 칭제(稱帝), 제13과 충신과 열사, 제14과 이시애의 거병, 제15과 건주(建州)를 정벌, 제16과 중종의 반정, 제17과 선조의 승통(承統), 제18과 야인을 격파, 제19과 일본의 입구(入寇), 제20과 육전(陸戰)의 실리(失利), 제21과 육전의 승첩, 제22과 이순신의 약(略), 제23과 일본과 화약(和約)

제2장 조청시대 : 제1과 조선과 청, 제2과 만주의 시말(始末), 제3과 청의 태조, 제4과 만명(滿明)의 교전, 제5과 조선의 인조, 제6과 이괄의 거병, 제7과 조청의 맹약, 제8과 청의 태종, 제9과 조청의 개전(開戰), 제10과 삼전도의 화약(和約), 제

11과 다이곤(多爾袞)의 훈(勳), 제12과 조선의 효종, 제13과 삼번(三藩)의 거병(擧兵), 제14과 갈이단(葛爾丹)을 격파, 제15과 안용복의 판(辦), 제16과 청해(青海)를 평정, 제17과 오명항의 출전, 제18과 청의 고종, 제19과 홍경래의 거병, 제20과 아편(鴉片)의 전쟁, 제21과 홍수금(洪秀金)의 난, 제22과 영법(英法)의 연합군, 제23과 광무제의 승통, 제24과 대원군의 행정, 제25과 조선의 척화(斥和), 제26과 조일(朝日)의 통상, 제27과 임오의 군변(軍變), 제28과 각국과 통상, 제29과 갑신의 사변, 제30과 갑오의 동학, 제31과 청일의 발병(發兵), 제32과 청일의 전쟁, 제33과 을미의 사변, 제34과 대한의 제국, 제35과 의화단의 기(起), 제36과 이등(伊藤)의 늑약, 제37과 민영환의 충(忠), 제38과 최익현의 절(節), 제39과 해아(海牙)의 밀사, 제40과 핍선(逼禪)과 해대(解㝵), 제41과 안중근의 의(義), 제42과 한청의 역년

제3장 근세문화 : 제1과 종교의 문호, 제2과 국문을 창제, 제3과 문장과 시호(詩豪), 제4과 서적과 찬저(撰著), 제5과 서법과 각품(各品), 제6과 회화의 명가, 제7과 수창(首刱)의 제조

이렇듯 『배달족역사』의 대강을 살펴보면, 『신단민사』와 그 체제·내용이 거의 일치한다. 다만 『신단민사』를 요약·정리한 책이니만큼, 그 목차나 내용이 상당히 축소되어 서술되었다. 그럼에도 『신단민사』에서 나타나는 대강의 줄거리나 역사인식은 그대로 나타나 있다. 특기되는 부분은 근세역사의 제2장 마지막 제42과(한청의 역년)에 『신단민사』에는 실리지 않은 다음의 내용이 들어가 있다.

"대한 융희 4년 경술에 통감 사내정의(寺內正毅)가 총리 이완용과 합병조약을 결하니 이씨의 조선이 519년을 역하얏고, 대청 선통 3년 신해에 무창에서 혁명군이 기하야 청은 국절(國絕)하고 중화민국이 되니, 애신각라씨의 제호(帝號)가 296년을 역하얏더라. 배달민족의 국명군호(國名君號)가 남북강(南北疆)에 개절(皆絕)함은 단군 이후 초유(初有)한 대변(大變)이러라."[147]

즉 같은 시기 대한제국의 멸망과 청나라가 망한 것을 두고, 단군 이래 배달민족의 역사가 남북으로 모두 단절된 사태라고 인식하고 있다. 김교헌이 대륙사관을 통한 철저한 남북조사관(南北朝史觀)의 서술을 극명하게 보여주는 부분이다.

V

김교헌의 역사인식

V.
김교헌의 역사인식

　나철에 의해 성립된 대종교의 업적에 있어 중요한 한 부분이 일제강점기 문화항쟁을 통한 민족문화확립에의 기여라 할 수 있다. 그 중에서도 단군의 의미를 민족적·사회적인 의미로 대중화시킴으로써 우리 민족문화에 획기적인 변화를 몰고 왔다는 것은 매우 중요한 의미를 갖는다. 단군이라는 이미지의 대중화는 곧 각 방면에서의 단군열풍의 활성화와 직결되기 때문이다.

　대종교의 등장은 우리 민족의 경절인 개천절의 문화적 정착과 생활 속에 녹아 흘러 온 단군문화의 의미 각성을 통해 민족의식의 고양, 그리고 민족 문화의 인식 폭을 넓혔다는 점에서도 문화사적 의미가 크다. 특히 국사부문에서의 대종교의 역할은 소중한 경험으로 남는다. 그 중심에 있었던 인물이 김교헌이다.

　김교헌은 『단조사고』[148]·『신단민사』·『신단실기』·『배달족역사』 등의 저술을 통해 민족주의사관·신교사관을 정립하는데 크게 기여하였다. 『신단민사』에서는 우리 단군민족의 혈통의 흐름을 대종교의 경전인 『신사기』와 같은 구족설(九族說)에 그 근원을 찾음과 함께, 역사적 강역인식에서는 대륙을 주요 활동무대로 설정하여 고조선부터 조선조까지 철저하게 대륙적 인식을 버리지 않고 있다. 까닭에 고려와 조선시대도 여요시대(麗遼時代)·여금시대(麗金時代)·조청시대(朝淸時代)로 서술하고 있다. 또한 신교문화(神敎文化)에 대해 단군의 오훈(五訓)을 시작으로 역대국가들의 제천행사를 밝힘과 함께 구서(九誓)·오계(五戒)·팔관(八關)의 의미를 구명함은 물론 대종교의 역대 교명(敎名)을 설명함으로써, 민족문화의 고유성과 공유성(公有性)·전통성·자주성을 강조하였다.

『신단실기』는 대종교의 종리(倧理)와 밀접한 연관을 갖는다. 이는 처음 대종교의 교명이 단군교인 것처럼, 단군을 종조로 내세워 민족종교의 교리와 단군역사를 체계화시킨 것이다. 따라서 『신단실기』는 일제에 의해 나라는 강탈당했으나, 우리에게는 유구한 민족의 시조가 있고 민족사가 있으며 민족의 고유한 종교가 있다는 것을 밝히고자 한 종교서인 동시에 민족혼을 일깨우는 단군역사서라 할 수 있다.[149] 이 책의 내용 구성은 단군시대의 역사, 대종교(檀君神敎)의 기본적 신관, 대종교의 발전 과정, 역대 제천행사, 단군 관련의 민간신앙, 단군 관련 역사 유적, 백두산에 관한 논고, 단군고조선에 대한 영토문제, 상실된 태고의 단군고사 등, 총 19개 항목[단군세기·삼신상제·교화원류·신이징험(神異徵驗)·단사전묘(壇祠殿墓), 역대제천·족통원류·시사악장(詩詞樂章)·고속습유(古俗拾遺)·단군향수변(檀君享壽辨)·단군변(檀君辨)·강동릉변·부루변·태백산변·평양급패수변(平壤及浿水辨)·단군강역고·백두산고·백악고·경사재액(經史災厄)]에 이르는 단군 관련 역사 기록을 정리한 것이다.

『배달족역사』는 김교헌이 편집하여 교열(校閱)한 것으로, 대한민국상해임시정부가 소학생용 교과서로 편찬한 것이다.[150] 중등학교 교과용으로 꾸며진[151] 『신단민사』와 더불어 1922년에 출간된 이 책은, 『신단민사』를 요약하여 정리한 것으로 이해할 수 있다. 『배달족역사』의 목차나 그 줄거리의 대강이 『신단민사』와 그 체제·내용에서 거의 일치하기 때문이다. 다만 『신단민사』를 요약·정리한 책이니만큼, 그 목차나 내용이 상당히 축소되어 서술되었다. 그럼에도 그 대강의 줄거리나 역사인식은 『신단민사』와 동일하다. 또한 전체 네 부분(상고역사·중고역사·근고역사·근세역사)으로 구성되었고 각 부분의 앞에 '배달족교과서'라고 붙어있어, 이 책이 교과서로 쓰였음을 보여준다.

위에 열거된 김교헌의 저술들을 보면 기존의 사서에서는 찾을 수 없는 역사인식을 찾을 수 있다. 민족주의적 시각 위에 탈중화적 성격과 더불어 일제의 식민주의사관에 대한 대항적 성격이 두드러진 측면이 그것이다. 특히 그 속에 자리 잡은 우리의 정체성과 연결된 시각이 주목을 끈다. 그의 신교사관(神敎史觀)과 남북조사관(南北朝史觀), 그리고 부여를 우리 민족의 정통으로 이해하려는 관점이 그것이다.

1. 신교사관(神敎史觀)

일제강점기는 치열한 정체성(Identity) 다툼으로도 이해할 수 있다. 그 중심에 조선의 전래 신교(神敎)와 일본의 신도(神道)가 있었다. 일제는 조선 식민지배의 완성을 신도의 국교화로 이루려 하였고, 이를 저지하기 위해 총체적 저항의 중심에 선 집단이 우리 전래의 신교(대종교)였다.[152]

20세기 초에 일본의 해외신사 건설로 본격화된 신도는 신사신도(神社神道)다. 신사신도는 교파신도나 민속신도와는 구별되는 일본 신도의 한 흐름으로. 신사를 정신 결합의 중심으로 삼고. 천황제 지배를 뒷받침하던 이념적 신사였다는 점이다.[153] 따라서 일본이 지배하는 영토에는 일본의 신이 강림한다는 이른바 국체(國體) 교의에 입각하여 추진한 것이 해외신사 건설이었다. 나아가 해외신사 건설이란 다름 아닌 종교침략과 일맥하는 정책으로,[154] 신도국교화는 곧 식민지지배의 완성과 직결되었다.

따라서 일제의 조선식민지화 정책의 최정점에는 그들의 신도가 있었다. 일제가 우리 땅에 신사를 창건한 것 역시, 그들의 국교인 신도의 보급을 통해 일본의 정체성을 우리에게 이식하겠다는 의도에서 출발했기 때문이다. 즉 그들의 조상신을 우리의 조상이라 정당화함으로써, 내선일체·일선동조론의 명분을 합리화하고 궁극에서는 황민화를 달성하려 했던 것이다. 일제의 식민주의사관 역시 신도국교화를 위한 논리의 일환이었음이 드러나는 부분이다. 이러한 역사인식은 후일 황국사관으로 고착되면서 더욱 관념화된다. 일제의 황국사관이란 '15년전쟁기'[155]에 '만세일계' 천황에 의한 일본 국통치의 영원성과 불변성을 강조하고 이를 통해서 국민을 통합하고 전쟁에 동원하기 위해 만들어진 이데올로기적 역사관이다.[156] 즉 일본 역사의 뿌리를 '국체(國體)'와 '국체의 정수(精髓)'에 두고, 이의 발전과정을 검증하려는 일종의 비과학적 역사관이다. 여기서 국체와 국체의 정수라는 말이 다소 생소하게 들릴지 모르겠지만, 국체는 '천황통치(天皇統治)'를 의미하며 국체의 정수는 '모든 일본 국민이 한마음으로 천황의 뜻을 받들고 충성과 효도의 미덕을 발휘하는 것'을 의미한다. 한발 더 나아가 천황의 통치는 오류가 전혀 없는 절대적 정통성을 갖고 있으며, 또한 변해서는 안 될 영속성을 지니고 있다는 관점이다.[157]

이러한 일제 신도 정책에 정면으로 저항한 집단이 대종교다. 즉 대종교를 일으킨 홍암 나철은 일본의 신도만이 아니라 일본문화의 모든 질서가 한국으로부터 건너갔음을 다음과 같이 말하고 있다.

"대화(大和, 일본 – 인용자 주)의 옛 사기(史記)를 살펴보건대, 일본 민족의 근본과 신교(神敎)의 본원이 다 어디로부터 온 것이며, 신사(神社)의 삼보한궤(三寶韓几)

와 궁내성(宮內省)의 오십한신(五十韓神)[158]이 다 어디에서 왔으며, 의관문물(衣冠文物)과 전장법도(典章法度), 그리고 공훈을 세운 위인들이 다 어느 곳으로부터 왔는가."[159]

일본 신도의 뿌리가 우리의 신교라는 것이다. 일제가 패망 때까지 극렬하게 대종교를 없애려 한 근본적인 이유가 여기에 있다. 결코 일제는 그들의 신도와 한국 전래 신교(대종교)의 양립을 용납할 수 없었다. 신도를 국교로 했던 일제로서는, 신도의 뿌리를 자처하는 조선의 신교(대종교)를 용납한다는 것이 성립되지 않았다. 한마디로 신교와 신도의 양보 없는 전쟁이었다. 이것은 일본 신도의 '태생적 한계'(한국의 전래 신교에 그 뿌리를 둠)에서 오는 자격지심도 있으려니와, 신도의 국교화를 통한 조선의 영구지배를 위해서도 단군으로 상징되는 조선의 정체성을 방관할 수 없었기 때문이다.[160]

물론 이러한 인식은 18세기 일본에서 이미 일본인의 손으로 정리된 문제였다. 1781년 후지와라 사다모토(藤井貞幹, 1732-1797)가 저술한 『충구발(衝口發)』이 그것이다. 사다모토는 교오토 출신의 극히 이성적인 인물로, 불학(佛學)과 유학(儒學)은 물론 국학(國學)에도 조예가 깊었던 학자였다. 사다모토는 『충구발』에서 일본 황통(皇統)의 근간이 되는 신대(神代)의 연수가 모두 터무니없는 날조라고 비판했다. 그리고 고증을 통해 일본의 언어, 성씨(姓氏), 국호(國號), 의복, 제사, 박수예절(拍手禮節), 화가(和歌), 국사(國史), 제도(制度) 등의 모든 것이 조선으로부터 건너왔음을 밝혔다. 일본의 국학자들이 공들여 날조해 온 그들의 신국관(神國觀)과 국체(國體)의 근본을 송두리째 흔들어놓은 것이다. 그 출간과 함께 일본의 지식계는 난리가 났다. 당대 최고의 국학자 모토오리 노리나가(本居宣長, 1730-1801)의 『겸광인(鉗狂人)』이 등장하게 된 배경이다. 노리나가는 사다모토가 일본의 황통을 폄훼하였다고 분개하면서 '미친놈[狂人]'으로까지 몰아세웠다. 그러한 광기(狂氣)를 품고 사마모토의 입에 족쇄를 채우겠다고 저술한 것이 그의 『겸광인』이다.[161]

흥미로운 것은 일제 식민주의역사학의 정신적 기반이 일본의 신도와 연결되는 것과 같이, 일제강점기 우리 민족주의역사학의 근저에 신교(대종교)가 깔려 있었다는 점이다. 우리 사학사의 흐름을 유교사학·불교사학 그리고 도가사학(道家史學, 즉 神敎史學)의 흐름으로 이해해 볼 때, 신교사학은 철저하게 억눌려 왔다.[162] 근대 대종교의 등장은 그러한 신교사학의 부활과도 통하는 말이다. 따라서 대종교의 역사인식은 과거 유교와 불교중심으로 흘러 내려오는 역사인식을 도가(道家) 또는 신교(神敎), 즉 대종교적 역사인식으로 바꾸는 것을 의미하는 것이다. 더불어 이러한 요소들의 강조는 당연히 민족적 성향을 강하게 나타내며 타율성(他律性)·정체성(停滯性)·반도사관(半島史觀)으로 위장된 일제 식민주의역사학에 대항하는 민족주의역사학으로 자리 잡았고 나아가 민족적 역사의식의 고취를 통해 항일운동의 중요한 요소로 부각될 수밖에 없었다.[163]

일제 조선사편수회의 『조선사』 편찬이 우리 신교사관에 대한 대항이었다는 점에서도 주목된다. 일제는 3·1운동 이후 대종교계 역사학자 박은식이 중국에서 신교사관에 입각하여 지은 『한국통사』와 『한국독립운동지혈사』가 국내에 유입되자 크게 당황했다. 그로 인해 '조선사편수회'를 설치하여, 『조선사』 편찬에 급하게 열을 올리게 된 것이다.

특히 박은식의 『한국통사』는 조선총독부 조선사편수회에서 식민사관에 입각하여 한국사를 정리한 『조선사』 편찬 작업에 직접적인 동인(動因)이 되었다. 당시 일제는 『조선사』 편찬의 목적을 조선 병탄의 정당성을 확보하는 데 중점을 두었다. 여기서 그들이 신교사관과 관련된 서적들을 황탄한 서술로 매도했던 다음의 두려움을 보더라도 짐작이 간다.

"조선인은 여타의 식민지의 야만 미개한 민족과는 달라서, 독서와 문장에 있어 조금도 문명인에 뒤떨어지는 바 없는 민족이다. 고래로 사서(史書)가 많고 또 새로이 저작에 착수한 것도 적지 않다. 그리하여 전자는 독립시대(합방이전)의 저술로서, 현대와의 관계를 결(缺)하고 있어 헛되이 독립국 시절의 옛꿈에 연연케 하는 폐단이 있다. 후자는 근대 조선에 있어서의 일로(日露)·일청(日淸)간의 세력 경쟁을 서술하여 조선의 나아갈 바를 설파하고, 혹은 『한국통사』라고 일컫는, 한 재외조선인의 저서 같은 것의 진상을 구명하지 않고 함부로 망설(妄說)을 드러내 보이고 있는 것이다. 이러한 사적(史籍)들이 인심을 현혹시키는 해독(害毒), 또한 참으로 큰 것임은 말로 다 할 수 없는 것이다."[164]

1915년 발간된 박은식의 『한국통사』는 그의 신교사관을 잘 보여주는 역사서이다. 『한국독립운동지혈사』(1920)와 함께 한국 근대사를 근대 역사학적 방법론을 도입하여 신교사관의 입장으로 정리한 근대 민족사학의 이정표적 저작이다. 『한국통사』의 내용은 서언에서 밝힌 바와 같이, 국가와 역사와의 관계를 가시적인 형(形)과 불가시적인 신(神)으로 파악했다. 비록 국가의 멸망으로 형은 훼손되었다 해도 국혼(國魂)인 신이 존속하면 형도 반드시 부활할 것이라는 신교사관의 본질을 보여주고 있는 것이다. 그러므로 박은식은 국사를 존재시키는 것이 국혼을 존재시키는 바라고 주장하면서 책의 서술 목적을 밝히고 있다. 이것은 신교 정신사관의 본질이기도 하다. 나철이 대종교 중흥의 명분으로 내세운 '국망도존(國亡道存)'이라는 가치와 직결되기 때문이다. 즉 '형은 무너졌으나(國亡)' '신이 존속하면(道存)' 광복할 수 있음을 확신한 것이다.

박은식이 『한국통사』에서 신교(대종교)가 국교적 가치가 있음을 고증한 것도 그것과 통한다. 즉 "대종교는 우리의 삼신(三神) 시조를 신앙하는 종교로써 가장 오래된 교(敎)다."라고 밝히고, 단군이 신도(神道)로써 도를 베풀고 제천 보본하였다는 점과 우리 민족 역대 국가들이 대대로 신교를 준수하였으며, 우리 민간신앙 속에 삼신제사나 삼신으로서의 신교적 자취가 남아 있다는 점을 들었다. 또한 기자 시대에는 단군묘를 세우고 숭봉했으며, 삼국 시대 불교가 흥했을 때 환인제석을 높여 화엄경에 실어 환인제석을 받들었고, 지금의 불교도 그러하다 했다. 또한 고려 시대에는 묘향산에 365개의 암자를 지었으니 이는 단군 치화(治化)의 360여사를 상징한 것이라 하고, 일연이 『삼국유사』를 찬(撰)할 때 삼신이화(三神理化)의 사적을 논했다는 것이다. 더불어 조선조 성호 이익이 우리 동방의 종교가 단군에서 시작했다고 밝혔고 다산 정약용 역시 삼신을 인민의 시조로 고증했다는 점을 들고 있는 것이다.[165]

박은식은 우리 정신의 근간인 단군신앙이 단군의 신교를 출발점으로 연면히 이어왔다는 점을 강조함으로써, 신교사관의 통시적 당위성을 부여해 주고 있다. 또한 신채호도 "단군이 곧 선인(仙人)의 시조라, 선인은 곧 우리의 국교(國敎)이며"라고 밝힘으로써,[166] 선교(仙敎, 神敎)가 우리 정체성의 근간임을 주창하고 있다. 신채호 역시 신교사관의 본질을 간파한 것이다.

김교헌은 신교사관의 근대적 위상을 개척하고 가장 잘 정리한 인물이다. 김교헌은 1910년 대종교에 입교한 인물로서, 후일 대종교 중광 2세 교주를 역임했다. 그가 저술 혹은 감수한 『신단민사』·『신단실기』·『배달족역사』는 우리민족의 역사적 원형인 신교사관의 정수를 보여주는 책이다. 이러한 역사인식은 후일 박은식이나 신채호 등등의 민족주의역사학자들에게 많은 영향을 끼쳤다.

우선 김교헌의 주도하여 저술한 『단조사고』는 대종교의 교리·역사·문화에 대한 정당한 인식을 확보하는데 초점이 맞춰진 저술이다. 이것은 백두산 문화의 세계중심설이나 범동이민족주의(凡東夷民族主義), 또한 대륙주의 역사관이나 신교계승설 등을 표방하는 대종교의 인식[167]과 그대로 합치한다.

『단조사고』내편 첫 시작이, 다음과 같이 대종교 신관의 중심을 이루는 '삼신설(三神說)'의 옹호로 출발한다는 점이다.

"삼신을 살펴보면 환인과 환웅과 환검이다."

삼신설이란 우리 민족 상고의 신앙 체계다. 옛 임금들이 단군삼신을 공경하여 섬기는 것을 도로 삼았다는 기록이나,[168] 인(因)·웅(雄)·검(儉) 삼신이 비로소 나라를 세운 공덕을 늘 전해 외우고 잊지 않았고, 중국 사람들도 삼신을 받드는 자가 있어 동북에 신명지사(神明之舍)가 있었다는 내용에서도[169] 확인할 수 있다. 이것은 동이족이 세운 은나라가 천·지·인 삼신을 신앙의 대상으로 삼았다는 주장과도[170] 연결되는 부분이다.

특히 정인보는 중국문헌에 보이는 고구려의 영성(靈星)·사직(社稷)·수신(隧神)·제천(祭天) 등이 별개가 아니라 모두 제천을 나타내는 것으로 단정했다. 특히 영성제(靈星祭)야말로 다른 제사가 아닌 삼신하느님에 대한 제(祭)로 단정하고 있는데, 『사기(史記)』「봉선서(封禪書)」에 고구려의 '천신삼신'을 '태일삼성(太一三星)'으로 잘못 옮겨 번역했음을 다음과 같이 공박했다.

"「봉선서」에 말하지 아니하였는가? '太一三星'이라 하고 또 태일삼성을 象한 旗를 '靈旗'라 하고 또 太一峰注에 '徐光曰, 天官書曰, 天極星明者, 太一常居也, 斗口三星, 命曰太一'이라 하였으니, 이 靈星은 農祥의 영성과 전연 관계없는 천신삼신에 대한 移譯으로 태일삼성의 星宿의 의의를 붙여 쓴 것이요, 이 天祭가 고구려 전국적 大典이므로 거기다가 漢族의 郊祀인 社稷 2자까지 붙여 영성사직이라 한 것이니, 이를테면 三神國祀라는 세움이어늘 후한서가 이를 오도하였다. 그런 즉 '祠靈星社稷'과 '시월제천'을 나눈 것은 그네들이 이 쪽 진상을 모르고 譯文의 전후 이동을 가지고 分着한 바요, 隱神迎祭 운운도 시월국중대회의 일이니, 이 곧 제천의식의 하나이거늘 후한서는 '亦以' 2자를 妄加하였다."[171]

오히려 정인보는 우리 삼신신앙의 전통이 한나라에 옮겨져 그들의 사책에 나타나게 되었다고 주장한 것이다.[172] 까닭에 정인보는 우리의 천제와 중국 한족(漢族)의 교사(郊祀)가 서로 다르므로, 시기는 분명치 않지만 진(秦)·한(漢)시대 훨씬 이전에, 산동부근에서 조선족과 한족 간에 치열한 종교적 충돌이 있었을 것으로 추측했다.[173]

특히 신채호는 고대 삼한(三韓)도 삼신설(三神說)에 의해 만들어 졌으나, 삼신에 대한 믿음이 타락하면서 붕괴일로로 치닫게 되었다는 것이며,[174] 삼신이야말로 우리 고유신앙(신채호는 仙敎라 칭함)의 주체로서 기독교의 삼위일체나 불교의 삼불여래와 흡사하다고 이해했다.[175]

아무튼 이러한 삼신설은 대종교 신관의 근간으로써, 조화주로서의 한인과 교화주로서의 한웅 그리고 치화주로서의 한검의 행적을 밝힌 「신사기(神事記)」[176]를 보더라도 알 수 있다.[177] 또한 삼신설은, 삼신인 한인·한웅·한검이 별개의 위상이 아니라, 쓰임에서만 셋으로 나타날 뿐 몸으로서는 하나라는 삼신일체설(三神一體說)과 동일한 의미다. 다음과 같은 대종교단의 이해가 그것을 뒷받침한다.

주목되는 것은 『신단민사』 「범례」(전체 9항) 3항에서도,

"3. 이 책은 민족의 고유한 정신과 전해 내려오는 아름다운 풍속을 중요시하므로 신단민족의 가치를 밝혔다."[178]

라는 원칙이 나온다. 신교사관의 정신적 틀이라 할 수 있는 '민족의 고유한 정신'과 '신단민족의 가치'가 중시 되고 있다. 실제로 본서는 문화사 서술에

주력하고 있으며, 문화 중에서도 종교·제도·문학기예·풍속을 반드시 각 시대마다 서술하고 있다. 그리고 종교에 대한 서술에서는 반드시 민족 고유신앙인 신교(神敎)를 첫머리에 싣고, 풍속 항에서는 관혼상제와 의식주 생활상의 고유한 풍습을 소개하는 데 주력하고 있다. 일반적으로 고유한 정신이 많이 나타나는 것은 제도보다는 종교와 풍속이라는 점에서, 저자가 종교와 풍속의 서술에 주력한 것으로 이해된다. 『신단민사』가 사담체와 개화사체를 병용하여 사담을 많이 실은 것도 실은 민족의 고유정신과 미풍을 소개하여, 말 그대로 신단민사의 가치를 드러내고자 한 것과 관련이 있을 듯하다. 사실 신교와 관련한 종교나 풍속은, 당시 유교적 질서 속에 여과된 정사에서는 찾을 수 없는 요소들이기 때문이다.

『신단민사』가 문화사 서술에 있어서 종교를 가장 먼저 서술함에도 단군신교를 유교·불교·도교 등 다른 종교보다 우선적으로 서술하고 있다는 점이 주목된다. 신교는 신시 시대부터 조선조 말에 이르기까지 각 시대에 빠짐없이 서술되고 있으며, 특히 상고시대의 종교에서는 신교 하나만을 7절(신교의 門戶·신교의 拜天·신교의 祠祀·신교의 九誓·신교의 五戒·신교의 八關·신교의 別派)로 나누어 상세하게 서술하고 있다.[179] 이러한 인식은 대종교의 개교(開敎)·교리(敎理)·제전(祭典)·계율(戒律)과 그대로 접맥되는 가치로, 대종교의 전부라 해도 과언이 아니다.

즉 신교의 교문이 단군으로부터 시작되었음을 밝히고, 그 교리를 단군의 『삼일신고(三一神誥)』 '오훈(五訓, 天訓·神訓·天宮訓·世界訓·眞理訓)'에서 찾았다. 또한 단군의 10월 배천(拜天)을 시작으로 부여의 영고, 예맥의 무천, 진한·변한의 계음, 마한의 소도 등으로 이어졌고, 소도를 주관하는 이를 천군이라 하였다. 사당의 기원이 기자의 삼신봉안(아사달)에서 비롯되었으며, 부여의 고속(古俗)을 들어 신교의 아홉맹세[九誓, 孝·友·信·忠·遜·德·禮·規·恤]를 설명하고 있다. 특히 아홉맹세를 행함에 있어 서치례(序齒禮)를 소중히 했음도 밝히고 있다.

이어 신교의 계율이 엄격했음을 밝히면서 그 통용되는 것으로 오계를 들었는데, 후일 원광법사가 이 세속오계(世俗五戒)로 계승한 것이라 했다. 또한 신교의 팔관회를 설명하면서, 팔관이란 곧 신교의 팔죄(八罪: 殺生·偸盜·淫洗·妄語·飲酒·高大上坐·香華着·觀聽自樂)를 금폐(禁閉)하는 것으로, 윤등(輪燈)·향등(香燈)·채붕(彩棚)을 설치하고 왕과 왕비 그리고 조정백관들이 모여 의례를 행하는 것이다. 끝으로 중국의 선교(仙教) 역시 신교의 별파로서 탄생했다는 주장이다. 대종교를 일으킨 나철의 유언에서도

> "진실한 정성은 일찍이 八關의 齋誠가 있었으며, 두터운 풍속은 또한 九誓의 예식을 전하였고…".[180]

라는 내용이 들어있음을 볼 때, 팔관과 구서가 대종교의 중요한 계율임을 알 수 있다.

『신단민사』에서는 이러한 신교가 부여는 대천교(代天教), 신라는 숭천교(崇天教), 고구려는 경천교(敬天教), 발해는 진종교(眞倧教) 등으로 불렀고, 그밖에 신교의 속칭으로서 장교(掌教)를 선인(仙人)이라고도 하여 왕검선인·신지선인·지제선인·남해선장(非天生) 등의 칭했다 한다. 또한 해모수·주몽·혁거세를 천선(天仙)으로, 남해차차웅·김수로왕을 대선(大仙)으로, 명림답부·김유신을 국선(國仙)으로 칭했고, 고구려 관직에 조의선인(皂衣仙人)이 있으며, 신라에는 선랑(仙郎, 花郎)이 있다고 설명했다. 이러한 기풍은 고려에도 계승되어 왕검교(王儉教)라 하였고, 신교의 제천을 팔관재·연등이라 하였음을 적시했다. 또한 강감찬·홍언박과 같은 신교의 독실한 신자가 나오기도 했으며, 요·금에서도 신교가 융성이 이어졌다는 논리를 폈다.

김교헌은 신교가 쇠퇴한 시기를 몽고침략 이후로 보고 있다. 즉 몽고가 라마교를 적극 포교하고 금의 신교를 금할 때, 고려에서도 신교의 문호가 폐색되기 시작했다고 본 것이다. 이러한 인식은, 대종교가 몽고 침입에 의한 팔관 행사의 단절을 교맥(教脈)의 단절로 이해하고 있음도 이와 무관치 않다.[181] 즉 대종교를 일으킨 나철의 다음 기록에서도 그러한 의식을 그대로 확인할 수 있다.

"몽고의 고려 侵虐 異族의 嫌疑로다 / 書籍文記 다 뺏고 教門祭典 다 폐절"[182]

나철은 몽고의 침략으로 인해 교문제전(教門祭典) 즉 팔관이 단절된 것으로 이해했다. 그러므로 조선시대에는 오직 북강(만주)에서만 떨치고, 남강(반도)에서는 그 여의(餘儀)만이 남아 김시습·홍유손·정붕·정수곤·정희량·남주·서경덕·정렴·정작·정초·전우치.윤군평·남사고·박지화·이지함·류형진·장한웅·곽재우 등에 의해 전해져 선교(仙教)로 오해 받으며 잔존해 왔다고 했다. 한편 당시 상해판 『신단민사』(1923)를 발간하는데 물심양면으로 헌신한 인물이 희산 김승학이다.[183] 그는 『독립신문』에 책 광고를 내면서 『신단민사』의 신교사관적 요소를 더욱 분명히 드러내고 있다.

"生·教·治 三化로 九夷에 君하시고 止·調·禁 三法으로 百教에 宗이 되신 한검의 후손으로, 北陸을 氈據하고 東亞를 석권하던 餘, 愼, 眞, 震과 徐, 遼, 金, 淸을 포괄한 民族血系史가 지금까지 세상에 顯出되지 못하야, 神祖의 創古開天하신 偉模와 聖孫의 亘今樂土하는 榮典을 발휘치 못한 것은 宗性族粹에 막대한 缺欠이더니, 무원 金獻 선생은 史擧의 獨步이심을 전민족이 推許하는바, 自來 10여 성상을 우리 역사에 全精殫神하야, 지금에 神檀民史라는 秩巨述備의 둘 없는 宗史가 壁完되엿기, 본인이 綿力을 불고하고 該史를 중등교과용으로 편수 印行하야, 혈혈동포의 家家譜牒를 作코져 하오나 事不隨意로 우선 幾千部만을 간출하엿사오니, 우리

愛兄慈妹는 趁時購覽하시와 上으로 祖宗百代의 神神을 頌하시며 下으로 자손만세
에 檀檀을 訓하시면 民史의 本意일가 하오며 略此特告하나이다. 구독하실 형제께
서 상해나 영고탑 兩處로 청구하시되, 10원 미만의 대금은 保險郵便으로 送하시고,
다수의 금액은 상해 조선은행 혹은 중국은행으로 換送하시며, 百秩 이상을 都賣로
청구하시면 대금의 三割을 減하오나 필히 先金을 요하나이다.
全秩四編半洋裝代金每秩壹圓三十錢(內地에난 金貨로 中俄領에난 大洋 美領美貨)

편수겸 발행인 金希山 告白"[184]

대종교의 기본교리인 생(生, 조화)·교(敎, 교화)·치(治, 치화)의 삼화사상(三化
思想)과 지(止, 止感)·조(調, 調息)·금(禁, 禁觸)의 삼법수행(三法修行)을 토대로,
『신단민사』의 역사적 가치를 선전하고 있는 글이다. 특히 부여와 숙신으로
부터 산동지역의 서국(徐國), 그리고 중세 만주지역의 요·금·청까지 모두 우
리 민족의 혈족사(血族史)임을 광고하고 있음이 주목된다. 물론 김교헌의 역
사인식이다. 김승학은, 김교헌이야말로 우리 사학계의 독보적 존재로, 모든
국민이 받들어 칭찬하는 인물임을 강조하고 있다.

광고문에 등장하는 김승학의 『신단민사』제목에 대한 풀이도 흥미롭다.
"위로는 조종백대(祖宗百代)의 신신(神神)을 기리며, 아래로는 자손만세에 단
단(檀檀)을 경계하는 것이 민사(民史)의 본의(本意)일가 하오며"라는 부분이
그것이다. 가히 신교사관적 해석이라 아니 할 수 없을 듯하다. 대종교에서
'신신을 기린다'는 것은 천자신손(天子神孫)으로서의 보본(報本)을 말하는 것
이다. 또한 '단단을 경계한다'는 것은, 단군에 의지하면 나라가 단단해진다
는 것을 드러내는 것이다. 대종교 중광(重光)의 중요한 계기가 『단군교포명
서』에 보면 이러한 의미가 분명히 나타난다.

"견고하고 완전한 물건을 가리켜 '檀檀'이라 칭하고 禍敗하고 위태한 물건을 가리켜

'脱'이라 칭함은, 三國時 佛法이 처음 들어 올 때에, 本敎人이 佛像을 脫脫이라 말하여 당시에 檀檀脫脫의 노래가 本敎中에 有한 바요"[185]

삼국시대에, 전래 단군신앙의 정신 무장을 '단단'이라 하고, 들어온 불교로 인한 정신적 불안함을 '탈탈'이라 하여 노래 불렀다는 것이다. 즉 '단단'은 순수하고 고유한 우리의 가치요, '탈탈'은 그것을 불안하게 만드는 외래적 가치임을 알 수 있다.

이처럼 『신단민사』가 신교에 역점을 두고 문화사를 이해하려고 하는 것은 신교가 대종교의 원류라는 점에서 보면 당연한 접근이었다. 그러면서도 『신단민사』는 신교 외의 다른 종교에 대해서도 외면하지 않았다. 유교·불교·도교 등에 대한 서술도 빠뜨리지 않고 있으며, 그 종교들의 긍정적 역할 역시 인정하고 있다. 한민족통사로서의 균형을 결코 외면하지 않은 것이다.

『신단민사』는 전체적으로 보아, 근대종교로서의 대종교의 입장에서 고대종교를 이해하고 문화사에 대한 이해체계를 세운 역사서다. 문화에 있어서 종교의 비중이 지나치게 강조되고, 특히 원시종교로서의 신교가 지나치게 부각된 점도 있다. 또한 충분한 자료의 뒷받침이 부족한 사화·전설이 사실(史實)로서 많이 채용되었다는 점에서 일종의 종교사화와 같은 성격을 가지고 있다. 뿐만 아니라 혈통이나 문화의 기원은 같다 하더라도, 뒤에 가서 문화적 성격이 서로 달라진 북방민족을 모두 단일민족으로 이해하여 국사에 편입시켰다. 이러한 서술은 본서의 새롭고 진취적인 시각이라는 점도 있겠지만, 이 책이 극복해야 할 요소로 지적될 수도 있을 듯하다.[186]

그럼에도 역사의식에 있어서 근대적 민족주의를 바탕으로 하여 유교중심·중국중심의 국사체계를 부인하고, 배달족이라는 단일민족을 설정하여 민족사 체계를 통사로서 구성했다는 것은 그 나름의 의미가 있다. 적어도 민족주의사관에 입각한 통사는 『신단민사』를 효시로 꼽지 않을 수 없는 이유다. 더욱이 편사 방법으로 소위 개화사체를 도입하고, 기층 사회와 깊이 연결된 종교·신앙·풍습에 중점을 두어 문화사체계를 재구성하려고 한 것은, 근대역사학이 다루어야 될 기본적인 과제를 선구적으로 취급한 것이라고 할 것이다.

김교헌의 또 다른 저술인 『신단실기』 역시 대종교의 종리(倧理)·종사(倧史)와 밀접한 연관성을 갖고 있다. 이는 처음 대종교의 교명이 단군교인 것처럼, 단군을 종조로 내세워 민족종교의 교리와 단군역사를 체계화시킨 것이다. 따라서 『신단실기』는 일제에 의해 나라는 강탈당했으나, 우리에게는 유구한 민족의 시조가 있고 민족사가 있으며 민족의 고유한 종교가 있다는 것을 밝히고자 한 종교서인 동시에 민족혼을 일깨우는 단군역사서로도 이해되고 있다.[187]

이 책의 내용 구성은 단군시대의 역사, 단군신교(檀君神敎, 대종교)의 기본적 신관, 대종교의 발전 과정, 역대 제천행사, 단군 관련의 민간신앙, 단군 관련 역사 유적, 백두산에 관한 논고, 단군고조선에 대한 영토문제, 상실된 태고의 단군고사 등, 총 19개 항목에 이르는 단군 관련 역사 기록을 정리한 것이다.

특히 「삼신상제」·「교화원류」·「신이징험」·「단사전묘」·「역대제천」·「고속습유」 등은 신교사관의 근본적 틀이 되는 신교의 교리·교사·문화·유적 등에 대한 주제별 자료를 서술한 내용이다.[188] 먼저 「삼신상제」에서는 삼신이 환인(天)·환웅(神)·단군(神人)에서 유래하고 삼신이 곧 상제·제석이며, 삼신산이 태백산(곧 白頭山)이라는 것을 『고금기』·『한서』·『풍속고』 등을 인용하여 밝히고 있으며, 삼신과 연관된 부루단지 혹은 업주가리에 대한 민간풍속을 소개하고 있다.

다음에 「교화원류」에는, 단군이 성인 혹은 신인으로서 신교를 설립하여 주곡·주명·주형·주병·주선악하고, 남녀·부자(父子)·군신·의복·음식·궁실·편발·개수의 제도로써 교화하며, 구이의 소국을 모두 신교로써 교화하여, 백이가 인현지풍(仁賢之風)의 소문을 듣고 귀화했다는 것이다. 또한 『성호사설』를 인용하여, 단군조선이 요·심지방을 병유하면서 유·영(幽營)의 순(舜)과 상접하였으므로 중국문화의 영향을 받았으리라는 것과, 『신이경(神異經)』을 통해서는 동방인이 주의(朱衣)·호대(縞帶)·현관(玄冠)·채의(綵衣)를 착용하고, 서로 범하지 않고 서로 훼손치 않으며, 타인의 환(患)을 보면 목숨을 걸고 구해주어 선인(善人)이라고 일컬어진다는 것이다. 그리고 동방인이 예의가 바르다고 알려진 것은 단군·기자의 교화의 결과로서 공자가 부해(浮海)의 뜻을 품고, 공자의 후손 공소(孔昭)가 고려에 귀화한 것은 이 때문이라 했다.

한편 단군이 창시한 종교를 명나라 왕세정(王世貞)의 『속완위여편(續宛委餘編)』과 『만주지』를 인용하여 다음과 같이 말했다. 즉 부여에서는 대천교 혹은 배천교, 신라에서는 숭천교, 고구려에서는 경천교, 고려에서는 왕검교라고 하였다는 것이다. 이어 최치원이 나라에 현묘한 도가 있는데, 유·불·도의 3교를 포함하고 있다는 것 등을 밝히고 있다.

다음으로 「신이징험」은 삼신상제가 인간에게 길흉화복을 내려준 여러 가지 신이한 징험의 사례들을 모은 것이다. 예컨대 『배씨구보(裵氏舊譜)』에 보이는 비의동자설화(緋衣童子說話), 『동사유고(東事類考)』에 있는 비삼문(扉三門) 전설, 아란불의 몽천(夢天)[189] 전설, 솔거의 신화, 『이상국집』의 김생신필(金生神筆), 『용비어천가』의 구변진단지도와 금척에 관한 기사, 『성종실록』에 기록된 삼성사 신앙에 관한 기록 등이 그것이다.

「단사전묘」에서는 마니산 참성단, 구월산 삼성사, 평양의 숭령전·성제사, 발해의 보본단과 목엽산묘, 금의 태백산묘, 고구려의 부여신묘와 고등신묘에 관한 내용을, 『수산집』·『문헌비고』·『춘관통고』·『문원보불(文苑黼黻)』·『고려사지리지』·『요사』·『금사』·『후주서』의 기록을 통해 제시하고 있다. 더불어 김교헌은 이러한 단·사·전·묘의 의미가, 단군신교에 대한 추원보본(報本追遠)의 뜻을 가진 것이라는 해석을 보였다. 이러한 의례가 「역대제천」에서 드러나는데, 고조선·부여·예맥·삼한·고구려·백제·신라·고려·요·금 등에서 이루어지고 있었던 제천행사, 즉 영고·무천·천군·동맹·교천·연등·예화악·사류(射柳) 등을 소개하고, 중국의 봉선·환구제보다 앞서서 동방의 제천이 행해졌다는 것이 김교헌의 해석이다.

이렇듯 『신단실기』는 신교와 관련한 단군의 역사를 수집·정리하여, 우리의 시각에서 해석했다는 점에서 의미가 크다. 그 연대표기에 있어서도 과거 존화사상의 잔재인 중국의 연호 표기나, 한말 교과서에서 보이던 일황연기(日皇年紀)를 쓰지 않고, 개천기년법을 쓰고 있다. 이는 신교적(대종교적) 종교성과 관련된 것이기도 하지만, 사대적 잔재와 친일적 잔재를 청산하려는 의도로 파악된다.

또한 이 책의 특징을 정리해 본다면, 과거의 방대한 역사문헌 안에 단편적으로 매몰되어 있었던 단군 관련 기사를 새로 발굴·수집하여, 그러한 단군 기사들에 일관된 관련성을 부여하면서 근대적인 단군사관을 재구성한 점에 있다. 특히 본서에서는 여러 가지 역사기사를 종합하면서 동이족 곧 동북아시아 민족들이 공통적으로 신봉한 단군신교의 내용을 구체적으로 제시하였다. 그 단군신교의 내용이란 바로 '천신신앙'과 '제천의례'인 것이다. 그 뿐만 아니라 중국의 제천과 신선사상과 같은 것이 고대의 단군신교에 그 연원이 있다고 보고 오히려 고대 중국문화의 기원이 동이족의 신교문화 속에 있었다고 주장한다. 이러한 견해는 전통적인 유교 존화사대주의를 극복하여 민족의 문화적 주체성을 확립하는데 크게 기여하게 된다. 또한 이 책에서는 기존 성리학적 관점에서 음사(淫祀)·음습(淫習)으로 비판되어 오던 토착적인 민속문화를 한민족의 고유전통으로 긍정적으로 평가하여 역사연구를 위한 귀중한 연구대상으로 삼았다는 점이 주목된다. 그러한 의미에서 본서는 근대적인 '민속학'의 효시로도 매우 큰 의의를 지닌 것이다.[190]

분명한 것은 『신단실기』가 저자 김교헌이 신교적(대종교적) 입장에서 단군 또는 삼성에 대한 깊은 종교적 신앙심을 바탕으로 하여 편찬한 것이지만, 어디까지나 문헌적 자료에 입각하여 객관적으로 배달족의 역사를 서술하려고 노력한 흔적이 많다는 점에서 단순한 사화로만 치부하기는 어렵다. 물론 너무 신교적 사관에 기울어진 면도 없는 것은 아니다. 그러나 단군조선의 역사와 문화를 무리하게 날조하지 않고, 조선 후기 실학자들이 밝혀낸 단편적인 연구 성과를 광범하게 수집·정리한 토대 위에, 신교적(대종교적)인 세계관을 투영시켜 새로운 상고사의 체계를 수립하였다.[191]

그의 『배달족역사』 역시 그 체제나 내용에서 『신단민사』의 신교사관적 요소와 거의 동일하지만, 그 제목 자체에 드러나는 신교적 요소도 의미가 크다.[192] 배달이라는 용어도 근대 대종교의 성립과 관련되기 때문이다. 백봉 집단에 의한 단군신앙의 전래는 배달이라는 용어 출현에도 결정적인 계기를 마련해 준 사건이었다. 즉 그들에 의해 전수된 서책인 『단군교포명서』와 『단군교오대종지서(檀君教五大宗旨書)』가 그것이다. 먼저 『단군교포명서』에 배달과 간련한 기록을 보면

"단군조 시대에 '배달국(倍達國)'이라 하는 말이 중국 글자에 뜻과 음이 변하여 '조선'이 되었다. 옛말에 조부(祖父)를 이르되 '배(倍)'라 하고 아비를 이르되 '비(比)'라 하며 광채 있는 물건을 이르되 '달(達)'이라 하므로, '조상의 찬란한 은택[祖父光輝]'

을 입은 토지라 하여 나라 이름을 지은 것이다. '배달'은 곧 '조광(朝光)'두 글자를 이름이다. 중국의 역사 기록이 다른 나라의 국명을 기록함에 있어 험한 글자[險字]를 쓰는 것이 관례니, '조(祖)'자를 사용하지 않았을 것이다. '조(祖)'를 음역하여 '조(朝)' 자가 되고 '광휘(光輝)'를 의역하여 '선(鮮)'자가 되었으나, 지금까지 혁혁히 옛날 이름이 우리 입가에 붙어있는 말로 '배달목'이라 하는 나무는 대황조의 '빛나신 나무[光輝木]'요…."[193]

라고 적혀있다. 즉 단군조 때에 '배달이라는 나라'가 있었다는 것이다. 그리고 후일 조선이라는 말도 실은 배달에서 온 것이라는 주장이다. 주목되는 부분은 '배(倍)'가 조부(祖父)를 뜻하며 '달(達)'은 '광채 있는 물건(光輝之物)'을 지칭한다는 내용으로, 배달의 의미는 곧 '조광(祖光)'을 말한다는 것이다. 다만 조광(祖光)이 조광(朝光)으로 나타남은, 중국의 이국(異國)에 대한 멸시적 기록 관습이 그 원인임을 적시했다. 광(光)과 선(鮮)은 그 의미 새김으로는 '빛남'이라는 동일성으로 귀착된다. 따라서 배달이 곧 조광(祖光)이요 조선(朝鮮)이라는 연역이 가능해진다.

이 대목에서 호석(湖石) 강우(姜虞)라는 인물이 창간한 『한빛』이라는 잡지도 돌아보게 된다. 강우는 국내 대종교가 쓰러져가던 1927년, 대종교의 도약을 위해 마지막 몸부림을 친 인물이다. 『한빛』도 그러한 배경에서 탄생한 발간된 잡지다. 1927년 중광절(1~2월경)을 기해 창간하려 했으나 일제에 의해 원고가 압수되어 발행하지 못했다. 이 아픔을 딛고 1928년 중광절(1월 15일)에 창간하여 1928년 8월 통권 8호로 폐간된다. 물론 일제의 압박에 의한 것이다.

대종교남도본사에서 발행한 『한빛』은, 편집 겸 발행인을 이윤재(李允宰, 李灝)가 맡았다. 강우는 창간사를 대신하여 「상고의 신인화강(神人化降)과 한빛의 의의」를 썼다. 강우는 이렇게 말한다.

"반만년 이전에 한배검의 교화를 친히 입은 혈통종족은, 특히 그를 기념으로 하여 '환(桓)'으로 국(國)을 일컬으니 곧 천(天)이요, '해(解)'로 씨(氏)를 삼으니 곧 태양이요, 배달은 조광(祖光)이며 조선은 조일광선(朝日光鮮)이며, 고구려 · 신라 · 삼한이란 것도, 다 천일(天日)의 광명을 의미하는 명칭입니다."**194**

『한빛』의 의미가 그대로 드러나 있다. 즉 "배달은 조광(祖光)이며 조선은 조일광선(朝日光鮮)"이라는 부분이 그것이다. '한빛'은 '조광(祖光)'이나 '조선(朝鮮)'의 의미 새김으로, '배달'이라는 말과 동일한 것이다. 따라서 배달이라는 의미를 품고 나타난 잡지도 『한빛』이다.

한편 『단군교포명서』의 「부록(附錄)」에서는 '원본신가(原本神歌)'가 '해명신가(解明神歌)'와 함께 아래와 같이 전한다.

[원본신가]

어아어아(發聲辭) 나리흔 빗금가미고이(我等大祖神大恩德)

빗달나라나리다모(倍達國我等皆) 골잘너나도가오소(百百千千年勿忘)

어아어아 차마무가한라다시(善心大弓成) 거마무니셜데다라(惡心矢的成)

나리골잘다모한라두리온차마무(我等百百千千人皆大弓弦同善心)

구셜ㅎ니마무온다(直失一心同)

어아어아 나리골잘다모한라ㅎ니(我等百百千千人皆大弓一)

무리셜데마부리야(衆多失的貫破) 다미온마차마무나(沸湯同善心中)

ㅎ니유모거마무다(一塊雪惡心)

어아어아 나리골잘다모한라고비온마무(我等百百千千人皆大弓堅勁同心)

배들나라달이ㅎ소(倍達國光榮) 골잘너나가마고이(百百天天年大恩德)

나리한빗금나리한빗금(我等大祖神我等大祖神)**195**

[해명신가]

어아어아 우리 대황조 높은 은덕

배달국의 우리들이 백천만년 잇지마셰

어아어아 선심(善心)은 활이 되고 악심(惡心)은 관혁이라

우리 백천만인 활줄ㅈ치 바른 선심

곳은 살ㅈ치 일심(一心)이예

어아어아 우리 백천만인 호활쟝에

무수관혁(無數貫革) 천파(穿破)ㅎ니 열탕(熱湯)ㅈ흔 선심 중에

일점설(一点雪)이 악심이라

어아어아 우리 백천만인 활ㅈ치 굳센 ᄆ음

배달국의 광채로다 백천만년 높은 은덕

우리대황조 우리대황조[196]

즉 '나쁜 마음(과녁)'을 "착한 마음(화살)'으로 순치하는 내용으로, 배달을 나라로 인식하여 노래함이 관심을 끈다. 또한 이 신가(神歌)의 유래에 대해서는 어느 시대부터 시작되었는지 미상이지만, 고사기(古事記)에 말하기를 "동명왕이 제사 때가 아니더라도 이 노래를 늘 불렀고, 또 전쟁에 임할 때에 병사들이 이 노래로 군기(軍紀)를 북돋웠다."고 적고 있다.[197]

배달과 관련하여 『단군교오대종지서』도 주목된다. 이 책에 드러나는 사관은 기존의 여타 사서들과는 근본적으로 다르다. 단군조 지배자의 명칭에서 아돈(阿頓)·니고랑 혹은 니고라(尼古郞)·배달(倍達)·다라(多良)·서울(徐鬱)·미이타(美伊他) 등의 독특한 이름이 등장한다. 또한 지배자의 호칭으로도 검신(儉神)을 사용하고 있다는 점과 흘나사한(訖那沙翰)·수사노(秀斯老)·애극국(愛克國) 등, 다른 사서에서 발견되지 않는 단군신앙 관련 인물들이 등장하고 있다. 『단군교오대종지서』에 나오는 배달에 대한 설명은 『단군교포명서』의 그것보다 좀 더 구체적이다. 다음의 기록을 보자.

"배달검신(倍達儉神)께서 나라를 다스리실 때 수사로(秀斯老) 철인(哲人)의 교화로

삼천단부에게서 사랑하고 받드는 태초의 풍속을 다시 볼 수 있었다. 대황조께서 삼천단부의 영역을 합쳐서 이름하여 '배달'이라 하였다. 당시 검신은 또한 배달을 임금의 성호(聖號)로 칭하였다. 이때는 단군조선 중엽 대단히 번성한 시대였다. 그 후 수사노 철인의 학식과 품행이 우수한 제자가 삼천단부의 수장이 되었는데 반이 넘었다. 이리하여 본교의 융성과 번창은 오래갔다. 사람들이 마음을 느껴 깨닫는 바는 깊고 오래갔으며 배달 경계 내의 삼천단부는 생활이 즐겁고 화평하였으며 어질고 덕이 있어 오래 사는 지역이었다."**198**

단군조 지배자(儉神)의 성스러운 이름이 배달이라는 것이다. 또한 삼천단부의 영역을 배달이라 적고 있다.[199] 그리고 삼천단부의 강역을 배달강역으로 인식했다.

이렇듯 『단군교포명서』나 『단군교오대종지서』 등의 내용을 토대로 배달의 의미를 살피면 다음과 같이 정리할 수 있다. 첫째, 배달은 단군조로부터 연면히 이어져 온 말이다. 둘째, 배달은 당 시대 임금의 명칭이며 나라 이름이다. 셋째, 배달은 삼천단부나 조선과 같은 의미로도 쓰였다. 그러므로 배달은, 단군조로부터 연면히 이어온 말로, 단군조 지배자의 명칭이자 국호이며 삼천단부나 조선 등과 동일한 의미를 가진 용어임을 알 수 있다.[200]

2. 남북조사관(南北朝史觀)

남북조사관이란 족통개념(族統槪念)을 통한 대종교의 역사인식이다. 단군조(檀君朝) 배달민족의 후예인 북조(北朝)의 부여와 남조(南朝)의 기씨(箕氏) 이래, 근세의 조선(남조)과 청나라(북조)로 이어지기까지 존재했던 남북강역의 세력과 집단을 단군 후예들의 역사 활동으로 간주하는 역사관이다. 이것은 일제식민지주의사관의 한 줄기인 반도사관의 대항 논리라 할 수 있는 대륙사관(大陸史觀)과도 흡사한 것이다. 즉 한국사의 일부로 취급되는 국가와 한국인의 활동 영역을 한반도뿐만 아니라 만주 또는 발해만 부근과 산동 반도를 비롯한 중국 본토의 동쪽 해안까지 확장하는 역사관이 대륙사관으로, 이 역시 대종교의 강역의식과도 그대로 맞물린다.

일각에서는 남북조사관이 일제관학자들의 만선사관(滿鮮史觀)과 겹칠 수 있다는 염려도 있다. 그러나 남북조사관이 민족주의적 시각의 역사관이라면 만선사관은 일제식민주의적 시각의 역사관이란 점에서 그 본질적 의도가 다르다. 만선사관은 시라토리 구라키치(白鳥庫吉)에 의해 주창되어 이나바 이와키치(稻葉吉岩)에 의해 체계화 된 것으로, 만선사 혹은 만선사학이라고도 한다. 지리적으로 만주 지역과 조선반도의 역사를 하나의 역사학의 단위로 파악하는 역사학이다.[201] 한국역사학계에서도 일찍부터 일제식민지사학의 타율성론(他律性論)과 연결시켜 그 문제점이 지적되어 왔다.[202] 그러므로 만선사관이 우리 민족의 역사적 타율성을 그 목적으로 한 접근이라면 남북조사관은 우리 민족의 역사적 정체성(正體性)을 찾고자 하는 시각이라는 점에서 구분되어야 한다.

이러한 남북조사관에 대한 역사적 틀을 마련한 인물이 김교헌이다. 물론 조선조 유득공(柳得恭)이 『발해고』「서문」에서 신라와 발해를 남국과 북국으로 설정하여 남북국시대를 주장한 것이 그 효시라 할 수 있다. 이후 김정호(金正浩)도 『대동지지(大東地志)』『방여총지(方興總志)』〈발해사〉 항목을 통해 발해사를 독립된 항목으로 다루며 삼한·삼국(신라·가야·백제)·삼국(고구려·신라·백제)·남북국(신라·발해)으로 이어지는 고대사 체계를 제시하였다.

그러나 김교헌의 남북조사관은 그 인식의 근본을 달리했다. 발해(북국)·신라(남국)로 한정되는 남북국이 아니라 열국시대·삼국시대 이후의 모든 역사 질서를 남북조로 바라보았다. 이러한 배경에 작용한 것이 대종교의 족통개념과 강역의식이다. 김교헌이 중심이 되어 1911년 대종교에서 발간한 『단조사고(檀祖事攷)』가 그 대표적 증적이다. 『단조사고』 앞 분분에 실린 「배달족원류도(단군혈통)」와 「삼천단부도(단군강역)」의 도표 2장이 그것이다.

[그림 1] 倍達族源流檀君血統圖

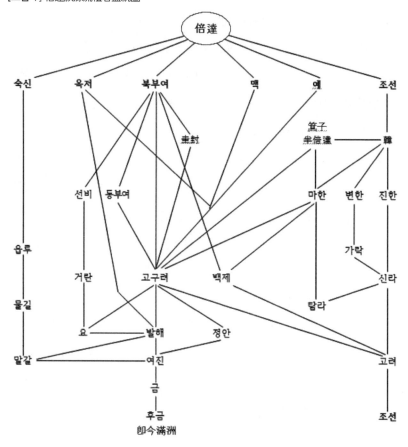

「배달족원류도」는 배달민족이 여섯 지파로 나뉘어 남방족(조선)과 북방족(후금)으로 모아지는 계통도이며, 「삼천단부도」는 만주와 연해주를 망라하는 배달민족의 강역형세도라 할 수 있다. 「배달족원류도」라는 도표에서는

'배달(단군)족'이 여섯 지파로 나뉜 후 최종적으로 조선족(남방)과 만주족(북방 – 후금)으로 귀착된다고 이해했다. 또한 기자를 반배달족(半倍達族)으로 간주하고 우리 민족의 지파로 편입시켰다는 것이 주목된다. 특히 조선족(南朝)과 만주족(北朝)을 같은 단군의 혈통으로 엮었다는 것은, 대종교적 남북조사관과 대륙사관의 중요한 근거가 되었다 할 수 있다.

김교헌의 남북조사관이 체계적으로 정리된 책이 『신단민사』다. 『단조사고』가 국내외 단군 관련 자료를 주제별로 정리하여 남북조사관의 안목을 제시했다면, 『신단민사』는 통사 체계를 통하여 남북조사관을 체계화했다. 『신단민사』에서는 「남북강통일국계(南北疆統一國系)」라는 표를 통하여, 단군조에서 출발하여 북강국계(北疆國系, 기자조선·위만조선·부여·동부여·북부여·고구려·발해·요·금·청)와 남강국계(南疆國系, 마한·백제·가락·신라·고려·조선)로 연면히 이어온 것을 도식화 했고, 그 계통을 토대로 통사적 서술을 시도하고 있다.

좀더 들여다보자. 『신단민사』「중고시대」의 〈열국시대〉 부분부터 '남북조시대'를 설정하여 발해와 신라만이 아니라 고구려·백제·말갈·거란·태봉·후백제 등의 역학 관계를 설명하고 있다. 또한 「근고시대」에 들어서는 〈여요시대(麗遼時代)〉·〈여금시대(麗金時代)〉의 설정을 통해 고려와 요나라, 고려와 금나라의 관계를 남북조로 설정하여 전개하는가 하면, 「근세시대」에 이르러서도 〈조청시대(朝淸時代)〉를 설정하여 조선과 청나라를 하나의 역사 남북조시대로 바라보고 있다. 남북조시대가 2천년 이상을 흘러온 것으로 간주한 것이다.

『신단민사』에서 남북조를 하나의 역사로 바라보고자 한 서술 근거는 간단하다. 책의 「범례」(전체 9항) 1항에 드러나 있다.

"1. 이 책은 나라마다의 편년(編年)을 따져서 쓰지 않고 민족을 기준으로 하여 단군민족 전체를 망라하여 썼기 때문에 책 이름을 『신단민사』라 한다."[203]

즉 이 책이 좁은 의미의 국가사가 아니라 넓은 의미의 민족사로 편찬되었다는 것을 보여준다. 여기서 민족이라는 것은 단군민족=배달족=신단민(神檀民)=구이(九夷, 九族)을 가리킨다. 단군민족은 국조를 중심으로 부른 것이며, 배달족은 최초의 국호인 단(檀)의 순우리말에 따른 호칭이다. 또한 '신단민'은 배달족에 대한 존칭(신성한 배달민)이며, 구이 혹은 구족은 중국 측 문헌에 보이는 배달족의 명칭이다. 배달족은 『단군교오대종지서』의 「대황조신손원류지도(大皇祖神孫源流之圖)」와 『단조사고』의 「배달족원류단군혈통(圖)」, 그리고 『신단실기』의 「족통원류」 부분처럼 조선족·부여족·한족·예족·맥족·옥저족·숙신족으로 나뉜다. 이 중에서 가장 주류를 이루는 것은 조선족으로, 조선족이 부여족으로 이어지고, 부여족이 다시 동부여·북부여·졸본부여·서라부여·남부여로 나뉘어져, 졸본부여가 다시 고구려·발해·여진·금·청으로 이어지고, 서라부여가 다시 신라·고려·조선으로 이어지며, 부여에서 백제가 나온다.

부여족의 부여는 북예(北濊)로 이어지고, 한족의 한(韓)은 진한·변한으로 나뉘어 진한이 신라로 연결되어, 변한이 가락으로 이어진다. 그리고 삼한의 하나인 마한은 다른 곳에서 들어온 족속(半倍達族)인 기씨의 후예로 간주된다. 예족의 예는 서예(徐濊)·한예(寒濊)·동예(東濊)·불내예(不耐濊) 등으로 나뉘어지고, 서예가 주나라 초기에 서국을 세워서 1천여 년 간 50여 국을 거느리는 동방의 맹주가 되었다. 맥족의 맥은 북맥(北貊)·호맥(胡貊)·양맥(梁貊)·구려맥(句麗貊)·소수맥(小水貊)·예맥·우수맥(牛首貊) 등 7파로 구분하고, 그 중에서 북맥을 선비·거란·요로 연결시켰다. 옥저족의 옥저는 동옥저와 서옥저로 나뉘어지며, 숙신족의 숙신은 읍루·물길·말갈·여진으로 이어진다.

다만 『신단실기』와 차이가 있다면, 『신단실기』에서는 조선족에서 삼한·신라·고려·조선으로 연결되고 부여족에서 고구려·발해·백제·여진(金·淸)이 이어지는 것으로 보았으나, 『신단민사』에서는 조선족과 부여족을 일원적으로 체계화하고 있다는 점이 서로 다르다. 즉, 민족사체계에서 한(韓)족보다도 부여족의 위치를 더욱 높인 것을 알 수 있는데, 아마도 만주사(北疆史)를 반도사(南疆史)보다도 더 중요시한 결과가 아닌가 짐작된다.[204]

이어 『신단민사』에서는 우리의 역사 활동의 무대로, 만주(北疆)와 반도(南疆)를 하나로 묶어 인식하고 있다는 점이다. 즉 배달족의 활동무대를 모두 영토(領土, 國土)로 간주하는 입장에서 만주와 한반도가 하나의 국가로 통합된 시대를 통일시대로 이해하고, 그렇지 않았던 시대를 열국시대 혹은 남북조시대로 부르고 있다. 이러한 관점에서, 역사상 통일시대는 신시시대(神市時代, 桓族시대)·배달시대(단군조선)뿐이며, 소위 삼국시대는 열국시대로, 통일신라시대는 남북조시대로, 그리고 고려와 조선도 각각 남북조시대로 취급되고 있다. 통일신라 이후에도 만주에는 배달족 국가인 발해·요·금·청이 계속 건설되었던 까닭이다. 그리고 이러한 논리를 가지고 이해한다면, 배달족은 상고시대를 제외하고는 한 번도 통일을 이루지 못한 것이 되며, 만주의 실지(失地)를 다시 수복함으로써만 민족의 재통일이 이루어지고 민족사가 곧 국사가 될 수 있다는 논리로 귀결된다. 이 책의 권두에 「남북강통일국계표」를 작성하여 북강국가와 남강국가를 확연히 구별하고 있는 것도, 이러한 취지와 관련된 것이다. 소위 북강국가는 기씨조선·위씨조선·부여·고구려·발해·요·금·청이며, 남강국가는 마한·백제·가락·신라·고려·조선이 이에 포함된다.

신교(대종교)사관의 입장으로 볼 때 남북조를 하나의 관점에서 인식한 것은 이상한 것이 아니었다. 즉 대종교에 있어 백두산 남북마루는 신앙의 발상지이므로, 만주 역시 우리의 구강인 동시에 종교적 성지로 이해되었던 것이다.[205] 그러므로 대종교단에 전래되는 오대종지(五大宗旨)에서 성역의식에 대한 애착이 끊이지 않고 연결되는 것도 위와 같은 배경과 밀접하다.

대종교 성지수호의 의지를 잘 드러내 주는 문헌이 『단군교오대종지서』다. 이 책은 근대 단군신앙 부활의 상징적 인물인 백봉신사가 친열(親閱)한 것으로, 나철이 오대종지를 정식으로 발포한 시기보다 2개월 앞선 기록이다. 그리고 이 기록에는 오대종지 성립의 역사적 배경과 의미 그리고 변화에 대해서 자세히 밝히고 있다. 백봉신사 당시의 오대종지를 보면 경봉천신(敬奉祖神)·감통영성(感通靈性)·애합족우(愛合族友)·안고기토(安固基土)·근무산업(勤務産業)이다. 그러나 나철이 발포한 오대종지에서는 경봉천신(敬奉祖神)·성수영성(誠修靈性)·애합종족(愛合種族)·정구이복(靜求利福)·근무산업(勤務産業)으로 나타난다. 모든 항이 동일 혹은 유사하지만, 네 번째 항의 '안고기토(安固基土)'가 '정구이복(靜求利福)'으로 변해있다.

나철이 전래의 오대종지 중의 '안고기토(安固基土)'를 '정구이복(靜求利福)'으로 바꾸어 공포한 이유는 분명하지 않다. 아마도 당시엔 남의 영토에 속해 있던 배달고토(倍達故土)에 대한 성지 회복의 주장이 미묘한 지정학적 마찰의 소지가 있었기 때문인 듯 생각된다. 그러나 나철이 1914년 5월 13일 만주 화룡현 청파호(백두산 북쪽 기슭)에 총본사를 설치한 것이나,[206] 유언을 통하여 묻히고자 했던 곳도 이 백두산 북록(만주 화룡현 청파호)임을 볼 때,[207] 나철이 '정구이복'으로 숨기고자 했던 '배달고토에 대한 열렬한 집착(안고기토)'을 확인할 수 있다.[208]

『단군교오대종지서』에서 전하는 오대종지 가운데, 영토의 소중함을 강조한 부분(단군조에서는 守團部, 고구려에서는 完基土)이 나타난다는 것이다. 특히 『단군교오대종지서』에서는 단군시대 '수단부'의 종지를 설명하면서, 삼천

단부가 곧 신교(대종교)의 성역이요 그것을 회복하는 것이 배달조의 영광임을 밝히고 있다.[209]

후일 나철이 시대적 상황에 의해 위장(安固基土를 靜求利福으로)은 하였으나, 성역을 지키고자 하는 대종교단의 노력은 일관되게 이어져 왔다. 성역과 관련된 대종교단의 종지(宗旨)의 변화를, 『단군교오대종지서』의 내용을 토대로, 시대에 따라 세 단계로 도표화하면 다음의 표와 같다.

[표 4] 역대 신교(대종교)의 종지변화와 맞물린 성역관념 및 교세상황의 상관성

시대변화 내 용	단군시대	고구려시대	구한말 (중광당시)
종지변화	守團部	完基土	安固基土
당대성역	삼천단부(삼위태백) 지역보존	삼천단부지역 많이 상실	완전히 상실
성역관념	守 (성역을 지킴)	多勿 (성역회복)	배달국이상향건설 (성역회복)
교세상황	융성	쇠퇴	침체(단절)

이 도표를 토대로 살펴보면 성역과 관련된 단군시대의 종지가 '수단부'에서 고구려 때 '완기토'를 거쳐 구한말에 와서 '안고기토'로 변하는 것을 알 수 있다. 또한 성역을 점점 상실해 가면서 그 곳에 대한 관념이 '지키는 것'에서 '회복의지'로 변해 가는 것도 확인된다. 더욱이 교세(敎勢)의 변화가 성역의 상실지역이 확대되면서 융성에서 쇠퇴 그리고 침체(단절)로 옮겨간다는 것은, 대종교단에서의 성역의식과 교세흥망이 밀접한 변수 관계임을 확인할 수 있는 근거다.

그러므로 고구려가 다물정신[完基土]을 내세워 단군구강(檀君舊疆)을 회복하고자 했던 취지 또한 자연스레 드러난다. 즉 국운과 신교의 흥망이 이것과 밀접하기 때문이었다. 고구려가 오대종지(敬天祖·感靈性·愛族友·完基土·興産業)를 입국정신(立國精神)으로 삼아 체행실천(體行實踐)했다는 기록은,[210] 김부

식이 『삼국사기』 「고구려본기」에 기록한 "고구려 말로 多勿은 잃어버린 옛 땅을 되찾는 것을 말한다(麗語謂復古舊土爲多勿)"는 말과 견주어 볼 때, 결코 허구가 아님을 확인할 수 있다. 특히 주몽이 다물을 연호로 삼아 고구려를 건국했음을 보면, 다물은 고구려의 건국정신이 된다는 점에서도 그 의미가 통한다.

『신단실기』에서도 족통개념을 통해 남북강역 모든 국가들에 대해 언급하고 있다. 그 책의 「단군세기」에 기록된 단군족 국가들의 혈통관계를 부여로부터 금나라까지 정리하면 아래와 같다.[211]

[표 5] 『신단실기』에 족통개념을 통해 단군족 국가들의 혈통관계를 부여로부터 금나라까지 개략한 내용

국가명	계 통
부 여	단군이 그 아들을 여지(餘地)에 봉하여 부여가 되었다. 뒤에 북으로 옮겨 북부여가 되고, 해모수의 아들 부루가 가섭원으로 이도하여 동부여가 되었다. 동부여는 부루·금와·대소·갈사로 왕위가 이어지고, 갈사왕의 종제가 고구려에 투항하여 연나부에 소속되었다. 뒤에 부여는 위구태·부태·간위거·마여·의려·의라·잔왕 등으로 왕위가 이어지다가 고구려에 병합되었다.
고구려	시조 주몽의 성은 선씨(鮮氏)로, 북부여의 왕 해모수가 하백의 딸 유화를 아내로 맞아 낳은 아들이다. 후일 극재사·중실무골·소실묵거 등을 거느리고 고구려(졸본부여)를 세우고 성을 고씨라 하였다.
백 제	시조 온조는 성이 본디 해씨(解氏)로, 우태와 소서노의 둘째 아들이다. 후일 오간·마려 등 10여명과 함께 남쪽으로 내려가 위례성에 나라를 세우고 백제라 칭했으며 성을 부여씨라 하였다.
신 라	시조 혁거세의 성은 박씨로, 부여 제실(帝室)의 딸 동신성모의 아들이다. 후일 고조선의 유민들로 이루어진 진한(辰韓) 육부 사람들에게 추대되어 임금이 되었다. 지배자의 처음 이름을 거서간이 하고, 나라 이름을 사로라 하다가 후일 신라로 고쳤다.
발 해	시조 고왕의 성은 대씨이며 이름은 조영이다. 그의 조상은 고구려의 속말말갈 사람이며, 그의 아버지는 걸걸중상이다. 후일 나라를 세우고 국호를 처음 진(震)이라 칭했으며 연호를 천통(天統)이라 했다. 이어 5천리 땅을 개척하고 나라 이름을 발해로 고쳤다.
예 맥	조상은 단군의 자손으로 부여에서 나와, 동쪽은 예가 되고 서쪽은 맥이 되었다. 예는 혹 창해(滄海)라고도 했으며, 진나라 시기 예에 창해군이란 사람이 있었다. 한나라 시기 예의 남녀(南閭)가 요동에 나아가 항복하니, 한무제가 그곳에 군현(郡縣)을 설치하면서 망했다.
동옥저	역시 단군의 자손으로 북은 읍루와 부여, 남은 예맥과 접해 있었다. 고구려의 왕 궁(宮)이 침략하여 오자 항복했다.
비 류	역시 단군의 자손이다. 비류수에 나라를 세우고 졸본·읍루·부여와 접해 있었다. 송양왕 때 이르러 주몽이 졸본을 점령하자 이후 고구려에 항복했다.

국가명	계 통
숙 신	상고 동방구이(東方九夷) 가운데 가장 강성한 나라로, 식신(息愼) · 직신(稷愼)이라고도 하며 불함산의 북쪽 혼동강의 동쪽에 접해 있었다. 대궁(大弓)인 단궁(檀弓)이 유명했으며 이(夷)라는 명칭 역시 숙신 대궁에서 유래한 것이다. 읍루 · 물길 · 말갈로 이어져 발해로 연결되며 후일 여진으로 연결된다.
삼 한	조선의 남쪽에 크고 작은 78개의 나라로 자리 잡은 집단으로, 단군과 기자를 지나 수천 년이 되도록 끊이지 않았다. 제나라와 노나라는 바다를 격해서 바라보았으며, 북은 대수(帶水)를 지나고 동으로는 예맥과 접했고 남쪽은 바다와 닿았다.
정 안	마한의 종족으로 거란의 침략을 받자, 그 우두머리가 무리를 모아 서쪽 변방에 자리잡고 국호를 정안이라 하고 연호를 정했다. 정안국의 왕 열만화는 송나라에 사신도 보냈다.
요	단군의 자손으로, 그 조상은 고구려에서 기인한다. 요태조는 영주 목엽산에 사당을 세우고 매년 10월에 예화악(禮和樂)으로 제사를 지냈다.
금	그 조상은 고구려의 사람으로, 평주 금준(今俊)의 아들 극수(克守)가 여진으로 들어가 여진 여자와 결혼하여 후손을 뻗쳤다. 그의 후손 중 아골타가 나라를 세우고, 고려를 부모의 나라로 섬겼다.

또한 그 책의 「족통원류」에서는,

"단군의 자손을 배달종족이라고 한다. 나뉘어서 5파가 되었는데 첫째는 조선족, 둘째는 북부여족, 세째는 濊貊族, 네째는 옥저족, 다섯째는 숙신족이다."[212]

라고 인식을 전제로, 나중에는 신라족과 발해족이 여러 분파를 흡수하여 전자가 현조선족으로 이어지고, 후자가 현만주족으로 이어져 내려온 것으로 이해하고 있다. 특히 과거에 중국계로 이해되어 온 한족(韓族, 辰韓·弁韓)을 배달족으로, 기자후예와 마한을 반배달족으로, 그리고 북방 이민족으로 간주되어 온 선비·거란·요·금·여진·청·말갈·만주족 등을 모두 배달족으로 간주하는 것이 특이한 점이다. 김교헌의 이러한 인식은, 1911년에 나온 『단조사고』 속에 「배달족원류단군혈통(圖)」으로 실린 그림을 서술 형식으로 설명했다 해도 과언이 아닐 만큼 정확히 일치한다. 좀더 근원적으로 보면, 대종교단에 전해져 오는 『단군교오대종지서』 맨 앞에 실린 「대황조신손원류지도)」에서 동일한 인식이 나타난다는 점이다. 앞에서 본 「단군세기」에, 단국·부여·고구려·백제·신라·발해·예맥·동옥저·비류·숙신·삼한·정안·요·금 등의 역사를 서술하고 있는 것도 이와 같은 족통관념에 근거하고 있음을 알수 있다.

김교헌의 교열로 대한민국임시정부에서 발행한『배달족역사』의 대강 역시『신단민사』와 그 체제·내용이 거의 일치한다. 다만 이 책이『신단민사』를 요약·정리한 책이니만큼, 그 목차나 내용이 상당히 축소되어 서술되었다. 그럼에도『신단민사』에서 나타나는 대강의 줄거리나 역사인식은 그대로 드러나 있다. 특기되는 부분은 「근세역사」의 제2장 마지막 제42과 '한청(韓淸)의 역년(歷年)'에 보면,『신단민사』에는 실리지 않은 다음의 내용이 들어가 있다.

"대한 융희 4년 경술에 통감 寺內正毅가 총리 이완용과 합병조약을 결하니 이씨의
조선이 519년을 역하얏고, 대청 선통 3년 신해에 무창에서 혁명군이 기하야 청은
國絶하고 중화민국이 되니, 애신각라씨의 帝號가 296년을 역하얏더라. 배달민족
의 國名君號가 南北疆에 皆絶함은 단군 이후 初有한 大變이러라."[213]

즉 같은 시기 대한제국의 멸망과 청나라가 망한 것을 두고, 단군 이래 배달민족의 역사가 남북으로 모두 단절된 사태라고 인식하고 있다. 김교헌이 대륙사관을 통한 철저한 남북조사관(南北朝史觀)의 서술을 극명하게 보여주는 부분이다.

3. 부여정통론(扶餘正統論)

김교헌의 역사인식 가운데 또 주목되는 것이 부여를 중시하는 안목이다. 역사학에서 중요한 쟁점 중의 하나가 국가나 왕조 혹은 정권 계승을 두고

나타나는 정통론 문제다. 이것은 기존의 국가가 가졌던 정당성을 어느 국가가 계승 또는 유지하는지에 대한 집단의 정당성 문제와 직결된다. 우리 역사 속에서 자주 등장하는 정통론 중의 하나가 삼한정통론(三韓正統論)이다. 삼한정통론은 성리학적 정통론에 기반한 역사인식으로, 마한정통론(馬韓正統論)이라고도 부른다. 이 이론은 조선후기 실학자들에 의해 발흥한 논리로 기자조선이 위만조선으로 이어지지 않고 삼한(그 중에서도 마한)으로 이어진다는 논리다. 당시 성리학적 역사인식 속에서의 단군은 형식적·혈연적 시조로 치부되었다. 기자야말로 주무왕의 봉(封)함을 받았기에 조선의 진정한 정통으로 자리 잡았다. 그 기자왕조를 무너뜨린 위만은 당연히 찬탈자이자 이단아가 된다. 그러므로 기씨조선의 마지막 기준왕(箕準王)이 쫓겨 삼한으로 내려가 마한의 왕이 되었기에 마한정통론이 정당하다는 것이다.

삼한정통론의 맹아는 17세기 홍여하(洪汝河)의 『동국통감제강(東國通鑑提綱)』에서 찾을 수 있다. 『동국통감제강』은 『동국통감』의 고대사 부분을 주자의 『자치통감강목』에 깔려 있는 강목법(綱目法)에 따라 고쳐 쓴 것이다. 홍여하는 단군을 역사 정통에서 배제하고 우리 국사의 시작을 기자로부터 설정한 인물로, 그 시대구분을 조선·삼국·신라의 크게 세 시기로 나누고, 조선 부분을 다시 기자와 마한으로 나누어 서술하였다. 그리고 단군과 위만조선은 기자 밑에 부기(附記)하고, 진한과 변한은 마한 밑에 부기하였다. 기자를 정통으로 본 삼한정통론의 전형적 인식이다.[214] 이것을 보다 노골화시킨 인물이 성호(星湖) 이익(李瀷)이다. 그는 「삼한정통론」이라는 글 속에서 위만이 나라를 합당하게 계승하지 않고 찬탈하였으므로 정당한 계승자로 볼 수 없다는 것이다. 그리고 그 정통은 기준(箕準)이 남쪽으로 옮겨와 세웠다고 하는 삼한(마한)으로 이어진다는 주장을 아래와 같이 전개하였다.

"단군과 기자 때에는 요하(遼河) 동쪽과 임진(臨津) 서쪽의 사이가 동방(東方)의 중심 지역이었고, 삼한(三韓)의 경계는 남쪽 변방의 변두리에 불과하였는데, 기준(箕準)이 도적을 피해 남쪽으로 옮겨 가서 마침내 마한(馬韓)이라고 칭하였다. 역사책에 '기준이 왕위에 오르고 20여 년 뒤에 진승(陳勝)과 항우(項羽)가 봉기하였다.'라고 하였으니, 마한이 처음 건국된 시기도 한나라가 흥기한 즈음이 아니겠는가. 성현(聖賢)의 교화가 실로 기자로부터 시작되었고 후손이 전통을 이어 변함이 없었는데, 위만(衛滿)이 속임수를 써서 기준을 내쫓았다. 이에 기준이 오히려 자신의 백성을 이끌고 남쪽으로 달아나 영토를 개척하여 속국이 50여 개나 되었으니, 이것은 동방의 정통이 끊어지지 않은 것이다.[215]

이러한 논리는 이익의 제자 안정복(安鼎福)의 『동사강목(東史綱目)』에도 그대로 이어졌다. 한편 이런 시각과는 다르게 부여(扶餘)를 정통으로 보려는 역사인식도 찾을 수 있다. 구태여 명명하자면 '부여정통론'이라 할 수 있을 듯하다. 부여정통론이란 우리 고대사의 흐름이 단군조선에서 '부여→고구려'로 이어지는 계통론이라 할 수 있다. 또한 기자를 중심으로 하는 삼한정통론과는 달리, 부여정통론은 단군 중심의 역사인식이라는 점에서도 분명한 차이를 보인다.

물론 '단군→부여→고구려'로 이어지는 역사인식은 단군을 중시하는 신교사관의 특징 중의 하나로, 조선시대 미수(眉叟) 허목(許穆)이나 수산(修山) 이종휘(李種徽)와 같은 인물들에게도 이미 나타나는 인식이다. 이들은 비록 유교적 사관을 탈피하지는 못했으나, 당대 여타 인물들이 보여주지 못한 단군 중심의 역사인식을 잘 드러내 준 인물들로 평가된다.

허목은 『동사(東事)』라는 저술을 통해 단군과 관련한 상고사 연구에 불을 붙여 놓은 인물로, 단군조선의 역사를 적극적으로 재평가하였다. 그는 단군을 「세가(世家)」로 설정하고, 신시문화의 계승자로서의 단군이라는 인식을 통해, 방외별국론(方外別國論)이라는 주체적 역사인식을 드러내고 있다. 이러한 역사 이해는 당대의 주론(主論)이었던 북벌론에 대한 반대로도 나타난다. 그리고 반북벌론(反北伐論)의 이유로 내세우는 것이, 국약(國弱)하다는 현실론과 중국과 다른 방외별국(方外別國)을 내세운 것이다. 방외별국이란 우리나라를 중국과는 다른 또 하나의 독립된 천하질서로 파악하려는 허목의 인식이었다. 특히 그의 역사인식을 보면, 단군조선이 '부여→고구려→백제'로 이어지는 단군 혈족 국가군을 고대사의 주류로 부각시키고 있다는 점에서 부여정통론의 한 축을 찾을 수 있다.[216]

이종휘 역시 그의 『동사(東史)』에서 「단군본기」를 첫머리에 넣고, 단군의 치적을 기록하고 있다. 그리고 외사씨(外史氏, 이종휘 자신 – 필자 주)의 말을 인용하여 마니산의 제천단과 구월산 삼성사의 신앙을 소개하고 있으며, 단군을 '수출성인(首出聖人)'으로 추앙하는 내용도 실었다.[217] 또한 단군조선의 신교(神教)를 비교적 상세하게 언급하고 있는데, 신교사관의 중요한 줄기라는 점에서 의미가 크다.

그 역시 『동사』에서 단군을 본기로 넣고 '단군조선→부여→고구려→발해'로 이어지는 부여정통론의 일면을 보여주고 있다. 특히 『동사』에 「부여세가(扶餘世家)」를 따로 마련하여, 부여가 단군으로부터 나왔으며, 사방 2천 리의 광활한 땅을 가진 국가이자 유구한 역년을 가진 나라임을 적시하였다. 이어 고구려 출자(出自) 역시 동부여(東扶餘)임을 밝히고, 고구려가 강성해지자 부여가 고구려에 복속하였음을 적고 있다. 그리고 자신의 부여에 대한 연민을 아래와 같이 피력하기도 하였다.

"부여는 대국이다. 중원에 아주 가까워 풍속이 엄하고 급하며, 은혜롭지 못해 싸움을 좋아하니 북쪽 변방의 숙살(肅殺, 잔인하고 난폭하여 생명을 해치는 것 – 인용자 주)의 풍습을 얻은 것인가? 단군의 후예들이 수천백 년 나라를 세우고 왕을 칭해 대대로 끊어지지 않은 것은 처음 봉해질 때 어질고 성스러운 임금이 있어 어진 은혜가 만물에 미치고 흐르는 은택이 자손에까지 이르렀기 때문이다. 애석하도다! 그 일의 큰 줄기가 드러나지 않은 것이! 대소(帶素)가 그 급박한 위기에 안전해지지 못하자 그것을 허물어 버렸으며 붉은까마귀의 상서로움도 때마침 고구려 군대를 불러들이니, 슬프도다!"[218]

언급한 허목과 이종휘는 후일 신교사관의 형성이나 대종교의 교사(教史) 정립에 많은 영향을 끼친 인물이다. 부여정통론 역시 그 역사인식의 한 줄기라 이해할 수 있다. 더욱이 대종교의 주요 경전인 『삼일신고(三一神誥)』의 전승도 '단군조선→부여→고구려→발해'로 전해져 왔음을 대종교의 전래 문적에서는 밝히고 있다.[219] 그러므로 대종교 중광의 선언문과도 같은 『단군교포명서(檀君教佈明書)』(1904)에서는 "본교(本教)의 한줄기 광명이 대황조님을 숭봉하는 본류 중 한 지파의 혈통을 이은 후손인 부여 집안에 귀하게 전해져 고구려가 새로 일어날 때…"라는 인식을 통해, '단군조선→부여→고구려'의 계승의식을 그대로 드러내고 있다.

이러한 부여정통론은 김교헌을 비롯한 대종교계 역사학자들의 공통된 인식이었다. 신채호·권덕규·정인보·안재홍 등의 부여사 인식이 그것이다. 먼저 신채호는 그의 『독사신론(讀史新論)』(1908)에서, 부여와 관련하여 아래와 같은 인식을 보였다.

"단군 적통(嫡統)의 전차(傳次)한 부여왕조가 소재(昭在)하니, 설혹 당시 아동(我東)에 십국(十國)이 유(有)할지라도 주목(主族)은 부여가 시(是)며, 백국이 유할지라도 주족은 부여가 시며, 천국 억국이 유할지라도 주족은 부여가 시니, 부여는 당당히 단군의 정통을 수(授)한 자어늘…"[220]

이것은 우리 민족의 주족이 부여족임을 내세우면서, 부여가 단군의 적통이자 정통임을 강조한 부여정통론의 전형적 논리라 할 수 있다. 그리고 『조선상고사(朝鮮上古史)』(1931)에 와서는 기존의 고대사 인식체계를 부정하고, 단군의 전통이 부여와 고구려로 계승되는 것이 고대사의 흐름이라고 단정하였다. 특히 고대 삼한(삼조선)의 '신한'인 '신조선'이, 후일 북부여·동부여·남부여 삼국으로 나뉜다고도 이해하였다.[221]

권덕규는 『조선유기(朝鮮留記)』(1924)에서 단군조선을 계승한 나라로 부여를 내세웠으며, 북쪽 대륙조선의 종주국이 부여임을 적시하고, 오랜 역년과 함께 문명이 가장 앞선 나라로 꼽고 있다.[222] 정인보 또한 그의 『조선사연구(상)』(1946)[223]에서 「정신(精神)의 정적(正嫡)인 부여천자(夫餘天子)」라는 소제목으로, 부여가 고조선족 가운데 가장 풍성하고 넉넉함을 가진 강대한 국가라고 밝히고 있다. 그리고

"고조선으로 보면 부여의 천자(天子)가 곧 정적(正嫡)이요, 왕부(王否, 기자조선 準王의 아버지이자 선대왕인 否를 말함 – 인용자 주) 이하가 도리어 윤위(閏位, 비정통의 임금자리 – 인용자 주)이다."[224]

라는 인식을 통해, 기자정통이 아닌 부여정통론을 분명히 드러낸다. 안재홍의 부여사에 대한 인식도 매우 흥미를 끈다. 그는 흔히들 말하는 단군·기자 2천 년간의 역사가 기실 부여조선사와 불가분의 관계임을 밝히면서, 우리 상고사가 부여를 빼놓고는 말할 수 없음을 강조하였다. 또한 언어학적 접근을 통해 예맥(濊貊)이나 숙신(肅愼)이 곧 부여라는 주장도 폈다.[225]

이렇듯 부여를 중시하는 대종교의 역사인식이 보다 도식화·체계화 되어 드러나는 문적이 『단조사고』다. 김교헌이 중심이 되어 1911년 대종교의 '단

조사고편찬위원회'에서 엮은 『단조사고』「배달족원류단군혈통」를 보면, '배달→북부여→동부여→고구려→발해→여진→금→청'과 '배달→북부여→선비→거란→요→발해→여진→금→청', 그리고 '배달→북부여→백제→고려→조선'의 흐름으로 파악하고 있다. 우리 남북조(南北朝) 원류로서의 부여를 확실히 부각시키고 있음이 확인된다. 김교헌은 1914년에 『신단실기』「단군세기」 부분에서는 배달나라[檀國] 다음으로 부여를 언급하고 있다. 그리고 부여의 출자와 그 명칭의 유래도 다음과 같이 서술했다.

> "부여의 조상은 단군에서 나왔는데 북쪽으로 옮겨 가서 북부여국을 이루었다. 해(解)를 성(姓)으로 삼았다. 단군이 둘째 아들에게 남은 땅을 봉(封)해주니, 이로 인하여 후세에서는 '부여(扶餘)'라고 불리게 되었다."[226]

또한 『신단민사』에서도 단군시대 다음으로 부여시대를 설정하고, 부여가 단군시대의 군국(郡國) 중의 하나이며 단군이 그의 자식을 봉하여 만들어진 나라임을 밝히고 있다.[227] 부여를 단군의 적통 국가로 보는 것이다. 또한 부여에는 원부여인 북부여 외에도 부루가 도읍을 동쪽 가섭원(迦葉院, 지금의 액목 지역)으로 옮겨 세운 동부여, 혁거세가 진한 땅에 세운 서울부여(徐菀扶餘, 지금의 경주), 주몽이 사군(四郡) 땅에 세운 졸본부여(지금의 홍경), 온조가 마한 땅에 세운 남부여(지금의 직산) 등, 5개의 부여가 있음을 주장한다.[228] 그리고 부여의 쇠망까지 이어진 부여의 역사가 1,780년이나 된다는 것도 아래와 같이 적시하였다.

> "모용황(慕容皝)이 세 장군(將軍)과 기병 1만 7천을 보내어 부여를 습격하므로, 도성을 빼앗기고 부여 임금 현(玄)과 5만여 백성이 잡혀갔다. 부여 임금을 진군장군(鎭軍將軍)으로 삼고 딸을 아내로 삼으니, 비록 나라 이름은 있었으나 힘은 더욱 약

해져서 능히 자립할 수가 없었다. 이에 고구려 문자명대왕(文咨明大王) 갑술년에 나라가 꺾이어 고구려의 군현이 되었다. 부여의 나라 이름이 을미년 후단군(後檀君)이 북으로 옮긴 때로부터 이때까지 1,780년을 이었다."[229]

한편 김교헌의 기자에 대한 인식도 주목된다. 성리학적 역사인식에서 삼한정통론의 준거가 되는 기자가 『단조사고』「배달족원류단군혈통」에서는 주변인으로 취급되고 있다는 점이다. 기자가 완전한 배달족이 아닌 반배달족(半倍達族)으로 인식되고 있음이 그것이다.[230] 기자와 삼한(마한)을 적통선(嫡統線)으로 하는 삼한정통론과는 천양지차다. 중국의 성리학적 질서에서 보면 주무왕의 봉함을 받은 기자가 중심이나, 우리의 신교적 입장에서 보면 우리의 시조 단군이 주인공이 된다. 부여정통론은 일제강점기 민족주의역사학 형성에 많은 자양분을 제공하였다. 특히 대종교 항일투쟁의 중요한 동력으로도 부여정통론이 작용하고 있음을 빼놓을 수 없다. 1922년 10월 정신(鄭信)을 비롯한 대한군정서(북로군정서) 계열의 항일투사들은 현천묵(玄天默)을 중심으로 영안현(寧安縣) 대종교교당에 모여 군정서 재건을 위한 새로운 활동 계획을 모색하였다. 당시 참여한 중심인물들을 보면 현천묵·정신 외에도 이홍래(李鴻來)·현갑(玄甲)·김혁(金赫)·유정근(兪政根)·김좌진(金佐鎭)·이중실(李仲實)·민해양(閔海陽)·현준(玄俊)·이단(李檀)·허규(許奎)·최완(崔玩) 등 대종교지도급에 있는 항일투사들이 모두 동참하였다.[231] 이 모임은 흩어진 독립진영의 재구축을 위해 대종교단 차원에서 이루어진 것이다. 이 시기 대종교 교주였던 김교헌 역시 이 집회의 고문으로 참여하여 정신적 기둥 역할을 하였다. 그리고 그들의 독립의식 고취를 위해 역사서 재편찬을 도모한다. 이 역사서가 1923년 상해에서 활자본으로 재출간된 『신단민사』다. 부여정통론과 연관하여 대종교의 소부계(蘇扶契)라는 조직도 흥미를 끈다. 이 조직은 1923년 영안현 대종교총본사 내에서 발기한 자치조직으로, 현천극(玄天極)을 비롯하여 나병수(羅秉洙)·허옥·김근우(金瑾禹)·이종수(李鍾琇)·김연원(金演元)·최충호(崔忠浩)·김영선(金榮璿)·민윤식(閔胤植)·권목(權穆)·이곤(李坤)·원무의(元武儀)·김영숙(金永肅) 등, 대종교 항일투사 13인이 발기한 것이다.[232] 소부(蘇扶)란 부여(扶餘)와 동일한 이름으로, 부여정통론의 역사인식을 통해 부여민족의 중흥을 내세웠던 대종교의 정신을 그대로 담은 명칭이다. 소부계의 주요 목적은 대종교 교우 간에 친목을 도모하고, 교인 경조사의 상부 상조와 대종교 발전에 협찬하는 것으로, 그 자체가 독립자금 마련을 통한 항일투쟁이었다. 소부계는 각시교당에 조직케 하고 회의는 매년 어천절(御天節)과 개천절(開天節)에 개최하도록 하였다. 당시 마련한 소부계의 창기사(創起辭)는 아래와 같다.

"대교(大敎, 대종교 – 인용자 주)의 진리는 미(迷)한 자를 제(濟)하며 각(覺)할 자를 계(啓)하여 인생의 쾌락을 도인(導引)키로 자족하였도다. 그 자체의 포부를 보자! 사위(四圍)의 경우를 살피자! 한울에 계신 신(神)만 만능이 아니오, 네게 있는 신(神)도 본래는 만능이니 딴 데서 구하지 말고 저마다 진성(眞性)을 통하여 자기 뇌에 있는 제 신(神)을 찾으라 함은 그 자체의 포부이오, 요사이 염세와 이기와 문약과 미신의 폐는 그 사위(四圍)의 경우라 어디로 보든지 그는 심후한 체웅(体熊)과 익숙한 솜씨가 있도다.

가로 보든지 세로 보든지 그의 포부는 무한과 무궁이오, 개인으로나 민중으로나 세계로나 그 시적(時適)은 유일과 무이라, 이리 두르고 저리 두르자. 이것도 견주고 저것도 견주어 보자. 오직 진종(眞倧)의 대도보성(大道寶星)이라. 따라서 우리는 그 사명자로 자처하지 아니치 못할지라. 그러나 어떻게 하면 저 화선(化線)의 길상(吉祥)과 복계(福界)의 광명을 전인류에게 공(供)할까. 아마 우리 앞에는 산과 물이 있을지오, 눈보라와 어둠의 황량도 있을지니, 미리 차림새가 있어야 할 것은 더 말할 바가 아니다. 그동안 우리는 헐벗은 옷과 붉은 손으로 인하여 노중(路中) 지체는 고사하고 오히려 그 상광(祥光)을 흐림이 많도다. 어찌 이 같은 차림새로 먼 길을 걸으리오.

십 년의 광색(光色)이 머지않은 바는 아니로되 오히려 무한보다 비근할지며, 백만의 금액이 적지 않은 바가 아니로되 오히려 없음보다는 차승(此勝)할지라. 누구나 이 점에 대하여 미리 준비가 있어야 할 것은 다 아시는 바어니와, 이제 저제 미루다가 지금 현상에 이르렀도다. 그리하여 이번 우리 몇 사람이 아래 수강(數綱)을 나타내고 여러 형제자매의 동성(同聲)을 구하노라.   개천 4379년 12월 24일"[233]

대종교계 항일단체인 신민부(新民府)의 결성 역시 눈여겨볼 필요가 있다. 1925년 1월, 북만주 지역의 대종교계 항일투사들이 목릉현(穆陵縣)에 모여 부여족통일회의(扶餘族統一會議)를 개최하였다. 후일 그 결과 탄생한 것이 신민부다. 신민부는 대종교의 중광단으로 시작된 대한군정서를 계승한 단체로서, 그 주요 구성원의 대부분이 대종교인이었다. 신민부는 부여정통론의 역사인식을 토대로, 기본철학 역시 대종교의 중광이념과 맞닿아 있었으며 그 궁극적인 목적 역시 홍익인간의 실현이었다.[234]

이렇듯 부여정통론은 김교헌을 비롯한 대종교계 학자들의 공통된 역사인식이었다. 인간은 나를 자각할 때 진정한 의기가 생긴다. 그것이 우리로 뭉쳐질 때는 천군만마와도 같은 힘으로 작용할 수 있다. 그 방법 중의 하나가 역사인식의 동력화다. 대종교는 일제강점기 우리 민족사를 재구축하는데 지대한 역할을 하였다. 또한 독립운동의 일선에서 무력투쟁을 비롯한 총체적 저항의 대명사로 남아있다. 부여정통론이라는 역사인식 역시 그 동력분출의 한 부분을 이루고 있음을 재음미해 볼 때다.

VI

김교헌에 대한 평가

VI.
김교헌에 대한 평가

　대종교 정신을 통한 민족주의역사학의 기초를 다진 인물이 김교헌(大倧敎 名은 金獻)이다. 김교헌은 대종교 중광교조인 나철을 이어 제2세 교주에 오른 인물로, 해박한 역사적 지식을 통하여 신교적(神敎的) 민족주의사학을 개척했다. 그는 국운이 기울기 시작하자, 민족의식을 고취하기 위한 역사교육의 필요성을 절실하게 재인식하고는 여기에 힘을 기울이게 되었고, 마침내 국치를 당하고서는 가족관·국가관을 승화시켜 철저한 민족의식을 새삼 가다듬게 되었다. 먼저 경술국치를 당하던 1910년 대종교에 입교하여 민족을 위하여 앞날을 종교적으로 다짐하는 한편, 민족의 앞날을 책임질 청소년학도들에 대한 민족사 교육을 손수 시행하는데 정열을 쏟았다. 그의 집안에 전해오는 말로는, 1910년 경에 김교헌의 전동가(磚洞家, 지금의 조계사 터에 있었던 김교헌의 자택)에서부터 민족사 교육을 시작하여 3~4년간 계속되었고, 서울에 있던 각 학교 학생들 중에서 뜻있는 학생들이 교과 후에 모여서 교육을 받았다고 한다. 진명여고 교장을 역임한 이세정(李世禎)도 이들 중의 한 학생이었다.[235]

　대종교 입교 이후, 당시 대종교의 교주였던 나철의 각별한 신임을 받았다. 특히 역사적 조예가 남달랐던 그는 종사(倧史) 연구에 탁월한 능력을 보이며 『단조사고(檀祖事攷)』(1911)를 주관하여 정리하는가 하면, 우리 민족의 사상과 역사를 체계화시킨 『신단민사(神檀民史)』(1914)·『신단실기(神檀實記)』(1914)·『배달족역사』(1922) 등를 저술·교열하였다. 이 저술들은 오로지 건국 시조인 단군과 대종교를 연결시켜 그 연원을 역사적으로 규명한 것이며, 이는 우리 민족사의 정통을 체계적으로 세워 종래의 사대주의사상을 불식하고 민족주체사관을 정립하는데 크게 이바지하였다. 그의 학문은 후에 박은식·신채호의 민족사학에도 크게 영향을 끼쳤으며,[236] 최남선 역시 김교헌을 스승으로 섬기며 가르침을 받았고, 그가 만주로 망명한 후 그의 서적의 대부분은 최남선이 소유하고 있었으나, 오늘날 그 문적은 고려대학교로 기증되었다. 김교헌의 전동 집은 3백여 간에 이르는 저택이었고, 서책과 문헌 등은 여러대 문한가(文翰家) 선조들이 마련한 것으로, 그 양이 방대했다 한다. 이 책들은 전동 집을 팔고 타처로 이주할 때 장소가 협소한 관계로 부득이 최남선에게 일시 보관을 부탁 광문회에서 이용되었고, 그 후 고려대학교 아세아문제연구소로 기증된 것이다.[237]

한편 김교헌의 단군인식에 대한 역사적 경험에서 문헌비고찬집위원이라는 그의 이력이 주목된다. 당시 이 사업에 종사한 인사들은 전통시대의 역사문화, 의례제도 등에 밝은 인물들이었다. 찬집(纂輯), 교정(校正), 감인(監印), 인쇄(印刷) 등으로 구성되어, 칙명에 의해 찬집을 담당한 이들은 종1품 숭록대부 의효전 제조 박용대로부터, 종9품 종사랑 전 한성재판소 주사 홍성두에 이르기까지 총 33인, 교정을 담당한 신하(勅校正諸臣)들은 종1품 숭록대부 의정부 참정 박제순으로부터 앞의 전 한성재판소 주사 홍성두까지 총 17인이다. 이어 감인제신(勅監印諸臣)으로는 정2품 자헌대부 내각 서기관장 한창수로부터 9품 종사랑 신태완에 이르기까지 총 9인, 인쇄제신으로는 종

2품 가선대부 인쇄국장 김영한으로부터 9품 종사랑 인쇄국 교사 오태환에 이르기까지 총 3명이다. 후일 대한민국임시정부의 각료로서 27년간 임시정부와 시종일관하여 운명을 함께 한 조완구는 6품 승훈랑으로서 이중하·김교헌·이범세·김택영·윤희구·장지연 등과 함께 찬집으로 참여하였고, 이중하·홍승목 등과 함께 교정(校正)으로도 참여하였다.[238]

이 가운데 이중하는 1885년 국경문제를 둘러싼 중국과의 담판에서 등장하는 인물이며, 김교헌·김택영·이범세·윤희구 등은 만주에서 독립운동이나 단군신앙(대종교) 등에 관계함과 아울러, 윤희구·이범세는 조완구와 교제가 깊었던 인물들이다. 아울러 조정구는 홍선대원군의 사위로서 광무황제와 긴밀한 관계였고, 그의 아들들도 고종의 측근에서 비서감으로서 활동하며 헐버트와 함께 헤이그특사 파견에 깊이 관여하였으며, 이후 상해임시정부는 물론 이회영 등과 꾸준히 연계가 있었다. 특히 김교헌은 나철의 뒤를 이어 대종교 2대 교주로, 그 이후 대종교의 교사를 체계화하고 독립운동을 이끌어간 주요 인물임에 주목된다.

이들은 『증보문헌비고』 편찬 과정에서 한국의 전통 법과 제도에 깊이 관심을 가지게 되었고, 자연히 그런 관심은 일본이나 중국을 통해 입수된 서양의 근대법과 제도 등을 깊이 유념했을 것으로 추찰된다. 나아가 더 중요한 것은, 이 사업을 계기로 민족의 시조로 기록 혹은 전래되고 있던 단군에 대한 인식을 새로이 한 점이 아닐까 하는 점이다. 『증보문헌비고』에는 단군과 관련하여 소개된 내용만 해도 단군릉·단군묘·단군사·단군시(檀君詩)·단군입국·단군자부루(檀君子夫婁)·단군자삼랑(檀君子三郞)·단군제천단·단군제천처·단군제향·단군조국(檀君肇國)·단군조선국 등의 항목이다. 즉 단군의 능묘·사당·자손·제향·건국 등에 관련된 내용이 두루 등장한다. 후일 김교헌이 대종교에 참여한 후 정리·저술한 『단조사고』와 『신단실기』에 실린 단군 관

련 자료와 이해가, 여기서부터 배태·축적되었음을 알 수 있는 부분이다. 이
러한 단군인식은 대종교 3세주였던 윤세복이 해방 이후 정리하여 발표한
「단군고(檀君考)」[239]까지 그대로 이어졌다.

『증보문헌비고』는 조선조 500년 역사에서 정부의 주도로 단군에 관한
항목 등을 포함하여 전래의 제도와 문물에 관해 종합 정리한 최고의 백과전
서적 결과물이라 할 수 있다. 아울러 『증보문헌비고』 편찬에 참여한 이들은
당대의 대학자 혹은 고위관료로서 후일 대종교 활동을 토대로 독립운동을
펼친 이들이 적지 않았다. 특히 대한제국기 5년여에 걸친 『증보문헌비고』
사업 속에 담겨진 단군 관련 기록들은, 이후 단군인식의 소중한 토대가 되
었다. 후일 대종교계통의 국학자와 독립운동가들이 가문·학문·종교·관직 등
의 인연을 바탕으로 만주에서 그리고 상해 등지에서 민족독립운동을 전개
할 수 있었던 주요한 기반의 하나가 이러한 단군 관련 역사인식이었기 때문
이다.

아무튼 나철에 이어 대종교의 책임을 떠안은 김교헌은 교세확장에 진력
하는 한편, 대종교의 교리를 정리하는 데 있어서 중추적 역할을 담당하여,
언급한 저술들을 발간하여 대종교의 연원을 역사적으로 밝혀냈다. 그 중
에서도 『신단민사』는 재만중학생 및 사관학도의 국사교재로 사용되었으
며,[240] 1923년에 이원태가 지은 『배달족강역형세도(倍達族疆域形勢圖)』를 감
수하여 『신단민사』와 함께 사관학도의 역사교재로도 사용한다. 이 외에도
김교헌은 소학생 교과용으로 『배달족역사』를 간행하였고 ,『진단사승(震旦
史乘)』을 집필하였다고 하며,[241] 각종 대종교 경전을 증보 또는 국역(國譯)하
여 대종교 교리정리에도 크게 이바지하였다.[242]

물론 위에서 언급한 김교헌의 저술들이 대종교의 교사 정리라는 입장에
서 엮어진 것은 사실이다. 그럼에도 그의 저술들을 우리 사학사(史學史)에서

논의하지 않을 수 없는 이유가 있다. 먼저 김교헌은 단군에 관한 역대의 문헌을 수집하여 가능한 한 사실적인 이해 체계를 세우려 했다는 데 있다. 또한 국사를 민족사의 차원으로 제고시킴으로써 민족주의사학 발달에 중요한 토대를 개척했다는 점이다. 그리고 그의 저술들이 재만한인의 항일투쟁의 정신적 지주로서 공헌한 점이 크다는 것 때문이다.

김교헌은 역사인식에서도 일찍이 볼 수 없었던 자세를 보여주고 있다. 가령 조선시대의 인식(『신단민사』 참조)만 보더라도, 전에 볼 수 없던 새로운 모습이 나타난다. 즉 유교중심·지배층 중심으로 협소하게 이해해 오던 조선시대 문화사 체계를 극복하고, 유교를 포함하여 문화전반을 포괄하는 국민적 문화사 체계를 세웠다는 점이 가장 중요한 공헌으로 평가될 수 있다는 것이다. 따라서 김교헌의 조선시대사 인식에서는 유교라는 가치가 단지 조선시대 문화 체계의 한 부분으로만 취급되고 있다. 또 유교가 가장 우수한 사상 체계로서 평가되지도 않는다. 오히려 유학자들이 이단시하고 배척했던 문화 요소들이 적극적인 평가를 받고 있다. 마치 앞에서 언급한 『규원사화』의 역사인식을 연장해 놓은 듯한 의미를 준다.

이와 같은 시각의 변화는 지배층 중심의 역사인식으로부터 국민 전체를 역사주체로 인식한 데서 온 것이다. 따라서 김교헌은 유교적 가치관 위에서 써오던 역사용어도 크게 바꾸어 놓았다. '난(亂)'이라는 용어를 일체 쓰지 않은 것이 단적으로 그것을 말해 준다. 연대표기도 단군기원을 씀으로써, 군주중심의 연대표기 방식을 혁파했다. 또 중국에 대한 사대외교에 큰 비중을 두던 대외관계사 서술은, 우리 측이 중국에 대하여 의연히 대처해 나간 사실이나, 영토확장을 위해서 노력한 사건들을 부각시킴으로써, 조선왕조의 자주성을 드러내는 방향으로 바꾸었다. 이는 종전의 사대적 역사인식의 극복을 의미하는 것이며, 작자 자신의 민족주의적 입장이 반영된 것임을 반증

한다. 한마디로 객관적이고 민중적이며 자주적인 자세에서 역사를 관조하였다.

　다만 조선시대를 문화사의 측면에서 긍정적으로 이해하는 단서를 열었으면서도, 사회사 내지는 정치사의 측면에서 발전적인 성격을 해명하지 못한 것은 김교헌 사학의 아쉬움이 아닐 수 없다. 이는 작자의 사회과학에 대한 이해 부족에서 연유하는 것으로 생각된다. 그럼에도 조선시대사를 바라보는 김교헌의 역사서술은, 같은 대종교 계열의 민족주의사가인 신채호도 착수하지 못한 조선시대 연구의 한 면모를 개척했다는 점에서 그 공로가 크다.[243]

　김교헌은 중국 길림성 영고탑에 있는 대종교총본사 수도실에서, 1923년 12월 25일 56세의 나이로 서거하였다. 민족사의 올바른 서술을 통하여 단군의 의미를 역사 속에 끌어들였고, 불교와 유교 중심의 역사 경험을 신교(神敎, 道家)적 사관으로 체계화시킨 인물이 사라진 것이다. 박은식이나 신채호를 비롯하여 수많은 민족사가들에게 영향을 키친 거목이 쓰러지자, 당시 생각하는 지식인들 모두 애도하지 않는 이 없었다. 그는 진실로 한 단체나 개인의 덕망있는 지도자가 아니라, 전민족의 모범적 지도자요 국학상의 둘도 없는 대학자였다. 그의 죽음을 추모한 다음의 신문기사를 보자.

　"선생은 말없는 애국자였었다. 그가 말이 없으나 조선과 조선인을 얼마만큼 깊이 사랑하였던 가는 그의 일생생활이 증명한다. 선생은 가위 여러 대 문헌가(文獻家)의 후예로 한학에 자못 조예가 깊었음은 지인(知人)이 모도 경앙(敬仰)하는 바이어니와, 그에게는 한학은 그리 중요한 것은 아니었고, 오직 그의 사랑하는 조선민족의 역사와 사상과 문학을 탐구하고 표창(表彰)함만이 그에게 의미가 있었다. 조선의 역사에 관한 것이면 천리를 멀다 아니하고 수집하였고 조선인의 저작이라 하면 편언척구(片言隻句)라도 등한히 아니하여, 그 속에서 조선인의 생명과 정신을 찾으려 하였다. 그가 빈한하고 의식을 구하기에 분망한 동안에도 조선광문회의 조선고적간행에 수년 간 편찬과 교정(校正)의 극무(劇務)를 사양치 아니함도 실로 이 '무언(無言)의 민족애'에서 나온 것이다. 대세가 변하고 민심이 날로 정박(淨薄)하여져서 조종(祖宗)의 정신을 잊으려함을 볼 때에 그 통심(痛心)함이 얼마나 하였으랴. 그는 조선을 가장 잘 연구한 학자요 가장 잘 이해하고 사랑한 애국자이기 때문에, '조선정신'의 미점(美點)도 가장 잘 포착하고 애착하였다. 이것이 그로 하여금 조선정신의 시조인 단군에 대한 귀의찬앙(歸依讚仰)의 종교적 열정으로 화한 것이다. 전교도(全敎徒)의 숭앙을 받던 선생의 장서(長逝)에 대하야 대종교의 애도함이야 말할 것도 없거니와, 진정한 애국자요 의(倚)를 구하기 어려운 국학자를 잃은 것에 대하여는 전민족적 손실로 애도의 의(意)를 표할 것이다. 진실로 선생은 추도할 만한 '참된 조선 사람'이었었다."²⁴⁴

'말 없는 애국자'·'참된 조선인'으로서의 김교헌을 추모한 글이다. 비록 한학에 달관한 그였지만, 오히려 우리의 역사와 사상과 문학에 혼신을 다한 김교헌을 볼 수 있다. 우리 역사와 관련된 자료와 그 정리를 위해서라면 어려움도 마다 않고 열적으로 집중했음도 살필 수 있다. 대종교에 몸 바친 이유 또한 그러한 정신의 연장이었다. 그러므로 그의 죽음은 곧 진정한 애국자·국학자를 잃은 것으로, 대종교도를 넘어 전민족의 손실로 애도하자는 것이다.

특히 김교헌은 동양사학과 우리 민족사를 살핌이 탁월하여 국내나 일본에서도 견줄 사람이 없었다 한다.『독립신문』에 실린 다음의 기사에서도 확인되고 있다.

"선생은 다만 우리나라에서만 따를 이가 없을 뿐 아니라, 소위 일본의 대학자라고 유명한 자도 어림이 없었다."²⁴⁵

그러므로 당시 우리의 역사학이 무너지고 잘못됨을 드러내며 교정(校正)하야 당대 사학자들의 길을 인도함도 모두 김교헌의 공이었다. 김교헌을 민족주의사학의 개척자로 보는 이유도 이 때문이다.

그뿐인가. 평소부터 깊은 우애를 맺었던 우천 조완구는, 김교헌이야말로 인인(仁人)이요 군자(君子)라고 평하면서, 남들이 빼앗아 갈 수 없는 강인 마음을 동시에 소유한 인물로 회억했다. 또한 대종교의 핵심으로 북로군정서와 신민부의 중심인물이었던 정신(鄭信)은 "나는 이 어른을 종교가나 문학가만으로 보지 아니하고 군사가로도 보는데, 이는 북간도에서 우리가 군사행동을 할 때에, 이 어른이 미리 말하신 것이 수차 있는데, 그 뒤에 모두 이어른의 말대로 되었다."라는 회고를 통하여, 그가 덕망과 지략을 갖춘 군사 지도자였음을 살필 수 있다.[246]

한편 민세 안재홍이 김교헌을 추도한 논설은, 김교헌 삶의 종교적·사회적·인간적 면모를 가장 잘 드러낸 글이라 할 수 있다. 안재홍은 1917년 대종교에 입교하여, 대종교의 교리와 교사에도 남다른 관심을 가졌던 인물이다.[247] 안재홍은 김교헌 추모 논설[248]의 서두를 "아아, 우리 사회의 선각이며 대종교 종문(倧門)의 숙덕(宿德)인 무원 김교헌 선생이, 향년 56세로써 음(陰)본월(本月) 18일에 우리 종족의 구강(舊疆)인 현금 중령(中領) 길림성 영안현에서, 인세(人世)를 결별하고 양양하신 단군성조의 재천(在天)하신 신령(神靈)을 따라 저 천국(天國)에 귀(歸)함을 보(報)하는도다."라는 종교적 감회로 시작하고 있다. '종문(倧門)'이라는 표현을 통해 대종교적 소속감을 드러내고, 대종교가 소중히 여겨온 만주 길림 지역을 우리 종족의 옛 강토로 인식함도 주목된다. 그리고 김교헌의 죽음을 '하늘나라[天國]으로 돌아감[歸]'으로 표현함으로써, 대종교의 교리인 『삼일신고(三一神誥)』「천궁훈(天宮訓)」의 이치와 일치시키고 있다.[249]

이어 안재홍은 김교헌의 사회적 역량을 추모함에, 김교헌이 남긴 참다운 업적은 감히 말로 다 표현할 수 없다고 했다. 또한 옥처럼 쇠처럼 단단한 인품과 부드러우면서 강인한 기질로, 20여년을 하루같이 대종교와 민족을 위하여 심혈을 기울임은 국내외 모든 동포들이 알고 있는 바라는 것이다. 더욱이 암담한 현실 속에서, 정신적으로 방황하는 수많은 사람들의 앞길에 지도자가 되어줌은, 표현할 수 없는 위안이 되었다는 것이다. 또한 안재홍은 김교헌의 인격을 논함에

"선생의 인격을 논하면 가장 순결하고 가장 독실한 종교가이며 군자인(君子人)이라. 그럼으로 비록 보통사회에 대하여 무슨 직접적 공헌은 무하다 할지라도, 민족의 정신을 통일하고 후생(後生)의 지기(志氣)를 마려(磨礪)하야 우리 민족 무슨 일이 되든지, 그의 토대를 축(築)하게 하며, 그의 근거를 작(作)하게 한 점에 대하야는 어떤 이도 선생보다 우승할 자가 선소(尠少)한지라. 이리하야 선생도 그 책임을 자임함에 결코 헐후(歇後)하지 안음을 자각하고 우리 민족에게 대하야는 여하한 곤난도 사양치 아니하며, 여하한 고통이라도 인내한 바이다. 삭설한풍(朔雪寒風)이 피부를 도려내고 소식여반(疏食糲飯)으로 뱃속을 채우지 못해도, 이것을 곳 당연한 의무처럼 간주하야 고국으로부터 외지를 순유하면서 동족을 유도하기에 전부심력을 제공하다가 필경 천년(千年)을 영종(永終)하였스니,"

라고 술회했다. 우리 사회의 정신적 계도에 보이지 않는 손으로 솔선수범하였음을 보여준다. 그리고 우리 민족의 일이라면 고통의 길이라도 긴 사설없이 뛰어들었다는 것이다. 북간도의 혹한 속에서 굶주림을 다반사로 경험하면서도 동포들을 일깨우고 지도하는 삶이 그의 전부였음을 알려준다. 그러므로 안재홍은, 김교헌의 고행역정을 석가(釋迦)의 6년 고행을 넘어서는 삶으로 회억하면서

"그러면 선생은 단순히 개인의 선생이 아니며 일개 단체인 대종교의 선생이 아니라, 곧 우리 전체의 선생이니, 우리 전체의 선생이 되는 동시에 차일(此日)을 당하야 선생을 잃은 우리의 경우가 얼마나 비애이며, 우리의 손실이 얼마나 거대한가. 말하고자 하여도 참아 말하지 못하겠으며, 말하지 않고자 하여도 참아 말하지 않을 수 없도다."

라는 추모의 변을 올리고 있다. 진정 김교헌은 개인과 단체를 넘어선 우리 민족 전체의 사표(師表)였으며, 그가 남기고 간 인간적인 무게가 말로 표현할 수 없을 만큼 크다는 것이다.

그리고 안재홍은, 충혼기백으로 일관한 김교헌의 삶은 떠났을지라도, 그가 남기고 간 큰 가르침은 사라지지 않았다고 했다. 오히려 "교해(敎海)는 민멸(泯滅)되지 아니할 만큼 민족에게 파종되었으며 선생의 성력은 이미 사회에서 근대(根帶)가 기고(己固)하였은 즉…."이라는 회고와 같이, 김교헌의 가르침이 민족의 근간에 이미 굳건히 자리 잡았음을 강조하기도 했다. 그리고 마지막 추모를

"선생의 육신은 비록 이 세상에 없다하여도 선생의 정신은 영원토록 우주 간에 존재하여, 우리의 광명한 앞길을 툭 터줄 날(衝出할 一日)이 반드시 있을지라. 그럼으로 오인(吾人)은 보잘 것 없는 몇 줄의 글(荒文數行)을 장(將)하여 선생의 영(靈)을 조(弔)하려는 것보다도 선생의 유지(遺志)를 바르게 체득하여 선생을 위로코저 하는 견지에서 이와 같이 애도의 의(意)를 표함이로다, 아 슬프고 애통하도다(悲夫痛矣)"

로 맺고 있다. 안재홍은 김교헌에 대한 추모가, 결코 애도만으로 끝나는 것이 아닌, 그가 남긴 정신을 우리 사회에 체득화시키는 것임을 드러낸 것이다.

그러면 김교헌이 남긴 정신이란 무엇인가. 그것의 핵심은 그의 종교적 배

경을 통해 구축된 민족사관으로 귀착된다. 김교헌에 대한 백연 김두봉의 회고가 이에 대한 답일 듯하다. 나철과 주시경의 수제자로 긴 세월 김교헌과도 인연을 맺은 인물이 김두봉이다. 김두봉 역시 우리 역사와 어문에 남다른 조예를 보였다. 그는 김교헌이 우리 역사에 끼친 공적을 추모함에, "사마천의 공보다 크다"고 아래와 같이 평가했다. 더 이상의 무게 있는 표현이 없을 듯하다.

> "나는 이 어른(김교헌 – 인용자주)과 십여 년을 같이 있었는데, 나의 본 것으로는 우리나라의 역사에 관한 공부와 발견이 제일 많다. 그럼으로 광문회에서 고고(考古)의 책을 많이 발행하였으나 거기도 이 어른의 공이 많으며, 또 오늘의 우리가 이만치라도 역사에 대한 생각을 가진 것은 모두 이 어른의 공이라 할지니, 그 공의 큰 것은 중국의 사마천(司馬遷)이가 세운 공보다 더 큰 것이다."[250]

그렇다. 김교헌은 우리 역사계의 거대한 산맥이었다. 백순이 이승만에게 보낸 편지에 담긴 아래의 평가와 같이, 그는 대한민국 역사가의 진정한 우두머리[宗匠]였다.

> "음 10월 초 3일 개천절에 기개(幾個) 동지가 역사간행회를 발기하야 약간 수금(收金)으로 우선 배달사를 등재(登梓)하야 불구(不久)에 준공(竣工)되N오. 아국(我國) 역사 · 지지(地誌)가 게오 시작되다가 폐지함으로 진정한 체재(體材)와 사실이 일무완비(一無完備)하야 교수(敎授)의 곤난이 막심이라. 김교헌씨는 아국(我國) 역사가의 종장(宗匠)이라. 고등교과로 만한통일(滿韓統一)하야 역사(『倍達史』), 지지(『倍達地誌』)가 탈고되얏고 『단조사고』를 완전이 교정되야 차 3종을 계속 인쇄하기로 결정하얏난A)…"[251]

그러므로 해방 이후 우천 조완구 역시 "선생(김교헌 – 인용자 주)의 깊고 넓은 학문은 모든 것을 바르고 깊게 살폈으니, 당시에는 이에 관하여 선생을 따를 이가 없었다. 더욱이 동방의 역사에 오로지 힘을 쏟아 연구를 쉬지 않아 누구든지 그 한 마디 한 글자에 찬사를 아끼지 않은 것은 세상이 다 아는 일이다."[252]라는 평가로 김교헌을 기렸다.

김교헌 역사학의 영향 속에 『감시만어(感時漫語)』를 저술한 이시영(李始榮)의 기림[讚] 역시 빼놓을 수 없다. 그는 김교헌의 역사적 무게를 말함에 "널리 고대(古代)의 명가(名家)를 찾아 일생의 정력을 모두 다한 분으로, 잿더미 속(四庫藏史·內苑秘本·古碑古傳)에서 희본(秘本)을 찾아 처음으로 단군종도(檀君倧道)를 일으킨 분"으로 평가하였다.[253]

VII

주인과 노예의 역사학
- 김교헌과 이병도의 역사적 선택을 중심으로

VII.
주인과 노예의 역사학
- 김교헌과 이병도의
역사적 선택을 중심으로

1. 전도된 공간에서의 선택

20세기 초 조선은 역설의 공간으로 시작되었다. 을사늑약으로 조선 역시 외교권을 박탈당하는 한편 일제의 통감부가 설치되어 일제는 조선의 내정까지도 간섭했다. 물론 을사늑약에는 통감은 '오로지 외교에 관한 사항을 관리'한다고 하였으나, 이는 허울에 불과한 것이었다. 조선의 내정을 장악하고 전도(顚倒)된 질서 속에서의 식민지의 기초를 확고히 한 후 대륙침략정책을 추진하는데 있었기 때문이다.

당시 일제는 1909년 7월 「한국병합에 관한 건」과 「대한시설대강(對韓施設大綱)」이라는 문건을 일왕의 재가를 통해 결정하여 시행하였다.[254] 이후 이 두 문건은 일제가 조선을 식민지화하는 기본적 방침으로써, 조선총독부로 연결되어 착실히 계승되었다.[255] 「한국병합에 관한 건」[256]의 내용은, 적당한 시기에 한국을 일본 판도의 일부로 하는 병합을 단행하고, 병합 시기가 올 때까지는 병합 방침을 확고히 하기 위한 정책을 수행하며, 충분히 보호의 실권을 거두고 힘써 실력 부식을 도모한다는 것이 핵심이었다. 또한 「대한시설대강」[257]에서는 병합 시기 이전까지 군대 및 경찰의 주둔과 외교권의 장악, 그리고 철도시설 장악 등, 정치·군사·치안·외교·경제권의 제반을 지배하기 위한 내용이 골자를 이룬다.

일제는 곧바로 제2차 러·일협상을 통해 러시아의 병합 양해를 얻어내고,[258] 그 뒤 1909년 12월 일진회 백만 회원의 연명이라 칭하고 '한일합방성명서'를 중외에 발표하게 하였다.[259] 새로운 식민지의 완성을 위한 줄탁동시(啐啄同時)의 모양새를 갖춘 것이다. 탄력을 받은 데라우치는 탄압기구를 더욱 강화하기 위해 헌병경찰제를 실시하였다. 이로써 병탄준비는 계획대로 진행되어 갔다. 일제는 '한국을 일본에 병합하지 않고서는 통치의 책임은 도저히 충족할 수 없다'며 1910년 6월 「합병 후의 조선에 대한 시정방침」을 결정하였다.[260]

이어 1910년 7월에는 22개 항목에 이르는 「병합처리방안」이 작성되고, 일본 각의에 제출되어 통과되었다.[261] 그리고 1910년 8월 16일 데라우치는 총리대신 이완용으로 하여금 내각 대신회의를 개최토록 한 뒤에 미리 준비한 '합병방침'을 안건으로 채택하여 이를 통과시킨 뒤에, 20일에는 순종 임석 하에 어전회의를 열어 '한일병합조약'을 강제로 체결하였다. 이에 따라 데라우치는 총독으로 임명된다. 식민지로서 조선을 통치할 방안을 구체적으로 실행해 나갔다. 그는 동화정책의 지표로 우선 식민지의 안정화, 문명화, 일본화를 꼽았다. 식민지의 안정화는 동화정책의 전제조건이며, 문명화는 동화정책을 가능케 하는 명분이며, 일본화는 동화정책의 궁극적인 목적이라 할 수 있다.[262]

독립국으로서의 조선이 일제의 식민지로 전락하면서, 마침내 조선 책임자가 융희황제에서 데라우치로 바뀌었다. 당시 데라우치 총독의 통치 방안은 곧 침략과 지배의 논리로써, 일선동조론(日鮮同祖論)과 문명개화론으로

압축된다. 그러므로 데라우치는 통치이념이나 시정방침을 거론할 때마다, 융합동화·일시동인주의(一視同仁主義)를 강조하였다. 이는 한일역사관인 일선동조론에 그 밑바탕을 두고 있다. 그가 일선동조론과 문명개화론을 강하게 내세웠던 것은 조선의 독립불능론을 전제로 주장된 것이었다. 당시 데라우치는 조선은 독립할 수 없는 나라로 인식하였다. 한 나라가 독립을 하기 위해 우수한 육군과 해군, 그리고 이들 군사력을 지탱할 수 있는 과학적 능력과 지식의 구비가 필수적인데, 조선의 현실은 그렇지 못하다는 것이다. 그러므로 조선인은 일본을 믿고 일본에 의뢰하는 것이 자국의 행복을 위한 최상의 방책이라는 궤변을 늘어놓았으며, 한국 병탄의 취지 자체도 양국의 상합일체(相合一體)로 피아차별을 없애고 상호 전반의 안녕 행복을 증진하는 것이 명분이었다.[263]

병탄(1910년) 이후 광복(1945년)까지 일제(조선총독부)의 모든 제도(制度)나 령(令)·규칙(規則) 등은, 이러한 기조 위에서 식민지의 완성을 심화시켜 갔다. 이것이 그들의 새로운 질서 구축을 위한 통치의 방법이었다. 또 그 명분으로 동원한 것이 조선(조선인)의 성격 자체를 미개성·타율성·정체성(停滯性)·반도성(半島性) 등등의 부정적 속성으로 치부하여, 치유의 대상으로서의 정당성을 확보하려 했다.

분명한 것은 일제 통치의 완성이 조선의 완전한 일본화였다는 것이다. 반면 우리의 가치 지향은 정체성 회복을 통한 조국 광복의 완성이어야 했다. 그러나 일제강점기에서 수많은 조선인들이 오히려 완전한 일본화에 순응했다. 이것이 전도된 공간에서의 대표적 역설이다. 이러한 뒤틀린 삶 속에서의 선택은, 바로 선 자와 거꾸로 선 자의 인식마저도 바꿔 놓았다. 주인이 노예가 된 공간에서, 노예된 자신을 진정한 주인인 양 행세케 했던 것이다. 이러한 역설의 인식 구조는, 다시 뒤집힌 해방의 공간에서도 또 다른 역설로 지속되고 있다. 누가 진정 주인이고 노예인지를 구분할 수 없게 된 것이다. 아직도 끝나지 않은 독립과 친일, 식민과 피식민, 애국과 매국의 아노미 역시, 올바른 인식 붕괴의 구조가 가져온 필연이었다.

그 대표적인 것이 역사학 분야다. 민족의 정체성을 기반으로 하여 진정한 광복을 도모하고자 했던 역사학이 민족주의역사학이다. 반면 일제의 관학을 뿌리로 하여 조선의 영구적 식민지를 획책한 역사학이 식민주의역사학이다.

이 글에서는, 그 양 진영의 인물로 무원 김교헌과 두계 이병도를 등장시켜 보았다. 화성 출신인 김교헌과 용인 출신인 이병도는, 같은 경도 출신의 인물이라는 점에서 공통점이 있다. 또한 김교헌은 일제강점기 최고의 역사가로, '사마천을 능가하는 역사가', '대한민국 역사학의 종장(宗匠)', '일본의 대학자도 견줄 수 없는 학자'로 추앙받던 학자다. 이병도 역시 해방 이후 한국역사계의 인맥을 주도해 온 최정점의 인물로, '두고계장(斗高溪長, 두계 이병도의 학문이 북두와 같이 높고 장강과 같이 길다는 뜻)'이라는 찬사까지도 그 후학들에게 받고 있다.

문제는 전도된 공간 속에서의 두 인물의 선택이었다. 김교헌은 민족주의 역사관을 토대로 여러 저술들을 남긴다. 이러한 저술들은 독립운동의 현장에서 독립군 역사인식의 기반이 되는가 하면, 대한민국임시정부의 교과서로도 쓰였다. 반면 이병도는 일본 유학과 함께 일본 관학자들의 영향 속에서 역사학의 문을 두드렸다. 그리고 조선총독부(조선사편수회)의 주변을 맴돌면서 일제의 『조선사』 완성에 부용(附庸)한 인물이다.

마음 아픈 것은 해방된 공간에서의 두 인물의 위상이다. 김교헌은 일제강점기인 1923년 만주 영안현에서 사망했다. 그가 죽은 지 20여년이 흘러 광복이 되었지만, 그의 학문은 '그 때 그 시절의 이야기'로만 전언될 뿐이다.

학문적 계보는커녕 학문적 가치로서도 무의미하게 취급되고 있다. 그러나 이병도의 학문 기반은 확고하다. 회색지대로 변해버린 해방의 공간 안에서, 일제관학의 아류와는 상관없이 학문이라는 포장을 쓰고 다시 온존하게 되었다.

2. 신교(神敎)와 신도(神道)의 대격돌

일제강점기는 치열한 정체성(Identity) 다툼으로도 이해할 수 있다. 그 중심에 조선의 전래 신교(神敎)와 일본의 신도(神道)가 있었다. 일제는 조선 식민지배의 완성을 신도의 국교화로 이루려 하였고, 이를 저지하기 위해 총체적 저항의 중심에 선 집단이 우리 전래의 신교(대종교)였다.

20세기 초에 일본의 해외신사 건설로 본격화된 신도는 신사신도(神社神道)였다. 신사신도는 교파신도나 민속신도와는 구별되는 일본 신도의 한 흐름으로, 신사를 정신 결합의 중심으로 삼고, 천황제 지배를 뒷받침하던 이념적 신사였다는 점이다.[264] 따라서 일본이 지배하는 영토에는 일본의 신이 강림한다는 이른바 국체(國體) 교의에 입각하여 추진한 것이 해외신사 건설이었다. 나아가 해외신사 건설이란 다름 아닌 종교침략과 일맥하는 정책으로,[265] 신도국교화는 곧 식민지지배의 완성과 직결되었다.

따라서 일제의 조선식민지화 정책의 최정점에는 그들의 신도가 있었다. 일제가 우리 땅에 신사를 창건한 것 역시, 그들의 국교인 신도의 보급을 통해 일본의 정체성을 우리에게 이식하겠다는 의도에서 출발했기 때문이다. 즉 그들의 조상신을 우리의 조상이라 정당화함으로써, 내선일체·일선동조론의 명분을 합리화하고 궁극에서는 황민화를 달성하려 했던 것이다. 일제의 식민주의사관 역시 신도국교화를 위한 논리의 일환이었음이 드러나는 부분이다. 이러한 역사인식은 후일 황국사관으로 고착되면서 더욱 관념화된다. 일제의 황국사관이란 '15년전쟁기'[266]에 '만세일계' 천황에 의한 일본국통치의 영원성과 불변성을 강조하고 이를 통해서 국민을 통합하고 전쟁에 동원하기 위해 만들어진 이데올로기적 역사관이다.[267] 즉 일본 역사의 뿌리를 '국체(國體)'와 '국체의 정수(精髓)'에 두고, 이의 발전과정을 검증하려는 일종의 비과학적 역사관이다. 여기서 국체와 국체의 정수라는 말이 다소 생소하게 들릴 듯하다. 국체는 '천황통치(天皇統治)'를 의미하며 국체의 정수는 '모든 일본 국민이 한마음으로 천황의 뜻을 받들고 충성과 효도의 미덕을 발휘하는 것'을 의미한다. 한발 더 나아가 천황의 통치는 오류가 전혀 없는 절대적 정통성을 갖고 있으며, 또한 변해서는 안 될 영속성을 지니고 있다는 관점이다.[268]

이러한 일제 신도 정책에 정면으로 저항한 집단이 대종교다. 즉 대종교를 일으킨 홍암 나철은, 일찍이 일본의 신도만이 아니라 일본문화의 모든 질서가 한국으로부터 건너갔음을 주창하면서, 일본 신도의 뿌리가 우리의 신교에 있다는 인식을 보였다.[269] 일제가 패망 때까지 극렬하게 대종교를 없애려한 근본적인 이유가 여기에 있다. 결코 일제는 그들의 신도와 한국 전래 신교(대종교)의 양립을 용납할 수 없었다. 신도를 국교로 했던 일제로서는, 신도의 뿌리를 자처하는 조선의 신교(대종교)를 용납한다는 것이 성립되지 않았다. 한마디로 신교와 신도의 양보 없는 전쟁이었다. 이것은 일본 신도의 '태생적 한계'(한국의 전래 신교에 그 뿌리를 둠)에서 오는 자격지심과 함께, 신도의 국교화를 통한 조선의 영구지배를 위해서도 단군으로 상징되는 조선의 정체성을 방관할 수 없었기 때문이다.[270]

흥미로운 것은 일제 식민주의역사학의 정신적 기반이 일본의 신도와 연결되는 것과 같이, 일제강점기 우리 민족주의역사학의 근저에 신교(대종교)

가 깔려 있었다는 점이다. 우리 사학사의 흐름을 유교사학·불교사학 그리고 도가사학(道家史學, 즉 神敎史學)의 흐름으로 이해해 볼 때, 신교사학은 철저하게 억눌려 왔다.[271] 근대 대종교의 등장은 그러한 신교사학의 부활과도 통하는 말이다. 따라서 대종교의 역사인식은 과거 유교와 불교중심으로 흘러내려오는 역사인식을 도가(道家) 또는 신교(神敎), 즉 대종교적 역사인식으로 바꾸는 것을 의미하는 것이다. 더불어 이러한 요소들의 강조는 당연히 민족적 성향을 강하게 나타내며 타율성(他律性)·정체성(停滯性)·반도사관(半島史觀)으로 위장된 일제 식민주의역사학에 대항하는 민족주의역사학으로 자리잡았고 나아가 민족적 역사의식의 고취를 통해 항일운동의 중요한 요소로 부각될 수밖에 없었다.

이러한 양상을 잘 보여주는 것이 일제의 『조선사』 편찬 작업이다. 일제는 1925년 6월 총독부 칙령(勅令) 제218호로 조선사편수회관제(朝鮮史編修會官制)를 공포하고 조선사편수회를 발족시켰다. 그리고 조선총독부 정무총감(政務總監)을 회장으로 하고 일본과 우리의 어용학자들을 수사관(修史官)·수사관보(修史官補)로 동원하여 조선사 편수 실무를 담당케 하였다. 이 작업은 10개년 사업으로 계획되어, 마침내 1938년 37책으로 구성된 『조선사』 37책이 편찬·간행으로 결실을 보게 되었다. 물론 고조선 등을 비롯한 우리의 상고사와 민족정체성과 연관된 요소들은 철저히 배제된 어용사서였다.

이 『조선사』 작업의 배경이 대종교와 연관이 된다는 점도 주목된다. 3·1운동 이후 대종교계 역사학자 박은식이 중국에서 지은 『한국통사』와 『한국독립운동지혈사』가 국내에 유입되자, 일제는 크게 당황하였다. 조선사편수회 설치를 통한 『조선사』 편찬을 서두른 이유다.[272] 박은식은 신채호와 마찬가지로, 우리 정신의 근간인 단군신앙이 단군의 신교를 출발점으로 연면히 이어왔다는 점을 강조함으로써, 신교사관의 통시적 당위성을 부여해 준 인물이다. 특히 『한국통사』에서 "대종교는 우리의 삼신 시조를 신앙하는 종교로써 가장 오래된 종교"라고 규정하고, 대종교가 우리 민족의 국교적 가치가 있음을 고증하였다.[273]

이러한 배경에서 보면, 두 사학의 성향을 신교적 민족주의역사학과 신도적 식민주의역사학이라고 불러도 큰 무리가 없을 듯하다. 두 사관의 정신적 근간에서 신교(대종교)와 신도를 배제할 수 없기 때문이다. 이러한 정신적 두 맥락을 잘 보여주는 인물이 무원 김교헌과 두계 이병도다. 물론 두 인물을 평면적으로 비교하는 자체가 무게의 형평성에서 어긋나지만,[274] 김교헌 역사인식이 신교사관과 관계가 깊고, 이병도의 역사인식이 일본 신도와 무관치 않기 때문이다.

김교헌은 신교사관의 근대적 위상을 가장 잘 정리한 인물이다. 김교헌은 1910년 대종교에 입교한 인물로서, 후일 대종교 중광 2세 교주를 역임했다. 그가 저술 혹은 감수한 『신단민사(神壇民史)』·『신단실기(神壇實記)』·『배달족역사』는 우리민족의 역사적 원형인 신교사관의 정수를 보여주는 책이다. 이러한 역사인식은 후일 박은식이나 신채호 등등의 민족주의역사학자들에게 많은 영향을 끼쳤다.

반면 이병도 역사인식의 이면에는 신도사관의 냄새를 지울 수 없다. 그가 황국신민화의 첨병이었던 일제관학자들의 영향을 받은 것도 그렇거니와, 황국사관의 이론적 공장이었던 '조선사편수회'에서 적극 활동한 이력만 보아도 직감이 된다. 나아가 그의 이러한 환각은 해방 이후까지도 지속되었다. 다음의 글을 보자.

"한 번은 두계(이병도의 아호 – 인용자 주)선생이 텐리대학 초청으로 일본에 다녀 오셨는데, 그 대학에서 한(한우근 교수를 칭함 – 인용자 주)교수와 나(김용섭 – 인용자 주)를 초청하니 두 사람이 상의해서 다녀오라고 하셨다며, '김선생 같이 갑시다. 김선생이 간다면 나도 가고 안 간다면 나도 안 갈래.'하시는 것이었다. '그런데 두계 선생이 텐리대학에 가시니, 그 대학이 텐리교(天理敎)의 도복을 입히고, 예배에 참석토록 하였다는 군'이라고도 덧붙이셨다. 나는 거기는 아직도 총독부 시대이구나 생각하였다. 그래서 '선생님 저는 차멀미를 많이 해서 여행을 못합니다. 선생님만 다녀오십시오.'하고 사양하였다."²⁷⁵

광복 후 서울대학교 국사학과 교수로 재직 중이던 이병도에 대한 일화를 적은 것이다. 일본에서 신도를 대표하는 대학으로 유명한 천리대학교(天理大學校)에 가서 신도의 도복을 입고 예식에 참석했다는 김용섭의 증언이다. 이병도의 가치 기반에 일본 신도의 작용이 적지 않았음을 시사해 주는 부분이다. 더욱이 해방 이후 한국 역사학의 중심에 섰던 인물의 행동이기에, 충격을 넘어 인간적 절망감까지 엿보게 한다.

3. 실증의 가면에 숨은 진실

사관(史觀, view of history, historical perspective, historical interpretation, conception of history)이란 역사를 해석하는 체계적인 관점을 말한다. 즉 역사의 본질, 발전 법칙, 역사의 목적 등을 포괄적이고 전체적으로 이해하여 설명할 수 있는 하나의 관념·틀·사상이다. 그러므로 사관은 역사 이론과 역사 철학을 무시하고는 논할 수가 없다.

또한 역사를 움직이는 동인(動因)이 무엇인가에 따라 사관도 다양해진다. 그 동인이 정신이냐 물질이냐에 따라 정신(관념)사관과 유물사관으로 대별된다. 또 그 동인이 하나냐 다수이냐에 따라 일원론과 이원론 그리고 다원론으로 구분될 수 있다. 한편 역사의 방향성에 서 볼 때는 진보사관과 발전사관 그리고 나선형적 발전사관이 나타나며, 역사의 목적성 유무에 따라 목적론적 사관과 법칙사관 등으로 살펴볼 수 있다.

일제의 한국사연구의 특징을 보면 대략 세 측면에서 이루어졌다. 첫째는 그들의 국수주의적 국학의 전통을 바탕에 깔고 한국사연구를 진행하였다. 이는 '일선동조론'으로 연결된다. 둘째는 그들의 한국사연구가 소위 서양의 근대사학에 바탕을 둔 문헌고증적 방법을 내세웠다는 것이다. 셋째는 일제의 한국사연구가 그들의 제국주의적 침략에 발맞춰 진행되었다는 특징이 있다.[276] 특히 일제는 과거 우리의 역사 서술을 전근대적인 것으로 치부하고, 그들의 문헌고증적 방법이 진정한 근대역사학인 양 포장했다.

일제는 우리 역사의 기록 부재를 교묘히 이용했다. 그 방법론적 도구가 랑케사관이다. 랑케의 실증주의사학은 근대 역사 발전에 지대한 공헌을 남긴 역사이론이다. 랑케사관에는 과학적·객관적·실증적이라는 수식어가 늘 붙는다. 그러므로 랑케사관에 문제를 달면 비과학적·주관적·관념적인 역사의식으로 매도된다. 우리 역사계의 현실은 더더욱 그러했다.

그러나 세상의 이치는 각자무치(角者無齒)의 성향을 갖는다. 모든 것이 완벽할 수 없다는 말이다. 모든 이론이나 학문이 완벽하지 않듯이 랑케사관 역시 예외는 아니다. 오직 객관적 사실만을 추구하다 보니 과거에 실제로 존재했던 역사적 사실(史實)이라도 그것이 문헌 등에서 고증되지 않으면 역사로 인정하지 않는 모순이 바로 그것이다. 사서의 인멸과 분실이 많은 우리로서는 매우 부담되는 안목이다.

일제는 랑케사학의 바로 이런 모순점을 악용하여 우리 역사를 본격적으로 왜곡하고 폄하했다. 일제의 조선사편수회가 1930년 8월 20일 가진 제4차 위원회의 회의 내용을 살펴보자. 당시 최남선은 우리 역사와 밀접한 숙신과 발해를 우리 민족사의 범주에 포함하고자 하는 발언을 한다. 이에 대한 이마니시 류(今西龍)의 답변은 이러했다.

"최위원의 말씀에 대하여 이 분야의 담당자로서 깊이 감사드립니다. 다만 여기서 주의하지 않으면 안 될 것은 사료(史料)와 사설(史說)을 구별하는 일인데, 사료는 가능한 한 수집하지만, 사설을 수집하려면 한이 없기 때문에 수집하지 않는 것입니다."[277]

우리 고대사의 책임을 맡았던 이마니시의 접근 방법이 그대로 드러나고 있다. 당시(1927년 6월 1일 현재) 조선사편수회가 만들어 놓은 편년 가운데, 통일신라 이전 즉 우리의 고대사 관련 부문은 이마니시가 책임을 지고 이병도가 수사관보(修史官補)를 맡았었다. 사료와 사설의 구별이라는 말장난을 통하여, 이마니시는 우리 고대사의 접근을 근본적으로 봉쇄하려 했다. 그가 말하는 사료란 『삼국사기』나 『조선왕조실록』 등이다. 이마니시는 이러한 유교적 관찬사서를 내세우며, 단군이나 숙신·발해를 찾아보려는 접근 자체를 어렵게 한 것이다. 이렇게 만들어진 선택적 자료집이 바로 『조선사』37권이다. 실증의 가면에 숨은 가식(假飾)의 결정체였다.

본디 실증주의(문헌고증주의)는 사관(史觀) 이전에 역사학의 기초방법론이다. 실증주의는 관념사학의 체계를 뒷받침하는 이론적 도구라 할 수 있다. 따라서 민족주의사관이나 식민주의사관 그리고 사회경제주의사관 등, 모두 실증주의적 방법을 토대로 관념을 논리화 하는 것이다. 문제는 실증주의의 교묘한 함정에 있다. 가장 큰 논리적 함정이 일제관학에 뿌리를 둔 식민주의역사학만이 진정한 실증주의이며, '민족주의역사학=비실증주의역사학'이라는 인식 주입이다.

이러한 인식 주입이 해방 이후 현재까지도 지속되면서, 민족주의역사학을 비실증적·비학문적·비과학적·주관적이라는 곡해된 논리로 매도해 버렸다. 가령, 이병도의 2세대가 집필하여 국내에서 가장 많이 읽히고 영어로도 번역된 『한국사신론』의 경우를 보자.[278] 민족주의역사학의 문제점은 한국사의 개별성을 특수성 내지는 고유성으로 이해함으로써 세계사적 보편성과의 연관성을 도외시하는 경향이 있다는 주장이다. 민족주의역사학은 한국 민족을 인류로부터 고립시키고 한국사를 세계사로부터 고립시키는 결과를 가져올 것이며, 이는 결국 민족의 우열론으로 기울어져서 독일의 나치즘이나 일본의 군국주의를 자라나게 한 것과 같은 온상을 제공해 주는 결과를 가져올 염려를 한다. 나아가 이러한 역사학은 결코 역사학이 될 수 없다는 그럴 듯한 논리로도 포장된다. 이러한 맥락에서 일제강점기 진단학회를 중심으로 했던 실증사학의 활동과 역할을 높이 평가하고 현재 한국사학이 일정한 학문적 수준을 갖출 수 있었던 기반을 거기에서 찾았다. 그리고 민족주의역사학의 대안으로 제시하는 과학적 역사연구방법론이 곧 실증사학이라는 것이다.

그 이후 세대도 마찬가지의 인식이다. 다음의 서술을 보자.

> "4월 혁명의 영향으로 인간의식과 민족의식이 고양되면서, 역사학도 1950년도에 와서는 다른 면모를 보였다. 이병도 등의 실증주의사학이 비판받고, 신채호 · 박은식 · 안재홍 등의 민족주의사학이 재평가되었다."[279]

마치 이병도의 역사학이 실증주의 사학이고 민족주의사학은 그것과는 구별되는 범주로 서술하고 있다. 이러한 교묘한 논리는 근자까지도 그대로 답습된다. 몇 해 전의 신문에 실린 어느 역사학자의 저술에 대한 다음의 서평을 보면 알 수 있다.

"'송기호 교수의 우리역사읽기'는 다른 역사책들과 달리 역사가보다 사료의 목소리가 두드러진다. 주제를 정하면 관련 자료를 배열한 뒤 설명하는 방식이다. 제7권의 '왕과 황제' 항목은 발해 정효공주 묘지(墓誌), 삼국사기, 고려사, 조선왕조실록 같은 우리나라 자료와 함께 속일본기(續日本紀), 조선부(朝鮮賦) 등 인접국 자료가 등장한다. 송 교수는 자신의 역할을 자료를 연결하는 교량으로 설정한다. 그는 '이념에 휘둘리지 않은 역사책이 좋은 역사책이고 실증으로 돌아가야 한다'고 주장한다. 이채로운 것은 국사학자인 저자가 민족주의적 관점을 벗어나자고 권유하는 점이다. 그는 이제 우열보다 차이, 발전이 아니라 변화, 대외 항쟁뿐 아니라 이웃들과의 상생 조화에 관심을 갖고 역사를 이해해야 한다고 주장한다. 논란이 될 만한 대목도 있다. 송 교수는 '간도가 우리 땅'이라는 일각의 주장에 대해 '역사적 근거를 찾을 수 없다'고 말한다. 1885년 조선과 청의 국경 회담에서 조선은 백두산정계비에 양국 국경으로 표기된 토문강이 송화강이라고 주장했지만 조사 책임자였던 이중하가 토문강이 두만강임을 말해주는 흔적을 발견해 고종에게 보고서를 보냈고, 최근 조선족 학자의 조사에서도 이런 사실이 다시 확인됐다는 것이다. 송기호 교수는 '21세기에는 한국사를 고정된 하나의 틀로 바라볼 것이 아니라 다양한 방식과 시각으로 접근해야 한다'고 강조했다."[280]

이 역시 마찬가지다. 역사연구에서 민족주의적 관점이야말로 이념에 휘둘린 안목으로 비실증적이라는 말이다. 그리고 실증을 돌아가야 함을 강조하고 있다. 흥미로운 것은 '21세기에는 한국사를 고정된 하나의 틀로 바라볼 것이 아니라, 다양한 방식과 시각으로 접근해야 한다'는 견해를 펴고 있다. 기존의 기득권적 시각 외에 다른 관점은 철저히 배제하는 그들의 안목이고 보면, 그러한 견해가 아이러니라 아니할 수 없다.

그러나 우리가 경험하고 이해해 온 상식의 눈으로 고민해 보자. 민족주의 역사학은 과거 중화주의역사학으로부터의 탈피이며, 중화주의역사학의 연장이었던 일제 식민주의역사학에 대한 우리의 인식이자 대항이었다. 중국

의 눈으로 우리를 보는 것이 객관이고 일제 식민지의 눈으로 우리를 읽는
것이 실증이라면, 당연히 우리의 눈으로 우리를 인식하고자 하는 민족주의
역사학은 주관과 비실증으로 낙인될 수밖에 없다. 민족주의역사학을 이념
이자 관념으로 매도함도 그러한 인식의 연장이다.

고기도 먹어 본 사람이 잘 먹듯이, 주인의식도 경험해 본 집단이 행사하
는 것이다. 노예의 삶으로 오래 길들여진 역사적 경험은, 늘 시류에 맞게 변
신하는 것이 현명하게 통했다. 우리의 역사학에 있어 실증주의의 가면 역시
이러한 변신과 무관치 않다. 일제 식민주의역사학의 가면이 실증주의라면,
해방 이후 한국역사학의 가면 역시 실증주의다. 그러한 가면 뒤에 숨은 진
실을 가장 잘 보여주는 인물 역시 이병도다.

우선 한국민족주의역사학의 종장으로 꼽히는 김교헌의 역사학을 보자.
그는 관념적 역사가가 아니었다. 『문헌비고』 편집위원(1903년)과 『국조보
감』 감인위원(監印委員, 1909년)을 역임 통해 실증적 사료 분석과 집성(集成)
에 누구보다 능숙한 인물이었다. 대종교 참여 이후에는 단군 관련 근대 최
초의 사료집(史料集)인 『단조사고(檀祖事攷)』(1911년) 편찬을 주도하는가 하면,
『신단민사(神檀民史)』(1914년)·『신단실기(神檀實記)』(1914년)·『배달족역사』(1922
년) 등을 사료의 뒷받침을 통해 저술한 인물이다. 더욱이 역사지리에도 관
심을 보이며, 사료의 고증을 통해 『배달족강역형세도비고(倍達族彊域形勢圖
備考)』[281]를 찬술하기도 했다.

반면 지금까지도 실증주의역사가로 추앙받는 이병도의 경우는, 오히려
비실증적 연구의 전형적 양상을 보여준다는 점에서 그 의아함을 지울 수 없
다. 일찍부터 이병도 역사 연구에 있어 실증성 문제가 많은 지적을 받아 왔
지만,[282] 특히 근자에 역사학계에서 대두된 이병도 사학에 대한 다음 비판이
주목된다.

"필자는 두계사학(斗溪史學, 병도사학 - 인용자 주) 중 역사지리분야에 대한 평가를 의뢰받고 고심을 많이 하였다. 두계 후손과의 관계 등 인간적으로 걸리는 부분이 많았다. 게다가 지금까지 그 누구도 두계 사학에 대해 '인식'이 아닌 '실증'에 대한 구체적인 분석이 없었기 때문이다. 그럼에도 필자가 두계사학을 검증하게 된 데는 대학 시절이래로 두계와 동일한 분야를 연구하면서 느꼈던 소회가 적지 않았기 때문이다. 그리고 필자는 두계 사학과는 학연이나 지연 혹은 혈연과도 무관하였다. 그랬기에 오히려 객관적인 평가가 가능하지 않을까 해서였다. 필자는 용기를 내어 두계가 제자들에게 가르쳤다는 '객관적이고도 냉엄한' 태도로 두계의 실증사학을 검증해 보았다. 물론 필자가 본고에서 지적한 사항들이 모두 맞는 것은 아닐 수도 있다. 이견이 있는 부분도 있기에 어디까지나 필자의 소견이라는 제한된 입장임은 분명하다. 그러한 한계가 있지만 머리말과 맺음말에서 소개한 '견고한 편이다'라는 식의 아첨성(阿諂性) 평가보다는 학계에 기여하는 바는 오히려 더 크지 않을까 자위해 본다. 결국 고심 끝에 필자가 내린 결론은 두계사학에서 '실증'은 없다는 것이다."[283]

즉 실증사학을 외쳐댄 이병도의 사학에 한마디로 실증이 없다는 결론이다. 이러한 진단은 실증의 가면에 숨은 진실을 폭로한 것으로, 이병도 사학의 사망선고와 다를 바 없다. 역사학에 입문한 상식인이라면 누구나 공감하는 판단이다. 그럼에도 그의 사학이 해방 공간에서 실증주의의 이름 아래 지금껏 군림한 이유가 무엇일까. 뒤틀린 역사 때문이다. 또한 정체성을 세우지 못한 공간 속에서의 암묵적 동조도 한 몫을 했다. 이른바 일제 실증주의라는 명분으로 형성된 역사인식이, 해방 이후에도 비판 없이 통설(通說)로 자리매김한 데서 오는 후유증이다. 이병도 한사군 인식에 대한 또 다른의 비판을 보자.

"한국사학계에 한사군에 대한 소위 통설은 존재한다고 알려져 있다. 한국사회 일각에 의해 한국 국내 식민사학의 태두로도 비판받는 이병도와 그의 후학들은 한국고대사를 서술하면서, 이병도의 한사군 인식이 통설 혹은 정설로 존재하는 것처럼 만들어 놓았다. 문제는 이병도의 한사군 인식을 통설 혹은 정설로 만든 이병도의 후학 그 누구도 이병도의 한사군 인식에 대해 학술적인 심층적 검증을 제대로 해보지 않았다는 데에 있다. 그리고 학술적으로 제대로 검증해보지도 않고 이병도의 한사군 인식을 소위 한국사학계의 통설 혹은 정설로 존재해야 하는 것처럼 만든 이병도의 후학들은 당연하게도, 이병도의 인식 범위 안에서 한사군 관련 문제를 해석해 올 수밖에 없었던 것처럼 보이는데, 그들이 서술해 온 한국고대사에 일부 오류가 존재한다면, 그 오류들의 대부분은 이병도로부터 시작되어 그의 후학들에게 인습처럼 전해진 고질적 학술 행태로부터 비롯되었다고 볼 수 있다."[284]

이 역시 학술적 검증 없이 만들어진 이병도의 한사군설을 포함한 고대사의 오류들이 그대로 후학들에게 답습되고 있음을 지적한 것이다. 이병도는 당시 식민주의사관에 의한 조선사 서술의 전형을 그대로 답습하면서, 지명의 유사함에 의해 고대의 지명을 추정하고 확정하여 주장하는 황당한 방법에 많이 의존했다. 가령 이병도가 안성 공도면(孔道面)의 '공도'라는 지명이 '고무(곰)'에서 유래했다는 발상을 하거나 혹은 웅교리(熊橋里)와 군문리진(軍門里津, 군문이 나루)도 '곰'과 관련이 있다고 판단한 것은, 결코 지명 판단의 직접적인 근거가 될 수는 없음에도 중요한 근거로 삼고 있는 것이다.[285]

나아가 이병도가 소리의 유사성을 근거로, 낙랑군 수성현(遂成縣)을 황해도 수안(遂安)이라고 비정하기도 하고, 졸본(卒本)과 진번(眞番)의 발음이 비슷하다는 억측에 의해 졸본국(卒本國)이 위치했다고 추정되는 동가강(佟佳江) 유역에 진번군(眞番郡)이 설치되었었다고 주장한 것이나, 고구려의 수도였다고 알려진 환도(丸都)와 현도(玄菟)의 발음의 유사성에 기대어, 고구려의 수도가 있던 혼강(渾江) 즉 동가강 일대에 현도군이 설치되었던 곳으로 비정하는 부분에서는,[286] 학자 이전에 상식인으로서도 의심이 가게 한다. 더욱이 "지금도 기억에 남는 재미있는 일화가 하나 있다. 그것은 저 유명한 '현도 군환도설(玄菟郡丸都說)'에 대한 것인데, 이 문제를 놓고 선생님(이병도를 가리 킴 – 인용자 주)은 많은 심사숙고를 거듭하였으나 해결의 실마리를 얻지 못하 고 있었던 차에, 하루는 뒷간으로 들어가서 용변(用便)을 보고 있는 동안에 갑자기 영감이 떠오르는 것처럼 문제가 해결되었노라고 얼굴에 웃음을 피 우시면서 그 내력을 들려주시었다."[287]라는 기록에서는 한 토막의 개그(gag) 까지 연상케 한다.

오히려 관념적이라고 몰아세운 김교헌의 한사군 인식은, 『한서지리지』나 『당서』, 『금사』나 『문헌비고』·『열하일기』 등등에 나타나는 평양 및 패수와 연관시켜, 비교적 고증적·귀납적 방법으로 이해하고 있다. 김교헌과 이병도 의 한사군 인식을 중심으로 그 방법과 논리 및 평가를 도표로 대비시키면 다음과 같다.

[표 7] 김교헌과 이병도의 사학을 기존인식과 실제인식을 대비시켜 나타낸 표

구 분	김교헌의 사학	이병도의 사학
기존 통념	관념적 민족주의역사학	과학적 실증주의역사학
한사군 인식 방법	문헌을 통한 실증적 인식 방법	소리(音)의 유사성을 통한 비실증적 인식 방법
논리	문헌고증을 통한 귀납법적 인식	유추논리를 통한 연상법적 인식
顚倒된 평가	관념적 · 주관적 · 비학문적으로 매도	실증적 · 객관적 · 학문적으로 포장
결론적 평가	실증적 민족주의역사학	비실증적 관념(식민)주의역사학

4. 주인과 노예의 역사학

해방 이후 청산하지 못한 친일의 문제는 우리사회의 모든 부분을 회색지 대로 둔갑시켰다. 애국과 매국, 정의와 불의를 구분하는 기준이 무너진 사

회로 만들었다. 그저 기득권에 빌붙으며 약삭빠르게 변신하는 것이 실력이
요 능력으로 대접 받았다. 수많은 '꺼삐단 리'들이 온존할 수 있었던 배경이
다. 과거의 친일은 적당한 변명으로 호도할 수 있었고, 일제에 부용했던 지
식인은 민족의 새로운 향도로도 탈바꿈하였다. 다음은 이광수가 일제강점
기 창씨개명을 하며 호기 넘치게 외쳐댔던 일성(一聲)이다.

> "내가 향산(香山)이라고 일본적인 명으로 개한 동기는 황송한 말씀이나 천황어명과
> 독법을 같이하는 씨명을 가지자는 것이다. 나는 깊이깊이 내 자손과 조선민족의 장
> 래를 고려한 끝에 이리하는 것이 당연하다는 굳은 신념에 도달한 까닭이다. 나는
> 천황의 신민이다. 내 자손도 천황의 신민으로 살 것이다. 이광수라는 씨명으로도
> 천황의 신민이 못 될 것이 아니다. 그러나 향산광랑(香山光浪)이 조금 더 천황의 신
> 민답다고 나는 믿기 때문이다. 내선일체를 국가가 조선인에게 허하였다. 이에 내선
> 일체운동을 할 자는 기실 조선인이다. 조선인이 내지인과 차별 없이 될 것밖에 바
> 랄 것이 무엇이 있는가. 따라서 차별을 제거하기 위하여서 온갖 노력을 할 것밖에
> 더 중대하고 긴급한 일이 어디 또 있는가. 성명 3자를 고치는 것도 그 노력 중의 하
> 나라면 아낄 것이 무엇인가. 기쁘게 할 것 아닌가. 나는 이러한 신념으로 향산이라
> 는 씨를 창설했다."[288]

창씨개명의 이유를 "천황어명과 독법을 같이하는 씨명을 갖기 위해서"라
고 자랑하고 있다. 당시 이광수는 일제강점이 영원히 지속될 것으로 환각한
지식인이다. 스스로 일등국민이 되고자 우리를 노예로 만들고, 우리의 역사
를 미개와 전근대로 타락시킨 인물이다. 그것을 통해 진정 천황의 신민과
동일시되고자 각고했다. 그러던 그가 바뀐 세상에서는 또 다른 변명을 늘어
놓는다.

> "『원효대사』는 내가 친일파 노릇을 하는 중에 『매일신보』에 연재하던 것이다. 나는

검열이 허하는 한 이 소설 속에서 우리 민족의 전통적 정신과 영광과 애국심과 민족의식을 그려서, 천황만세를 부르고 황국신민서사를 제창하지 아니하면 아니 될 운명에 있는 동포에게 보낸 것이었다."[289]

마치 이광수 자신이 식민지 백성의 고통을 순교자적 자세로 대신했다는 분위기를 풍기고 있다. 더욱이 이광수는 "몇몇 친구들은 벌써부터 나더러 참회록을 쓰기를 권하였다. 그러나 나는 그 권을 듣지 아니하였으니, 그것은 내가 나를 변명하는 것이 사내답지 못하다고 생각하였음이었다. 나는 세상이 무슨 비난을 하여도 가만히 받고 있는 것이 옳기도 하고 좋기도 하다고 생각하였다. 성삼문이 찬양 받고 신숙주가 비난 받는 것이나, 남한산성에서 항복을 거절한 분들이 숭앙을 받고 이를 주장한 사람들이 욕을 먹는 것이, 민족을 위하여서 옳기도 하고 좋기도 하기 때문이다. 그러므로 세상이 나를 비난할 때에 나도 사람이라 듣기 거북하지 아니함은 아니나, 한 번 돌이켜 생각하면 그것은 기쁘고 고마운 일이 아닐 수 없다. 민족정기를 위하는 일이 기쁘고 평소에 나를 사랑하여 주던 표니 고마운 것이다."[290]라는 언어적 수사를 통하여, 그의 친일 행적을 교묘히 변명하고 있다. 마치 자신을 비유의 기준이 다른 신숙주나 주화파(主和派)와 연결시킴으로써, 스스로의 친일 행적을 호도하고 있다. 한마디로 역사인식이라고는 찾을 수 없는 노예적 지식인의 전형적 유체이탈 화법이다.

김교헌과 이병도의 삶 역시 학풍뿐만이 아니라 행적 자체도 대조적이다. 김교헌은 대종교에 참여하면서 모든 기득권을 버린 인물이다. 그리고 민족주의역사학의 정리와 독립운동에 헌신했다. 그는 대종교의 2세 교주를 맡으면서 수많은 학교를 개척했다. 그곳은 학교이자 독립운동의 근거이며 대종교의 교당 역할을 한 삼위일체의 공간이었다. 당시 대종교는 독립운동단체로서 대종교의 교주는 곧 독립운동집단의 우두머리였다. 그의 저술들이 대한민국임시정부와 만주 독립운동 단체 및 사관학교 등에서 역사교재로 쓰인 이유이기도 하다.

반면 일제강점기 이병도는 온갖 기득권을 쫓아 온존했던 인물이다. 세상이 바뀌고 또 바뀌어도 또 다시 적응하며 호강한 인물이다. 가령 이병도는 일제강점기인 1943년 11월에 총독부의 기관지였던 『매일신보』에 일제의 전쟁에 강제 동원되는 소위 '출진학도(出陣學徒)에게 보내는 말'[291]을 역사적으로 뒷받침하기 위해, 신라시대의 화랑과 그 어머니와 같은 숭고한 정신으로 일제의 성전(聖戰)에 참전하라는 배경의 글을 신문에 기고하기도 했다.[292] 이러한 선택은 김교헌이 「무오독립선언」을 주도하며 외친

> "일어나라 독립군 일제히! 독립군이여 천지를 휩쓸라! 한번 죽음은 인간의 면할 수 없는 바이니 개돼지와 같은 일생을 누가 구도(苟圖)하리오. 살신성인하면 2천만 동포는 마음과 몸을 부활하리니 일신 어찌 아낄 것이랴. 집을 기울여 나라에 갚으면 3천리 옥토는 자가의 소유이니 어찌 일가를 아낄 것이랴. 우리 같은 마음, 같은 덕망의 2천만 형제자매여! 국민의 본령을 자각한 독립임을 기억하고 동양의 평화를 보장하고 인류의 평등을 실시하기 위한 자립임을 명심하여 황천(皇天)의 명을 받들고 일체의 못된 굴레에서 해탈하는 건국임을 확신하여, 육탄혈전으로 독립을 완성하자."

라는 정서와는 너무나 큰 차이를 보인다. 또한 '김교헌이나 신채호 혹은 박은식과 같은 인물들이 이병도와 같은 부용의 글을 조선총독부 기관지에 실었었다면' 하는 역사적 가정을 상상을 해 보자. 모든 것이 무너졌을 듯하다. 노예로서 노예의 행동은 자연스럽지만, 주인으로서 노예의 행동을 함은 경천동지할 일이기 때문이다.

이병도는 일제강점기뿐만 아니라 해방 이후의 공간에서도 건재했다. 1945년 이후의 해방 공간, 1950년 6월 이후의 전쟁 기간, 1953년의 휴전 이후의 상황, 1960년의 4·19혁명, 1961년의 5·16군사쿠데타 등 격변의 시기마다 이병도는 시의(時宜)에 영합하는 민첩한 행동으로써 권력의 주변을 서성거리며 한국사학계의 주도권을 놓치지 않았다. 그 중의 한 예로 1961년 5·16군사쿠데타로 인해 국가재건최고회의 의장인 박정희가 모든 권한을 행사하는 상황이 되었을 당시는, 즉시 군사정권의 최고 기관지 역할을 하는 『최고회의보』에 쿠데타의 역사적 정당성을 밝히는 글도 올렸다.[293] 대의명분과는 상관없었던 이병도의 이러한 처세는, 서울대 교수(1945년)를 기점으로 하여, 학술원 종신회원(1954년), 외무부 외교연구위원장(1955년), 진단학회 이사장(1956년), 문교부장관(1960년), 학술원 회장(1960년), 국정자문위원(1980년) 등등의 감투를 쓰며 한국사학계에 군림한 것이다.

해방 이후 이병도는 그의 학문적 선택을 순수학문의 길로 호도했다. 엎어진 세상이 오면, 그것을 바로 선 세상으로 환각하며 살아온 그로서는 당연한 변명일 듯하다. 이것은, 식민지의 현실을 외면했던 생명파(인생파)나 청록파(자연파) 문인들이 당시의 계급문학에 대항하며 순수문학을 견지하려 했다는 자기변명에도 훨씬 못 미치는 억설일 뿐이었다. 적어도 그들은 이병도만큼 총독부 주변을 서성거리지 않았기 때문이다.

아무튼 한 사람은 부귀영화를 스스로 버리고 대의명분의 길을 택했다. 그 길은 나라사랑의 길로 독립운동의 험로였다. 그 수단의 하나로 택한 것이 실증적 민족주의역사역학이다. 그의 역사서는 대한민국임시정부의 교과서로 쓰인 동시에, 만주 독립군들의 정신적 지침서였을 뿐만 아니라, 일제 식민주의역사학에 대항하는 우리의 정체성이었다. 그리고 그가 죽은 곳도 독립운동의 현장이었다. 그러나 후대의 역사는 그를 평가하지 않았다. 다시 우리가 주인이 된 해방의 공간에서 우리는 그를 철저하게 외면한 것이다. 그가 바로 김교헌이다.

반면 어떤 이는 중국 경극에 나오는 변검(變臉)의 달인처럼, 시류의 변화에 너무 잘 적응했다. 일제관학자들에게 감명 받아 역사학도로서의 길을 걷게 되었고, 그러한 인연을 토대로 식민의 그늘에서도 늘 양지에 발을 딛고 산 인물이다. 실증사학·순수학문이라는 가면을 쓰고 조선사편수회에 부용하며 식민주의역사학 확립에 기여한 인물이다. 한편에서는 청구학회·진단학회라는 허울을 쓰고 어쭙잖게도 민족사학의 맥으로 평가되는 인물이다. 광복 후에는 다시 변신하여 권력의 주변을 맴돌았다. 일제 관념(식민)사학의 아류밖에 안 되는 그가, 한국 실증사학의 태두로도 자리 잡았다. 그에게는 나라사랑은커녕 명분도 염치도 없었다. 오직 변신을 통해 온존해 온 지식인일 뿐이었다. 그가 바로 이병도다.

VIII

맺음말

VIII.
맺음말

김교헌의 삶과 역사인식을 정리하면서, 문득 청나라 말기 학자인 정함(定盦) 공자진(龔自珍, 1792－1841)의 다음 경구를 새겨보았다.

"그 나라를 멸망시키려면 반드시 먼저 그 역사를 제거하라. 그 문지방을 허물고 강기(綱紀)를 파괴하려면 반드시 먼저 그 역사를 제거하라. 그 인재를 끊어버리고 그 가르침[教]을 근절하려면 반드시 먼저 그 역사를 제거하라. 그 조상을 쓸어버리려면 반드시 먼저 그 역사를 제거하라."[294]

강자의 역사가 약자의 역사를 지배해야 한다는 당위적 논리로, 모골이 송연해질 정도로 섬뜩함을 느끼게 하는 구절이다. 또한 역사학이 학문 이전에 지배와 피지배, 제국과 식민의 길항작용을 할 수 있음을 암시로, 역사가 살아남은 자의 기록임을 직설하고 있다. 일제가 한반도를 병탄하자마자 우리의 역사를 식민지화하려 한 의도가 무엇일까. 반면 그에 맞서 모든 것을 잃어가며 우리 역사를 지키려 한 이유는 어디에 있는가. 쓰러지는 나(정체성)를 지탱하기 위한 목숨을 건 투쟁이었기 때문이다. 그러므로 역사는 나와 우리를 위한 변명이며, 그것을 지키기 위한 중요한 수단이다.

이것은 역사가의 가치와 직결된다. 이것이 사관으로 역사를 바라보는 눈이다. 따라서 역사가의 눈은 '주인으로 보는 눈[主視眼]'과 '슬기로 보는 눈[慧視眼]', 그리고 '바로 보는 눈[正視眼]'이 요구된다. 주인 됨을 버리면 기준과 척도를 잴 수 없다. 슬기를 잃어버리면 구차함과 억측이 진실을 가리게 된다. 바로 봄을 망각케 되면 가식과 협잡으로 인해 정관(正觀)할 수가 없다. 우리의 과거와 현재는 이러한 눈을 잃어버렸다. 다시금 사관을 시비하지 않을 수 없는 이유다.

'개 눈에는 똥만 보인다'는 옛말이 있다. 이 속담은 '돼지의 눈으로 보면 돼지가 보이고, 부처의 눈으로 보면 부처가 보인다'는 무학대사의 가르침과도 동일한 의미다. 따라서 노예의 눈으로는 주인의 역사를 만들 수 없고, 주인의 눈에서는 결코 노예의 역사가 나올 수 없다는 평범한 이치를 이해하게 된다. 신채호가 "아국(我國)을 망(亡)하는 자는 정론(政論)도 아니며, 학제(學制)도 아니오, 기백년래(幾百年來) 망필(妄筆)을 휘(揮)한 노사가(奴史家)가 시(是)라."[295]고 한탄한 말도 '주시안(主視眼)'을 저버린 노예의 사필을 일갈(一喝)한 것이다. 박은식 역시, 노예의 눈으로 만들어진 노예의 역사 때문에 모든 것이 노예가 되어버린 시대적 아픔을 이렇게 토로했다.

"조선 백성의 정신이 자기 나라의 역사는 없고 다른 나라의 역사만 있으니, 이는 자기 나라를 사랑하지 않고 다른 나라를 사랑하는 것이다. 이로써 보건대 천여 년 이래의 조선은 단지 형식상이 조선일 뿐이지 정신상의 조선은 망한 지가 이미 오래된 것이다. 처음 배우는 교과가 이러한 즉, 어릴 때에 벌써 머리 속에 노예 정신이 깊게 뿌리 박혀, 평생의 학문이 모두 노예의 학문이고 평생 사상이 모두 노예 사상이다. 이와 같이 비열한 사회에 처하여 소위 영웅자(英雄者)가 누구이며 소위 유현자(儒賢者)가 누구이며 소위 충신자(忠臣者)가 누구이며 소위 공신자(功臣者)가 누구이며 소위 명류자(名流者)가 누구인가? 필경 노예의 지위일 뿐이다."[296]

『삼국사기』 이후, 현전하는 조선조의 사서에 담겨있는 역사인식과 기술 태도에 안타까움을 갖는 것도 역사가의 가치관, 곧 사관 때문이다. 김부식을 비롯한 지은 이(혹은 엮은 이)들 모두 유교사관에 젖은 유학자들이다. 공자가 쓴 『춘추』는 경전으로 꼽힐 정도로 뚜렷한 사관을 제시한 책이다. 어지러운 춘추시대에 정통을 강조하고 난신적자(亂臣賊子)를 여지없이 매도하는 사관을 담고 있다. 뒷날 유학자들은 공자의 유교사관을 충실히 따랐다. 유교사가들 역시 마찬가지였다. 이것이 춘추필법(春秋筆法)이다. 춘추필법에 의한 역사 정리는 중국 민족주의적 역사 해석이라고 해도 과언이 아니다. 춘추필법은 의리(義理)와 대의명분(大義名分), 그리고 중화주의에 따른 정통성 등이 모든 가치판단의 기준이 되기 때문이다. 그러므로 조선의 대간과 사관의 활동 역시 당연히 유교의 실천을 위한 것으로, 이들의 활동은 곧 유교사관의 체계화와 직결된다고 할 수 있다.[297] 이러한 중화적 사대주의사관이 그대로 일제 식민주의사관으로 연결되며 온존했다. 노예의 집단 속에 주인만 바뀐 것이다. 다시금 '주시안(主視眼)'을 잃어버린 아픔을 곱씹게 된다.

다음으로 유몽인의 『어우야담』에 기록된 「한상국(韓相國)의 농사」를 떠올려 보자.[298] 상국 한응인(韓應寅)이라는 농사의 '반풍수'가 벼[稻]와 강아지풀[稂莠]를 구별 못해 벼를 다 뽑아버리고 진정한 농사꾼인 양 우쭐해 하는 이야기다. 혹여 '슬기로 보는 눈'을 잃어버린 우리의 역사학이 이런 것은 아닐까. 역사의 '어설픈 이'들이 우리의 역사를 기록한답시고 남의 다리를 긁어준 것은 아닌지 궁금키도 하다. 다시 우리의 얼굴과 혹도 구별 못하는 사가들을 비판한 신채호의 다음 주장을 보자.

"조선사를 지은 기왕(既往)의 조선의 사가(史家)들은 매양 조선의 '혹'을 베고 조선사를 지으려 하였다. 그러나 그네들이 쓴 안경(眼鏡)이 너무 철면(凸面)인 고로, 조선의 눈이나 귀나 코나 머리 같은 것을 '혹'이라 하여 베어 버리고, 어디서 무수한 '혹'을 가져다가 붙이었다. '혹' 붙인 조선사도 기왕에는 읽는 이가 너무 없다가, 세계가 대통(大通)하면서 외국인들이 왕왕 조선인을 만나 조선사를 물으면, 어떤 이는 조선인보다 조선사를 더 많이 아는 고로, 참괴한 끝에 돌아와 조선사를 읽는 이 있도다. 그러나 조선인이 읽는 조선사나 외국인이 아는 조선사는 모두 '혹' 붙은 조선사요 올바른 조선사가 아니었다."[299]

유몽인이 벼와 강아지풀을 구별 못한 한응인을 비웃은 것이나, 신채호가 우리 얼굴과 혹을 구별 못한 역사가들을 힐소(詰笑)한 것은 조금도 다름이 없다. '혜시안(慧視眼)'을 잃어버린 우리 역사가들의 현실을 한탄한 것이다. 이것은 본질을 놓치고 현상에 기우러진 이치를 비판하는 것이며, 거짓을 가지고 진실이라 호도하려는 부류에 대한 공박이기도 하다. 일부에서는 강아지풀 속에서 벼를 찾아 환호했던 모습도 보인다. 다음과 같은 북애자의 경험이 그것이다.

"그러나 다행히도 산골짜기에서 청평(淸平)이 저술한 『진역유기(震域遺記)』를 얻으니, 그 가운데 삼국 이전의 옛 역사가 있음에 비록 간략하여 상세지는 않으나 항간에 떠도는 구구한 말들에 비하면 자못 내비치는 기상이 견줄 바가 아니라, 여기에 다시 중국의 사서에 전하는 모든 글들을 가려 뽑아 사화(史話)를 지으니, 그 재미로움은 밥 먹는 것도 자주 잊을 지경이었다. 비록 그렇지만 지금의 사람 가운데 과연 누가 이러한 것에 뜻이 있어 이 감흥을 같이 할 수 있으리오!"[300]

언제부턴가 우리의 역사는 소외와 위축의 역사로 진행되어 왔다. 공교롭게도 우리 사서의 수난과 더불어 흔들린 신교의 쇠퇴와 맞물린다. 탄압 속에 사라진 서적도 대부분이 신교서적이다. 남아서 천대받는 서적도 하나같이 신교사서다. 이유는 간단하다. 우리가 뒤집혀진 세상을 살아왔기 때문이다. 정사(正邪)가 전도(顚倒)되고 주객(主客)이 역전된 삶이 우리의 역사적 삶이다. 혹과 강아지풀인 외래사관에 의해 얼굴과 벼인 신교사관이 압살당해 온 것이다.

한편 역사는 나와 우리를 위한 변명이라는 측면에서, '정시안(正視眼)'이 요구된다. 우리는 과학성이니 합리성이니 보편성이니 하는 허울 속에, 그 '바로 보는 눈'을 잃어버린 지 꽤나 오래되었다. 전통사회에서는 중국적인 것이 과학적·합리적·보편적인 가치요, 근대 이후로는 제국주의적 잣대가 바로 그러한 가치였다. 우리는 늘 변두리 의식 속에서 빌붙어 사는 것에 길들여져 왔다. 바로 보아야 할 역사의 눈 역시 사팔뜨기[斜視眼]가 된 원인이다.

그러나 진정 역사를 어떻게 보아야 하는가. "인류 사회의 아(我)와 비아(非我)의 투쟁이 시간으로 발전하고 공간으로 확대되는 심적(心的) 활동 상태의 기록이니, 세계사라 하면 인류가 그렇게 되어온 과정이요, 조선사라 하면 조선 민족이 이렇게 되어온 상태의 기록이다. 무엇이 '아'라 하며 무엇을 '비아'라 하는가? 깊이 팔 것 없이 얕이 말하면, 무릇 주관적 위치에 서 있는 자를 아라 하고, 그 밖의 것은 비아라 한다. 이를테면 조선인은 조선을 아라 하고 영(英)·미(美)·법(法)·로(露) 등을 비아라고 하지만 영·미·법·로 등을 저마다 제나라를 아라 하고 조선을 비아라고 하며, 무산계급은 무산계급을 아라 하며 지주나 자본가를 비아라고 하지마는, 지주나 자본가는 저마다 제 붙이를 아라 하고 무산계급을 비아라 한다. 이뿐 아니라 학문에나 기술에나 직업에나 의견에나 그밖에 무엇이든지 반드시 본위인 아가 있으면 따라서 아와 대치되는 비아가 있고, 아 가운데 아와 비아가 있으면 비아 가운데에도 아와 비아가 있다. 그리하여 아에 대한 비아의 접촉이 잦을수록 비아에 대한 아의 분투가 더욱 맹렬하여 인류사회의 활동이 쉴 사이가 없으며, 역사의 전도(前途)가 완결될 날이 없다. 그러므로 역사는 아와 비아의 투쟁의 기록이다."[301]라는 신채호의 외침이, 새삼 올바르게 와 닿는 지금이다.

대종교를 경험하기 이전의 김교헌 역시 중화주의 가치관에 흠뻑 젖은 유학자였다. 과거급제 이후 종2품에 이르도록 25년간의 벼슬 생활 속에서 실천하고 익힌 김교헌의 가치는 바로 소중화인으로서의 성취감이었다. 그 대표적 양태가 『자치통감강목』의 진강 참여였음을 확인했다. 조선조 대부분의 사대부들이 그러했듯이, 소중화인으로서의 자부심을 마음껏 향유한 것이다. 벼슬 말기 『문헌비고』 속찬위원으로의 참여와 『국조보감』 찬집위원 및 감인위원으로의 발탁은 성리학적 유교 지식인으로서의 최고조를 의미했다.

그러나 김교헌은 유교적 가치로부터 환골탈태한다. 대종교를 중광한 나철이 외친 '국망도존'의 충격 때문이었다. 이것은 중화주의적 가치관 속에 함몰되었던 김교헌 자신에 대한 반성이자 새로운 출발이기도 했다. 중화주의 역사인식을 벗어난 민족주의 역사인식으로의 변모가 그 대표적 양상이다. 또한 일제하 독립운동의 정신적 동력이 되었던 '국망도존'은, 정신의 망각으로 망한 나라를 정신의 지킴으로 되찾자는 구호였다. 그러므로 일제의 속박을 벗어나고자 했던 대종교의 독립운동 또한, 모든 요소들을 포괄하는 정신을 토대로 운용되었다. 나철이 강조하는 정신[道]을 몸통으로 하여 총체적 독립운동의 동력을 만든 것이다. 대종교의 2세 교주까지 오른 김교헌 역시 이러한 동력의 중추를 담당하였다.

김교헌의 역사서술은 독립운동 현장에서 정신적 교본으로써의 역할도 담당하였다. 그의 저술은 독립군들 사이에 국사교과서로서 널리 읽혔고 신흥무관학교 등 간도의 민족학교에서 교재로 쓰이기도 했으며, 대한민국임시정부의 교과서로 사용되면서 역사인식 고양에 중요한 지침이 되었다. 특히 그의 역사인식은 개인적 관심을 넘어 민족주의 역사학 성립에도 중요한 바탕으로 작용했다. 김두봉이나 백순, 그리고 안재홍 등이, '사마천을 능가하는 역사가', '대한민국 역사학의 종장(宗匠)', '일본의 대학자도 견줄 수 없는 학자'라고 존경하던 이유이기도 여기에 있다.

미주

1 김동환, 「근대 유교지식인의 인식 변화에 대한 연구 – 김교헌, 유교 가치에서 대종교 가치로의 변화를 중심으로 – 」, 『원불교사상과 종교문화』 제71집, 원광대원불교사상연구원, 2017, 311 – 323쪽 참조.

2 김동환, 같은 글, 326 – 336쪽 참조.

3 김정신, 「김교헌 민족사학의 정신적 배경」, 『국학연구』 4, 국학연구소, 1998, 18쪽.

4 박영석, 「대종교의 독립운동에 관한 연구 – 김교헌 교주 시기를 중심으로 – 」, 『사총』 21, 고려대사학회, 1977.

5 한영우, 「1910년대의 민족주의적 역사서술 – 이상룡·박은식·김교헌. 단기고사를 중심으로 – 」, 『한국문화』 1, 1980; 김동환, 「국학의 관점에서 본 새검인정한국사교과서의 문제점: 조선시대를 중심으로」, 『선도문화』 17, 2014; 김동환, 「일제강점기 대종교 계열의 한사군 인식」, 『국학연구』 제20집, 국학연구소, 2016; 임찬경, 「대한민국임시정부 출간 『배달족역사』의 대종교적 역사관」, 『대한민국임시정부100주년기념학술회의논문집』, 국학연구소, 2019.

6 김정신, 「김교헌 민족사학의 정신적 배경」, 앞의 책.; 조항래, 「김교헌의 생애와 사상」, 『경기사학』 8, 경기사학회, 2004.; 이숙화, 「김교헌 생애와 항일독립운동」, 『화성독립운동연구』, 화성시청문화유산과, 2020.

7 정욱재, 「『檀祖事攷』 저술에 관한 검토」, 『한국사학사학보』 12, 한국사학사학회, 2005.; 김동환, 「《단조사고》에 대하여」(김동환 편역/김교헌 외, 『단조사고』, 흔뿌리, 2006)

8 김동환, 「근대 유교지식인의 인식 변화에 대한 연구 – 김교헌, 유교가치에서 대종교가치로의 인식 변화를 중심으로 – 」, 앞의 책. 참조.; 김동환, 「무원 김교헌의 역사인식에 대한 연구」, 『화성독립운동연구』, 화성시청문화유산과, 2020.; 김동환, 「민족 종교와 민족 사학을 융합시킨 무원 김교헌론 – 노예에서 주인으로의 여정 – 」, 『역사와 융합』 7, 바른역사연구원, 2020.

9 쟝 밥티스트 레지/유정희 외 해제, 『18세기 프랑스 지식인이 쓴 고조선, 고구려의 역사』, 아이네아스, 2018.

10 김교헌 지음/김동환·이숙화 역주, 『배달의 역사, 새 길을 열다』, 화성시청, 2020.

11 『고려사절요』 제35권 공양왕 2년.

12 『태조실록』 7년 8월 10일(계축).

13 『경종수정실록』 1년 7월 24일(계축).

14 『청장관전서』 제27~29권 士小節5 士典5 御下.

15 『영조실록』 33년 3월 26일(정사).

16 『정조실록』 5년 8월 20일(경인).; 『국조보감』 제70권, 정조조2, 25년(신축).

17 『홍재전서』 제20권 「祭文」2 〈慶恩府院君金柱臣致祭文〉. 予觀戚畹 鮮能有終 賢哉慶恩 處貴以恭 塗莘祥叶 馬鄧譽幷 篤生聖后 曰嬪于京 皇考建儲 寔賴慈旨 在宋宣仁 有周姒氏 公洒密贊 炳然丹忠 磐石泰山 伊誰之功 臨第賜詩 尚記恩遇 舊甲重逢 曷任愴故 餘蔭及孫 亦追先志 靈如不昧 庶歆斯釂

18 김정신, 「김교헌 사학의 정신적 배경」, 앞의 책, 3쪽.

19 당시 김교헌은 과거시험 賦 부문에서 차석으로 급제했다. 다음의 기록에서 나타난다. "관학

유생의 응제에서, 賦에서 수석으로 三下一을 맞은 幼學 李起鎰, 三下二를 맞은 유학 金教獻, 三下三을 맞은 진사 朴齊璟, 三下四를 맞은 유학 金宗鳳, 三下五를 맞은 유학 朴曔陽은 모두 直赴殿試하고,…(후략…)(『승정원일기』고종22년 2월 8일(무인))

20 『승정원일기』고종22년 3월 17일(병진).

21 본디 규장각은 1694년(숙종 20년)에 처음 설립된 기관이다. 1776년 즉위한 정조는 규장각을 새롭게 재편하여 왕립학술기관으로 정비하였다. 중국과 조선에서 간행된 다양한 도서를 소장하고 소수 정예의 관리들이 소속되어 학술연구와 정책 마련을 담당하는 기구로 발전시켰다. 정조는 창덕궁 후원에 규장각의 중심 건물인 宙合樓를 세워 역대 국왕의 御製·御筆을 보관하도록 했으며, 宗正寺에 있던 숙종 어필의 규장각 현판을 옮겨와 이곳에 걸었다.(이이화,「규장각소고:규장각지를 중심으로 본 개관」,『규장각』3, 서울대학교규장각, 1979, 149 - 165쪽 참조)

22 『朝鮮經國典』,國號條. 海東之國 不一其號 爲朝鮮者三 曰檀君曰箕子曰衛滿 若朴氏昔氏金氏相繼稱新羅 溫祚稱百濟於前 甄萱稱百濟於後 又高朱蒙稱高句麗弓裔稱後高麗 王氏代弓裔 仍襲高麗之號 皆竊據一隅 不受中國之命 自立名號 互相侵奪 雖有所稱 何足取哉 惟箕子受周武之命 封朝鮮侯 今天子命曰惟朝鮮之稱美 且其來遠矣 可以本其名而祖之 體天牧民 永昌後嗣 蓋以武王之命箕子者 命殿下 名旣正矣 言旣順矣 箕子陳武王以洪範 推衍其義 作八條之敎 施之國中 政化盛行 風俗至美 朝鮮之名 聞於天下後世者如此 今旣襲朝鮮之美號 則箕子之善政亦 在所當講焉 嗚呼 天子之德無愧於周武 殿下之德亦豈有愧於箕子哉 將見洪範之學 八條之敎 復行於今日也 孔子曰 吾其爲東周乎 豈欺我哉

23 물론 과거제의 前史로서의 관리 등용 제도는 신라 원성왕 4년에 설치된 독서삼품과에서 찾을 수 있다. 독서삼품과는 신라의 새로운 관리 등용 방법임과 동시에 국학의 졸업생을 상대로 국학에서 배운 학과에 대해 시험을 보는 제도이기 때문이다. 따라서 국학의 졸업시험제도와 같은 성격의 것이었다. 국학은 삼국통일 이후 보다 확대된 정치제도를 운영하기 위해, 유교정치사상을 이해할 필요성이 제기됨에 따라 신문왕 2년에 설치된 것이다. 독서삼품과의 시험과목도 유교적 가치에서 벗어나지 않았다. 下品은 『曲禮』·『孝經』, 中品은 『論語』·『곡례』·『효경』, 上品은 『春秋左氏傳』·『禮記』·『文選』을 읽어 그 뜻을 잘 통하고 아울러 『논어』·『효경』에도 밝은 자들이 대상이 되었다. 또한 特品은 五經(주역·시경·서경·예기·춘추), 三史(사기·한서·후한서)와 諸子百家의 書를 능히 통달한 자로서 순서를 가리지 않고 등용하였다.(전덕재,「신라의 독서삼품과:한국 과거제도의 전사(前史)」,『한국사시민강좌』46, 일조각, 2010, 1 - 18쪽 참조.)

24 유호석,「고려 과거제도의 성립」,『한국사시민강좌』46, 일조각, 2010, 23 - 24쪽.

25 이남희,「과거제도, 그 빛과 그늘」,『오늘의 동양사상』18, 예문동양사상연구원, 2008, 119쪽.

26 이만규,『조선교육사』, 을유문화사, 1947, 281쪽.

27 같은 책, 281쪽.

28 같은 책, 281쪽.

29 『林下筆記』제15권,「文獻指掌編」,〈合設과 單設에 대한 논의〉

30 『林下筆記』제15권,「文獻指掌編」,〈功臣의 配享〉

31 『林下筆記』제15권,「文獻指掌編」,〈環珥〉

32 황경원은 예의가 곧 중국임을 다음과 같이 언명했다. "대저 중국이라는 것이 무엇인가. 禮
義일 따름이다. 예의가 밝으면 오랑캐도 중국이 될 수 있고 예의가 밝지 않으면 중국도 오
랑캐가 될 수 있으니, 한 사람의 몸이 어떤 때는 중국이었다가 어떤 때는 오랑캐인 것은 참
으로 예의가 밝은가 밝지 않은가에 달려 있다.…(중략)…禮가 없고 義가 없으면 비록 중국
이라 할지라도 또한 오랑캐인 것이다. 이것이 이른바 중국도 오랑캐가 될 수 있다는 것이
다.…(중략)…대저 군자가 義로써 근본을 삼고 禮로써 文彩 나게 하여, 신하가 되어 능히 충
성을 다하고 자식이 되어 능히 효도를 다하고 아랫사람이 되어 능히 공경을 다한다면 중국
이 그 안에 있을 것이다. 小人의 경우는 그렇지 않으니, 의로써 근본을 삼지 않고 예로써 문
채 나게 하지 않아 신하는 충성할 줄 모르고 자식은 효도할 줄 모르며 아우는 공경할 줄 몰
라서 오랑캐와 같지 않음이 거의 드물게 된다. 그러한 즉 중국과 오랑캐는 바깥에 있는 것
이 아니다."[夫所謂中國者 何也 禮義而已矣 禮義明則戎狄可以爲中國 禮義不明則中國可
以爲戎狄 一人之身 有時乎中國 有時乎戎狄 固在於禮義之明與不明也…(中略)…無禮無
義 雖中國 亦戎狄也 此所謂中國可以爲戎狄者也…(中略)…夫君子本之以義 文之以禮 爲
人臣能盡其忠 爲人子能盡其孝 爲人弟能盡其弟 而中國在其中矣 至於小人則不然 不本之
以義 不文之以禮 臣不知其所以爲忠 子不知其所以爲孝 弟不知其所以爲弟 其不同於戎狄
也幾希矣 然則中國與戎狄 非在外也](『江漢集』제5권,「書」,〈與金元博茂澤書〉)

33 『林下筆記』제15권,「文獻指掌編」,〈經筵의 체모를 엄히 하다〉

34 오항녕,「조선 초기 經筵의 〈자치통감강목〉 강의」,『한국사상사학』 제9집, 한국사상사학회,
1997, 115 - 116쪽 참조.

35 최경훈,「조선전기 朱子 저술의 간행에 관한 연구」,『서지학연구』 42, 한국서지학회, 2009,
463쪽.

36 오항녕,「성리학 역사서의 형성과 구조」,『한국실학연구』 6, 한국실학학회, 2003, 14 - 17쪽
참조.

37 이성규,「역사서술의 권력, 권력의 서술」,『역사학보』 제224집, 역사학회, 2014, 14쪽.

38 『정종실록』(2년 6월 을미)

39 『승정원일기』(고종 30년 계사 12월 21일)

40 일각에서는 조선후기의 중화주의를 조선중화주의라고 명명하면서, 조선이 변방의식을 완
전히 탈피하고 조선문화가 최고라는 조선 제일의식과 자존의식을 가능케 하여 조선 고유
문화 창달의 원동력이 되었다는 주장도 한다.(정옥자,『조선후기조선중화사상연구』, 일지
사, 1998, 203쪽. ; 우경섭,「조선중화주의에 대한 학설사적 검토」,『한국사연구』159, 한국사
연구회, 2012, 243쪽.) 문제는 조선조 사대부들이 내세운 이데올로기가 과거 再造之恩에서
출발한 대명의리라는 명분론에 불과하다는 점이다. 중화주의를 왜곡되게 모방한 亞流 의식
에서 출발하였다는 점에서 그 한계는 너무나 분명하였다. 명이 사라졌으니 이제 천하에 중
화의 정통은 우리 조선 밖에 남지 않았다는 명분론은 실제적 역량이 전혀 뒷받침해주지 못
하는 공허한 외침일 뿐이었다. 소중화인으로서의 조선을 소중화로 자처한 것은 문화자존의
의식에서 나온 것이라는 궤변이 그것을 말해 준다. 그러나 조선을 소중화로 자처하는 일은
만주족이 침입하기 훨씬 이전부터 있었음을 상기할 필요가 있다.(조명화,「조선조사대부의
중국관 ―『乙丙燕行錄』에 보이는 홍대용(1731 - 1783)의 중국관을 중심으로」,『중국문학』
제43집, 한국중국어문학회, 2005, 183쪽 참조.)

41 박규태,「근대 일본의 탈중화·탈아·아시아주의」,『오늘의 동양사상』 15, 예문동양사상연구
원, 2006, 92 - 93쪽 참조.

42 김영민, 「조선중화주의의 재검토 - 이론적 접근 -」, 『한국사연구』 162, 한국사연구회, 2013, 213쪽 참조.

43 계승범, 「조선 후기 조선중화주의와 그 해석 문제」, 『한국사연구』 159, 한국사연구회, 2012, 참조. ; 우경섭, 「조선중화주의에 대한 학설사적 검토」, 『한국사연구』 159, 한국사연구회, 2012, 참조.

44 정옥자, 「화서학파의 위정척사론에 대한 새로운 조명」, 『화서학논총』 7, 화서학회, 2015, 13쪽.

45 이진경, 「17, 18세기 중화 담론의 주체적 반성」, 『동서철학연구』 제79호, 한국동서철학회, 2016, 120쪽 참조.

46 劉寶全, 「大義名分論과 임진왜란」, 『사회과교육』 51(4), 한국사회과교육연구학회, 2012, 21쪽. 한편에서는 '재조지은'의 강조가, 임진왜란 당시 在野 신료들의 중심으로 일어난 의병활동의 정당성을 폄하하려는 의도로 바라보기도 한다. 즉 '재조지은'을 강조하면 할수록 당시 집권자로서의 권위가 실추되었던 선조나 在朝 신료들의 어려운 입장이 다소나마 완화되지 않았을까 여긴 것이다. 당시 국난 극복의 공로를 상당 부분 명의 참전 덕택으로 돌리고, 나아가 그 명군을 불러온 주체가 자신들임을 부각시킴으로써 전쟁 초반의 연이은 패배와 파천 때문에 실추된 권위를 어느 정도 만회할 수 있었다고도 볼 수 있다는 관점이다. 이러한 추측은 전쟁이 끝난 직후인 1601년(선조 34), 비변사에서 선조를 扈從했던 신료들을 錄勳하자는 문제를 제기했을 때, 선조가 했던 "지금 왜적을 평정한 것은 오로지 명군 덕분이다. 우리 장사들은 간혹 명군의 뒤를 쫓아다니다가 요행히 적 잔병의 머리를 얻었을 뿐, 일찍이 적 우두머리의 머리 하나를 베거나 적진 하나를 함락시킨 적이 없었다. 그 가운데 李舜臣과 元均 두 장수의 해상에서의 승리와 權慄의 幸州大捷이 다소 빛날 뿐이다. 만약 명군이 들어오게 된 이유를 논한다면 그것은 모두 호종했던 여러 신료들이 험한 길에 엎어지면서도 의주까지 나를 따라와 天朝에 호소했기에 적을 토벌하여 강토를 회복할 수 있었던 것이다.(『扈聖宣武淸難功臣都監儀軌』(奎14924), 萬曆 29年 3月 13日)"라는 발언을 통해 상당한 근거를 얻을 수 있다는 관점이다.(한명기, 「임진왜란 시기 '再造之恩'의 형성과 그 의미」, 『동양학』 제29집, 단국대동양학연구소, 1999, 129 - 130쪽.)

47 『宋子大全』, 『附錄』 제2권, 〈年譜〉1 崇禎 26년 癸巳.

48 이선아, 「백호 윤휴에 대한 사문난적설 검토」, 『조선시대사학보』 6, 조선시대사학회, 1998, 73 - 77쪽 참조.

49 『燕巖集』 제1권, 「煙湘閣選本」, 〈楚亭集序〉 "문장을 어떻게 지어야 할 것인가? 論者들은 반드시 '法古'해야 한다고 한다. 그래서 마침내 세상에는 옛것을 흉내 내고 본뜨면서도 그것을 부끄러워하지 않는 자가 생기게 되었다. 이는 王莽의 『周官』으로 족히 예악을 제정할 수 있고, 陽貨가 공자와 얼굴이 닮았다 해서 만세의 스승이 될 수 있다는 셈이니, 어찌 '법고'를 해서 되겠는가. 그렇다면 '刱新'이 옳지 않겠는가. 그래서 마침내 세상에는 괴벽하고 허황되게 문장을 지으면서도 두려워할 줄 모르는 자가 생기게 되었다. 이는 세 발[丈] 되는 장대가 국가 재정에 중요한 度量衡器보다 낫고, 李延年의 新聲을 종묘 제사에서 부를 수 있다는 셈이니, 어찌 '창신'을 해서 되겠는가. 그렇다면 어떻게 해야 옳단 말인가? 나는 장차 어떻게 해야 하나? 아니면 문장 짓기를 그만두어야 할 것인가? 아! 소위 '법고'한다는 사람은 옛 자취에만 얽매이는 것이 병통이고, '창신'한다는 사람은 常道에서 벗어나는 게 걱정거리이다. 진실로 '법고'하면서도 변통할 줄 알고 '창신'하면서도 능히 전아하다면, 요즈음의 글이 바로 옛글인 것이다.

50 김동환,「국학의 개념 규정을 위한 시론」,『국학연구』제15집, 국학연구소, 2011, 84쪽.

51 張之洞,「勸學篇」條,『中國儒學百科全書』, 中國大百科全書出版社(中國·北京), 1997, 참조.

52 박미경,「일본 고전에 보이는 '화혼'의 정의와 어의의 변천」,『동아시아고대학』제9집, 동아시
아고대학회, 2004, 359 - 361쪽 참조.

53 1816년(순조 16) 3월경에 순조의 외숙인 돈암 朴宗慶 개인이 주조한 금속활자.

54 김택영은 박지원의 글을 原集 6권 2책으로 편찬하고 일부 동지들의 갹출로 경비를 마련해
서 1900년에 全史字로 간행하였으며, 다음 해인 1901년에 같은 양식으로 속집 3권 1책을
간행하였다. 이 원집에는 1900년에 지은 閔丙奭의 序와 李應翼이 지은 本傳, 年譜, 總目이
卷首로 실려 있고 卷首題 아래에, '김택영 編校, 김교헌·金應洙 參訂'이란 기록이 있어 편
찬과 교정의 주체가 확인된다.(金澤榮 編,『燕巖集』跋,「燕巖集跋」.)

55 『獨立協會沿歷略』『獨立協會』.(신용하,『독립협회와 만민공동회』, 한국일보사, 1975, 39쪽.)

56 같은 책, 39 - 41쪽 참조.

57 『雲養集』제13권,「祭文」,〈祭大倧敎都司敎弘巖羅君喆文〉.

58 종경종사편수회편,『대종교중광육십년사』, 대종교총본사, 1971, 444쪽.

59 윤세복(정열모 편),「譯解會三經序言」『譯解倧經四部合編』, 대종교총본사, 1949, 105쪽.

60 나철은 1863년생으로 1868년생인 김교헌보다 5살 위다. 그러나 김교헌은 1885년에 과거에
급제하여 관직에 나갔으며, 나철은 1891년에 급제하여 관직에 진출한다.

61 김득황,『한국사상사』, 남산당, 1964, 216쪽 참조.

62 『대종교중광육십년사』, 앞의 책, 229쪽.

63 같은 책, 212쪽.

64 김동환,「이 누리 티끌 다 녹이도다」,『을소리』9, 국학연구소, 2010, 44~45쪽 참조.

65 최남선,「조선의 고유신앙」,『육당최남선전집』9, 고려대아세아문제연구소, 1973, 253쪽.

66 최남선,「역사적 입장에서 본 대종교 개관」,『육당최남선전집』9, 위의 책, 286쪽.

67 김교헌은『신단실기』에서 '역대제천'을 구명함에 있어, 交神明(箕子時)·迎鼓(부여)·舞天
(예)·天君(마한)·東盟(고구려)·郊天(백제)·三韓俗(신라)·燃燈(고려)·豫和樂(요)·射柳(금) 등
을 언급했다.(金敎獻篇,「神檀實記」, 歷代祭天, 參照.)

68 김동환,「육당 최남선과 대종교」,『국학연구』제10집, 국학연구소, 2005, 120 - 122쪽 참조.

69 오영섭,「조선광문회 연구」,『한국사학사학보』3, 한국사학사학회, 2001, 110쪽.

70 김정신,「김교헌 민족사학의 정신적 배경」, 앞의 책, 3쪽.

71 김동환,「일제하 항일운동 배경으로서의 단군의 위상」,『선도문화』제10권, 국학연구원,
2011, 135 - 136쪽 참조.

72 당시 대종교 도사교(교주)였던 나철은, 1911년 음 7월 2일에 대종교의 고적 및 영적을 답사
하기 위하여 서울을 출발하여 강화(마니산), 평양을 거쳐 백두산 북쪽 기슭 청파호에 이르
러 자리를 잡았다. 이어 그곳을 중심으로 포교의 거점을 확립하고 1915년에 다시 서울로 돌
아온다. 서울에 있었던 김교헌이 도사교의 직무를 4년간 대신했다는 것은 이 시기를 말하는
것이다.

73 김교헌 엮음,『홍암신형조천기』(謄印本), 대종교총본사, 1954, 54 - 55쪽.

74 같은 책, 50 - 52쪽.

75 『대종교중광육십년사』, 앞의 책, 271쪽

76 같은 책, 303 - 321쪽 참조.

77 박영석,「대종교의 민족의식과 민족독립운동」,『일제하 독립운동사 연구 - 만주 노령 지역을

중심으로」, 일조각, 1984, 262 - 264쪽 참조.

78 『대종교중광육십년사』, 앞의 책, 342 - 343쪽.

79 같은 책, 351쪽.

80 『동아일보』 1923년 11월 24일자. 「間島各中學의 歷史敎科書」

81 『동아일보』 1923년 12월 2일자. 「吉林省穆陵縣敎育會의 경영하는 학교」

82 『동아일보』 1923년 11월 26일자. 「神檀民史를 多數押收」

83 『동아일보』 1924년 1월 23일. 「故金茂園追悼式 일월 십삼일에 상해에서 열어」

84 김동환, 「무오독립선언의 역사적 의의」, 『국학연구』 제2집, 국학연구소, 1988, 167 - 170쪽 참조.

85 국사편찬위원회편, 『독립운동사』 3권, 국사편찬위원회, 1967, 158쪽.

86 대한독립선언서(原文) 28行 - 35行. ; 박영석, 「대한독립선언서」, 『한민족독립운동사』, 앞의 책, 120 - 121쪽,

87 오세창, 「재만한인의 항일독립운동(Ⅰ)」, 『동양문화』 제7집, 영남대동양문화연구소, 1976, 127쪽.

88 박영석, 「독립운동방략」, 『한국현대사의 제문제』, 을유문화사, 1987, 1 - 22쪽 참조.

89 신규식(김동환 편저), 『한국혼』, 범우사, 2009, 62쪽.

90 『不逞團關係雜件 - 朝鮮人의 部 - 在滿洲의 部 33』(문서번호 機密受제186호 - 機密제184호), 「大倧敎 陰謀計劃에 관한 건」(1922년 9월 12일)

91 『대종교중광육십년사』, 앞의 책, 352쪽.

92 신흥무관학교를 주도한 이회영·이시영·이장녕·이동녕 역시 단군정신으로 무장한 투사들이었다. 이회영은 1910년대 후반에, 그의 동생 이시영과 더불어 대종교 西一道本司(남만주 일대 관할)의 교인으로 이미 활동하고 있었다.(현규환, 『한국유이민사』 상, 흥사단출판부, 1976, 569쪽: 박명진, 『대종교독립운동사』(『자료3』, 『국학연구』 제8집), 국학연구소, 2003, 420쪽.) 그러므로 신흥무관학교의 교가에서 '우리 우리 배달나라'라는 표현이나, 신흥학우 단가의 '배달 내 나라'라는 의식 역시 단군과 뗄 수 없는 의미였다.(한철수編, 「신흥무관학 교교가」, 『독립군시가집 - 배달의 맥박』, 독립군시가집편찬위원회, 1986, 320 - 321쪽.) 당시 만주에는 한국인은 모두 단군자손이라는 민족의식이 강하게 퍼져있었고, 북간도와 서간도의 이러한 현상의 배경에도 대종교의 역할이 지대했다.(서중석, 『신흥무관학교와 망명자들』, 역사비평사, 2001, 279쪽 참조.)

93 이와 관련한 글로서는 졸고(김동환, 「대종교의 독립운동」, 『종교계의 독립운동』(한국독립운동의 역사 38), 한국독립운동사편찬위원회, 2008.)가 있다.

94 『대종교중광육십년사』, 앞의 책, 81쪽.

95 같은 책, 91쪽.

96 같은 책, 160쪽.

97 안재홍, 「檀君聖蹟護維會事業에 대하여」, 『민세안재홍선집』 4, 지식산업사, 1992, 125쪽.

98 조소앙, 「韓國獨立黨黨義解釋」, 『소앙선생문집』 상, 삼균학회, 1979, 208쪽.

99 정인보, 「檀君開天과 十月」, 『담원정인보전집』 2, 연세대학교출판부, 1983, 362 - 363쪽.

100 『대종교중광육십년사』, 앞의 책, 87 - 89쪽.

101 본 책 뒤에 실린 『단조사고』 '해제'를 참조할 것.

102 『대종교중광육십년사』, 앞의 책, 80 - 92쪽.

103 김동환, 「대종교와 홍익인간사상」, 『국학연구』 제7집, 국학연구소, 2002, 305쪽 참조.

104 한영우, 「1910년대 민족주의 역사서술 – 이상룡·박은식·김교헌·『단기고사』를 중심으로 – 」, 『韓國文化』, 서울대출판부, 1980, 참조.

105 『揆園史話』「檀君記」. 敬事上帝卽一大主神也及檀君三神因以爲道

106 같은 책. (原文)因雄儉三神之開創肇之功德常傳誦而不忘…(中略)…漢土之人有慕於神化者必推崇三神至有東北神明之舍之稱焉

107 윤내현, 「商時代 崇帝思想 – 中國의 天下思想 – 」, 민음사, 1988, 12 – 14쪽 참조.

108 『역해종경사부합편』, 앞의 책, 93쪽. (原文) 命三儦四靈 敬授職 主治人間三百六十餘事

109 신철호, 『韓國重興宗敎敎祖論』, 대종교총본사, 1979, 49쪽.

110 『역해종경사부합편』, 앞의 책, 92 – 100쪽 참조.

111 조항래, 「무원 김교헌의 생애와 업적」, 『올소리』2, 국학연구소, 2006, 61쪽.

112 한영우, 「1910년대 이상룡·김교헌의 민족주의 역사서술」, 『한국민족주의사학』, 일조각, 1994, 99쪽.

113 신채호는 『조선상고사』「총론」에서 허목의 사학을 평하여 "단군·신라 등 各世紀가 너무 간략하나 왕왕 獨得의 見이 있다"고 하였고, 이종휘의 사학에 대해서는 "수산집 끝은 단군 이래 조선 고유의 독립적 문화를 詠歌하여 김부식 이후 사가의 노예사상을 갈파하여 특유한 발명과 探輯은 없다 하여도 다만 이 한 가지로도 또한 불후에 垂할 것이다."라고 하여 허목과 함께 단군연구에 공헌이 있음을 칭송하고 있다.

114 한영우, 「1910년대 이상룡·김교헌의 민족주의 역사서술」, 앞의 책, 99쪽.

115 김교헌, 『神檀實記』, 앞의 책. 16 – 51쪽 참조.

116 扶餘의 相臣 阿蘭弗이 꿈에 登天하니, 天帝가 이르기를 "나의 子孫 가운데 너의 舊都에서 立國할 자가 있을 것이다"라고 하였는데, 해모수가 柳花를 만나서 朱蒙을 낳아 고구려 시조가 되었다.

117 김교헌, 『神檀實記』, 앞의 책. 16 – 51쪽 참조.

118 佐佐充昭, 「한말·일제시대 단군신앙운동의 전개 – 대종교·단군교의 활동을 중심으로」, 서울대박사학위논문, 2003, 86 – 87쪽.

119 한영우, 「1910년대 이상룡·김교헌의 민족주의 역사서술」, 앞의 책, 105쪽.

120 박영석, 「대종교의 민족의식과 독립운동—김교헌 교주 시기를 중심—」, 『한민족독립운동사연구』, 일조각, 1982, 158쪽 참조.

121 김교헌(정열모 편), 『神檀民史』, 대종교총본사, 1946. 1쪽.

122 한영우, 「1910년대 이상룡·김교헌의 민족주의 역사서술」, 앞의 책, 107쪽.

123 김동환, 「대종교 성지 청파호 연구 – 종교지리학적 관점을 중심으로」, 앞의 글, 82 – 91쪽 참조.

124 필자는 『단군교오대종지서』가 대종교의 중관선언인 「단군교포명서」'附白'에서 밝힌 바와 같이, 적절한 시기를 보아 훗날 공개하겠다는 神敎와 관련된 서적 중의 하나로 추측한다. 그 '부백'에서 공개하겠다는 기록류를 보면, 本敎 經典, 善惡靈驗篇, 人神論, 諸哲信心錄, 檀君朝實史, 歷代古事記, 白峰神兄現世記, 各種書籍 등이 있다. 한편 『단군교오대종지서』는, 당시 나철을 비롯한 대종교 인물들이 그 내용을 숙지하고 있었으며, 당대에 유포되어 일제의 감시 대상이 되기도 하였다.

125 『대종교중광육십년사』, 앞의 책, 166쪽.

126 같은 책, 217쪽.

127 『삼국사기』권13, 「고구려본기」, 〈동명성왕조〉.

128 『檀君敎五大宗旨書』. 孫之不扱基地而 三千團部合立時 同是兄弟之基地也 本無此彊彼域 幾千年來 漢土寇賊侵入 各團部屢被割裂 今日則使之運合團部 完古基土回復 檀君祖之倍

達祖光也

129 『檀君教五大宗旨書』. 詳解五大宗旨使得適當時宜以此爲立國精神教人民是以高句麗相之 五大宗旨…(中略)…宗旨之體行實踐

130 폴 코블리(윤혜준 옮김), 『내러티브』, 서울대학교출판문화원, 2013, 참조.

131 『신단민사』 범례,7항과 8항은 다음과 같다. 7항(중고 이후는 국호의 변혁과 國疆의 張縮이 頻數하여 자못 복잡하기로, 이에 중고편부터 時代章 首節에 該章內의 年數總額과 疆域分 理와 事實大綱을 槪錄하노니, 此는 독자의 領會에 易키 위하여 變例를 用함), 8항(중고편 首章 首節로 自하여 근세편 末章 末節에 至하기까지 行數와 字間을 균일케 하며, 상고편도 相差가 二十字에 無過케 하노니, 此는 독자의 厭倦을 或袪할까하여 句語와 綴字를 제한하 되 사실에 無妨케 함)[김교헌(정열모 편), 『神檀民史』, 앞의 책. 2쪽.]

132 한영우, 「1910년대 이상룡·김교헌의 민족주의 역사서술」, 앞의 책, 108 – 109쪽 참조.

133 같은 글, 109 – 110쪽.

134 김교헌(정열모 편), 『神檀民史』, 앞의 책. 9 – 12쪽.

135 『대종교중광육십년사』, 앞의 책, 212쪽.

136 김득황, 『한국사상사』, 앞의 책, 216쪽 참조.

137 『대종교중광육십년사』, 앞의 책, 229쪽.

138 한영우, 「1910년대 이상룡·김교헌의 민족주의 역사서술」, 앞의 책, 112쪽 참조.

139 정열모(김교헌 저), 「神檀民史重刊後記」, 『神檀民史』, 앞의 책, 참조.

140 『조선일보』1923년 7월 30일, 「신단민사출간」.

141 佐佐充昭, 「한말·일제시대 단군신앙운동의 전개 – 대종교·단군교의 활동을 중심으로」, 앞의 책, 88 – 89쪽.

142 정열모(김교헌 저), 「神檀民史重刊後記」, 『神檀民史』, 앞의 책, 참조.

143 조완구(김교헌 저), 「重刊序言」, 『신단민사』, 앞의 책, 1 – 2쪽.

144 조완구(김교헌 저), 「重刊序言」, 『신단민사』, 앞의 책, 2쪽.

145 네 부분이 각기, 倍達族敎科書上古歷史·倍達族敎科書中古歷史·倍達族敎科書近古歷史· 倍達族敎科書近世歷史로 시작된다.

146 金獻 편, 『倍達族歷史』, 1923, 1 – 35쪽 참조.

147 金獻 편, 『倍達族歷史』, 1923, 34쪽.

148 본 책 부록에 실린 「단조사고에 대하여」를 참조할 것.

149 조항래, 「무원 김교헌의 생애와 업적」, 앞의 책, 61쪽.

150 조완구(김교헌 저), 「重刊序言」, 『신단민사』, 대종교총본사, 1946, 2쪽.

151 『독립신문』1923년 7월 21일, 「神檀民史刊行廣告」. "…(전략)…지금에 神檀民史라는 秩巨述 備의 둘 없는 宗史가 璧完되엿기, 본인이 綿力을 불고하고 該史를 중등교과용으로 편수 印 行하야…(후략)…"

152 김동환, 「일제강점기 대종교의 사회적 치유를 말하다」, 『한국신종교, 치유를 말하다 – 일제 강점기 민족정체성 확립을 통한 투쟁 담론을 중심으로 – 』, 원광대원불교사상연구원, 2017, 169 – 208쪽 참조.

153 國史大辭典編纂委員會 編, 『國史大辭典』7, 吉川弘文館, 1985, 41쪽.

154 村上重良, 『國家神道』, 岩波書店, 1974, 79 – 80쪽 참조.

155 일본은 1931년 만주사변 이후부터 패망에 이르는 1945년까지를 '15년전쟁기'로 표현하고 있다.

156 박진우,「전후 일본의 역사인식과 '황국사관'-보수 우파의 역사인식과 천황관을 중심으로-」,『황국사관의 통시대적 연구』, 동북아역사재단, 2009, 262쪽.

157 정일성,『황국사관의 실체』, 지식산업사, 2000, 3쪽.

158 五十韓神이란, 이소다게루(五十猛)나 이데도(五十迹手) 그리고 일본 황실의 시조로써 백제계의 神인 가라가미(韓神)를 지칭하는 것이다.

159 『대종교중광육십년사』, 앞의 책1, 247쪽.

160 김동환,「대종교 성지 청파호 연구-종교지리학적 관점을 중심으로-」, 앞의 책, 225쪽.

161 鷲尾順敬 編.「衝口發」,『日本思想鬪爭史料』4, 東方書院(日本·東京), 1930, 228-261쪽 참조.

162 한영우,「17세기 반존화적 도가사학의 성장」,『한국의 역사인식』上, 지식산업사, 1976, 264쪽 참조.

163 김동환,「대종교 항일운동의 정신적 배경」,『국학연구』제6집, 국학연구소, 2001, 160-161쪽.

164 朝鮮史編修會編,『朝鮮史編修會事業概要』, 朝鮮總督府朝鮮史編修會, 1938, 6-7쪽.

165 박은식,「한국통사」,『백암박은식전집』I, 백암박은식선생전집편찬위원회편, 2002, 1062쪽.

166 신채호,「조선상고사」, 앞의 책, 372쪽.

167 한영우,「1910년대 민족주의 역사서술-이상룡·박은식·김교헌·『단기고사』를 중심으로-」, 앞의 책, 참조.

168 「揆園史話」『檀君記』. 敬事上帝卽一大主神也及檀君三神因以爲道

169 같은 책. 因雄儉三神之開創肇定之功德常傳誦而不忘…(中略)…漢土之人有慕於神化者必推崇三神至有東北神明之舍之稱焉

170 윤내현,『商時代 崇帝思想 -中國의 天下思想-』, 민음사, 1988, 12-14쪽 참조.

171 정인보,「朝鮮史硏究(下)-典故甲-」,『薝園鄭寅普全集』4, 연세대출판부, 1983, 208-209쪽.

172 정인보,「朝鮮史硏究(上)」,『薝園鄭寅普全集』3, 연세대출판부, 1983, 54쪽. "三神의 古祭 진작부터 流寓朝鮮人의 行事로 좇아 漢俗에 옮기고 三神의 古傳이 오래두고 流寓朝鮮人의 談說로 좇아 漢人이 떠든 것이니, 漢武晚年에 長生을 求하던 수선이 三神의 遙影을 그 史冊에 남기게 하고 屈氏의 感憤을 아무데나 寄託한 것이 東方信仰의 点片을 그 歌題로 뒤지게 되는 것도 奇蹟이라 하려니와, 古朝鮮人의 어디를 가든지 自를 自로 지키던 그것을 이런 데에서도 들여다 볼 수 있을 것이다."

173 정인보,「朝鮮史硏究(下)-典故甲-」, 앞의 책, 193쪽.

174 같은 책, 109-110쪽 참조.

175 신채호,「東國古代仙敎考」,『단재신채호전집』별집, 앞의 책, 48쪽.

176 이 『神事記』라는 책은, 나철이 대종교를 일으키기 전인 1905년에, 백봉신사가 이끌던 단군교단으로부터 전해 받은 책으로 알려져 있다. 이 책은 造化紀·敎化紀·治化紀로 나뉘어져 있는데, 한인이 큰 덕으로 조화의 기능을 담당하고, 한웅이 큰 슬기로 교화의 능력을 부렸으며, 한검은 큰 힘으로 치화의 능력을 행했다 한다.

177 정열모 편,『역해종경사부합편』, 대종교총본사, 1948, 73-102쪽.

178 김교헌,『신단민사』, 三一印書館, 1923. 1쪽.

179 김교헌(정열모 편),『神檀民史』, 대종교총본사, 1946. 9-12쪽.

180 『대종교중광육십년사』, 앞의 책, 212쪽.

181 김득황,「한국사상사」, 앞의 책, 216쪽 참조.

182 『대종교중광육십년사』, 앞의 책, 229쪽.

183 정열모,「神檀民史重刊後記」, 앞의 책, 참조.

184 『독립신문』1923년 7월 21일, 「神檀民史刊行廣告」

185 『단군교포명서』(開極立道4237年甲辰10月初, 古經閣發佈), 8쪽.

186 한영우, 「1910년대 이상룡·김교헌의 민족주의 역사서술」, 앞의 책, 112쪽 참조.

187 조항래, 「무원 김교헌의 생애와 업적」, 앞의 책, 61쪽.

188 김교헌, 『神檀實記』, 앞의 책, 16 - 51쪽 참조.

189 扶餘의 相臣 阿蘭弗이 꿈에 登天하니, 天帝가 이르기를 "나의 子孫 가운데 너의 舊都에서 立國할 자가 있을 것이다"라고 하였는데, 해모수가 柳花를 만나서 朱蒙을 낳아 고구려 시조가 되었다.

190 佐佐充昭, 『한말·일제시대 단군신앙운동의 전개 - 대종교·단군교의 활동을 중심으로』, 앞의 책, 86 - 87쪽.

191 한영우, 「1910년대 이상룡·김교헌의 민족주의 역사서술」, 앞의 책, 105쪽.

192 김동환, 「배달의 유래와 의미, 그 의의에 대한 고찰」, 『한민족연구』제14호, 한민족학회, 2014, 59 - 80쪽 참조.

193 『檀君敎佈明書』, 開極立道四千二百三十七年古經閣發布(1904), 8쪽. 檀君朝中葉에倍達國이라稱ㅎ語가漢字의字義字音으로轉變ㅎ야朝鮮이되얏스니古語에謂祖曰倍오謂父曰比오指光輝之物曰達이라ㅎ니祖父光輝를被ㅎ四表土地라ㅎ야國號를建ㅎ바인즉倍達은卽祖光이라漢土史筆이外國國名에險字를用홈은慣例라況祖字를用ㅎ리오祖를以音譯之ㅎ야朝字가되고光輝를以義譯之ㅎ야鮮字가되얏스나至今까지赫赫ㅎ古名이吾人口頭에尙存ㅎ者는倍達木이라홈은大皇祖光輝木이며…

194 강우, 「上古의 神人化降과 한빛의 의의」, 『한빛』창간호, 한빛사, 1928, 3쪽.

195 『檀君敎佈明書』『原本神歌』, 14쪽.

196 『檀君敎佈明書』『原本神歌』, 14 - 15쪽.

197 『檀君敎佈明書』『原本神歌』, 14쪽. 右神歌 始自何代未詳 而古事記中 東明王雖非祭時常歌此曲 又廣開土王 每於臨陣時 使士卒歌之以助軍氣云. 여기서 주목되는 것은 '어아가'가 단군조 때부터 존재하여 구한말에 일어난 대종교까지 이어지고 있다는 사실이다. 이 노래는 天祖께 기원하여 배달국의 영광을 기리고 善으로써 惡을 懲治하게 해달라는 내용을 담고 있다. 또한 광개토대왕의 軍事祭天도 상고로부터 내려오는 전통으로써, 이 전통 역시 일제강점기 대종교계 만주 독립군들에게 이어져 시행되었음이 확인된다.

198 『檀君敎五大宗旨書』. 倍達儉神御宇時 以秀斯老哲人之敎化 三千團部 復見邃古之風愛戴大皇祖 統名三千團部之方域曰 倍達 當時儉神 亦稱倍達聖號 此乃 檀君朝中葉 極盛之時代也 其後秀斯老哲人之高弟 爲三千團部之領首者過半 是以本敎之隆昌長遠 人心之感化深久 倍達域內之三千團部 在熙皞仁壽之域

199 한편 『단군교오대종지서』에 나타나는 삼천단부의 기록이, 또 다른 신교사서에는 三韓·九桓·九夷·九黎·五加·64族 등 다양하게 나타난다.(김동환, 「仙道史書에 나타나는 고구려 다물주의에 대한 연구」, 『선도문화』제1집, 선도문화연구원, 2006, 326 - 327쪽.)

200 김동환, 「배달의 유래와 의미, 그 의의에 대한 고찰」, 앞의 글, 71쪽.

201 旗田巍(이기동 역), 「滿鮮史の虛像」, 『일본인의 韓國觀』, 일조각, 1983, 138 - 151쪽 참조. 시라토리는 남만주철도주식회사의 총재 고토 신페이(後藤新平)를 설득하여 1908년 滿鮮歷史地利調査室을 설치한 후 본격적인 만선사 연구를 시작하였다. 시라토리는 일본의 한국과 만주에 대한 식민지 지배를 지지하고 그것에 적극적으로 공헌하기 위하여 滿韓의 학술적 연구, 즉 만선사 연구의 필요성을 주장하고 滿鐵과 손을 잡은 것이다.(박찬흥, 「白鳥庫吉과 滿鮮史學의 성립」, 『동북아역사논총』제26호, 동북아역사재단, 2009, 75 - 76쪽 참조.)

202 김용섭, 「일본·한국에 있어서의 한국사 서술」, 『역사학보』제31집, 역사학회, 1966. ; 이용범, 「한국사의 타율성론 비판」, 『月刊亞細亞』1969년 3월호, 월간아세아사. ; 이만열, 「일제관학자들의 식민사관」, 『한국의 역사인식』(하), 창작과 비평사, 1976.

203 김교헌(정열모 편), 『神檀民史』, 앞의 책. 1쪽.

204 한영우, 「1910년대 이상룡·김교헌의 민족주의 역사서술」, 앞의 책, 107쪽.

205 김동환, 「대종교 성지 청파호 연구 – 종교지리학적 관점을 중심으로」, 앞의 책, 82 – 91쪽 참조.

206 『대종교중광육십년사』, 앞의 책, 166쪽.

207 같은 책, 217쪽.

208 김동환, 「대종교와 홍익인간사상 – 홍암사상과 대종교의 오대종지를 중심으로 –」, 앞의 책, 303쪽.

209 『檀君敎五大宗旨書』. 孫之不抜基地而 三千團部合立時 同是兄弟之基地也 本無此彊彼域 幾千年來 漢土寇賊侵入 各團部屢被割裂 今日則使之運合團部 完古基土回復 檀君祖之倍達祖光也

210 『檀君敎五大宗旨書』. 詳解五大宗旨使得適當時宜以此爲立國精神敎人民是以高句麗相之五大宗旨…(中略)…宗旨之體行實踐

211 김교헌, 『神檀實記』, 앞의 책. 1 – 15쪽 참조.

212 같은 책, 16 – 51쪽 참조.

213 金獻 편, 『倍達族歷史』, 대한민국임시정부, 1922, 34쪽.

214 한영우, 「17세기 중엽 남인 홍여하의 역사서술」, 『조선후기사학사연구』, 일지사, 1989, 144 – 150쪽 참조.

215 『星湖全集』卷47, 「雜著」, 〈三韓正統論〉. 當檀箕之世 自遼以東臨津以西 爲東方之中土 而三韓之界 不過南裔荒服之地 箕準避寇南遷 遂稱馬韓 史云準立二十餘年而陳項起 則馬韓之胇 又當漢興之際乎 夫仁賢之化 實自箕子始 而後孫傳業不替 衛滿以欺詐屛逐之 準猶率其人南奔 開斥土彊 屬國五十餘 是則東方之正統不絶

216 『記言』第32卷, 「東事」, 〈檀君世家〉·〈三韓〉. ; 한영우, 「허목의 古學과 역사인식 – 동사를 중심으로」, 『한국학보』40, 일지사, 1985, 44 – 87쪽 참조.

217 『修山集』卷11, 「東史」, 〈檀君本紀〉.

218 『修山集』卷11, 「東史」, 〈東史世家〉, '扶餘世家'. 扶餘大國也 迫近中原 其俗嚴急 少恩而好戰 其得北鄙肅殺之風乎 檀君之後數千百年 立國稱王 世世不絶 此其始封 必有賢聖之君 仁惠及于物 流澤至于孫也 惜乎 其事不概見也 帶素不能安其累卵而又毁之 赤烏之瑞 適足速麗人兵 悲夫

219 鄭烈模 編, 『三一神誥奉藏記』, 『譯解倧經四部合編』, 앞의 책, 42 – 43쪽. "삼가 상고하건대, 古朝鮮記에 이르기를, '삼백 예순 여섯 갑자에 한배검께서 天符印 세 개를 가지시고 雲師·雨師·風伯·雷公 등 神將을 거느리시고, 한밝메 박달나무 아래 내려 오시사, 산과 물을 개척하고, 사람과 만물을 낳아 기르시며, 두 돌 갑자 지낸 무진년 상달 초사흗날에 이르러, 신령한 대궐에 거동하사, 한얼님의 말씀(삼일신고)를 가르치시니, 때에 팽우는 三千團部의 무리들을 거느리고 와서 머리 숙여 받들며, 高矢는 동해가에서 푸른 돌을 캐어 오고, 神誌는 돌에 이것을 그려 전했다'하였으며, 또 後朝鮮記에는 '箕子가 一土山사람 扶餘의 법학자 王受兢을 맞아 박달나무를 다듬어 殷나라 글로써 삼일신고를 써서 읽었다'고 했으니, 그러므로 삼일신고는 본디 돌과 나무의 두 책이 있었던 것이다. 세상에서 전하기를, 돌로 된 책은 부여의 나라곳간에 간직되었고, 나무로 된 책은 衛氏朝鮮에 전하였다가, 둘 다 아울러 戰亂

에 잃었다 하며, □□□□□□□□□□□□(원문 탈락 - 인용자 주), 이 책은 바로 고구려에서 번역하여 전한 것이요, 우리 할아버지 高王께서 읽으시고 예찬하신 것이니라. 소자가 이 삼일신고를 받들어 온 뒤로, 항상 잘못될까 두려워하며, 또 옛날 돌과 나무에 적은 두 책이 세상 풍파에 없어진 것을 생각하여, 이에 靈寶閣에 두었던 임금이 지은 예찬을 붙인 진귀한 책을 받들어 한밤메 報本壇 돌집 속에 옮겨 간직하노니, 이는 영원히 없어지지 않게 하려 함이니라. 大興 3년 3월 15일에 간직하노라."

220 신채호, 「독사신론」, 『단재신채호전집(개정판)』상, 앞의 책, 481쪽.
221 신채호, 「조선상고사」, 『단재신채호전집(개정판)』상, 같은 책, 109 - 114쪽 참조.
222 권덕규, 『朝鮮留記』, 尙文館, 1924, 6 - 7쪽 참조.
223 『조선사연구』는 「오천년간 조선의 얼」이라는 제목으로 1935년 1월 1일부터 1936년 8월 29일까지 『동아일보』에 연재된 글이다. 해방 이후 서울신문사에서 『조선사연구』라는 제목으로 상(1946)·하(1947) 두 권으로 간행하였다.
224 정인보, 「조선사연구(상)」, 『담원전인보전집』, 앞의 책, 116 - 117쪽.
225 안재홍, 「朝鮮上古史鑑」, 『민세안재홍선집』3, 지식산업사, 1992, 203 - 232쪽 참조.
226 김교헌, 「檀君世紀」, 『神檀實記』, 대종교총본사, 1914, 2쪽. 김교헌이 『신단민사』에서 드러낸 부여에 대한 인식은, 그가 교열한『배달족역사』에서도 동일하게 나타나고 있다.
227 김교헌(김승학 편), 「扶餘時代」, 『神檀民史』, 大倧敎西二道本司(中國·上海), 1923, 4 - 6쪽 참조.
228 김교헌(김승학 편), 「列國時代」, 『神檀民史』, 같은 책, 3쪽.
229 같은 책, 같은 곳, 20쪽.
230 신채호 역시 중국을 연원으로 하는 기자조선이 우리의 고조선이 아니라는 견해를 드러냈다.(신채호, 「독사신론」, 앞의 책, 482 - 485쪽 참조.
231 「不逞鮮人 玄天黙을 중심으로 한 會合의 건」(不逞團關係雜件 - 朝鮮人의 部 - 在滿洲의 部 34, 機密 第247號; 機密受第250號, 한국사DB, 국사편찬위원회)
232 『대종교중광육십년사』, 앞의 책, 348 - 349쪽.
233 같은 책, 349 - 350쪽.
234 이강훈, 『민족해방운동과 나』, 제삼기획, 1994, 119쪽.
235 김정신, 「김교헌 사학의 정신적 배경」, 『앞의 책, 7쪽.
236 韓永愚, 「1910년대의 申采浩의 歷史認識」, 韓沽劢博士停年紀念論叢, 지식산업사, 1981, 629쪽,
237 조항래, 「무원 김교헌의 생애와 업적」, 앞의 책, 60 - 61쪽 참조.
238 고전간행회編, 『증보문헌비고』상, 동국문화사, 1957, 5 - 7쪽 참조.
239 윤세복, 「단군고」, 『(건국대학교)학술지』2, 건국대학교, 1959.
240 박영석, 「대종교의 독립운동에 관한 연구」, 앞의 책, 375 - 377쪽.
241 조완구, 「重版序言」, 『신단민사』, 앞의 책, 참조.
242 한영우, 「1910년대 이상룡·김교헌의 민족주의 역사서술」, 앞의 책. 97쪽.
243 같은 책. 119쪽 참조.
244 『동아일보』1924년 1월 24일, 「茂園金敎獻先生」
245 『독립신문』1924년 1월 19일, 「茂園 金敎獻先生 長逝」
246 『동아일보』1924년 1월 23일, 「金敎獻(茂園)追悼式 - 일월십삼일에 상해에서 열어」
247 김동환, 「대종교 항일운동의 정신적 배경」, 앞의 책, 156 - 157쪽 참조.

248 『조선일보』1926년 1월 2일,「茂園 金敎獻씨를 悼함」

249 대종교의 기본경전인 『삼일신고』「천궁훈」은 대종교의 내세관과 연결되는 내용으로 그 내용은 다음과 같다. "하늘은 하느님의 나라라 하늘집이 있어, 온갖 착함으로써 섬돌을 하고 온갖 덕으로써 문을 삼았느니라. 하느님이 계신 데로서 뭇 신령과 모든 밝은이들이 모시고 있어 지극히 복되고 가장 빛나는 곳이니, 오직 참된 본성을 통달하고 모든 공적을 다 닦은 이라야 나아가 길이 쾌락을 얻을지니라.(天神國 有天宮 階萬善 門萬德 一神攸居 群靈諸哲 護侍 大吉祥大光明處 惟性通功完者 朝永得快樂)"

250 『동아일보』1924년 1월 23일,「金敎獻(茂園)追悼式 - 일월십삼일에 상해에서 열어」

251 대한민국임시정부자료집편찬위원회편,『대한민국임시정부자료집』42,「서한집」Ⅰ,〈白純이 李承晩에게 보낸 서한〉(1921년 12월 29일)

252 조완구(김교헌 저),「重刊序言」,『신단민사』, 앞의 책, 1쪽.

253 이시영,『感時漫語』, 일조각, 1983, 61쪽.

254 金正明編,『日韓外交資料集成』6-下, 巖南堂書店(日本·東京), 1965, 1254쪽.

255 서민교,『1910년대 일제의 무단통치』(한국독립운동의 역사4), 한국독립운동사편찬위원회, 2009, 13 - 27쪽 참조.

256 金正明編, 앞의 책, 1254 - 1255쪽 참조.

257 같은 책, 1255 - 1256쪽 참조.

258 信夫淳平,『大正外交15年史』, 国際連盟協会(日本·東京)、1927, 372 - 373쪽.

259 『순종실록』1909년 12월 4일자.

260 金正明編, 앞의 책, 1396 - 1397쪽.

261 조선총독부편,『韓國ノ保護及併合』, 조선총독부, 1917, 참조.

262 서민교,『1910년대 일제의 무단통치』, 앞의 책, 18쪽.

263 같은 책, 19 - 27쪽 참조.

264 國史大辭典編纂委員會 編,『國史大辭典』7, 吉川弘文館, 1985, 41쪽.

265 村上重良,『國家神道』, 岩波書店, 1974, 79 - 80쪽 참조.

266 일본은 1931년 만주사변 이후부터 패망에 이르는 1945년까지를 '15년전쟁기'로 표현하고 있다.

267 박진우,「전후 일본의 역사인식과 '황국사관' - 보수 우파의 역사인식과 천황관을 중심으로」,『황국사관의 통시대적 연구』, 동북아역사재단, 2009, 262쪽.

268 정일성,『황국사관의 실체』, 지식산업사, 2000, 3쪽.

269 『대종교중광육십년사』, 앞의 책, 247쪽.

270 김동환,「대종교 성지 청파호 연구 - 종교지리학적 관점을 중심으로 - 」, 앞의 책, 225쪽.

271 한영우,「17세기 반존화적 도가사학의 성장」, 앞의 책, 264쪽 참조.

272 조선사편수회편,『조선사편수회사업개요』, 앞의 책, 6 - 7쪽.

273 박은식,「한국통사」,『백암박은식전집』Ⅰ, 백암박은식선생전집편찬위원회편, 2002, 1062쪽.

274 무원 김교헌이 대한제국기 최고의 학자로서, 일제강점기 일본의 학자들도 범접치 못하는 학문의 무게를 가진 반면, 두계 이병도는 일제관학자들에게 크게 영향 받고 조선총독부의 주변을 서성거리던 학생 수준이었기 때문이다.

275 김용섭,『역사의 오솔길을 가면서』, 지식산업사, 2011, 770 - 771쪽.

276 이만열,「일제관학자들의 식민주의사관」,『한국근대역사학의 이해』, 문학과 지성사, 1981, 266쪽.

277 조선사편수회편, 『조선사편수회사업개요』, 앞의 책, 46 - 47쪽 참조.

278 이기백, 『(한글판)한국사신론』, 일조각, 2000, 8 - 9쪽.

279 서중석, 『한국현대사』, 웅진지식하우스(웅진닷컴), 2005, 285쪽.

280 송기호, 「史料로 말하는 생활사, 민족주의 넘어서야」, 『조선일보』, 2016년 6월 20일자.

281 『배달족강역형세도비고』는 현재 전하지 않는다. 또한 필사본이지 인쇄본인지도 알 수가 없
다. 그러나 이 서책이 1934년에도 인용된 사례를 보면, 그 당시까지도 전해졌음이 확인된
다. 또한 필자는 이원태의 『배달족강역형세도』의 모본도 바로 『배달족강역형세도비고』였을
것으로 추정하고 있다.

282 그 대표적 저술이 문정창의 『이병도저 한국고대사연구평』(백문당, 1976)이다.

283 이도학, 「이병도 한국고대사 연구의 '실증성' 검증」, 『백산학보』 제98호, 백산학회, 2014, 160쪽.

284 임찬경, 「이병도 漢四郡 인식의 형성과정에 대한 비판적 검토」, 『국학연구』 제18집, 국학연구
소, 2014, 204쪽.

285 이도학, 앞의 글, 135쪽.

286 임찬경, 앞의 글, 237 - 243쪽 참조.

287 윤무병, 「두계선생과 사적답사」, 『역사가의 유향』, 일조각, 1991, 130 - 131쪽.

288 이광수, 「창씨와 나」, 『매일신보』 1940년 2월 20일자.

289 이광수, 「나의 고백(해방과 나)」, 『이광수전집』 제13권, 삼중당, 1962, 278쪽.

290 같은 책, 277 - 278쪽.

291 당시 『매일신보』에 이병도의 '어머니의 굳센 격려, 전투용기를 백 배나 더하게 한다'라는 글
을 인도하는 말로 다음의 글이 실려 있다. "학도 출진의 대명을 받들고 특별지원병으로서
제국의 군인이 될 수 있는 광영의 길이 열린 것은 반도학도로서 이보다 더 큰 감격이 없을
것이다. 우리는 이 감격을 길이 빛내어 순충보국의 결의를 더욱 굳게 하여 전통적 상무정신
을 유감없이 발휘할 것은 물론이거니와 반도의 여성은 이것을 계기로 더욱 상무적인 교양
에 힘써 군국의 어머니로서 손색없는 총후 여성의 귀감이 되어야 할 것이다. 이 기회에 출
진하는 학도와 우리의 어머니를 격려하는 의미에서 사학계 선배 이병도씨로부터 옛 조선
신라 시대의 화랑의 정신과 그 어머니에 대한 말을 듣기로 한다."(『매일신보』 1943년 11월
26일자.)

292 이병도, 「어머니의 굳센 격려, 전투용기를 백 배나 더하게 한다」, 『매일신보』 1943년 11월 26
일자.

293 이병도, 「5·16 군사혁명의 역사적 의의」, 『최고회의보』 창간호, 국가재건최고회의, 1961,
20 - 23쪽.

294 『龔定盦全集』 卷五, 「古今鈞沈論」 二. 滅人之國 必先去其史 隳人之枋 敗人之綱紀 必先去其
史 絶人之才 煙塞人之敎 必先去其史 夷人之祖宗 必先去其史

295 신채호, 「대동제국사서언」, 『단재신채호전집』 제3권(역사), 한국독립운동사연구소, 2007,
344쪽.

296 박은식, 「몽배금태조」, 『백암박은식전서』 제4권, 앞의 책, 183쪽.

297 김경수, 『조선시대의 사관 연구』, 국학자료원, 1998, 383쪽.

298 『於于野談』 學藝篇 〈技藝〉.

299 신채호, 「조선상고사(총론)」, 앞의 책, 38쪽.

300 『揆園史話』 序. 然何幸 峽中得淸平所著 震域遺記中有三國以前故史 雖約而不詳 比於巷
間所傳區區之說 尙可吐氣萬丈 於是復采漢史諸傳之文 以爲史話 頗有食肉忘味之槪矣 雖

然 凡今之人 孰能有志於斯而同其感者哉

301 신채호, 「조선상고사(總論)」, 앞의 책. 31쪽.

302 김정신, 「金敎獻 民族史學의 精神的 背景」, 『國學硏究』제4집, 國學硏究所, 1998, 3쪽.

303 한영우, 「1910年代 李相龍·金敎獻의 民族主義 歷史敍述」, 『韓國民族主義歷史學』, 일조각, 1994, 94 - 95쪽 참조.

304 같은 글, 95쪽 참조.

305 한편 김교헌은 『진단사승(震旦史乘)』이라는 역사서도 작업한 것으로 전해지고 있으나, 현재까지 그 원고를 찾지 못하고 있다.(조완구, 「重版序言」, 『神檀民史』, 앞의 책, 2쪽.)

306 윤세복, 『역해단조사고(全)』(필사본), 虛堂藏本, 1948.

307 윤세복, 『한배일살핌[檀祖事攷]』(필사본), 대종교총본사, 1953.

308 정욱재, 「〈檀祖事攷〉저술에 관한 검토」, 앞의 책, 125쪽.

309 『대종교중광육십년사』, 앞의 책, 165쪽.

310 같은 책, 165 - 167쪽 참조.

311 「나철 - 장지연 서신자료」, 『국학연구』제8집, 국학연구소, 2003, 404 - 411쪽.

312 윤세복, 「펴는말[序言]」, 『한배일살핌』(膽印本), 앞의 책, 1쪽.

313 이능화(강효종 옮김), 「대종교와 불교의 대조」, 『백교회통』, 운주사, 1989, 157쪽.

314 같은 책, 「서문」, 7쪽.

315 이 판본은 윤병석 교수가 연변대학교도서관에서, 의병장 金鼎奎의 문서를 조사하던 중 발견된 것이다. 또한 2003년 발간(백암박은식선생전집편찬위원회편)된 『백암박은식전서』에 실린 판본은 이 판본을 영인하여 실었다.

316 고려대학교최남선문고본은 2종류의 『단조사고』가 있다. 청구기호는 동일하게 C16A1로 되어 있지만, 등록번호가 463006685번 하나가 있고 463006686번 또 하나가 있다.

317 정욱재, 앞의 글, 124 - 125쪽.

318 이 판본은 불완전한 필사본을 복사한 것으로써, 중간에 생략과 탈자 등이 많이 발견된다.

319 윤병석, 「박은식의 민족운동과 한국사 서술」, 『한국사학사학보』제6호, 한국사학사학회, 2002, 참조.

320 윤병석, 「해제」, 『백암박은식선생전집』제4권, 앞의 책, 참조.

321 윤병석, 「박은식의 민족운동과 한국사 서술」, 앞의 책, 82 - 83쪽. ; 윤병석, 「해제」, 앞의 책, 23 - 24쪽.

322 김승학 편, 『한국독립사』하, 독립문화사(증보판), 1970, 146쪽.

323 박걸순, 「박은식의 고대사인식과 대동사관」, 『백암학보』제1집, 백암학회, 2006, 78쪽.

324 김동환, 「박은식 민족사학의 정신적 배경」, 『국학연구』제4집, 국학연구소, 1998 참조.

325 박은식, 「겸곡문고(흥학설)」, 『백암박은식선생전집』제3권, 앞의 책, 354쪽. ; 박은식, 「겸곡문고(종교설)」, 같은 책, 369쪽.

326 「本會趣旨書」, 『西友』제1호(1906. 12), 1 - 2쪽.

327 「西北學會趣旨書」(『서북학회월보』제15호, 1908. 2), 『박은식전서』제5권, 단국대동양학연구소, 1975, 378쪽.

328 박은식, 「論說(平壤과 開城의 發達)」(『서우』제9호, 1907. 8.), 『박은식전서』제5권, 같은 책, 366쪽.

329 「論說(祝賀海朝新聞)」(『황성신문』1908. 3. 4.) ; 「論說(朝鮮魂이 稍稍還來乎)」(『황성신문』1908. 3.20.) ; 「論說(天擇物競에 適者生存論)」(『황성신문』1908. 4. 8.) ; 「論說(申告海港同

胞).」(『황성신문』1908. 4. 10.)

330 한영우, 「1910년대 박은식의 민족주의사학」, 『韓國民族主義 歷史學』, 앞의 책, 126쪽.

331 「年譜」, 『박은식전서』제5권, 앞의 책, 770쪽.

332 박은식, 「社說」(『서북학회월보』제15호, 1908. 2.), 『전서』제5권, 384쪽.

333 박은식, 「論說(我西北教育界에 缺憾)」(『서북학회월보』제1권 제14호, 1909. 7.), 『박은식전서』제5권, 앞의 책, 447쪽.

334 박은식, 「講苑(東洋의 道學原流)」(『서북학회월보』제1권 제16호, 1909. 10.), 『박은식전서』제5권, 같은 책, 456 - 457쪽 참조.

335 이광린, 『《황성신문》 연구』, 『동방학지』제53호, 연세대동양학연구소, 1983, 28 - 30쪽 참조.

336 망명 이전의 박은식은, 한반도를 벗어나지 못한 삼천리 강역의식으로 일관하고 있다. 「社說」(『서우』제1호, 1906. 1.) ; 「大韓精神」(『대한자강회월보』제1호, 1906. 7.) ; 「謝布哇同胞」(『대한자강회월보』제5호, 1906. 11.) ; 「悲喜」(『서우』제4호, 1907. 3.) ; 「大韓精神의 血書」(『대한매일신보』, 1907. 9. 25.) ; 「本會第一回紀念祝辭」(『서북학회월보』제1권 제9호, 1909. 2.) 外.

337 박은식, 「몽배금태조」, 『박은식전서』제4권, 앞의 책, 183쪽.

338 같은 책, 같은 곳, 181쪽.

339 김동환, 「박은식 민족사학의 정신적 배경」, 앞의 책, 75쪽.

340 권덕규, 「石儂先生과 歷史證言」, 『隨筆集 - 乙支文德』, 정음사, 1946, 28 - 29쪽 참조.

341 같은 책, 31 - 32쪽.

342 이광린, 앞의 글, 28 - 30쪽 참조.

343 오영섭, 「조선광문회 연구」, 『한국사학사학보』3, 한국사학사학회, 2001, 110쪽 참조.

344 권덕규, 「石儂先生과 歷史證言」, 앞의 책, 46쪽.

345 김정신, 「김교헌 사학의 정신적 배경」, 앞의 책, 3쪽.

346 『동아일보』1924. 1. 23. 「故金茂園追悼式, 일월 십삼일에 상해에서 열어」

347 권덕규, 「石儂先生과 歷史證言」, 앞의 책, 46 - 47쪽.

348 정원택(홍순옥 편), 『志山外遊日誌』, 탐구당, 1983, 23ㅉ쪽.

349 권덕규, 「石儂先生과 歷史證言」, 앞의 책, 48 - 49쪽.

350 윤세복, 「夢拜金太祖序」, 『백암박은식선생전집』제4권, 앞의 책, 167쪽.

351 박은식, 「大東古代史論」, 『백암박은식선생전집』제4권, 같은 책, 393쪽.

352 「나철 - 장지연 서신자료(1911)」, 『국학연구(자료소개2)』제8집, 국학연구소, 2003, 408쪽.

353 『대종교중광육십년사』, 앞의 책, 833쪽.

354 권덕규, 「石儂先生과 歷史證言」, 앞의 책, 46쪽.

355 『대종교중광육십년사』, 앞의 책, 365 - 367쪽.

356 「年譜」, 『백암박은식선생전집』제6권, 앞의 책, 770쪽.

357 윤병석, 「박은식의 민족운동과 한국사 서술」, 앞의 채　ㅐㄱ, 84쪽.

358 『대종교중광육십년사』, 앞의 책, 80 - 92쪽.

359 김교헌 閱, 『倍達族歷史』, 大韓民國臨時政府, 1923.(『자료2』(影印本), 『國學研究』제4집, 국학연구소, 1998, 307쪽.

360 김동환, 「배달의 유래와 의미, 그 의의에 대한 고찰」, 앞의 책, 59 - 82쪽 참조.

361 백봉대종사신형 親閱, 『檀君敎五大宗旨書』, 한국학중앙연구원소장(문서번호 古第011980號). 이 『단군교오대종지서』는 구한말 백두산을 근거로 활동하던 백봉신사가 친히 교열한 것으로 알려져 있다. 백봉신사라는 인물은 근대 단군신앙(대종교)을 부활시킨 홍암 나철의 종교적 스승으로서, 그 분명한 실체가 아직 드러나지 않은 상태다. 한편 이 책 내용 구성의

자료로 어떠한 서적을 참고했는가도 분명하지 않다. 그러나 신교 전래의 五大宗旨를 기록하고 있다는 데 의미가 있으며, 그 중에서도 삼천단부(또는 多勿主義)의 역사적 변천을 확인할 수 있다는 점에서 주목된다.

362 『대종교중광육십년사』, 앞의 글, 86쪽.
363 김동환, 「대종교와 홍익인간사상」, 앞의 책, 305쪽 참조. ; 김승학, 『倍達族理想國建設方畧』(『자료』『국학연구』제14집, 2010. 참조)
364 윤내현, 『한국열사사연구』, 지식산업사, 1998, 298쪽.
365 『삼국사기』권13, 「고구려본기」'시조동명성왕'條.
366 이것은 『후한서』「동이열전」이나, 『삼국지』'오환선비동이전」에 이미 나타나고 있다.
367 『逸周書』卷7, 「王會」篇 '高夷'에 대한 註釋 부분 참조.
368 윤내현, 『고조선연구』, 일지사, 1994, 441쪽 참조. 윤내현은 한국과 중국의 옛 문헌에 고조선의 渠帥國으로 나타나는 것만도, 부여·고구려·고죽·예·맥·추·낙랑·현도·임둔·숙신·청구·진번·양이·양주·발·유·옥저·기자조선·진·비류·荇人·해두·개마·구다·藻那·朱那·한 등이 나타나며, 실제로는 이보다 훨씬 많을 것으로 추정했다.
369 『제왕운기』권下, 「전조선기」'단군'에 대한 주석 참조.
370 윤내현, 『고조선연구』, 앞의 책, 485 – 486쪽 참조.
371 같은 책, 146 – 152쪽 참조.
372 『삼국사기』권13, 「고구려본기」'시조동명성왕'條.
373 윤내현, 『한국열사사연구』, 앞의 책, 301쪽.
374 정인보, 『조선사연구(상)』, 앞의 책, 211쪽.
375 『三聖記(全)』下. (原文)天帝子乃號曰檀君王儉
376 김상기, 「국사상 나타난 건국설화의 검토」 『동방사논총』, 서울대출판부, 1984, 6쪽에 나오는 주)7 참조.
377 『삼국유사』권1, 「기이」'고구려'條, 註. ; 『제왕운기』권下, 「전조선기」註.
378 『檀君世紀』47世, '檀君古列加'條. (原文)高句麗乃解慕漱之生鄕也故亦稱高句麗也
379 『太白逸史』「桓國本紀」第二.
380 같은 책, 같은 곳. (原文)桓者全一也光明也全一爲三神之智能光明爲三神之實德乃宇宙萬物之所先也
381 『太白逸史』「高句麗本紀」第六. (原文)乙巴素…(중략)…神以化衆寒盟有律代天行功也
382 여기서 儉神이란 임금과 비슷한 의미로 사용된 것으로, 우리의 三韓管境(삼천단부의 영역)을 말하는 倍達이라는 의미를 성스럽게 부르는 것으로도 쓰인다.(『檀君敎五大宗旨書』). (原文)愛戴大皇祖統名三千團部之方域曰倍達當時儉神亦稱倍達聖號
383 『檀君敎五大宗旨書』. (原文)阿頓儉神御宇時太白山西大阿畔小團部中有一哲人訖那沙翰巡有團部…如此之事遂絕訖那沙翰自經此事後記載…大皇祖之道唱起本敎主旨以神敎著行盖自訖那沙翰哲人始也…後世史家稱本敎以仙敎者或有之而其淵源則統一之神敎也.
384 같은 책. (原文)有哲人秀斯老…繼述訖那沙翰哲人之所記載特以文字解明五大宗旨.
385 같은 책. (原文)倍達儉神御宇時以秀斯老哲人之敎化三千團部復見邃古之風…愛戴大皇祖統名三千團部之方域曰倍達
386 같은 책. (原文)檀君朝中葉極盛之時代也其後秀斯老哲人之高弟爲三千團部之領帥者過半是以本敎之隆昌長遠…徐鬱儉神御宇時自敎門請于徐鬱儉神遷都于徐鬱地方號令三千團部…生開極以來初有之大爭鬪…遂張各立之勢斥絕關係嗚呼此本敎我族之第一回大悲運也.

387 『太白逸史』「神市本紀」第三. (原文)檀君亦曰天君主祭之長也王儉亦卽監群管境之長也故自天光明謂之桓也自地光明謂之檀也所謂桓卽九桓之謂也韓亦卽大也三韓曰風伯雨師雲師加卽五加曰牛加主穀馬加主命狗加主刑猪加主病羊加主善惡也民有六十四徒有三千

388 같은 책, 같은 곳. (原文)盖我桓族皆出於神市所率三千徒團之帳 ; 『揆園史話』「檀君記」. (原文)盖出於神市所率三千團部之裔

389 『太白逸史』「三韓管境本紀」第四. 馬韓世家下.

390 『三聖記全』下. (原文)桓雄天王肇自開天生民施化演天經講神誥大訓于衆自是以後治尤天王闢土地採銅鐵兵與産時九桓皆以三神爲一源之祖主蘇塗主管境主責禍與衆誠一歸爲和白

391 『檀君世紀』. 六世檀君達門條. (原文)眞韓鎭國中治道咸維新慕保其左番韓控其南巘岩遠四壁聖主幸新京如秤錘極器白牙岡秤榦蘇密郞錘者安德鄕首尾均平位賴德護神精與興邦保太平朝降七十國永保三韓義王業有興隆興廢莫爲說誠在事天神

392 李陌이 『太白逸史』에서 말하는 三神古祭誓願이란, 達門檀君 때의 神誌 發理가 지었다는 誓效詞를 일컫는 듯하다.

393 『太白逸史』「蘇塗經典本訓」第五. (原文)曰秤榦扶蘇樑者是謂辰韓古都…曰錘者五德地者是謂番韓古都…曰極器白牙岡者是謂馬韓古都…三者缺一衡不秤物國不保民也三神古祭之誓願惟在三韓管境允悅民衆之義也

394 『三聖記全』下. (原文)九桓皆以三神爲一源之祖

395 『檀君世紀』. 三世檀君嘉勒條. (原文)三神執盟三忽爲佺九桓爲倧盖其道也

396 신채호, 「조선상고사」, 앞의 책, 109쪽.

397 이러한 사실은 『檀君敎五大宗旨書』에 잘 나타나 있다. 즉 우리 민족이 '삼천단부'(삼한관경)을 옹글게 유지하면서 전성을 누릴 때에는 '守團部(삼천단부의 관경을 옹글게 지킴)'의 계율로 나타났다. 그러나 삼천단부'의 붕괴로 인해 삼한관경을 많이 상실한 고구려 시기에는 '完基土(잃어버린 땅을 옹글게 만들자는 다물정신)'의 정신으로 드러났으며, 국권을 완전히 잃어버린 구한말에 와서는 '安固基土(다물을 통하여 배달국이상향을 건설함)'의 사상으로 표출된 것이다.

398 한영우, 「1910년대 민족주의 역사서술 - 이상룡·박은식·김교헌 『단기고사』를 중심으로 - 」, 앞의 책, 참조.

399 『揆園史話』「檀君記」. (原文)敬事上帝卽一大主神也及檀君三神因以爲道

400 같은 책. (原文)因雄儉三神之開創肇定之功德常傳誦而不忘…(中略)…漢土之人有慕於神化者必推崇三神至有東北神明之舍之稱焉

401 윤내현, 『商時代 崇帝思想 - 中國의 天下思想 - 』, 민음사, 1988, 12 - 14쪽 참조.

402 정인보, 「朝鮮史硏究(下) - 典故甲 - 」, 앞의 책, 208 - 209쪽.

403 정인보, 「朝鮮史硏究(上)」, 앞의 책, 54쪽. "三神의 古祭 진작부터 流寓朝鮮人의 行事로 좇아 漢俗에 옮기고 三神의 古傳이 오래두고 流寓朝鮮人의 談說로 좇아 漢人이 떠든 것이니, 漢武晩年에 長生을 求하던 수선이 三神의 遙影을 그 史冊에 남기게 하고 屈氏의 感憤을 아무 데나 寄託한 것이 東方信仰의 点片을 그 歌題로 뒤지게 되는 것도 奇蹟이라 하려니와, 古朝鮮人의 어디를 가든지 自를 自로 지키던 그것을 이런 데에서도 들여다 볼 수 있을 것이다."

404 정인보, 「朝鮮史硏究(下) - 典故甲 - 」, 앞의 책, 193쪽.

405 이 『神事記』라는 책은, 나철이 대종교를 일으키기 전인 1905년에, 백봉신사가 이끌던 단군교단으로부터 전해 받은 책으로 알려져 있다. 이 책은 造化紀·敎化紀·治化紀로 나뉘어 있는데, 한인이 큰 덕으로 조화의 기능을 담당하고, 한웅이 큰 슬기로 교화의 능력을 부렸으

며, 한검은 큰 힘으로 치화의 능력을 행했다 한다.

406 『역해종경사부합편』, 앞의 책, 73-102쪽.

407 강수원 편, 『대종교요감』, 대종교총본사, 1983, 138쪽.

408 최남선, 「壇君神典의 古義」, 앞의 책, 198쪽 참조.

409 「神事記(教化紀)」, 앞의 책, 92쪽. (原文)欽稽治化主曰桓儉主五事弘益人世

410 서일, 「회삼경(三神)」, 『역해종경사부합편』, 앞의 책, 122쪽. (原文)稼穡以時而民无飢行效得宜而民无違預施以道而民无札姦宄不興而民无訟勸懲必信而民无犯

411 최창규, 『韓國의 思想－그 主體性과 本質』, 앞의 책, 23-24쪽 참조.

412 「神事記(教化紀)」, 앞의 책, 93쪽. (原文) 命三僊四靈 敬授職 主治人間三百六十餘事

413 서일은 또 다른 글에서, 大會(삼백 육십 － 종교적 완성)가 엮어지는 과정을 다음과 같은 數理로 설명하고 있다. "先天之數는 처음에 하나로 가운데 다섯이 되며 아홉에 마치고, 後天之數는 처음에 둘로 가운데 여섯이 되며 열에서 마치나니, 하나·다섯·아홉을 이르되 세 홀수요, 둘·여섯·열을 이르되 세 짝수라. 홀수는 가지런하지 않고 짝수는 마주하여 만나니, 가지런하지 않은 것은 차이가 있고 마주하여 만나는 것은 합하는지라, 세 홀수가 맨 처음[太元]에 모여 합하는 도수가 되느니라. 그러므로 두 번 불어나[二衍] 일흔 둘로 작은 모임[小會]이 되고, 여섯 번 불어나[六衍] 이백 열 여섯이 가운데 모임[中會]이 되고, 열 번 불어나[十衍] 삼백 예순이 큰 모임[大會]이 되느니라. 하느님이 내리심은 큰 모임에 합하고, 오르심은 가운데 모임에 합하고, 거듭빛남[重光]은 작은 모임에 합하느니라.(先天之數 始一中五 而終於九 後天之數 始二中六 而終於十 故 一五九 謂之三奇 二六十 謂之三耦 奇卽不齊 耦卽對待 不齊者差 對待者合 故 三耦爲太元會合之道 故 一衍而七十二 爲小會 六衍而二百十六 爲中會 十衍而三百六十 爲大會 神降印乎大會 返御印乎中會 重光印乎小會)"(서일, 「회삼경(三會)」, 『역해종경사부합편』, 앞의 책, 230-233쪽.)

414 서일, 「眞理圖說」, 『대종교중광육십년사』, 앞의 책, 130쪽.

415 서일, 「회삼경(三神)」, 앞의 책, 126-127쪽. (原文)三百六十六者 天數之大衍也故五物衍而爲三百六十六種五訓衍而爲三百六十六言五事衍而爲三百六十六事故養及三百六十六命裁三百六十六體幹三百六十六機者造化之功也換三百六十六骨湊三百六十六穴會三百六十六度者教化之功也持三百六十六行積三百六十六德做三百六十六事者治化之功也

416 신철호, 『韓國重興宗教教祖論』, 대종교총본사, 1979, 49쪽.

417 최남선, 「朝鮮常識問答」, 『육당최남선전집』3, 앞의 책, 58-59쪽.

418 「신사기(치화기)」, 앞의 책, 92-100쪽 참조.

419 박종혁, 『해학 이기의 사상과 문학』, 아세아문화사, 1995, 106쪽.

420 서영대, 「단군관계 문헌자료 연구」, 『檀君－그 이해와 자료』, 서울대출판부, 1994, 77-78쪽 참조.

421 『眉叟記言』卷32, 「東事」, 〈檀君世家〉.; 민족문화추진회편, 『한국문집총간』98, 1992, 179쪽.

422 『修山集』卷12, 「神事誌」.; 이종휘, 「동사」, 경문사, 1976, 264-267쪽 참조.

423 근자에 들어, 『무당내력』이 20세기에 들어 만들어졌다는 주장이 제기되고 있다.

424 佐佐充昭, 「한말·일제시대 단군신앙 운동의 전개－大倧教·檀君教의 활동을 중심으로－」, 앞의 책, 22쪽.

425 柳瑾·元泳義, 『新訂東國歷史』, 徽文義塾印刷部, 1906, 1-2쪽.

426 한영우, 「17세기 반존화적 도가사학의 성장」, 『韓國의 歷史認識(上)』, 창작과 비평사, 1976, 264쪽 참조.

427 김동환, 「기유중광의 민족사적 의의」, 『국학연구』제1집, 국학연구소, 1988, 참조.

428 『대종교중광육십년사』, 앞의 책, 81 - 83쪽 참조.

429 이 책은 홍암 나철이 대종교를 일으키기 이전에, 백봉신사가 이끄는 단군교단의 杜一白이라는 인물로부터 받은 것으로 교인들의 入敎에 관해 규정해 놓은 책이다.

430 조동걸·한영우·박찬승 엮음, 『한국의 역사가와 역사학』하, 창작과 비평사, 1994, 113쪽.

431 같은 책, 115쪽.

432 신채호, 「警告儒林同胞」, 『단재신채호전집(개정판)』別集, 앞의 책, 105쪽 참조. ; 신채호, 「西湖問答」, 같은 책, 137 - 138쪽 참조.

433 한영우, 「한말에 있어서의 신채호의 역사인식」, 『단재신채호선생탄신100주년기념논문집』, 단재신채호선생기념사업회, 1980, 175 - 176쪽.

434 박은식 역사의식의 변화 과정에 대해서는, 앞에서 언급한 졸고 「박은식 민족사학의 정신적 배경」(『국학연구』제4집)을 참조하기 바람.

435 김영호, 「解題」, 『박은식전서』상, 앞의 책, 5쪽.

436 안타까운 것은 내외적 사정으로 대부분의 자료가 없어진 대종교단 내에, '단조사고편찬위원회'에 관한 당시의 구체적 기록은 남아 있지 않다는 점이. 그러나 석농 류근이 '단조사고편찬위원'으로 임명되었다는 대종교단 내부의 기록을 볼 때,(『대종교중광육십년사』, 앞의 책, 833쪽.) 대종교단 차원의 '단조사고편찬위원회'가 구성되었던 것을 확인할 수 있다.

437 『단조사고』에서 언급한 서책들을 보면 『큰책』과 「작은책」을 구별하지 않고 인용하고 있다. 가령 이종휘의 큰책(『修山集』)과 그 속에 들어 있는 작은책(「東史」「神事誌」「職方考」「東方地名辨」「渤海世家」)들을, 『단조사고』에서는 구별없이 『修山集』曰…, 「神事誌」曰…, 「渤海世家」曰…'과 같이 대등하게 인용했다는 것이다.

IX

부록: 단조사고(檀祖事攷)

해제 - 『단조사고』에 대하여

1. 머리말

역사란 인간사회의 변천 및 발전의 과정을 기록하는 학문이다. 따라서 국사란 한 나라의 인간사에 대한 변천과 발전을 기록하는 학문이라 할 수 있다. 또한 역사를 기록함에 객관적 사실이 중시되는 만큼 관점과 해석을 외면할 수 없듯이, 국사를 정리함에도 가치관을 무시할 수 없다는 것은 상식이라 할 수 있다.

우리의 국사 또한 객관적 사실에 기반을 둔 연구를 통하여 많은 공시적 지평을 넓혀 왔을 뿐만 아니라, 양적인 누적에 있어서도 많은 발전을 가져왔다. 그러나 우리 민족사의 변천 속에 감추어진 많은 우여곡절에 대한 고민이, 객관적 사실이라는 잣대에 밀려 민족사의 전면에서 외면된 것도 적지 않다. 특히 상고사에 대한 한국사학계의 홀대는, 관점과 해석이라는 가치접근을 어렵게 만들어 놓았고 사관(史觀)의 다양성을 통한 학문적 탄력성마저 정지시켜 버렸다. 그 상고사의 중심에 서있는 단군이란 존재 역시, 우리 민족 구성원들에게 가장 넓은 외연적 상징을 가짐에도 불구하고, 한민족 사고의 홀로그램으로 전락시킨 것이 우리 사학계의 업적이라 할 수 있다.

우리에게 단군은 무엇인가. 일부 지식인들은 그것이 국수주의의 상징이요 폐쇄주의의 경험일 뿐이라고 말하고 있다. 또한 탈민족적 세계화의 시대를 위해 반드시 극복되어야 할 존재라고도 외치는 이들도 있다. 그러나 우리의 경험 속에서 단군이라는 존재가 국수주의나 폐쇄주의의 탈을 쓰고 행세한 적은 결코 없었다. 단군이라는 의미가 세계화의 걸림돌이 된다는 논리 또한 이치에 맞지 않는다. 세계화란 우리 것을 버리는 것이 아니라 우리 것을 지키는 데서 출발한다는 것을 알기 때문이다.

오히려 우리에 있어 단군은 민족적 구난(救難)의 상징적 존재였다. 일연의 『삼국유사』에 실린 단군사화가 대몽항쟁 상징적 가치에서도 국수(國粹)가 아닌 자주(自主)의 정신이었음을 우리는 알고 있다. 조선조의 단군존숭의 전통이 폐쇄가 아닌 정체성(正體性) 확인의 발로라는 것도 이미 확인된 바다. 양란(兩亂) 이후 고개를 든 단군에 대한 역사의식 역시, 우리의 자주성에 눈 뜨고자 했던 반존화주의(反尊華主義的) 열망에서 발아된 것이다.

한말 대종교의 등장 역시 이것과 무관치 않다. 전래의 고신교(古神敎)인 단군신앙의 중흥을 내걸고 출발한 대종교의 명분이 '국망도존(國亡道存:나라는 망했어도 정신은 존재한다)'이라는 것만 보아도 알 수 있다. 다시 말해 '정신을 올바로 세우면 나라를 찾을 수 있다'는 외침이다. 그 정신의 중심이 단군이었다. 일제치하에 대종교도들이 정치·외교·문화·무력투쟁을 통해 총체적 저항을 할 수 있었던 것도 단군의 힘이었으며, 희생을 두려워하지 않고 멸사봉공한 것도 단군에 기대어 나타난 힘이었다. 빼앗긴 나라를 찾고자 하는 의지를 국수주의라 한다면 분명한 잘못이다. 무너진 정체성을 올곧게 세우려 함을 폐쇄주의라 한다면 그 또한 분명 망발이다.

이러한 단군에 대한 역사·문화적 의미를 가장 체계적으로 정리한 인물이 김교헌이다. 김교헌은 1910년 대종교에 입교한 인물로서, 후일 대종교 중광 2세 교주를 역임한다. 특히 1910년 조선광문회(朝鮮光文會) 활동을 이끌면서 고전(古典)과 사서(史書)의 수집·간행 및 보급에 적극적으로 나선 인물이다. 최남선·장지연·류근·신채호 등도 이 당시 김교헌의 영향을 절대적으로 받으며 민족사에 대한 인식의 지평을 넓혀 갔다. 광문회에서는 김교헌의 가문에 역대로 수집·소장되어 오던 방대한 양의 서책과 문헌이 중요하게 활용되었고 후일 그 책들은 최남선이 보관하다가 고려대학교 도서관에 기증되었다.[302]

김교헌은 18세(1885)에 문과에 급제한 뒤, 승문원 부정자(副正字), 성균관 전적(典籍:1887), 사간원 정언(正言:1887), 규장각 직각(直閣:1888), 홍문관 응교(應敎:1888), 홍문관 수찬(修撰:1892), 예조참의(1892), 성균관 대사성(大司成:1892)까지 오른 인물이다. 이어 27세 되던 갑오경장(1894) 이후에는 외무아문(外務衙門)의 참의 겸 회계국장을 거쳐, 외부(外部) 참서관(參書官:1895), 법부(法部) 참서관 겸 고등재판소 판사(判事:1896) 그리고 중추원 의관(議官:1897)을 역임했다. 31세 되던 1898년에는 독립협회에 가입하여 만민공동회의 대표회원 및 부회장 또는 회장 대리직을 맡으면서 민중계몽운동을 주도하기도 했다. 독립협회 해산 후에는 『문헌비고(文獻備考)』찬집위원(1903)으로 다시 관직에 나갔는데, 그의 민족주의 역사서술가로의 소양이 이때에 자리 잡는 것이다.[303]

김교헌은 을사늑약 이후 동래감리(東萊監理) 겸 부산항재판소 판사(1906), 동래부윤(東萊府尹:1906)으로 재직하였으나, 일제 통감부의 비호 아래 자행된 일본인들의 경제 침략에 맞서 준엄히 징치(懲治)하다가, 친일파 송병준의 무고로 파면되었다. 그 후 신민회가 창설되자 그 회원들과 밀접한 교우를 맺는가 하면, 1909년에는 『국조보감』감인위원(監印委員)과 규장각 부제학에 올라, 후일 신교사관(神敎史觀) 정립의 중요한 경험을 하게 된다. 또한 경술 국치 직전인 1910년 1월 15일(중광절)에 대종교에 귀의하면서 본격적인 민족주의적 신교사관 정립에 뛰어드는 것이다.[304]

김교헌의 역사의식은 그가 중심이 되어 엮은 『단조사고』를 비롯하여, 『신단민사(神檀民史)』·『신단실기(神檀實記)』·『배달족역사(倍達族歷史)』 등에 잘 나타나 있다.[305] 『신단민사』·『신단실기』·『배달족역사』에서 대종교의 역사적 원형인 신교사관(神敎史觀)을 정립한다. 『신단민사』에서는 우리 단군민족의 혈통의 흐름을 대종교의 경전인 『신사기(神事記)』와 같은 구족설(九族說)에 그 근원을 찾음과 함께, 역사적 강역인식에서는 대륙을 주요 활동무대로 설정하여 고조선부터 조선조까지 철저하게 대륙적 인식을 버리지 않고 있다. 까닭에 고려와 조선시대도 여요시대(麗遼時代)·여금시대(麗金時代)·조청시대(朝淸時代)로 서술하고 있는 것이다. 그리고 신교문화에 대해 단군의 오훈(五訓)을 시작으로 역대국가들의 제천행사를 밝힘과 함께 구서(九誓)·오계(五戒)·팔관(八關)의 의미를 구명한은 물론, 대종교의 역대 교명(敎名)을 설명함으로써 민족문화의 고유성과 공유성(公有性)·전통성·자주성을 강조한다. 『신단실기』에서도 단군에 대한 사적(事蹟)과 신교사상에 대한 자취를 모아 자료집의 성격으로 정리해 놓았으며, 『배달족역사』는 김교헌이 교열(校閱)한 것을 대한민국상해임시정부가 발간한 것으로, 『신단민사』의 굵은 줄기만을 간추려 놓은 축소판이라 할 수 있는 책이다.

여기서 주목할 것은 그의 책 제목으로 사용된 '신단(神檀)'이라는 명칭이다. 이것은 종교적인 성격을 강하게 보여 주는 용어로, 삼신일체(三神一體)인 하느님의 교화와 치화를 받은 민족인 천민(天民)·천손(天孫)의 의미를 부각시키려는 뜻이 담겨 있다. 그리고 김교헌 신교사관의 이러한 역사정신의 흐름이 바로 신채호·박은식·정인보·안재홍 등의 대종교계 민족사학자들의 역사정신에도 그대로 연결된다고 할 수 있다.

주목할 것은 근대 최초로 집성한 『단조사고』라는 자료집이다. 한국 근대 사학사에서 볼 때, 단군 자료를 모은 최초의 사서라는데 의미가 크다. 이 책은 역사 속에 흩어진 단군의 흔적들을 정성스레 모은 것으로, 관찬사서(官撰史書)로부터 패사(稗史, 민간재야사서)에 이르기까지 총망라되었다. 단군이 탄생하여 우화(羽化)할 때까지의 업적과 단군과 직접 혹은 간접으로 연결된 문화적 자취까지 낱낱이 나타난다. 까닭에 『단조사고』는 단군과 관련된 역사서요 문화서인 동시에 종교서라 해도 무방할 것이다.

『단조사고』는 대종교협제회(大倧敎協濟會)의 명의로 1911년경에 발행된 단군자료집이다. 이 책 역시 근대 단군을 중심으로 다룬 본격적인 역사서로, 김교헌의 저술이라 할 수 있을 만큼, 그의 역할이 지대했다. 당시 대종교교사 정리의 중심에 있었던 김교헌은, 과거 『문헌비고』찬집위원이나 『국조보감』감인위원 및 규장각 부제학을 역임한 경험이, 그의 단군 역사 정리에 중요한 토대가 된 것이다.

더욱이 『단조사고』는, 나철이 백봉교단으로부터 전수 받은 『신사기(神事記)』와 『단군교오대종지서(檀君敎五大宗旨書)』이후, 대종교교사로서는 처음 정리된 역사서이기도 하다. 즉 나철이 1909년 대종교를 중광한 이후 처음으로 정리한 교사(敎史)라 할 수 있다. 그러므로 『단조사고』 본문의 첫 내용도 나철의 연구물(「神理」)을 인용하며 시작하는 것이다. 이것은 『단조사고』가 철저한 신교사관 즉 대종교사관이라는 정신적 토대 위에 엮어졌음을 암시하는 부분이기도 하다.

여기서는 이와 같은 배경을 감안하면서, 김교헌의 많은 역사서 가운데 『단조사고』를 중심으로 서술하고자 한다. 즉 『단조사고』가 담고 있는 정신을 올곧게 해석하고, 『단조사고』가 나타나게 된 배경과 더불어 출간의 정확한 시기, 그리고 김교헌이 중심이 되어 저술되는 배경을 살피는 것이 무엇보다 필요하다. 또한 이 책의 체재와 내용의 분석을 통해 그 가치를 정확히 음미함과 아울러, 『단조사고』에 담긴 김교헌 민족사학의 의의를 정리해 볼 것이다.

2. 『단조사고』의 출간 경위

1) 출간시기와 판본에 관한 문제

먼저 『단조사고』가 언제 나왔느냐는 하는 문제를 짚고 넘어가야 할 것으로 생각한다. 왜냐하면 『단조사고』의 원본에 정확한 출간 연월일이 적혀 있지 않기 때문이다. 또한 해방 후인 1948년, 『단조사고』의 '우리말토씨본(필사본)'을 엮은 윤세복이 『단조사고』의 출간이 1915년(乙卯年)이라고 적었으며,[306] 1953년 '한글번역본(필사본)'을 내면서도 마지막에서 그 등인(謄印) 일자를 1915년으로 적었다가 지우고 다시 1911년으로 고친 흔적이 발견된다.[307] 더욱이 '고려대학교최남선문고본(등록번호:463006685/청구기호:육당 C16A1)'의 겉표지에 『단조사고』라는 제목과 함께 1912년 7월이라는 글자가 적혀 있다는 것이다. 이러한 여러 상황은 『단조사고』가 1911년이 아닌 그 후에 발간되었을 가능성까지 제기되는[308] 빌미를 주었다.

그러나 『단조사고』는 박은식이 저술한 『대동고대사론』·『동명성왕실기』·『천개소문전』·『명림답부전』·『발해태조건국지』·『몽배금태조』등이 발간될 시기인 1911년에 함께 출간된 것이다. 우선 윤세복이 『단조사고』가 1911년에 출간되었을 것으로 기록하고 있음을 그 이유로 꼽을 수 있다. 윤세복은 그 근거로 『단조사고』에서 홍암 나철의 「신리(神理)」를 인용했는데, 그 「신리」라는 글이 1911년 1월 15일(음력)에 만들어졌음을 제기하고 있다. 윤세복이 그의 한글번역본에서 1911년으로 정정하기 전, 1915년으로 적었던 것도 이 「신리」에 대한 혼돈 때문으로 추측된다. 즉 「신리」는 완성본이 아니라, 후일 나철이 완성하는 「신리대전(神理大全)」의 기초본인데, 이 「신리」와 「신리대전」을 착각한데서 기인한 듯하다.

대종교의 기록에서도 나철의 「신리대전」이 1911년 1월 15일(음력)에 완성되었다고 적고 있다.[309] 이 또한 「신리」를 「신리대전」으로 착각하고 있음이 확인된다. 나철의 「신리대전」은 나철이 순교(1916년 8월 15일 - 음력)하기 전까지 완성·출간되지 않은 것으로, 나철이 순교한 후 무원 김교헌이 출간(1917년 7월 16일 - 음력)한 것이다. 따라서 1911년 1월 15일에 출간된 「신리」는 「신리대전」과는 다른 것으로, 더 정확히 말한다면 「대종교신리(大倧教神理)」라는 명칭으로 등인(謄印)된 책이다. 이 책 역시 앞서 언급한 고려대학교 최남선문고본에 겉표지 『단조사고』라고 적힌 책자에 합본되어 있다. 「대종교신리」라는 큰 제목 안에 '신인(神人)'·'태백산단목(太白山檀木 - 사진)'·'단군(檀君)'·'한배진상(眞象 - 사진)'·'삼신(三神)'·'대종교(大倧教)'·'신리계설(神理繫說)' 등, 일곱 가지를 묶어 하나로 엮은 책이다.

물론 「신리(혹은 대종교신리)」와 「신리대전」은 내용의 완성도에도 큰 차이가 있다. 「신리대전」이 '신위(神位)'·'신도(神道)'·'신인(神人)'·'신교(神教)'라는 나눔으로 체계적 정제를 갖춘 데 비해, 「신리」는 「신리대전」의 초고본으로 비교적 산만하고 비체계적이다. 그러면 나철이 1911년 1월 15일에 「신리」를 초고·출간하고, 언제 「신리대전」을 완성했는지가 궁금해진다. 아마도 1915년 초에서 1916년 초기일 가능성이 가장 크다. 나철은 「신리」를 간포한 후 얼마 되지 않은 1911년 7월 21일(음력), 국내의 마리산 제천단과 평양의 숭령전 참배를 거쳐 바로 만주 화룡현으로 떠났다. 그리고 그가 다시 국내 경성으로 돌아온 것은 1915년 1월 14일(음력)이다.[310] 나철은 4년 가까이를 만주에서 보냈으며, 그 기간에도 만주 지역의 단군 유적 순례[311] 및 교단 조직 등으로 분주하게 보냈다. 그러므로 나철이 「신리대전」을 정리하여 완성한 시기는 1915년 국내로 돌아온 직후부터 1916년 초기 사이가 가장 크다고 할 수 있다. 윤세복이 『단조사고』의 간행을 1915년으로 착각했던 이유도 「신리」와 「신리대전」을 구별하지 않고, 「신리대전」의 완성과 연관된 이러한 개연성을 염두해 둔 판단으로 생각한다. 주목되는 것은, 1954년 대종교총본사에서 출판한 『한배일살핌』(檀祖事攷를 순우리말로 제목을 붙인 것임)이란 간행물이다. 이 판본은 박창화가 발행인으로, 윤세복의 「펴는말[序言]」이 실려 있다. 그 「펴는말」 가운데 다음과 같은 기록이 적혀 있다.

"이미 만주에서 임오교변(壬午敎變)을 겪은 나는, 병술(丙戌, 1946년 – 인용자 주) 봄에 빈 몸으로 서울에 돌아와서, 여러 형제들을 반겨 만나면서 남아있는 종경(倧經)을 찾는 가운데 단조사고(檀祖事攷) 한 책이 끼였었다. '한검바른길[眞倧大道]'이 거듭 빛난 뒤에, 우리 스승님들은 안팎으로 많은 글을 살피시어 이 책을 만드시되, 순한문(純漢文)으로써 대종교에서 지었다고 쓴 등사판(謄寫版)이오, 게다가 '대종교협제회(大倧敎協濟會)'란 큼직한 도장도 찍혔는 바, 그 박은 때는 적지 않았으나 본 글 첫 줄의 아래에 신리(神理)를 당겨서 풀이하고, 또 그것을 고쳐 적었음을 보면 곧 거듭 빛난 지 세 해인 신해(辛亥, 1911년 – 인용자 주) 봄인 듯하다. 왜냐하면 『조천기(朝天記)』에는 '한스승님(홍암 나철 – 인용자 주)이 신해 정월에 신리를 적어 펴셨다'하였고, 그 여섯 해 뒤인 정사(丁巳) 가을에 쓴 신리서(神理書)에는 '책을 박지 못하고 스승님은 돌아가셨다'하였으니, 이로써 을묘·병진 해 쯤 신리를 고쳐 지으신 것을 알지라.(조천기와 신리서는 모두 茂園 스승님이 쓰신 것임)"[312]

윤세복이 『단조사고』의 출판 시기를 1911년 봄으로 교정하여 못을 박고 있음이 확인된다. 또한 『단조사고』가 1911년에 발간되었다는 증거의 하나로, 그 책의 등사필체와 등인본의 틀이, 1911년 환인현(당시 회인현)에서 발간된 박은식의 여러 글들과 동일하다는 점을 들 수 있다. 즉 동일인에 의해 필경되어 동일한 등사틀에서 유인(油印)되었다는 것은, 박은식의 여러 서책들과 동일한 시기에 출간되었음을 말해 준다. 당시 박은식의 저술 가운데, 현재 전해지지 않는 『동명성왕실기』를 제외하고, 그 발간시기를 살펴보면 『천개소문전』과 『명림답부전』이 1911년 9월로 적혀 있고, 『몽배금태조』가 1911년 11월로 되어 있으며, 『대동고대사론』과 『발해태조건국지』는 『단조사고』와 마찬가지로 그 발간시기가 적혀 있지 않다. 그러나 『대동고대사론』과 『발해태조건국지』가 박은식의 다른 저술들과 같은 시기에 출간되었음을 미루어 알 수 있음과 같이, 여러 정황상 『단조사고』가 1911년 9월 이전에 출간된 것으로 봄이 정확하다고 할 수 있다.

특히 이능화의 『백교회통(百教會通)』에는 이를 뒷받침할 결정적인 근거가 나오고 있다. 『백교회통』이란 불교를 기준으로 여러 종교를 견준 일종의 비교종교서로써, 불교와 우리 민족의 자생종교에 대해서도 대비시키고 있다. 이능화는 이 글의 제9장 불교와 대종교를 견주는 편에서, 대종교의 교리와 관련하여 『단조사고』를 인용하고 있다는 점이다.[313] 그런데 『백교회통』의 「서문」이 1912년 '부처님 목욕일(음력 4월 8일)'에 씌어졌음을 이능화 스스로 밝히고 있음을 볼 때,[314] 이능화는 『단조사고』를 적어도 1912년 초 이전에 이미 보았다는 말이 된다. 따라서 『단조사고』의 출간은 1911년에 이루어졌음을 확인할 수 있다.

한편 『단조사고』의 판본에 대하여도 정리하고 넘어갈 필요가 있다. 현재 알려져 있는 『단조사고』의 판본은 대종교총본사소장본·한국학중앙연구원본(청구기호:C16 - 1)·연변대학교소장본[315]·고려대학교최남선문고본[316] 등이 있다고 한다.[317] 여기에 미국 하버드대학 '옌칭도서관소장본'[318]과 윤세복의 '우리말토씨본(1948)'·'한글번역본(1953)', 그리고 대종교총본사에서 간행한 '순우리말 제목본(『한배일살핌』)[1954]' 등까지 합하면 상당히 많은 판본이 있는 것으로 오해를 줄 수 있다. 그러나 윤세복의 '우리말토씨본'과 '한글번역본', 그리고 대종교총본사 간행 '순우리말 제목본'을 제외한 모든 판본은, 1911년에 등인된 동일한 판본 혹은 그것을 번역한 필사본(윤세복, 1953)과 등인본(대종교총본사, 1954)에 불과하다.

다만 고려대학교최남선문고본 중 등록번호가 463006685로 매겨진 『단조사고』는 원본 그 자체가 아니다. 겉표지가 『단조사고』라고 적힌 이 책자 속에는, 원본 『단조사고』를 오려붙여 재구성하고, 육필로 첨가한 내용이 담겨 있다. 또한 이 책 속에는 『단조사고』 내용만이 아니라, 석농 류근(柳瑾)의 명의로 발표된 대종교 종령(宗令:1호에서 8호까지)과 오혁(吳赫:오기호)의 명의로 인쇄된 대종교시교문, 그밖에 대종교규범·대종교세규(大倧敎細規)·교직발표건(敎職發表件)·공용서식(共用書式)·질명서(質明書) 그리고 「대종교신리」 등이 합본되어 있다. 따라서 이 서책은 제목만 『단조사고』였을 뿐, 실은 1911년대 대종교의 여러 자료를 묶은 개인 소장의 자료집이라 할 수 있다.

결론적으로 『단조사고』의 판본을 구태여 말한다면, 1911년에 출간된 '등인본(謄印本, 원본)'과, 해방 후 윤세복이 필사하여 엮은 '우리말토씨본(1948)'·'한글번역본(1953)', 그리고 대종교총본사에서 간행한 '순우리말 제목본(1954)' 등 네 종류라 할 것이다.

2) 『단조사고』와 김교헌

『단조사고』의 저자에 대한 문제가 본격화된 것은, 2002년 윤병석 교수의 논문[319]과 '백암박은식선생전집편찬위원회편'에서 전6권으로 간행한 『백암박은식전집(白巖朴殷植全集)』이 나오면서 대두되었다.[320] 즉 『단조사고』가 백암 박은식의 저술이라는 주장이 제기된 것이다.

그 주장의 몇 가지 근거는 이렇다.[321] 첫째, 박은식의 서거 후 국장(國葬)을 치를 당시, 『독립신문(1925. 11. 11)』 특호 '백암선생약력' 기사에 그의 생전 주요 저술 17종을 소개했는데, 『단조사고』가 그 중 세 번째로 적혀 있다는 것이다. 둘째, 해방 후 박은식의 아들인 박시창이, 박은식이 쓴 것을 옮겨 적었다는 「백암박은식선생약력」에 보면 저술의 네 번째로 『단조(檀祖)』라는 명칭이 발견된다. 셋째, 당시 『독립신문』의 경리 겸 사장을 맡았던 김승학이 펴낸 『한국독립사』에도 『단조사고』(김승학의 책에는 『단조사효(檀祖事孝)』로 잘못 적혀 있음)가 박은식의 주요 저술로 적혀 있다.[322] 넷째, 1912년과 1913년 당시 박은식이 미국에 있는 안창호에게 두 차례 보낸 편지를 보면, 서간도에 머물 당시 여섯 일곱 종류의 책을 지었다는 내용이 나타나고 있음이 확인된다는 것이다.

일부에서는 박은식 저술설에 대해 위와 같은 의문을 제기하면서도 수용하는 경우도 있지마는,[323] 그러나 이러한 근거를 통해 『단조사고』의 저자가 박은식이라고 단정하는 것은 무리가 있다.

먼저 첫 번째로 제시한 근거는, 박은식의 서거 후 그가 소장하고 있던 그의 여타 저술들과 함께 『단조사고』가 발견됨으로써, 그의 저술인 양 자연스레 수록되었을 가능성이 있기 때문이다. 특히 『대동고대사론』・『동명성왕실기』・『천개소문전』・『명림답부전』・『발해태조건국지』・『몽배금태조』 등과 같이 『단조사고』가 동일한 필체와 형식을 띤 등인본이라는 점에서 볼 때, 서지학적 검토 없이 박은식의 저술들로 더불어 취급되었을 개연성은 더욱 크다. 두 번째의 근거 역시 결정적인 이유로 보기엔 무리가 따른다. 즉 후손에 의한 기록이라는 것과 『단조』라고 하는 명칭 역시 불분명다. 세 번째의 근거는 김승학이 1925년 11월 11일자 《독립신문》에 실린 '백암선생약력'을 그대로 옮겨온 것에 불과하다. 마지막 근거로 제시한 박은식의 편지 내용 중 '육·칠종의 저술 운운' 역시 추상적이고 주관적인 판단에 기대고 있다.

또한 1911년 당시 박은식이 보여준 역사인식을 볼 때, 『단조사고』의 내용을 단독으로 꾸민다는 것도 불가능했으리라는 생각이다. 이것은 박은식 역사인식의 변화를 보더라도 쉽게 짐작이 가는 부분으로, 1911년 만주로 망명하기 이전까지의 박은식의 역사인식이 유교중심적인 사고에서 벗어나지 못했음과도 일맥하는 것이다.[324]

이러한 박은식의 사고는, 『단조사고』의 핵심이 되는 단군에 대한 그의 인식을 보더라도 확연히 알 수 있다. 즉 박은식은 을사늑약(1905년) 이전까지 단군과 연관된 체계적인 글을 단 한 편도 선보이지 못했다. 이것은 1904년도에 정리한 글 속에서 기자(箕子)에 대한 언급만이 나타남을 보더라도 알 수 있다.[325] 당시 박은식의 정신적 가치는 유학적 지식인의 모습을 벗어나지 못했으며, 단군에 대한 인식은 기자에 가려져 드러내지 못한 시기였던 것이다.

박은식은 을사늑약 이후 기자 중심의 사고에서 벗어나 단군과 기자를 병치시키는 기록들을 비로소 선보이고 있는데, 박은식의 단군인식이 본격화되던 시기도 바로 이 시기였다. 이것은 서우학회(후일 서북학회)가 조직(1906)된 이후 나타난 현상으로, 서북지방 사람들의 단군·기자·고구려에 대한 강한 문화적 자부심과 연결되는 것이다. 박은식 등 발기인들의 명의로 발표된 서우학회취지문을 보면, 관서지방이 옛날 단군과 기자의 인문(人文)이 처음으로 시작된 곳이라고 밝히고 신문화 또한 이 지방에서 창기(倡起)할 것임을 주창하고 있다.[326] 이러한 단군과 기자의 병치된 인식은 후일 서북학회로 바뀐 이후에도 확인이 되며,[327] 단군과 기자의 문화사적 역할의 구분과 더불어 우리 문물의 바탕이 그 곳에서 연원함을 주창하기도 했다.[328] 이러한 단기적(檀箕的) 역사인식은, 박은식이 관계했던 『황성신문』을 통해서도 1908년 전

반까지 꾸준히 나타났다.[329]

박은식의 이와 같은 인식 변화는, 유교 일변도적인 기자 중심의 사고로부터 벗어났다는 점에서 큰 의미를 가질 수 있다. 그러나 단군과 기자를 병치시키고 기자로부터 완전히 벗어나지 못했다는 것은, 벗어나고자 했던 유교적 굴레 속에 백암 스스로 갇혀 있었음을 암시하는 부분이기도 하다. 한마디로 이 시기 박은식의 역사 인식 또한 기본적으로 유교적 애국사상에 바탕을 둔 것으로, 당시 교과서류에 반영되었던 일반적인 역사인식과 크게 다를 바 없었다.[330]

그러므로 박은식의 정신적 변화에 있어 가장 큰 사건은 1910년 경술국치였다. 일제의 강압에 의해 언론기관이 폐쇄되고 서북학회가 해산되면서 그의 삶에 일대 전환을 맞게 된다. 그는 민족사에 대한 각성을 안고 망명을 결심하였던 것이다.[331] 이 당시까지 박은식의 단군에 대한 표현을 보면, 완전하지 않지마는 이미 1908년에 나타나고 있다.[332] 그는 단군개국(檀君開國)이라는 말을 이때 처음으로 사용하고, 1909년에 들어서는 단군성조(檀君聖祖)라는 표현으로 바꾸고 있다.[333] 그러나 그의 이러한 단군 중심의 인식이 곧 탈유교적인 정서로는 연결되지 않았다. 박은식이 1909년 10월까지도 동양의 도(道)를 천인합일로 단정하고 그 흐름을 철저하게 중국에서 찾고자 했음을 보더라도 확인되는 부분이다.[334]

이것은 1909년 9월부터 1910년 6월까지, 『황성신문』의 사장 겸 주필을 맡은 류근(柳瑾, 1861 - 1921)과 더불어, 그 신문을 통해 단군사상을 제창하고 대종교적 교리와 역사관을 선전·보도했던 박은식이었지만,[335] 정신적으로 유교를 완전히 벗어버리고 대종교로 들어오지 않았음을 말하는 것이기도 하다. 이 당시 박은식이 종교적으로 공자의 대동세계를 추구하는 대동교(大同教) 활동에 관심을 가졌던 것도 이것을 뒷받침한다.

박은식이 대종교영향기로 완전히 접어드는 시기는 1911년 망명 전후로
볼 수 있다. 1911년 만주 환인현으로 망명한 그가 본격적으로 대종교 활동
에 동참함을 보면 확인된다. 이것은 달리 말하면, 유교적 기자중심의 사고
에서 완전히 벗어나 대종교적 단군인식으로 자리 잡음을 말하는 것이기도
하다. 당시 대종교 시교사였던 단애 윤세복(1884 – 1960)의 후원을 받으면서
이루어지는 박은식의 역사 연구가, 유교의 구각을 벗고 대종교적 역사관을
새롭게 보여주는 사론(史論)들이었음을 보더라도 알 수 있다. 『대동고대사
론』·『동명성왕실기』·『천개소문전』·『명림답부전』·『발해태조건국지』·『몽배
금태조』 등이 그것이다.

　이 글들의 대표적인 특징은, 박은식이 이전에는 언급하지 못했던 고대사
에 관한 것이 대부분이라는 점, 대종교의 원류가 되는 신교(神敎)와 관련된
인물들이라는 점, 그리고 강역인식에 있어서도 만주를 중심으로 한 대륙사
관적인 시각이 뚜렷하다는 특징을 가지고 있다는 것이다.[336] 이후 박은식의
역사 서술은, 1925년 11월 최후의 임종까지, 이러한 인식 위에서 전개·정리
되었다. 『한국통사』와 『한국독립운동지혈사』의 완성 역시 이 정신 속에서
집대성된 것이며, 그의 역사 정신의 핵이라 할 수 있는 '국혼(國魂)'이라는
개념 또한 대종교의 이음동의어라 해도 과언이 아니다.

　단군중심의 사고로 완전히 들어선 박은식은 유교에 대한 인식도 확연히
달라진다. 공자의 도가 아니면 세상을 바로 세울 수 없다고 외쳤던 그가, 공
자를 화인(華人)으로 단정하고 공자의 가르침에 앞서는 것이 나라를 세우는
의리라고 돌변하는 것이다.[337] 그러면서 박은식은 과거 중화주의에 함몰되
었던 자신의 삶을 속죄하고 유교의 잘못된 면을 통렬하게 공박하면서 당대
의 유생(儒生)들을 실제의 삶과는 동떨어진 자들이요 세상을 속이는 도둑들
이라고까지 낙인찍었다.[338]

한마디로 박은식은 유교적 가치에 대한 환멸을 넘어, 유교야말로 자존과 독립을 위해서는 반드시 청산해야 할 가치로 규정한다. 이것은 박은식 스스로 보면 인생 후반에 깨달은 중화적 가치에 대한 단절의 외침이었던 동시에, 민족으로서는 오랜 세월 흘러온 중국 노예로서의 역사에 대한 회개의 통곡이기도 했다.[339]

이러한 정황으로 보면, 박은식이 만주로 망명하자마자 『단조사고』를 개인적으로 저술했다는 주장은 설득력이 없다. 오히려 대종교와 관계를 맺고 대종교의 루트를 통하여 만주로 망명하면서, 대종교의 일원으로 『단조사고』를 편찬에 참여했다는 표현이 정확할 것이다. 다음에 기술하는 일련의 상황들이 그것을 말해 준다.

박은식은 1911년 이전에 이미 대종교를 깊이 체득했다. 그의 절친한 정신적 동지이자 대종교의 핵심에 있었던 류근과의 친분을 보더라도 쉽게 유추된다. 박은식은 류근과 일찍부터 교분을 쌓고 더불어 글도 씀은 물론, 적지 않은 시간을 함께 공무(公務)에 임했다. 또한 두 살 차이인 박은식(1859년생)과 류근(1861년생)은 서로 이놈 저놈하며 지낼 만큼 격이 없는 사이였다.[340]

박은식과 막역지우였던 류근은 대종교가 만들어질 당시부터 깊숙이 참여한 인물이다. 그는 대종교야말로 조선인들의 식량(食糧)과 같은 종교라고 인식했으며, 대종교의 경험을 통해 그의 조선학적 소양을 더욱 깊게 만들어 갔다.[341] 특히 류근이 1906년 9월부터 1910년 6월까지 『황성신문』 사장을 맡아 이끌어간 기간은,[342] 박은식에 있어서는 단군과 대종교의 인식을 체계화시키는데 중요한 기간이었을 것으로 생각된다.

또한 박은식과 관련하여 주목되는 하나는, 1910년 10월에 출범하는 조선광문회다. 조선광문회는 대다수가 대종교의 신자들로서, 대종교의 문화적 공동체라 할 수 있을 만큼 대종교적 구국이념이 나타나는 단체였기 때문이다.[343] 박은식과 류근은, 후일 대종교 2세 교주가 되는 김교헌(1868 – 1923)과 함께 이 조선광문회의 고문으로 참여하는데, 박은식이 조선광문회 활동을 통해서도 대종교적 정서를 많이 체득했을 것으로 추측되는 부분이다.

한편 류근은 7년 연하인 김교헌(1868년생)과도 남다른 사이였다. 인간관계로서도 형제 이상이었고 대종교의 업무에서도 친형제처럼 의지했다고 한다.[344] 후일 대종교 2세 교주까지 역임한 김교헌은 『증보문헌비고』 편집위원 및 『국조보감』 감인위원(監印委員)을 역임한 당대 최고의 학자로서, 1910년 1월 대종교에 입교한 인물이었다. 김교헌의 집은 조선조 영조 때에 나라에서 하사받아 내려온 것으로, 왕자궁(王子宮)으로 쓰이던 삼백여 간에 이르는 대저택(현재 서울 종로구 안국동 소재 조계사 자리)이었다. 이 저택에 소장되었던 서책과 문헌 또한 김교헌의 선조들이 여러 대에 걸쳐 마련한 것으로 막대한 양이 있었으며, 조선광문회 활동에 중요하게 활용되었다.[345]

후일 백연(白淵) 김두봉(金枓奉, 1889 – 1960)이 김교헌의 죽음을 추모한 글에서, "오늘날의 우리가 이만치라도 역사에 대한 생각을 가진 것은 모두 이 어른의 공이라 할 것이니, 그 공의 큰 것은 중국의 사마천(司馬遷)이 세운 공보다 더 큰 것이다."[346]라고 적고 있다. 한마디로 김교헌의 역사적 공적이 중국의 사마천에 능가한다는 것이다. 이러한 정황에서 보면, 박은식은 류근뿐만이 아니라 김교헌과도 깊이 교유하면서 단군과 대종교에 대한 역사적 소양을 더욱 깊고 넓게 키워 간 듯하다.

박은식이 『한국통사』를 완성함에 있어서도 류근의 보이지 않는 도움이 적지 않았다는 증언이 주목을 끈다.[347] 이것은 백암의 저술인 『한국통사』에 류근이 많은 역할을 하였다는 의미를 떠나서, 자료의 긴밀한 부탁도 꺼리지 않았던 박은식과 류근의 관계가 얼마나 가까웠는가를 암시받을 수 있으며, 박은식의 학문에 류근의 역할이 적지 않았음을 보여주는 단적인 예라 할 수 있다.

아무튼 박은식과 류근, 그리고 류근과 김교헌의 관계 속에서, 세 사람의 긴밀한 정신적 교감이 쉽게 유추된다. 또한 이러한 관계는 박은식이 1911년 만주 환인현에 있는 대종교시교당으로 망명을 택하게 되는 필연적 노정과도 직결되고 있다. 1911년 당시 경성의 대종교총본사의 직무를 김교헌과 류근이 맡고 있었고 만주와의 인적 왕래 역시 이들이 깊이 관여하여 논의했다. 해방 후 대종교 총천교(교주)를 역임했던 지산(志山) 정원택(鄭元澤, 1890－1971)이 1911년 북간도로 옮겨갈 당시도, 대종교총본사를 이끌고 있던 김교헌·류근과 긴밀한 상의 하에 이루어졌다는 다음 기록이 주목된다.

"(1911년 11월 29일) 저녁에 대종교총본사로 김교헌 · 류근 양선생에게 북간도로 떠날 방편을 토의하여, 가는 도중에 방문할 곳을 상세히 기록해 두었다."[348]

이 기록은 박은식이 윤세복이 있는 만주 환인현으로 떠나게 되는 과정에서, 류근과 김교헌이 관여하지 않을 수 없었던 필연성을 그대로 확인시켜 주고 있다. 더욱이 박은식과 두 사람의 관계를 보면 더욱 치밀하고 계획적인 의도하에 이루어졌을 가능성이 크다. 즉 대종교 조직의 긴밀한 협조 속에서 박은식의 망명이 진행되었음을 추정할 수 있다는 것이다. 더욱이 류근의 만주에 대한 평소의 인식을 나타내는 다음의 글을 보면, 만주가 단순한 도피처가 아니라 대종교의 정신적 근거로 여겼음을 알 수 있다.

"선생(류근－인용자 주)은 가끔 만주를 이야기하였다. 그 속에 무슨 뜻이 있었는지는 모르되 그의 말씀은 이러하였다. 사람이 널리 놀아야 뜻이 갑갑지 아니하며 사람이 커지는 것이다. 공부도 그러하고 일도 그러하다. 더욱이 만주는 우리 조상이 뒤굴근 데로, 우리 대종(大倧)이 베푸신 데라. 이것을 모르는 세상의 어린이들은 이

곳을 생각에 걸지도 아니하지마는, 소위 문자하는 뜻있는 사람으로 저 컴컴한 구덩
이를 그냥 버려둘 수 가 있나 하였으니, 곰곰이 말을 캐어 본다면 그 뜻의 범연치
아니함을 여러 방면으로 짐작할 것이다."[349]

류근의 이러한 인식은 박은식의 인식과도 다르지 않았다. 망명 후 박은식
이 저술한 여러 편의 사론(史論)들에서 그대로 드러나기 때문이다. 이런 점
에서 박은식이 망명 이전에 이미 대종교에 입교했을 가능성이 매우 크다.
즉 박은식은 대종교의 중심인물들이었던 류근·김교헌과의 특별한 관계 속
에서, 유교적 역사인식의 틀에서 벗어나 대종교적 역사인식의 구도를 이미
세웠고, 대종교의 입교와 함께 만주로 망명하여 대종교적 역사인식을 토대
로 한 여러 편의 글을 완성했다는 논리가 쉽게 유추되는 것이다.

또한 만주 시절 박은식의 후견인이었던 윤세복은, 1910년 12월 홍암 나철
에게 감화되어 대종교에 입교한 인물이다. 1911년 초에 참교(參敎)의 교질(敎
秩)과 시교사(施敎師)의 성직을 받고 만주 포교의 명을 받는데, 곧바로 만주
환인에 이동 정착하였다. 그리고 그는 평생을 나철의 유훈(遺訓)인 '국수망
이도가존(國雖亡而道可, 나라는 비록 망했으나 정신은 가히 존재한다)'이라는 가치
를 품고 살았다.

공교롭게도 박은식 망명 초기인 1911년 저술들을 윤세복이 열(閱)을 했다.
즉 박은식의 사상적 변화를 가장 잘 보여주는 『몽배금태조』·『명림답부전』·
『천개소문전』·『대동고대사론』·『발해태조건국지』등의 열(閱)을 윤세복이 했
다는 것은, 대종교와 박은식의 교감을 단적으로 보여주는 부분이며 박은식
과 윤세복의 절친한 관계를 말해 주는 근거이다. 윤세복이 "무치생(無恥生,
박은식의 별호 중의 하나 - 인용자 주)은 우리 무리의 장로(長老)다."[350]라고 밝힌
것처럼, 밖은식은 1911년 환인현 거주 당시 대종교의 중진으로 대접받았음

을 알 수 있다.

특히 박은식 스스로가 자신의 글에서, 윤세복이 열(閱)한 소감을

"단애생(檀崖生, 윤세복을 말함 – 인용자 주)은 말한다. '탁이(卓異)한 견해와 정확
한 사론은 실로 우리나라에 처음 있는 문자로, 산을 개척한 대부(大斧)로 한 번 용
문(龍門)을 찍어 황하(黃河)의 물이 비로소 옛 물길로 흐르는 것과 같다. 종지(宗旨)
의 간절하고 중요한 것을 모아 제시한다면, 우리 대동민족(大東民族)이 우리의 신
성한 종교를 보존하고 우리의 신성한 역사를 발휘하여, 정신을 둘 곳이 만고토록
오직 한결같아야 하는 것이 이것이라, 하늘이 선생을 태어나시게 하신 것은 우리
민족을 행복하게 하신 것이 아니겠는가.'
단암생(檀庵生, 檀崖生의 誤字인 듯 함 – 인용자 주)은 말한다. '천고의 새로운 논조
를 창조하셨고 천고에 미결인 사안(史案)을 결말지었으니, 이 얼마나 위대한 작업
인가. 하물며 종교와 역사는 우리 민족의 정신이니, 어리석은 나는 이 책을 읽고 책
상을 치며 크게 부르짖었다. 우리 단군의 신성한 후예 삼천만 형제들이여!'"³⁵¹

라고 기록했다는 점은 박은식 후견자로서의 윤세복에 대한 의미가 무엇인
지를 단적으로 보여주는 것이다.

이렇듯 류근·김교헌과의 정서적 일체감 속에서 단군과 대종교에 대한 신
념을 정착시킨 박은식은, 만주 망명의 이후에 더욱 대종교와의 깊은 관계를
유지하게 된다. 또한 망명 직전 대종교 입교 가능성과 함께, 만주로 망명하
여 윤세복의 도움으로 대종교적 성격의 저술 활동을 본격화한 것이다.

이러한 정황을 살피면 『단조사고』의 저자가 누구인지 쉽게 유추가 간다.
즉 『단조사고』는 단군의 행적과 유적에 관한 자료집으로써, 대종교가 일어
난 직후부터 대종교단 차원에서 진행하여 만들어진 것이다. 그 중심인물이
김교헌이며, 박은식·류근 등이 함께 관여했을 가능성이 크다.

한편 이 책 최초의 판본이, 『대동고대사론』·『동명성왕실기』·『천개소문

전』·『명림답부전』·『발해태조건국지』·『몽배금태조』등과 동일한 글자체의 등사본으로 출간되었다. 이것은 『단조사고』가 열거한 책들과 같은 시기에 나온 것임을 말해 주는데, 모두 박은식의 저작으로 되어있으나 『단조사고』만이 박은식이 아닌 '대종교편'으로 출간되었다는 점이다.

이미 출간 당시부터 『단조사고』 저자가 대종교편으로 적혀 있다는 것은, 이 책의 또 다른 저자에 대해 운운하는 자체가 의미가 없다고 본다. 그것도 내편과 외편으로 엮어져 있는 『단조사고』를 보면 저자에 관한 기록이 두 번이나 나타나고 있다. 즉 내편의 맨 앞에 저자가 '대종교편'으로 적혀 있고 외편 맨 앞에도 '대종교편'으로 저자가 다시 적혀 있음을 볼 때, 『단조사고』의 저자가 대종교라는 것은 더욱 분명해 지는 것이다. 해방 후 윤세복에 의해 정리된 '우리말토씨본'과 '한글번역본'에서 『단조사고』의 저자를 대종교협제회(大倧敎協濟會)로 밝혔다는 것, 그리고 1954년에 대종교총본사에서 발행한 『한배일살핌』(檀祖事攷의 순우리말 – 필자 주)에서도 대종교 혹은 대종교협제회가 출판의 주체임을 분명히 하고 있다. 이것은 『단조사고』가 개인의 저술이 아니라, 대종교공동체에서 만들어졌다는 것을 더욱 확실하게 뒷받침하는 부분이다.

오히려 『단조사고』 저자에 있어 중요한 것은, 당시 대종교의 인물들 중 어떤 사람들이 주축이었는가라는 문제라 할 수 있다. 우선 당시 대종교 교주였던 나철의 만주 활동을 담아 위암 장지연에게 보낸 서신(書信: 1911. 10. 26) 내용이 주목된다. 당시 북간도 삼도구 청호에 근거를 둔 대종교시교당의 윤묵(尹黙) 외 5인이 연명하여 보낸 내용을 보면,

"도사교(都司敎, 나철을 가리킴 – 인용자 주)님께서 오직 우리 한배검의 영험이 깃든 단(壇)·성(城)·사(祠)·전(殿)·능(陵)·굴(窟) 등의 여러 곳을 봉심하여, 각처

의 고적과 강계(江界) 청학대(靑鶴臺) 삼석인(三石人) 고적을 찾고자 지난 7월 21일 출발 진행 중, 평안북도에 이르러 한배검 영적이 만주에 많다는 말을 듣고 먼저 이곳을 찾고자 하여, 봉심하여 돌아올 때까지 도사교의 사무는 본사(本司) 전무(典務)인 김헌(金獻, 金敎獻의 대종교명 – 인용자 주)에게 위임 처리케 하고 곧바로 백두산으로 향하여 산 아래 간신히 다다르니, 추석이 이미 넘은지라 날씨가 벌써 얼음이 얼고 눈이 덮여 산길은 이미 막히고 겨울옷을 준비치 못하여 산 위의 궁(宮)과 각(閣)을 찾아보지 못하니, 좁은 길을 따라 무산(茂山)에 도착하여 이곳에서 내년 봄 해빙을 기다리며, 다음에 기록하는 각 곳의 고적과 영적(靈蹟)을 차례로 찾은 후에 돌아가시겠다고 합니다."[352]

라고 적고 있다. 그리고 열거한 지역의 고적과 영적 들은, 백두산(靈宮·古經閣·不咸池·內島山·外島山·松風蘿月木處·高句麗古城·高麗城·三韓石碣), 길림성(木葉山·檀君廟·三聖山·檀城府·檀雲城·太古檀神祭遺墟), 성경성(檀君廟·古平壤·醫無閭山), 흑룡강성(伊勒呼里山·穆稜縣木處·檀君古蹟·高麗城古址·高麗塚墓·古碣) 등으로 나타난다. 그리고 여기에 나타나는 많은 자취들이 『단조사고』외편에 실려 있는 단군사적과 일치됨을 알 수 있다. 이것은 나철이 대종교를 일으킬 당시부터 단군사적에 대한 자료조사가 조직적으로 진행되고 있음을 알려주는 근거가 된다. 류근이 '단조사고편찬위원(檀祖事攷編纂委員)'에 임명되었다는 대종교의 내부 기록이[353] 이를 뒷받침하는 것이다. 권덕규도 『단조사고』와 관련하여 다음과 같이 증언하였다.

"(류근 선생이)대종교에 관한 문헌을 수집(修輯)하는 데에는 전심(專心)과 치력(致力)을 하였으니, 대종교로서 발포된 단조사고(檀朝事故, 檀祖事攷의 誤記로 보임 – 인용자 주)나 신단실기(神檀實記)는 이들(김교헌과 류근 – 인용자 주)의 손으로 나온 것이며, 비록 그 중 한 분의 이름으로 간포(刊布)되었다 할지라도, 서로 보조(輔助)의 적지 않음은 누구나 알 것이다."[354]

이것을 보면 『단조사고』의 편찬에 김교헌과 류근이 깊이 관여했음이 나타난다.

특히 김교헌이 1914년에 저술한 『신단실기』에 『단조사고』의 내용이 거의 흡사하게 반복되고 있는 것도 주목되는 부분이다. 즉 『신단실기』는 『단조사고』의 내용을 주제별로 재정리한 것이다. 더욱이 『신단실기』의 족통원류(族統源流) 역시, 『단조사고』의 초두에 실린 「배달족원류도(倍達族源流圖－檀君血統)」라는 도표를 서술 형식으로 바꿔놓은 것에 불과함을 볼 때, 『단조사고』의 저술에 김교헌의 역할이 절대적이었음을 확인할 수 있다.

특히 『단조사고』에 관찬사서의 자료들이 많이 나타남을 보더라도, 김교헌의 역할이 지대했을 것으로 추측된다. 김교헌의 본관은 경주로 조선왕조 개국공신 이 계성(李季誠)의 후손이며, 숙종왕후였던 인원왕후의 부친인 경은부원군(慶恩府院君) 김주신(金柱臣)으로부터 이어지는 전동가문(磚洞家門) 경은가(慶恩家)의 7대 종손이었다. 그는 18세에 문과에 급제한 후, 25세 때에 이미 정삼품 통정대부(通政大夫)에 올랐다. 32세에 증보문헌비고찬집위원(增補文獻備考纂輯委員)으로 발탁되는가 하면, 42세에 국조보감감인위원(國朝寶鑑監印委員)으로 임명됨과 함께 규장각부제학(奎章閣副提學)에 칙임되었고, 43세 때인 1910년에는 종이품 가선대부(嘉善大夫)까지 올랐던 인물이다.[355]

김교헌이 『증보문헌비고』찬집위원과 『국조보감』감인위원, 그리고 규장각부제학을 역임했다는 것은, 그가 관찬사서·관찬자료·희귀사료 등을 자유로이 열람할 수 있었던 인물이었음을 말하는 것이기도 하다. 당시 『단조사고』에 실린 국승자료(國乘資料)들이나 희귀사료들은 일반인들이 쉽게 접근할 수 없었던 것임을 상기한다면, 이러한 것들을 자유로이 열람할 수 있었던 김교헌의 역할은 누구보다 컸을 것이다. 후일(1914년) 『단조사고』의 내용과 유사한 『신단실기』를 김교헌 자신의 이름으로 펴낼 수 있었던 것도 이러한 배경과 무관치 않았다.

따라서 『단조사고』는 대종교 차원에서 이루어진 대종교 저술로, 김교헌·박은식·류근 등, 1910년대 대종교 황성신문계열의 대종교도들이 자료 수집·검토·편집에 참여하여 이룩한 업적이었다. 특히 신교사관적(神敎史觀的) 식견과 국승자료의 수집에 있어 남다른 능력을 가졌던 김교헌의 역할이 절대적이었다. 이것은 『단조사고』의 역사의식이 곧 김교헌의 역사의식이라 해도 과언이 아니며, 김교헌의 신교사관이 곧 『단조사고』 형성에 근간이었음을 말하는 것이기도 하다. 다만 『단조사고』의 출간이 서간도에서 이루어졌던 것은, 1911년 박은식이 서간도로 망명할 당시 김교헌이나 류근 등 대종교 차원의 계획에 의해 자료를 들고 간 것이라 할 수 있을 것이다. 박은식의 다음과 같은 망명의 변(辯)도 이를 뒷받침한다.

"일언일자의 자유가 없으니, 오로지 해외에 나가서 사천 년 문헌을 모아 편찬하는 것이 오족(吾族)의 국혼을 유지하는 유일한 방법이다."[356]

3. 『단조사고』의 체재와 내용

1) 체재

『단조사고』는 전체(걸표지 제외) 69쪽의 프린트본[謄印本]으로 되어있으며 순한문으로 씌어졌다. 더 정확히 분석해 보면, 도표 2장[倍達族源流圖(檀君血統) 1圖와 三千團部(檀君疆域) 1圖] 각 1쪽과 '단조사고범례' 1쪽, 그리고 내편 26쪽과 외편 40쪽으로 엮어진 책이다.

먼저 도표1의 '배달족원류도(단군혈통)'는 배달민족이 여섯 지파로 나뉘어 남방족(조선)과 북방족(금)으로 모아지는 계통도이며, 도표 2의 '삼천단부(단군강역)'는 만주와 연해주를 망라하는 배달민족의 강역형세도라 할 수 있다.
'단조사고범례' 는 일곱 항목의 일러두기를 적은 것이며, 내편과 외편의 각
쪽은 13줄 4백자 내외로 적혀 있다

　　본문의 전체 구성은 두 권(내편·외편)의 형식으로 엮어져 있는데, 내편과
외편의 맨 앞에는 저술자(大倧敎編)를 밝혔으며 각 권 모두(冒頭)에 전체 내용
의 대강을 적은 후 내용 전개를 꾀하고 있다.

　　먼저 내편에서 말하고자 하는 주요항목은

　① 삼신을 살펴보면 환인과 환웅과 환검이다

　② 갑자에 천부삼인을 잡고 태백산 단목 아래에 내려왔다

　③ 오사를 주관하니 첫째는 곡식, 두 번째는 명, 세 번째는 병, 네 번째는 형벌, 다
　　섯 번째는 선악이고 인간 삼백육십여 가지 일을 다스렸다.

　④ 삼천단부를 두었다

　⑤ 신(神)으로써 교(敎)를 베푸니 대종(大倧)이라 한다

　⑥ 이에 백성들에게 머리를 땋고 머리에 쓰개를 하는 법을 가르쳐, 비로소 군신과
　　남녀의 나뉨과 음식과 거처의 절도가 있게 되었다

　⑦ 무진에 나라 사람들이 임금을 세우니 이가 단군이다. 성은 환씨이고 이름은 임
　　검이고 나라는 배달나라이고 태백에 도읍을 세워 임검성이라고 일컬었다

　⑧ 경인(庚寅)에 평양에 도읍을 하고 국호를 정하여 비로소 조선이라 칭하였다

　⑨ 비서갑(匪西甲) 신녀(神女)에게 장가들어 부인을 삼았다

　⑩ 아들 부루를 세워 태자로 삼았다

　⑪ 작은 아들 부여에게 부여를 맡게 했다

　⑫ 세 아들[三郞]로 하여금 혈구에 성을 쌓게 하였다

　⑬ 항상 혈구의 바다 마니산의 언덕에서 하늘에 제사지냈으며 산등성이에 성을 파
　　고 단을 쌓았다

　⑭ 팽우에게 명하여 국내 산천을 다스리어 백성들이 살 곳을 정하게 하였다

⑮ 또 고시에게 명하여 농사를 가르치게 하고 신지는 글자를 맡게 하였다

⑯ 여수기(余守己)로 예국(濊國)의 우두머리를 삼고 아홉 아들로 하여금 여러 고을을 나누어 맡게 하였다

⑰ 갑술(甲戌)에 태자 부루를 보내어 도산(塗山)에서 하나라 우임금과 회동하였다

⑱ 백악(白岳)의 당장경(唐藏京)으로 도읍을 옮겼다

⑲ 경자(庚子)에 아사달산에 들어가 다시 신(神)이 되어 하늘로 올라갔다

등의 19개 항목이며, 외편에서 밝히고자 한 주요항목은

① 문화(文化)에 삼성사(三聖祠)가 있다

② 평양에 숭령전이 있다

③ 영주(永州)에 목엽산묘(木葉山廟)가 있다

④ 봉화(奉化)에 태백산사(太白山祠)가 있다

⑤ 강동(江東)에 신선(神仙)의 능[仙寢]이 있다

⑥ 묘향산에 신굴(神窟)이 있다

⑦ 백두산에는 박달나무[檀木]와 신령한 집[靈宮]이 있다

⑧ 기씨조선(箕氏朝鮮)은 사당에서 제사를 드렸다

⑨ 예(濊)와 부여(扶餘)와 삼한(三韓)은 나라 도읍[國邑]에서 제사지냈다

⑩ 신라(新羅)와 가락(駕洛)은 신궁(神宮)에서 제사드렸다

⑪ 고구려와 백제는 교사(郊社)에 제사를 드렸다

⑫ 발해와 고려와 조선은 묘전(廟殿)에서 제사를 올렸다.

⑬ 단군은 동방 백성의 시조이다

⑭ 동방(東方)을 군자(君子)의 나라라고 이름한다

⑮ 분야(分野)로는 미성(尾星)과 기성(箕星)에 해당한다

⑯ 풍속이 예법(禮法)과 의기(義氣)를 숭상하였다

⑰ 바다를 둘러있는 것은 오직 삼신산(三神山)이다

등의 17개 항목이다. 『단조사고』 본문 내·외편은 위의 36개 주요항목을 주론(主論)으로 세우고, 그 근거와 함께 의견을 다는 3단계 방식(주론 - 근거 - 의견) 혹은 2단계 방식(주론 - 근거)으로 전개하고 있다.

이러한 서술방식은 전통적으로 보면 강목체(綱目體)와 흡사한 것이다. 강목체란 편년체 역사기술의 하나로 다양한 역사적 사건을 객관적으로 전개하기보다는 저자의 사관에 따라 중요하다고 생각되는 사건을 서술하는데 용이하다. 즉 『단조사고』의 서술방법을 살피면 주론은 강(綱)에 부합되며 근거는 목(目)에 해당한다고 할 수 있다. 가령 『단조사고』 본문의 예를 하나 들어 보면,

[綱 - 주론] 신(神)으로써 교(敎)를 베푸니 대종(大倧)이라고 한다.

[目 - 근거1] 『신사지』에 이르기를, "신시의 시대에 신으로써 교를 베풀었다."라고 하였다.

[目 - 근거2] 고운 최치원(崔致遠, 857 - ?)의 「난랑비(鸞郎碑)」에 이르기를, "나라에 현묘한 도가 있으니"라고 했으니, 신교(神敎)가 그것이다.

[目 - 근거3] 성호 이익(李瀷, 1681 - 1763)은, "우리나라의 종교(倧敎)는 잘못 지칭하여 선교라고 하나 사실은 단군이 교를 베풀었던 것이다. 종(倧)은 우리 인조 임금의 이름인데 이를 피하여 선배들이 한 획을 더 보태어 종(倧)자로 만들었다."라고 말했다.

[目 - 근거4] 『강희자전(康熙字典)』에 이르기를, "종(倧)은 상고의 신인(神人)이다."라고 하였다.

[目 - 근거5] 『속완위여편(續宛委餘編)』에 이르기를, "동방에 단군이 먼저 나와서 신성의 교화로 백성을 가르침에 두텁고 부지런하여 강성한 겨레가 되었다. 교의 이름은 부여는 대천교라 하고 신라는 숭천교라 하고 고구려는 경천교라 하고 고려는 왕검교라 하는데, 매년 시월에 하늘에 절을 한다."라고 하였다.

[目 - 근거6] 『만주지지(滿洲地誌)』의 「종교론(宗敎論)」에 이르기를, "만주의 전설에

주신(主神)은 온누리를 통치하는 한량없는 지능이 있고, 그 형체를 나타내지 않으며, 가장 높은 하늘에 앉아있으면서 지상에 있는 작은 신을 부린다."라고 하였다.

[目-근거7] 또 「부여족론(夫餘族論)」에 이르기를, "법률이 매우 엄하고, 종교는 하늘에 절한다."라고 하였다.

[目-근거8] 홍만종(洪萬宗, 1643-1725)의 『순오지(旬五志)』에 이르기를, "일찍이 야사와 여러 문집 중에 신이한 자취를 모아 보았는데, 다만 여러 책에 흩어져 있어 참고하고 열람하기가 어려워 드디어 한편을 집성하여 해동이적(海東異蹟)이라 이름하였다. 무릇 전(傳)이 32편이고 사람이 40명인데, 세대가 멀고 오래되어 혹 다만 전에 호만 있고 그 성명을 알지 못하는 경우가 있고, 혹 성은 파악했으나 이름을 파악하지 못한 경우가 있는데, 지금 모두 상고할 수 없어 아래에 기록하여 해박한 선비를 기다린다. 단군 · 혁거세 · 주몽 · 술랑 · 영랑 · 남랑 · 안상 · 옥보고 · 김렴 효 · 소하 · 대로 · 참시 · 김가기 · 최치원 · 강감찬 · 권진인 · 김시습 · 홍유손 · 정붕 · 정수곤 · 정희량 · 남주 · 지리산인 · 서경덕 · 정렴 · 정작 · 정초 · 전우치 · 윤군평 · 한라산옹 · 남사고 · 박지화 · 이지함 · 한계노승 · 유형진 · 장한옹 · 남해선 · 곽재우 · 이완

[目-근거9] 홍주세(洪柱世, 1612-1661)의 시에 이르기를, "들으니 오랜 옛적에 신인이 신단수 아래 내려왔다네. 백성들이 추대하여 군장으로 삼으니 국호는 조선이었지. 평양에선 천여 년이요 당장은 백여 년이네. 한번 아사달로 돌아가시니 부처도 아니요 신선도 아니라네."라고 하였다.

[按-의견] 생각하건대 단군성조가 세상에 내려온 것과 나라를 세운 것이 모두 10월 3일이기 때문에 부여 · 신라 · 고구려 · 고려에서 매년 시월에 하늘에 절하는 것은 이를 기념하는 것이다. 고구려에서 3월 15일 교외에서 수렵하고 제사를 지내는 것 또한 단군성조가 하늘에 올라간 것을 기념한 것이다. 요즈음 민가에서 시월을 상달이라고 일컫는데 성조고사를 행하여 백성을 안정시켜줄 것을 기원하였다. 성조라는 것은 집과 나라를 이루어 만든다는 뜻이다. 대개 예로부터 내려오는 유속에 단군성조를 제사 지낸 것이 지극했는데, 단군신앙이 중도에 폐지되어 그 출처를 아는 자가 드물고 다만 부녀에게 맡기어 한갓 무당의 허망하고 간사한 데로 돌아가게 되어 거만하고 무례함이 지극하니 한탄스럽도다.

라는 형식으로 엮어있다. 『단조사고』 본문에 나타나는 36개 주요항목 중,
위의 예시문처럼 3단계(주론 – 근거 – 의견)의 형식을 취한 것이 10개 항목(내
편에 9개 항, 외편에 1개 항)이며, 나머지 26개 항목은 2단계(주론 – 근거)의 형식
을 보이고 있다. 이렇듯 『단조사고』가 강목체의 형식을 취했던 것은 저술자
의 입론(立論)을 보다 강조하기 위하여 가능한 한 많은 국내외 문헌 전거를
제시하려 한 목적에서 나온 듯하다.[357]

2) 내용

『단조사고』의 내용은 한마디로 단군의 혈통과 강역, 행적과 유속들을 통
해 단군의 역사성과 대종교의 당위성을 확보하고자 한 것이다. 책 제목인
『단조사고』에서의 '단조(檀祖)'란 '단군대황조(檀君大皇祖)'의 준말로써 대종
교의 등장과 함께 대종교단에 의해 보급된 용어다.

홍암 나철이 1909년 음력 1월 15일 대종교를 일으킬 당시, 대종교 중광을
위한 종교적 상징으로 세운 것이 '단군대황조신위'이며, 대종교의 중광선언
(重光宣言)으로 내세운 「단군교포명서」에도 수없이 언급되면서 파급된 것이
다. 이 「단군교포명서」에는 '단군대황조'라는 말이 무려 36회나 반복되고
있는데, 각 문단 혹은 주요 문장의 주어가 모두 '단군대황조'로 나타나 있
다.[358]

'배달족원류'는 단군의 혈통을 밝힌 것이며, '삼천단부'는 그 강역을 표시
한 것이다. 또한 내편에서 밝히고자 한 것은 단군의 탄생(출현)부터 승천(어
천)까지의 행적을 말하고 있고, 외편에서는 단군을 숭상하고 받든 유속들에
대해 기록을 통해 증명하고자 했다.

먼저 '배달족원류(단군혈통)'라는 도표에서는 '배달(단군)족'이 여섯 지파로

나뉜 후 최종적으로 조선족(남방)과 만주족(북방 – 후금)으로 귀착된다고 이해했다. 그리고 기자를 반배달족(半倍達族)으로 간주하고 우리 민족의 지파로 편입시켰다는 것이 주목된다. 특히 조선족(南朝)과 만주족(北朝)을 같은 단군의 혈통으로 엮었다는 것은, 대종교적 남북조사관(대륙사관)의 중요한 근거가 되었다 할 수 있다. 김교헌이 20세기 초 조선과 청나라가 모두 멸망하자, 배달민족의 국명과 국호가 남북조에 걸쳐 모두 끊어짐은 초유의 일이라고 통탄한 것도[359] 이러한 인식에서 기인하는 것이다.

한편 '배달'이라는 용어도 근대 대종교단에 의해 등장하는 명칭임이 주목된다.[360] 즉 대종교단의 문헌을 보면 단군조 배달검신(倍達儉神) 때에 삼천단부의 영역을 통합하여 '배달'이라는 명칭을 붙였다 한다.[361] 또한 「단군교포명서」에는

"단군조 중엽에 '배달국'이라 칭한 말이 한자의 뜻과 음으로 전변(轉變)하여 '조선'이 되었으니, 옛말에 할아버지를 일컬어 '배(倍)'라 하고 아버지를 일컬어 '부(父)'라 하며 빛나는 물건을 칭하여 '달(達)'이라 하니, 할배의 광휘를 입은 땅이라 하여 나라 이름으로 세운 것인 바, '배달'은 즉 조광(祖光)이라."[362]

고 밝힘으로써, 배달이라는 말이 단군조 중엽에 등장하는 나라 이름으로 '한배빛[祖光]'을 뜻한다고 적고 있다.

또한 도표 2로 실린 '삼천단부(단군강역)'는 배달민족의 강역형세도로써, 남으로는 탐라(제주도)로 시작하여 동으로 동해 전체와 인접되었다. 동북로는 달단해협(韃靼海峽)에 닿아 있고 북으로 흑룡강을 경계로 하였으며, 서북으로 이륵호리산(伊勒胡里山)을 이고 있다. 서쪽으로는 흥안령을 경계로 산융(山戎)과 접했으며 서남 방향은 요하(遼河)를 끼고 발해와 황해에 맞닿았다.

여기서 주목되는 것은 『단조사고』에 도표로 실려 있는 '삼천단부'가 단순

한 지도의 의미를 넘어 대종교의 전래 종지(宗旨)와 직결된다는 점이다. 즉 '삼천단부'란 우리 배달민족의 성역의식(聖域意識)과 직결된 것으로, 고구려의 건국정신인 다물정신으로 계승되고, 그러한 영토의식이 일제하 대종교 계열의 만주독립군들에게 '배달국이상향'의 정서로 이어져 왔다.[363]

먼저 고구려가 다물이념을 내세워 옛 땅을 되찾으려 했던 이유를 살펴볼 필요가 있다. 고구려의 건국이념인 다물주의는 고구려의 국시(國是)가 됨은 물론, 고구려 건국의 역사적 명분이었다. 다시 말하면, 전부는 아닐지라도 다물의 실천을 위하여 고구려가 건국되었다고 해도 과언이 아니다. 까닭에 건국 이후 고구려의 대외전쟁이 단순히 영토 확장만을 위한 의도가 아니라 고구려의 건국이념이나 기본정책과 불가분의 관계에 있음이 확인된다.[364]

고구려는 흔히 알려진 바와 같이 기원전 37년에 건국된 국가[365]가 아니다. 중국의 사서를 보면, 이미 고구려를 '구려(句麗)'로 부르는 것이 발견되고[366] "구이는 동북의 이(夷)로서 고구려다"라는 기록도 보인다.[367] 이것은 고구려가 이미 기원전 12세기에 존재했다는 것을 보여주는 것으로, 일찍이 고조선의 거수국(渠帥國)으로 고구려가 있었다는 주장[368]과도 일맥하는 내용이다. 이러한 사실은 단군조와 고구려의 국가적 상관성, 즉 사상적 계승성의 단초가 된다는 점에서도 주목된다.

『제왕운기』를 보더라도 고구려가 고조선을 계승한 집단이라고 적고 있고,[369] 고조선이 역사적으로 한반도와 만주에서 처음으로 출현한 고대국가로서 수많은 거수국을 거느린 지방분권적인 국가임과 동시에, 각 지역의 거수들은 종교·정치·경제 등의 면에서 일정한 의무를 지며 단군(檀君)을 그들의 공주(共主)로 받들었다는 내용이나,[370] 풍속·언어 등에서도 고조선과 그 거수국들이 동질성이 있다는 주장에서도,[371] 고조선과 고구려의 사상적 연계성이 확인되고 있다.

이런 점에서 고구려의 다물이념의 배경에 고조선의 영토의식이 숨어 있음이 자연히 드러나게 된다. 고구려의 동명성왕이 건국 2년만에 송양왕의 비류국을 정복하고 그 지역을 다물도라 설정한 배경에 대해서도,[372] 다물의 의지 반영으로 해석할 수 있다는 점이다. 즉 고구려가 고조선의 거수국 중 하나였던 비류국을 정복한 배면에는 고조선을 계승하겠다는 의지가 분명히 나타난다.[373] 정인보도 최초의 정복국인 비류국을 다물도라 명명한 배경이 그 첫 공적을 기념하기 위한 의도적 명명임과 아울러, 그 다물정신이 고구려 입국(立國)의 근본종지(根本宗旨)라는 의견을 다음과 같이 개진했다.

> "선세(先世)의 '땅'을 '물르'는 첫 공적임을 기하기 위하여 '복구토(復舊土)'의 의(義)로 '다물(多勿)'이라 하였으니, '다'는 '지(地)'의 의(義) '따'를 역(譯)함이요, '물'은 '환매(還買)'의 의 '물르'를 역한 것이다. 잃었던 땅을 물러온 이 사(事)가 고구려 건국의 최초 업적일 뿐만 아니라, 잃었던 땅을 물르자는 것이 곧 고구려 입국의 근본종지(根本宗旨)다.[374]

또한 동명성왕 스스로 송양왕에게, "나는 하느님의 아들"이라고 내세운 점에서도 고조선의 계승 의지를 뚜렷하게 살필 수 있다. 고조선의 통치자인 단군이라는 의미가 하느님의 아들이라는 의미로서,[375] 북부여를 건설한 주체인 해모수라는 말과도 통한다. 즉 해모수의 해는 하늘의 '해', 모수는 '머슴애'를 뜻하는 것으로 해모수는 해의 아들 즉 일자(日子)를 말한다는 것이다.[376] 이것은 단군과 해모수가 같은 의미로 작용하는 것이며, 『삼국유사』나 『제왕운기』에도 단군과 해모수를 동일인으로 이해하고 있음이 나타난다.[377] 그리고 해모수가 태어난 고향이기 때문에 고구려라 칭했다는 신교사서의 기록[378]을 보면 단군과 해모수 그리고 고구려의 연결성이 그대로 드러나고 있다.

한편 태양(광명)신앙이 바로 삼신신앙이며 유구한 우리 민족의 종교적 전통이라는 것을 다음의 기록은 말해 주고 있다.

> 『조대기』에서 말하길, '옛 풍속은 광명을 숭상하여 해로써 신(神)을 삼고 하늘로써
> 조상을 삼았나니, 만방의 백성은 이를 믿고 서로 의심치 않으며 아침 저녁에 경배
> 하며 이를 가지고 일과를 삼았다. 태양은 광명이 만나는 곳으로써 옛날부터 삼신
> (三神)이 계시는 곳이다.'[379]

즉 상고 삼신신앙의 근원이 광명(해)이라는 것과 철학적으로는 "한(桓)은 전일(全一)이며 광명이라, 천일(天一)을 삼신의 지혜와 능력이라 하고 광명은 삼신의 참된 덕이라 하니, 곧 우주 만물에 앞섬을 말함이다"[380]라고 함으로써, 한이 광명이요 곧 삼신임을 분명히 밝히고 있다.

고구려의 동맹(東盟)이 본시 한맹(寒盟)을 계승한 것이라는 을파소의 말도,[381] 한맹(동맹)이 '한'에 맹세하는 것이며 이것은 광명과 삼신께 결의하는 것으로 이해할 수 있음을 암시한다. 이것은 고구려 다물주의 형성 배경에 고조선이 밀접히 관련되어 있음을 말하는 것으로, 고조선 거수국으로서의 고구려가, 고조선과 종교·언어·풍속 등의 동질감 속에서 형성된 이념 의식으로 연결되고 있음을 확인시켜 주는 부분이다.

특히 전래 신교사서(神敎史書)에서는 고조선과 관련된 고구려 다물의식의 형성 배경이 아주 분명하게 드러나고 있다. 우선 『단군교오대종지서』에 보면, 단군조 아돈검신(阿頓儉神)[382] 재위 당시 흘나사한(訖那沙翰)이라는 밝은 이[哲人]가 시대적 혼란기를 맞아 대황조로부터 내려오는 종지를 정리한 것으로 기록되어 있다. 또한 신교(神敎)의 분명한 행태가 그로부터 시작된 것이며, 후세 사가들이 선교(仙敎)라고 하는 것도 이 신교에서 연원한 것임을 언급했다.[383]

그리고 단군조 이고랑검신(尼古郎儉神) 때, 수사로(秀斯老)라는 철인이 나타나서 흘나사한의 전통이 '오대종지(五大宗旨)'로 정착하게 되었다는 것이다.[384] 당시의 오대종지는 염조신(念祖神)·연명성(演明性)·합동류(合同類)·수단부(守團部)·근의식(勤衣食)인데, 그 중에서 '수단부(삼천단부 혹은 삼한관경을 수호할 것)'가 주목되는 부분이다. 『고기(古記)』를 인용한 『삼국유사』에서도 환웅이 거느리던 '삼천단부'의 기록이 언급되고 있음은 주지하는 바다. 이심전심으로 가르쳐지며 내려오던 대도대지(大道大旨, 오대종지)가 마침내 수사로라는 인물에 의해 말과 글로써 자리 잡게 되었음을 알리고 있다.

또한 이러한 전통이 무르익어 배달검신(倍達儉神) 때 와서는 '삼천단부'에 다시 대황조의 가르침이 드러났음을 말하고 있을 뿐 아니라, '삼천단부'의 영역을 통합하여 배달이라고 일컬었음을 기록하고 있다.[385] 단군조 중엽에 전성기를 맞아서, 그 후 수사로 철인의 제자들이 삼천단부의 지도자가 된 자가 반이 넘었고 신교의 오대종지가 오랜 기간 융성하다가, 다라검신(多良儉神) 재위 시에 양파로 분립이 된 후, 마침내 서울검신(徐鬱儉神) 때 와서는 서울(평양) 천도의 문제를 두고 단군조 초유의 분열과 대립을 맞게 된다. 이것을 신교에서는 서울사변(徐鬱事變)이라 하고 이로 인해 삼천단부의 일체감은 점점 쇠약해지기 시작했다는 기록이다.[386]

한편 『종지서』에 나타나는 '삼천단부'의 기록이, 또 다른 신교사서에는 삼한(三韓)·구한(九桓)·구이(九夷)·구려(九黎)·오가(五加)·64족(族) 등 다양하게 나타남이 확인된다.

"무진년에 단국(檀國)으로부터 아사달의 단목(檀木)터에 이르니, 온 나라 사람들이 받들어 천제의 아들로 모시게 되었다. 이제 구환(九桓)이 모두 뭉쳐서 하나로 되었고 신과 같은 교화가 멀리 미치게 되었다. (古記云…戊辰唐堯時來自檀國至阿斯達

檀木之墟國人推爲天帝子混一九桓神化遠)"[『檀君世紀』]

"천하의 땅을 삼한으로 나누어 다스렸으니, 삼한은 모두 오가(五加) 64족을 포함하였다.(區劃天下之地分統三韓三韓皆有五加六十四族)"[『檀君世紀』]

"이 때부터 구환은 모두 삼한에 통솔되고 나라 안 천제의 아들은 단군이라 불렀다.(自是九桓悉統于三韓管境之天帝子乃號曰檀君王儉)"[元董仲,『三聖記全』下.]

"모두 7일을 기한으로 삼신께 나아가 세 번을 빌어 온전하게 되기를 다짐하면, 구환이 바로 다스려지게 됩니다.(『檀君世紀』. 三世檀君嘉勒條.]

"웅족(雄族) 가운데 단국(檀國)이 있어 가장 강성했다. 왕검 역시 하늘에서 내려와 불함산에 사시니, 나라 안의 모든 사람들이 함께 받들어 단군으로 모시어 이를 단군왕검이라 했다. 태어나면서부터 지극히 신묘하고 성스러워서 구환의 삼한관경(三韓管境)을 모두 통합하였다."(雄族之中有檀國最盛王儉亦自天而降來御于不咸之山國人共立爲檀君是謂檀君王儉也生而至神兼聖圓滿統合九桓三韓管境)"[『太白逸史』『三神五帝本紀』第一.]

"하늘에 제사 지냄에 있어 반드시 임금[韓]이 몸소 제를 지내니 그 예법이 매우 성했음을 알 수 있다.…(중략)…무릇 백성들을 위해 기도하였으니, 곧 관경(管境)을 번식케 하는 원인이 되었으며, 소도제천은 곧 구려(九黎)를 교화하는 근원이 되었다.(祭天韓必自祭其禮甚盛可知也…盖爲民祈禳乃所以繁殖管境而蘇塗祭天乃九黎敎化之源也)"[『太白逸史』『三神五帝本紀』第一.]

"태자(부루)는 구려를 태산에 모으고 우나라 순임금에게 명하여 우공(虞貢)의 사례를 보고하도록 하였다."(太子會九黎於塗山命虞舜卽報虞貢事例)"[『太白逸史』『三韓管境本紀』第四.]

더욱이 『태백일사』「신시본기」에서는

"단군은 또한 천군이라 하니 제사를 주재하는 우두머리다. 왕검은 또한 감군이며 관경(管境)의 우두머리다. 때문에 하늘로부터 밝음을 환(桓)이라 하고 땅으로부터

의 광명을 단(檀)이라 한다. 이른바 한은 구환을 말하는 것이다. 한(韓)은 곧 크다는 뜻이다. 삼한은 풍백·우사·운사라 한다. 가(加)는 곧 가(家)이다. 오가(五加)를 말하자면 우가(牛加)는 곡식을 주관하며, 마가(馬加)는 목숨을 주관하며, 구가(狗加)는 형벌을 주관하며, 저가(豬加)는 병을 주관하며, 양가(羊加)는 선악을 주관한다고 한다. 백성은 64종족이 있었고 무리는 3,000이 있었다.”[387]

라고 말하면서, 우리 한족(桓族)이 모두 신시가 이끄는 삼천단부의 울타리에서 나왔음을 밝히고 있다.[388] 이것은 삼천단부라는 말의 표현이 다양하게 나타나지만, 모두 우리 민족의 울타리를 말하는 것과 연결된다. 특히 관경(管境)이라는 표현에서 알 수 있듯이 영토의식과 밀접하게 연결됨을 확인할 수 있다. “조선이란 표현이 관경을 말한다(朝鮮謂管境也)”고 단언함을 보더라도,[389] 우리 민족에 있어 영토관념이 얼마나 강했는가를 알 수 있다는 것이다.

더욱이 관경을 관리하는 철학으로 동원된 것이, 신교의 제천과 경전 그리고 소도의 관리였다는 점이다. 또한 군대와 산업의 육성은 물론, 화백(和白)의 지혜로써 무리를 통솔했음도 나타난다.[390] 『고려사』에 언급되어 많이 알려진 「신지비사」의 내용도, 본디 삼한관경을 유지하기 위한 슬기로운 비책(秘策)임을 다음의 내용은 알려주고 있다.

“진한은 나라 안을 진압하고 길을 다스리니, 모든 것이 유신(維新)되리라. 모한(慕韓, 馬韓을 말함 – 인용자 주)은 왼쪽을 보필하고 번한은 그 남쪽에 대비하여 험준한 바윗돌이 사방의 벽을 에워쌈과 같으니라. 성주(聖主, 檀君達門을 말함 – 인용자 주)께서 신경(新京)에 나아가심은 마치 저울추, 저울의 그릇과 같음이라. 저울그릇은 백아강이요 저울대는 소밀랑이며 저울추는 안덕향이니, 앞뒤가 균형이 잡혀 평균을 이뤄 나란히 있고 덕을 신뢰하고 신정(神精)을 지키며 나라를 일으켜 태평을 유지하느니라. 정사를 베풀매 70국을 항복시키고 길이 삼한의 뜻을 간직하니라. 왕업은 일어났다가 망하는 법, 흥폐(興廢)를 함부로 말하지 말지니라. 정성은 오직 하느님을 섬기는 일에 있느니라."[391]

이것은 당시 신지(神誌)였던 발리(發理)가 쓴 서효사(誓效詞)에 나오는 내용으로, 『고려사』에 김위제가 상소문에서 인용한 「신지비사」의 원문으로도 추정할 수 있는 글이다. 한마디로 삼한관경의 수호원리로, '수미균평위홍방보태평(首尾均平位興邦保太平)'의 이치를 저울 원리에 비유하여 설명했으며, 그 핵심이 '하느님을 섬김에 있다(在事天神)'고 적고 있다.

나아가 『태백일사』에서는 저울대 부소량이 진한의 옛 서울을, 저울추 오덕지가 번한의 옛 서울을, 그리고 저울그릇 백아강은 마한의 옛 도읍지를 말한다고 밝혔다. 그리고 이 셋 중에 하나라도 빠지면 나라와 백성을 보존할 수 없으므로, 삼신고제(三神古祭)의 서원(誓願)[392]은 삼한관경의 백성들을 기쁘게 하는 데 있다는 것이다.[393] 이것은 『종지서』에 나오는 '수단부(守團部, 삼천단부를 유지·수호하는 것)'의 종지가 전래의 삼신신앙의 원리와 뗄 수 없음과 일치하는 것이며, 다물주의의 사상적 근거가 여기에 있다는 점에서 주목된다.

구한의 무리가 삼신을 뿌리로 삼는다는 기록이나,[394] 삼신께 빌면 구한이 바로 다스려진다는 가치 인식에서도,[395] 다물주의 역시 삼신신앙과 떨어질 수 없음을 알 수 있다. 신채호가 주장한 다음의 내용도 이를 뒷받침한다.

"삼조선이 이렇게 동시에 붕괴됨은 하고(何故)이뇨. 삼한은 원래 천일(天一)·지일(地一)·태일(太一)의 삼신설(三神說)에 의하여 인민들이, '말한'은 천신(天神)의 대표, '불한'은 지신(地神)의 대표, '신한'은 천(天)보다 높고 지(地)보다 큰 우주유일신(宇宙唯一神)의 대표로 신앙하여 오다가, '말'·'불' 양한(兩韓)이 '신한'을 반(叛)하여 각기 '신한'이라 자칭하여, 삼대왕(三大王)이 병립하여 역대의 삼한이 한갓 삼신의 미신(迷信)으로만 인심(人心)을 유번(維繁)함이 아니라, 매양 외구(外寇)를 척

축(斥逐)하고 국토를 확대하여 천하가 다 그 위령(威靈)에 전율케 하더니, 이제 삼국의 '신한'들로서, 흉노와 지나(支那)의 질차(迭次) 침구(侵寇)를 저항치 못하여 국토가 많이 할기(割棄)되매, …(중략)… 삼한의 신엄(神嚴)을 부인함에 이름이 그 근인(近因)이니, 삼신설의 기초 위에 세운 삼한인즉, 삼신설에 파정(破綻)이 생긴 이후에야 붕괴하지 않을 수 있으랴."[396]

상고의 삼한이 삼신설(三神說)에 의해 만들어졌으나, 삼신설에 대한 믿음이 파탄나면서 붕괴일로로 치닫게 되었다는 주장으로, 삼한관경(삼천단부)을 유지했던 사상적 배경이 삼신설에 있음을 말하는 것이다. 특히 삼신설이 단순한 믿음으로 끝난 것이 아니라, 외국의 침략자들을 전율케 만드는 준엄한 정신이었다는 주장은, 삼신설과 국토수호의 상관성을 잘 말해 주고 있다. 이것은『단군교오대종지서』에 나타난 바와 같이 단군신앙과 '수단부'가 흥망성쇠를 같이했다는 점과도 일맥한다.[397]

이렇듯 '삼천단부'라는 말 속에는 '삼천단부'에 속한 집단들의 정신적 동류의식에서 배태된 영토 관념이 자리 잡고 있음이 확인된다. 또한 그 사상적 배경에는 대종교의 오대종지 계율과 삼신사상이 깊게 자리 잡고 있으며, 후일 고구려의 다물주의와 일제하 대종교인들의 배달국이상향에 대한 꿈역시 이러한 가치 의식의 연장 위에서 표출된 것이다. 그러므로『단조사고』에 '삼천단부'라는 지도를 삽입한 것은 단순한 지도의 의미를 넘어 대종교의 종교적 이상향을 드러낸 것이며, 고토의식에 대한 향수의 반영임과 아울러 대종교적 대륙사관 전개의 필연성을 현시한 것이라고 할 수 있다.

다음으로 대종교단에 의해 저술된『단조사고』의 본문(내편·외편) 역시 대종교의 교리·역사·문화에 대한 정당한 인식을 확보하는 데 초점이 맞춰져 있다. 이것은 백두산문화의 세계중심설이나 범동이민족주의(凡東夷民族主

義), 또한 대륙주의 역사관이나 신교계승설 등을 표방하는 대종교의 인식[398]
과 그대로 합치한다.

우선 『단조사고』내편 첫 시작이, 다음과 같이 대종교 신관의 중심을 이루
는 '삼신설(三神說)'의 옹호로 출발한다는 점이다.

　"삼신을 살펴보면 환인과 환웅과 환검이다."

삼신설이란 우리 민족 상고의 신앙 체계다. 옛 임금들이 단군삼신을 공경
하여 섬기는 것을 도로 삼았다는 기록이나,[399] 인(因)·웅(雄)·검(儉) 삼신이 비
로소 나라를 세운 공덕을 늘 전해 외우고 잊지 않았고, 중국 사람들도 삼신
을 받드는 자가 있어 동북에 신명지사(神明之舍)가 있었다는 내용에서도[400]
확인할 수 있다. 이것은 동이족이 세운 은나라가 천·지·인 삼신을 신앙의 대
상으로 삼았다는 주장과도[401] 연결되는 부분이다.

특히 정인보는 중국문헌에 보이는 고구려의 영성(靈星)·사직(社稷)·수신(隧
神)·제천(祭天) 등이 별개가 아니라 모두 제천을 나타내는 것으로 단정했다.
특히 영성제(靈星祭)야말로 다른 제사가 아닌 삼신하느님에 대한 제(祭)로
단정하고 있는데, 『사기(史記)』「봉선서(封禪書)」에 고구려의 '천신삼신'을 '태
일삼성(太一三星)'으로 잘못 옮겨 번역했음을 다음과 같이 공박했다.

　"봉선서에 말하지 아니하였는가? '태일삼성(太一三星)'이라 하고 또 태일삼성을 상
　(象)한 기(旗)를 '영기(靈旗)'라 하고 또 태일봉주(太一峰注)에 '徐光曰, 天官書曰, 天
　極星明者, 太一常居也, 斗口三星, 命曰太一'이라 하였으니, 이 영성(靈星)은 농상
　(農祥)의 영성과 전연 관계없는 천신삼신(天神三神)에 대한 이역(移譯)으로 태일삼
　성의 성수적(星宿的) 의의를 붙여 쓴 것이요, 이 천제(天祭)가 고구려 전국적 대전
　(大典)이므로 거기다가 한족(漢族)의 교사(郊祀)인 사직(社稷) 이자(二字)까지 붙여
　영성사직이라 한 것이니, 이를테면 삼신국사(三神國祀)라는 세움이어늘 후한서가

이를 오도(誤倒)하였다. 그런 즉 '사영성사직(祠靈星社稷)'과 '시월제천'을 나눈 것은, 그네들이 이쪽 진상을 모르고 역문(譯文)의 존후이동(前後移動)을 가지고 분착(分着)한 바요, 수신영제(隧神迎祭) 운운도 시월국중대회의 일이니, 이 곧 제천의식의 일(一)이거늘 후한서는 '역이(亦以)' 이자(二字)를 망가(妄加)하였다."[402]

오히려 정인보는 우리 삼신신앙의 전통이 한나라에 옮겨져 그들의 사책에 나타나게 되었다고 주장한 것이다.[403] 까닭에 정인보는 우리의 천제와 중국 한족(漢族)의 교사(郊祀)가 서로 다르므로, 시기는 분명치 않지만 진(秦)·한(漢)시대 훨씬 이전에, 산동(山東) 부근에서 조선족과 한족 간에 치열한 종교적 충돌이 있었을 것으로 추측했다.[404]

아무튼 이러한 삼신설은 대종교 신관의 근간으로써, 조화주로서의 한인과 교화주로서의 한웅 그리고 치화주로서의 한검의 행적을 밝힌 「신사기(神事記)」[405]를 보더라도 알 수 있다.[406] 또한 삼신설은, 삼신인 한인(환인)·한웅(환웅)·한검(단군)이 별개의 위상이 아니라, 쓰임에서만 셋으로 나타날 뿐 몸으로서는 하나라는 삼신일체설(三神一體說)과 동일한 의미다. 다음과 같은 대종교단의 이해가 그것을 뒷받침한다.

"우리들이 신앙하는 신위(神位)는 삼신일체 하느님이시니, 하늘에 계셔서는 조화주이신 한인(桓因)이시요, 세상에 내려오셔서는 교화주이신 한웅(桓雄)이시요, 또 치화주이신 한검(桓儉)이시니, 인간 사회에 계셔서는 어버이시며 스승이시며 임금이므로, 삼신일체 하느님이시다."[407]

『단조사고』에서도 나철의 「신리(神理)」를 인용하여 삼신일체의 의미를 옹호하고 있으며, 특히 대종교 혹은 김교헌의 의견이라 할 수 있는 안(按)에서는 삼세설(三世說)을 부정하고 삼신설의 타당함을 네 가지의 이유를 들어 다음과 같이 개진했다.

"생각하건대 이씨 종휘와 정씨 약용이 모두 환인·환웅·단군으로써 할아버지·아들·손자의 삼세를 삼았는데, 이것은 『고기』와 『유사』 및 우리나라의 여러 역사책에 의거하여 말한 것이다. 그러나 여러 책에 또한 스스로 서로 모순되는 것이 있다. 여러 책을 살펴보면 이르기를 "신인이 태백산에 내려왔는데 이가 단군이 된다"고 했으니, 어찌해서 제석의 서자가 환웅이 되고 환웅의 아들이 단군이 된다고 하였는지 의심스러운 것이 하나이다. 이미 신시라고 말하고 이가 단군이 되었다고 하였으니, 또 어찌하여 신시에서 인간의 몸으로 변화하기를 기도하여 단군을 낳았다고 하였는지 의심스러운 것이 두 번째이다. 임금이 된 자는 단군이고 천부삼인을 받은 자는 신시이니, 어찌 천부삼인을 받은 자가 즉위하여 임금이 되지 않고 따로 임금이 된 사람이 있었단 말인가. 그 단목에 내려온 것은 한 가지이니, 또 누가 먼저이고 누가 뒤라고 하겠는가. 그 의심스러운 것이 세 번째이다. 일반적으로 말하는 것은 동방에 처음 군장이 없었는데 태백의 산 아래에 내려온 것은 신인뿐이다. 신인(神人)이 먼저 나왔는데 어찌 이른바 서자라는 것이 있겠는가. 그 의심스러운 것이 네 번째이다. 대개 삼신일체와 일성삼신(一聖三神)의 묘함을 알지 못하기 때문에 그 보는 바에 따라 억지로 이름을 붙여 혹은 둘로, 혹은 셋으로 하고 심지어 삼세라고 지적하고 있으니 미혹된 것이다. 그렇다면 환인은 하나의 단군이고 환웅도 하나의 단군이고 신시씨도 하나의 단군이 된다. 낳음과 이름에 말미암아 나타나는 것이 하나가 아니고 몸과 쓰임에 말미암아 이름이 혹 다르니 그 변화를 헤아리지 못한다. 『신리』에 말이 수록되어 있다.

또 생각하건대 성스러운 이름과 호칭이 여러 책에 나타나는 것을 상고해보면, 환인·환웅·환검·단인·단웅·단군·임검·왕검·천신·천선·천왕·천군·천제·상제·단제·제석·신·신시씨·단신·산신·삼성·성조신·기수가한(奇首可汗) 등으로 말했는데, 그 이름이 하나가 아니다. 대개 역대의 언어와 예속에 따라서 시대마다 같지 않으나 사실은 한 가지이다."

다음으로 『단조사고』 내편에서 말하고자 하는 주론(主論) 19개 항목 가운데, 대부분의 항목이 대종교의 종교적 상징 혹은 교화치적과 관련된 내용들이다. 먼저 ②항에 나오는 '천부삼인'과 '태백산 단목(檀木)'은 그 종교적 상징성이 뚜렷하다. 즉 단목은 신단수(神檀樹)로 우주수(宇宙樹)이며 천상과 지상을 연결하는 신앙의 보편적 상징물로 이해되고 있다.

'천부삼인'은 그것이 무엇인지 역사의 기록에 분명히 나타나지 않지만, 지상에 홍익인간을 구현할 수 있는 천권(天權)의 상징이요 인치(人治)의 천부(天符)라 할 수 있을 것이다. 물론 여기에 나타나는 부인(符印)을 보는 시각에 따라 다양하게 해석할 수 있다. 그러나 그 부인이 옛날 우리 환족(桓族)이 가진 고유한 세 가지의 특징적 요소를 말하는 것이라고 이해해 볼 때, 불교에서의 인계(印契)나 도교에서의 부적(符籍)과 같이 신앙과 연결된 주물[呪物(Fetich or Fetish)] 내지는 주부[呪符(Amulet or Tailsman)]의 범위에 해당되는 것이다.[408] 좀더 단적으로 말한다면 지상의 인간세를 홍익할 수 있는 신교적(神教的) 신기(神器) 또는 경전(經典) 내지는 부적(符籍)이 바로 천부삼인이라고 할 수 있다.

③ 항에 나오는 '오사(五事)' 역시 대종교적 의미가 남다르다. '오사'란 주곡·주명·주병·주·주선악(主穀主命主病主刑主善惡)의 인간 주요 생활과 관련된 오사통치(五事統治)를 말하는 것으로, 먹고 사는 것, 삶 속에서의 위계(位階), 삶의 생노병사(生老病死), 삶의 질서, 삶의 도덕과 윤리 등을 관장한 통치 질서라고 할 수 있다. 전래 신교사상(神教思想)에서의 다섯[五]은 교화와 관련된 숫자로서, 대종교단의 교화경(教化經)으로 분류되는 「삼일신고」 역시 '다섯 가르침[五訓]'으로 구성된 경전이다. 특히 「신사기」에서는 치화주 한검(桓儉)이 오사[五事(곡·명·병·형·선악)]를 관장하여 '인간세상을 홍익(弘益人世)'했다는 기록이 발견되고,[409] 백포 서일은 오사통치를 다음과 같이 해석했다.

"심고 거둠을 때 맞춰하여 백성은 주림이 없고(주곡 – 인용자 주), 행하고 본받음이 마땅함을 얻으니 백성은 어김이 없고(주명 – 인용자 주), 병 빌미를 알고 미리 막아 백성은 천명을 지키고(주병 – 인용자 주), 간사한 무리들이 머리 들지 못하니 백성은 송사(訟事)가 없고(주형 – 편집자 주), 상과 벌이 분명하여 백성은 죄를 범함이 없느니라(주선악 – 인용자 주)."[410]

또한 ③ 항의 '삼백육십여 가지 일을 다스렸다' 함도 남다른 종교적 의미를 담고 있다. 즉 대종교에서의 '삼백 육십 여사'는 단순한 숫자의 의미를 떠나 질서의 완성, 교화·치화의 실현, 이상향 구현이라는 의미와 밀접하다. 즉 홍익인간을 숫자의 운도로 가장 크게 표시한다면 삼백 육십이라고 말할 수 있는 것이다. 홍익인간을 한글자로 표현한 '한'을 어음적으로 고찰하더라도 '한'은 '크다[大]'에서 출발하여 '하나[一]'라는 개념에서 종결된다고 말할 수 있다. 이 때 '하나'는 다시 '큰 하나[全]'를 수반하기에 그것은 곧 '온[全]'이며 '온[全]'을 전제로 하지 않는 자기 '하나[一]'는 있을 수 없다는 것이 홍익인간사상인 것이다.[411]

대종교단의 주경전인 「삼일신고」의 전문(全文)이 삼백육십 여자로 이루어져 있고 『참전계경』도 삼백육십 여사로 짜여져 있음도 종교적 연관성이 깊음을 보여주는 것이다. 「신사기」에서 치화주 한검(桓儉)이 여러 신관들에게 직분을 나눠주어 삼백 육십 여사를 다스리게 했다는 기록[412] 역시 종교적 의미가 깊음을 확인시켜 준다. 특히 서일은 "태원(太元)의 수가 삼백육십육이니 하늘의 도수에 합하고 해의 자리에 응하며 대종의 도가 섬이 이에 말미암음이며 대종교가 거듭빛남[重光]도 이에 즈음함이니, 이를 대회(大會)[413]라 이른다.(太元之數三百六十六 合天之度 應日之躔 大道立極由於是 大道重光際於是 此之謂大會)"[414]고 밝히면서, 다음의 「회삼경」을 통해, 삼백 육십 여사의 종교적 완성의 의미를 보다 구체적으로 설명하고 있다.

"삼백 예순 여섯은 천수(天數)가 크게 불어난 것이다. 그러므로 다섯 물건이 불어서 삼백 예순 여섯 가지[種]이 되고, 다섯 가르침이 불어서 삼백 예순 여섯 말[言]이 되고 다섯 일이 불어서 삼백 예순 여섯 일[事]이 되느니라. 그러므로 삼백 예순 여섯 목숨을 기르며 삼백 예순 여섯 몸을 마르재며, 삼백 예순 여섯 고동[機]을 돌림은 조화의 공적이요, 삼백 예순 여섯 뼈를 바꾸며 삼백 예순 여섯 혈(穴)을 돌리며 삼백 예순 여섯 도수로 모음[會]은 교화의 공적이요, 삼백 예순 여섯 행함을 가지며 삼백 예순 여섯 고이[德]를 쌓으며 삼백 예순 여섯 일을 지음[做]은 치화의 공적이니라."[415]

다음으로 ⑤ 항에 나오는 '신(神)으로써 교(敎)를 베푸니 대종(大倧)이라 한다'는 주론은 대종교의 정체성을 분명히 밝힌 부분이라 할 수 있다. 본디 단군교라는 이름으로 출발(1909년 음력 1월 15일)하여 대종교로 개칭(1910년 음력 8월 5일)했는데, 순수 삼신일체 하느님 신앙으로의 환원을 의미한다는 것이다.[416] 또한 대종(大倧)이 의미하는 바는, 다음과 같이 단군신앙의 교의(敎義)를 단적으로 나타내는 말이기도 하다.

"단군의 신도(神道)를 대종(大倧)이라 일컬음은, 하나는 교문(敎門)을 부흥하는 광무·융희 연간에 있는 어떠한 시대 사정에 인한 것이거니와, 또 하나는 종(倧)이란 자의(字義)를 단적으로 표현하기에 적당하기 때문인 줄 압니다. 종은 고대의 신인(神人)을 의미하는 자요, 또 인(人)과 종(宗)을 합하여 구성된 자형을 보건대 인의 조종(祖宗)이 되는 신인임을 표시하였음이 분명하니, 이러한 신인은 단군이 되실 밖에 없습니다. 또 종교 이론상에 있어서는 신인의 동격(同格)이 그 고등인 계단이요, 또 신인의 합일(合一)이 그 구의(究意)의 귀치(歸趣)인데, 단군고도(檀君古道)는 이론이 아니라 그 사실에 있어 신인무간(神人無間)을 출발점 또 귀착점으로 하는 터이니까, 이 실지에 부합하는 명칭은 종(倧)으로서 가장 적합할 것이며, 대(大)의 자는 도(道)의 존엄성을 보인 것인 양합니다."[417]

또한 ⑨ 항에 나타나는 비서갑신녀나 ⑭ 항의 팽우. ⑮ 항의 고시와 ⑯ 항의 여수기 등은 「신사기」에 나오는 대종교 치화행적의 주요인물들이라는 점에서 주목되는 것이다.[418] 특히 ② 항의 '갑자에 천부삼인을 잡고 태백산 단목 아래에 내려왔다'는 내용과 ⑲ 항의 '경자(庚子)에 아사달산에 들어가 다시 신(神)이 되어 하늘로 올라갔다'는 주론은, 대종교의 2대경절인 개천절(開天節)과 어천절(御天節)의 근거가 되는 주장들이다.

한편 『단조사고』 '외편'에 실린 17개 항목의 주론 역시, 단군과 관련된 종교적 유적과 제사·유풍(遺風)에 관한 것들로써, 대종교의 성지(聖地)·제례·예법의 골대를 이루고 있다. 즉 '외편' ① 항 문화(文化)의 삼성사(三聖祠), ② 항 평양의 숭령전, ③ 항 영주(永州)의 목엽산묘(木葉山廟), ④ 항 봉화(奉化)의 태백산사(太白山祠), ⑤ 항 강동(江東)의 선침(仙寢 – 단군릉), ⑥ 항 묘향산의 신굴(神窟 – 단군굴), ⑦ 항 백두산의 박달나무[檀木]와 영궁(靈宮), ⑰ 항의 삼신산(三神山) 등과 '내편' ⑬ 항의 마니산 제천단은, 대종교의 주요 성지로 추앙되는 곳들이다.

또한 '외편' ⑧ 항 기씨조선(箕氏朝鮮)의 사당제, ⑨ 항 예(濊)와 부여(扶餘)와 삼한(三韓)의 국읍제(國邑祭), ⑩ 항 신라(新羅)와 가락(駕洛)의 신궁제(神宮祭), ⑪ 항 고구려와 백제의 교사제(郊社祭), ⑫ 항 발해와 고려와 조선의 묘전제(廟殿祭) 등은 대종교단의 역대제례에서 빼놓지 않는 행사들이다. 더불어 '외편' ⑬ 항 동방 시조로서의 단군, ⑭ 항 동방군자(東方君子)의 나라, ⑮ 항 분야(分野)로는 미성(尾星)과 기성(箕星)에 해당, ⑯ 항 예법(禮法)과 의기(義氣)를 숭상하는 풍속 등도 단군신앙의 유풍과 밀접한 관련을 맺고 있다.

이렇듯 『단조사고』 '내·외편'의 전부가 단군의 행적과 유적·제례 등과 관련된 내용들이다. 또한 전래 단군신앙의 교사(教史)·교의(教義)·문화(文化)와 불가분의 연관을 갖는다. 이것은 『단조사고』가 대종교단으로부터 출간된 것과도 연결되는 것으로, 그 출간의 의도를 확인할 수 있다. 즉 『단조사고』
는 단군의 역사와 문화를 객관적으로 구명하는 내용들로, 대종교의 역사와
문화적 당위성을 확보하기 위하여 만들어진 것이다.

4. 『단조사고』의 출간의 의의

현존하는 사서 가운데 단군 관련 기록으로 가장 오래된 것은 2종류의 『삼
성기(三聖記)』라 할 수 있다. 신라의 승려인 안함로(安含老)가 찬한 것과 행적
이 불명확한 원동중(元董仲)이 찬한 것이라 전한다. 그리고 고려말 비슷한
시기에 나타난 일연(一然)의 『삼국유사』와 이승휴(李承休)의 『제왕운기』가
등장하면서, 한국사의 출발점으로서의 단군이라는 이미지와 한민족 시조
로서의 단군의 의미가 확립되었다.

이보다 조금 늦은 시기에 만들어진 것으로 알려진 『단군세기(檀君世紀)』
는, 단군 관련 기록으로는 중요한 전거로써 1세 단군왕검으로부터 47세 단
군 고열가까지 2096년 동안의 일들을 편년체의 형식으로 기록하고 있는
책이다. 이 책의 저자는 행촌(杏村) 이암(李嵒)으로 알려져 있는데, 이암은 충
선왕 때 도관정랑(都官正郎)을 역임했고 충혜왕 때에는 밀직대언 겸 감찰집
의(密直代言兼監察執義)을 지냈으며 공민왕 때에는 문하시중까지도 올랐던
인물이다. 특히 이암은 단군의 역사적 기록뿐만 아니라 『태백진훈(太白眞
訓)』이라고 하는 단군신앙과 관련된 교리서도 남겼다.[419]

조선조 숙종조인 1675년에 만들어진 『규원사화(揆園史話)』 역시 단군과 관
련된 중요한 기록들을 보여주는 책이다. 현존하는 조선조의 기록 중 단군에
관한 체계적인 내용을 편년체의 형식으로 묶어놓은 유일한 기록이기 때문
이다. 북애자(北崖子)의 저술로 알려진 이 책에서는 「단군기(檀君記)」라는 부

분을 통하여 1세 단군왕검으로부터 47세 단군고열가까지의 행적을 소상하게 보여주고 있다. 특히『규원사화』에서는 단군신앙의 원류인 신교(神敎)의 기원과 흐름을 잘 보여준다는 점에서도 의미가 있다. 다만 위의『삼국유사』나『제왕운기』를 제외한『삼성기』·『단군세기』·『규원사화』등이 자료로서의 신뢰성으로 인해 적극적으로 활용되지 못하고 있다는 점이 아쉬울 뿐이다.

한편 양란(兩亂) 이후 조선왕조의 지도이념이었던 성리학의 한계가 노정되고 화이론적(華夷論的) 세계관에 대한 근본적인 반성이 일면서, 단군의식에 대한 강조가 새롭게 부각되었다. 단군의식에 대한 강조가 기존의 정치세력에서 소외되었던 소론(小論)·남인(南人) 계열의 지식인들이나, 성리학적 사상적 경험을 달리하는 도가적(道家的) 지식인들에 의해 나타났다는 점이 주목을 끈다.[420]

특히 미수(眉叟) 허목(許穆)은『동사(東事)』라는 저술을 통하여, 종래 기자 중심의 역사인식을 단군중심의 역사인식으로 바꾸어 놓았고, '단군→부여→고구려'로 이어지는 대륙적 역사인식의 틀을 주장하기도 했다.[421] 허목의 이러한 역사인식은 후일 성호학파(星湖學派)를 중심으로 한 남인계열의 실학자들과 근대민족주의 역사학자들에게도 많은 영향을 끼치게 된다.

서인계(西人係)의 유력한 가문 출신인 홍만종 역시 사상적 측면에서의 단군문화 창도를 적극적으로 주창한 인물이었다. 그는『동국역대총목(東國歷代總目)』이란 저술을 통해 단군과 기자를 외기(外紀)로 처리한『동국통감(東國通鑑)』을 비판하면서, 단군조선을 정통국가로 규정하고 단군문화를 복원하려는 적극적인 의지를 드러냈다. 그는 조선 단학(丹學)의 연원을 중국의 전진교(全眞敎)에서 찾고자 했던 한무외(韓無畏)의『해동전도록(海東傳道錄)』에 대항하여, 조선 단학파(丹學派)의 연원이 단군에서 출발한다는『해동이적(海東異蹟)』을 저술하기도 했다.

18세기 들어 단군의 존재를 강렬하게 부각시킨 인물로 수산(修山) 이종휘 (李種徽)를 꼽을 수 있다. 이종휘는 『동사(東史)』라는 저술을 통해 단군을 본기(本紀)에 수록하면서, 단군을 중국황제와 대등하게 다루었던 것이다. 특히 그는 우리 민족 고대 신교(神敎)의 근원을 단군에서 찾은 인물로, 마니산 제천·태백산의 단군사(檀君祠), 기자의 교신명(交神明), 부여의 곤연사(鯤淵祀), 고구려의 태후묘(太后廟)·동맹·동명묘(東明廟)·수신사(隧神祀)·선인(仙人), 신라의 신산신앙(神山信仰) 등이 모두 단군의 신교를 계승한 것이라 했다.[422]

또한 19세기 말에는 한국 무속(巫俗)의 기원까지도 단군에서 찾으려는 기록이 나타나는데, 1885년 필사본으로 나온 『무당내력(巫堂來歷)』(서울대학교 규장각 소장)이 그것이다.[423] 후대의 위작(僞作)으로도 언급되는 『무당내력』에서는, 한국 무속의 기원이 단군신인(檀君神人)의 신교에서 유래한다고 주장했는데, 이것은 조선 말기의 민간 무속신앙 속에도 단군신앙이 급속히 고조되고 있음을 보여주는 것이기도 하다.[424]

20세기에 들어서면서 단군에 대한 인식은 더욱 확산되었다. 이러한 열기의 발판에는 1896년에 설립된 독립협회의 기관지 역할을 한 『독립신문』과 『황성신문』의 역할 뿐만 아니라, 1906년에 결성된 서우학회(西友學會, 후일 西北學會로 개편)의 활동과 더불어 『대한매일신보』라는 매체가 큰 기여를 하였다. 1905년 정교(鄭喬)와 최경환(崔慶煥)이 편찬한 『대동역사(大東歷史)』에서는 단군조선을 서술함에 있어, 우리 민족이 단군시대부터 문물제도와 문화를 갖춘 민족이었음을 강조하기도 했다.

특히 『단조사고』 저술에 관여한 류근이 원영의(元泳義)와 함께 편찬하고 장지연이 교열한 『신정동국역사(新訂東國歷史)』에서는 '조선'이라는 국호의 의미를 설명한 후, 「단군조선기(檀君朝鮮紀)」를 맨 앞에 싣고 있음이 주목된다. 여기서는 개국기원을 시작으로 단군 탄생으로부터 도읍과 국호를 정하는 과정을 서술했을 뿐만 아니라, 문물제도를 비로소 세웠음을 설명하고 있다. 또한 마니산 제천단과 삼랑성(三郎城)의 연유를 서술함과 아울러, 태자 부루의 도산회의(塗山會議)에 대해서도 언급했으며, 구월산 당장경(唐藏京)으로 도읍을 옮긴 과정까지도 말하고 있다. 더욱이 단군의 부인인 비서갑뿐만 아니라, 구월산 삼성사와 평양의 단군릉·숭령전에 대해서도 기술하고 있음이 주목된다.[425] 이것은 『단조사고』 주론(主論)에 나타나는 단군문화의 증적과 많은 부분 일치하기 때문이다.

이러한 단군에 대한 열기는 1909년 대종교가 성립되면서 최고조를 맞게 된다. 대종교에 있어서의 단군이라는 존재는 국조이며 시조인 동시에 창교주라는 의미를 동시에 갖고 있었다. 대종교적 역사관이 정신사관적(精神史觀的)인 요소의 강조와 대륙사관적(大陸史觀的)인 측면의 부각, 그리고 문화사관적(文化史觀的)인 방향이 중시되었던 것도 이러한 측면과 밀접한 것이었다.

정신사관적인 측면에서 우리나라 사학사의 흐름을 유교사학·불교사학 그리고 도가사학(道家史學)의 흐름으로 이해해 볼 때,[426] 과거 유교와 불교중심으로 흘러 내려오는 역사인식을 도가(道家) 또는 신교(神敎), 즉 단군중심의 역사인식으로 바꾸는 것을 의미하는 것이다. 또 대륙사관적인 방향에서 살펴볼 때, 그 동안 반도중심적, 즉 신라·고려·조선으로 이어지는 역사인식을 고조선·부여·고구려·발해·요·금·청 등의 대륙중심의 인식으로 확산시켜 가는 것을 말하는 것이다. 그리고 문화사관적인 입장에서 본다면, 외래사조에 침체되고 와해된 우리 고유문화, 즉 신교문화(神敎文化)를 복원하고 그것에 정체성(正體性)을 부여하는 작업과도 일치하는 작업이었다.

이러한 요소들의 강조는 당연히 민족적 성향을 강하게 나타내며 타율성(他律性)·정체성(停滯性)·반도사관(半島史觀)으로 위장된 일제 식민지학에 대항하는 민족주의사학을 성숙시켰고 나아가 민족적 역사의식의 고취를 통해 항일운동의 중요한 요소로 부각될 수밖에 없었다.

먼저 정신사관적 측면을 분석함에 있어 가장 선행해야 할 부분이 대종교 성립의 종교적 특성을 살펴보는 일이다. 한말 등장하는 여타 종교의 교주들과는 달리, 홍암 나철은 자기역할에서 분명한 차이를 보여주고 있다. 즉 동학의 최수운이 천주(天主)의 사도(使徒)로 나타나는 것과 증산교의 강일순이 스스로 천제(天帝)요 옥황상제(玉皇上帝)로 등장하는데 비해, 나철은 우리 민족 본래의 하느님 신앙의 창교주(創教主)인 단군의 종교에 입교하여 일개 교인의 위치로 대종교를 중광(重光, 다시 일으킴)한다는 것이다.[427]

이러한 점은 대종교가 종교적인 의미를 넘어 민족사의 측면에서도 중요한 당위성을 얻게 되는 이유라 할 수 있다. 즉 대종교에서 단군의 의미는 종교적 입장으로 보면 창교주인 동시에 민족사의 관점에서는 국조(國祖)가 되기 때문이다. 그러므로 대종교에서 단군의 위상을 올바로 세운다는 의미는 종교사와 국사를 동시에 바로 세운다는 뜻과도 일맥하는 것으로, 역사와 문화와 종교가 혼재된 신교사관(神教史觀) 곧 대종교사관의 본질이 여기에 있다. 우리의 상고사를 밝힌다는 의미와 신교(神教)의 종교사를 구명한다는 것은 동질성의 연구가 될 수밖에 없다는 것이다. 더욱이 상고 우리 사회의 특징이 교정일치(教政一致)의 성격을 갖고 있음을 볼 때, 이러한 현상은 자명해진다.

대종교는 출발 당시부터 「단군교포명서(檀君教佈明書)」를 통하여, 우리의 국조인 단군대황조가 대종교의 개창자(開倉者)임을 밝히면서 단군대황조의 종교적 감화가 무릇 동북아 전역에 퍼졌음을 천명하고 있다. 또한 그러한 유속과 가르침이 부여·고구려·백제·발해·신라·고려·조선, 나아가서는 요·금·청까지도 이러한 가르침이 끊이지 않고 연면히 이어졌음을 밝히고 있다.[428] 또한 역대 강역인식에서도 대종교의 경전인 「신사기(神事記)」를 비롯하여 「단군교포명서」·「봉교과규(奉教課規)」[429] 그리고 나철의 유시(遺詩)인 「중광가(重光歌)」등에 이미 대륙중심의 역사인식이 뚜렷하게 등장하고, 대종교의 문화적 유속(遺俗)에 대해서도 잘 드러내 주고 있는데, 이 내용들 역시 『단조 사고』의 주론에 등장하는 내용들과 상당 부분 통하고 있다는 점에서 주목 되고 있다.

한편 위와 같은 신교사관을 가장 잘 정리한 인물이 김교헌이다. 전술한 바와 같이 김교헌은 1910년 대종교에 입교한 인물로서, 후일 대종교 중광 2 세 교주를 역임한다. 특히 그는 1910년 광문회(光文會) 활동을 이끌면서 고 전(古典)과 사서(史書)의 수집·간행 및 보급에 적극적으로 나섰다. 류근뿐만 아니라, 최남선·장지연·신채호 등도 이 당시 김교헌의 영향을 받으며 민족 사에 대한 인식의 지평을 넓혀 갔으며, 광문회에서는 김교헌의 가문에 역 대로 수집·소장되어 오던 방대한 양의 서책과 문헌이 중요하게 활용되었고 후일 그 책들은 최남선이 보관하다가 고려대학교 도서관에 기증되었다.

김교헌은 그의 저술인 『신단민사(神壇民史)』·『신단실기(神壇實記)』·『배달족 역사』에서 대종교의 역사적 원형인 신교사관(神敎史觀)을 정립시켰다. 『신단 민사』에서는 우리 단군민족의 혈통의 흐름을 대종교의 경전인 『신사기』와 같은 구족설(九族說)에 그 근원을 찾음과 함께, 역사적 강역인식에서는 대륙 을 주요 활동무대로 설정하여 고조선부터 조선조까지 철저하게 대륙적 인 식을 버리지 않고 있다. 까닭에 고려와 조선시대도 여요시대(麗遼時代)·여금 시대(麗金時代)·조청시대(朝淸時代)로 서술하고 있는 것이다. 그리고 신교문 화에 대해 단군의 오훈(五訓)을 시작으로 역대국가들의 제천행사를 밝힘과 함께 구서(九誓)·오계(五戒)·팔관(八關)의 의미를 구명한은 물론, 대종교의 역 대 교명(敎名)을 설명함으로써 민족문화의 고유성과 공유성(公有性)·전통성· 자주성을 강조한다. 그러므로 『신단민사』는 1923년 중국에서 다시 출간되 어 만주지역 독립운동가들이 설립한 각종 학교의 역사교과서로 사용되었을 뿐만 아니라,[430] 『신단민사』에 의해 체계화된 단군중심의 역사학은 박은식·신채호 등, 초기 민족주의 사학자들에게 커다란 영향을 끼쳤다.[431] 또한 『배달족역사』는 김교헌이 교열(校閱)한 것을 대한민국상해임시정부가 발간한 것으로, 『신단민사』의 굵은 줄기만을 간추려 놓은 축소판이라 할 수 있는 책이다.

주목되는 것은 『신단실기』의 내용이다. 단군에 대한 사적(事蹟)과 신교사상에 대한 자취를 모아 자료집의 성격으로 정리해 놓고 있다. 이것은 『단조사고』 내용을 주제별로 재정리했다는 점에서, 『단조사고』와 이명동체(異名同體)라 할 수 있다. 『단조사고』의 저술에 김교헌의 역할이 절대적이었음을 확인시켜 주는 부분이기도 하다.

『단조사고』에 투영된 김교헌 신교사관의 핵심은 단군이다. 까닭에 제목도 '檀祖事攷(단군성조의 사적을 살피다)'라고 붙인 듯하다. 또한 그 사료 동원에서는, 국내외 서적은 물론이고, 재야사서까지 망라했다. 그러므로 『단조사고』로 인하여 우리 상고사의 핵심이 단군이며, 우리 정신사의 고갱이가 단군임이 분명히 드러난 것이다.

신채호 역사정신의 핵이라 할 수 있는 낭가사상(郎家思想)의 형성 배경에도 이러한 단군이 도사리고 있다. 그것에 대한 단적인 예로, 신채호가 대종교를 경험하기 이전에는 그가 유교라는 정신적 바탕을 벗어나지 못했다는 것이다.[432] 그러므로 그는 신교(神敎)와 같은 맥락인 한국 고대선교(古代仙敎)에 대해서 불로장수를 추구하는 중국종교의 아류(亞流)로 공박했다.

그러던 그가 대종교 중광 이후 단군을 폭넓게 경험하면서부터, 중국 도교와는 전혀 성격이 다른 우리 민족 고유의 선교가 이미 도교 수입 훨씬 전인 단군시대부터 형성되어 우리 민족신앙의 중요한 줄기가 되었다고 인식했다. 신채호 역사의식의 중대한 변화가 나타난 것이다. 이러한 변화를 논문이 1910년에 발표된 「동국고대선교고(東國古代仙教考)」다. 그는 이 글에서 과거의 유교정신의 잔재를 청산하고 우리 고유의 사상을 바탕으로 한 역사의식의 변화를 극명하게 보여주는 모습이다. 그러므로 1910년대 이후의 신채호의 역사연구는 거의 대부분을 선교의 실체를 연구하는 데 두어졌다고 해도 과언이 아니며,[433] 이러한 사상적 바탕 위에서 대륙적 인식 및 문화사의 지평을 넓혀 간 것이다. 그 중심에 단군이 있었다.

박은식 또한 전술한 바와 같이 대종교의 단군을 경험하기 이전에는 유교적 중화사관(中華史觀)에서 헤어나지 못한 고루한 유학자에 지나지 않았다.[434] 1910년 이전의 박은식은 인생이나 사회구제의 대명제(大命題)로 공부자(孔夫子)의 도, 즉 유교밖에 없다는 인식으로 일관한 인물이었다. 그리고 유교구신(儒敎救新)을 위하여 양명학 운동이나 대동교(大同敎) 창건 등의 활발한 활동을 전개했던 것이다. 까닭에 대종교 경험 이전의 박은식의 역사의식은 민족사관과는 거리가 먼 유교적 애국사상가 수준을 벗어나지 못했다.

박은식은 대종교를 경험하면서 완전히 변한다. 1911년 김교헌의 『단조사고』 편찬에 관여하면서 나타나는 박은식의 변화는, 환골탈태 그 자체였다. 그의 역사정신의 고갱이라 할 수 있는 국혼(國魂)의 의미도 바로 단군의 정신적 구현이라 할 수 있다. 그러므로 그는 신교(神敎)의 현대적 구현이 대종교로 단정하고 대종교를 국교(國敎)로서의 가치가 있음을 고증하기도 했다.

박은식 역사인식의 변화를 단적으로 보여주는 대표적 글이 『몽배금태조』다. 이 글은 나라가 망한데 대한 준엄한 자기비판이 통곡처럼 흐르고 앞으로 나라를 찾으려는 결의가 천둥처럼 울려 퍼지는 통렬한 독립지침서이며, 변모된 박은식에 대한 사상과 의식이 가장 집중적으로 표된 책으로써,[435] 이 글을 쓰게 된 동기가 대종교의 영향임을 서두에서 박은식 스스로 밝히고 있다.

박은식은 이 글을 통하여 유교적 가치에 대한 환멸과 함께, 유교를 민족의 자존과 독립을 위해 반드시 청산해야 할 반민족적 가치로 규정함은 물론, 망명 전 교육의 정신적 토대였던 유교가 교육을 통해 극복되어야 할 대상임을 분명히 천명했다. 또한 박은식은, 육체의 생활은 잠시일 뿐 영혼의 존재는 영구한 것이라고 언급하며, 인간이 나라에 충성하고 민족을 사랑하는 자면 육신의 고초는 잠시일 뿐이요 그 영혼의 쾌락은 무궁한 것이라고 말한다. 반면에 나라를 팔아먹고 민족에 화를 주는 자는 육체의 쾌락은 잠시일 뿐이요 영혼의 고초는 무궁할 것이라고 경고함으로써, 정신사관의 본질을 지적하고 있다. 이러한 박은식의 역사정신이 『대동고대사론』·『한국통사』·『한국독립운동지혈사』에 흐르는 국혼사관(國魂史觀)·대륙사관·신교문화사관(神敎文化史觀)의 형성에 중요한 배경이 되는 것이다. 한마디로 『단조사고』의 경험이 없이는 민족주의사학자로서의 박은식을 기약하지 못했을지도 모른다.

이밖에도 정인보·이상룡·안재홍·최남선 등 대종교도들의 다양한 단군인식은, 역사적 방면에서의 단군만이 아니라 문화적·종교적 방면에서의 단군의 의미를 중시하게 된 종교적 배경과 무관치 않았다. 그리고 단군에 대한 역사·문화·종교적 방면에서의 이해를 망라할 수 있는 자료집의 필요성이 일찍이 대두되었고, 그 결과물이 『단조사고』였다. 그 일선에 김교헌이 있었으며, 그를 중심으로 대종교단 내에 '단조사고편찬위원회(檀祖事攷編纂委員會)'가 구성된 배경도 이러한 분위기와 연결된 듯하다.[436]

이렇듯 김교헌의 『단조사고』는 단군에 대한 총체적 이해를 위한 열망의 응집으로 나타난 것이다. 이것은 단군의식의 고양과 더불어 나타난 단군자료의 집성인 동시에 최초의 정리서였다는 점에서도 그 의미가 크다. 『단조사고』에 동원된 인용서가 『큰책』과 「작은책」을 합하여 70종이 넘고,[437] 인용서목의 저술자도 50명이 넘다는 것을 보더라도 단군관련 자료집으로서의 가치를 확인할 수 있을 것이다.

또한 『단조사고』의 출현은 살핀 바와 같이 민족사가들의 역사적 안목에 중요한 지침이 되었다. 특히 김교헌이 『단조사고』를 주제별로 정리하여 『신단실기』(1914년)로 내놓은 것이나, 단애 윤세복의 『단군고(檀君考)』 그리고 이원태의 『배달족강역형세도(倍達族疆域形勢圖)』와 같은 글들은 『단조사고』의 연장 혹은 부연이라 해도 과언이 아닐 만큼 『단조사고』와 거의 흡사한 애용을 담고 있다.

5. 맺음말

인간의 역로(歷路)에 선구자가 있고 추종자가 있듯이, 책에도 경중(輕重)이 있고 선후(先後)가 있다. 그 중에서도 지나온 가치를 정리하고 새로운 방향을 제시해 주는 기록은 쉽게 접하기 힘들다. 『단조사고』는 우리 민족사의 중요한 가치인 단군의 의미를 자료집으로 집성한 근대 기록의 희귀서인 동시에, 후일 단군과 관련한 연구와 활동에 중요한 역할을 제공해준 책이다.

『단조사고』의 출현은, 우리 민족사의 시원을 파악할 수 있도록 인도한 역사서이자, 우리 문화의 유구한 원천을 확인시켜준 문화서이다. 또한 우리 민족 구난(救難)의 상징으로서의 단군을 되살려 놓은 책인 동시에, 우리 민족 결속을 위한 구심으로서의 단군이라는 의미를 일깨워준 기록물이다. 수많은 사서들의 단군관련 기록을 통하여 단군에 대한 자취의 시종(始終)과 문화적 흔적을 망라한 것이 그렇고, 망국의 질곡 속에서 민족주의사관의 밑거름이 됨은 물론 조국독립을 위한 정신적 동력을 제공해 준 점이 그것이다.

한편 『단조사고』의 출현은 당시 대종교의 등장과 불가분의 관련을 갖는다. 대종교 등장의 명분은 나철이 주창한 '국망도존(國亡道存, 나라는 망했어도 정신은 있다)'이었다. 그 '정신[道]'의 중심이 단군이었고, 『단조사고』는 과거로부터 흩어져 흘러온 그 '정신'을 집대성한 것이다. 그러므로 그 편찬에도, 나철의 뒤를 이어 대종교 2세 교주를 지낸 김교헌이 중심에 있었다. 그리고 박은식·류근과 같은 당대의 석학들이 관여한다.

또한 『단조사고』는 관찬사서나 민간사서 혹은 국내사서나 중국사서 등에 나타나는 단군관련 기록들을 꼼꼼하게 발굴·기록했다는 점에서도 그 정성이 남다르다. 특히 당대에 일반인들이 쉽게 접할 수 없는 국승(國乘) 자료나 희귀 자료들을 모두 동원했다는 것은, 『단조사고』의 편찬에 김교헌의 노력이 절대적이었음을 알 수 있다. 더욱이 『단조사고』의 저자가 '대종교편'으로 되어 있다는 부분에서는 『단조사고』가 대종교단 차원에서 기획·진행·완성된 것이라는 것도 확인된다.

아무튼 『단조사고』는 역사서이지만 평범한 역사서는 아니다. 이 책은 역사적 흔적을 모아 놓은 단순 자료집을 넘어서 우리 민족의 시원을 알려주는 종교서이자 문화서이다. 또한 『단조사고』는, 김교헌이 중심되어 엮은 단군관련 자료집이라는 의미를 넘어서는 책이다. 이 책은 신채호나 박은식의 역사의식에 지대한 영향을 주었음과 동시에, 우리의 역사 속에 무너져버린 단군에 대한 재정립을 통해 식민지의 암흑으로부터 벗어나려 했던 독립의 지침서이자 정신서였다.

그러므로 『단조사고』에 담긴 역사정신은 우리 민족의 현재와 미래에도 의미를 던진다. 혼돈과 갈등을 넘어서는 가치가 무엇이며 분단과 대립을 지양할 수 있는 상징이 무엇인가를 암시한다는 것이다. 역사의식의 부재와 문화상실의 오늘을 살아가는 우리에게 미래 생존의 버팀목이 무엇인가를 제시한다는 것이다. 단군이야말로 우리의 지나온 삶의 줄기요, 오늘의 정체성이자, 내일의 가능성이다. 『단조사고』는 바로 그것을 담고 있다.

번역문 - 단조사고

대종교 엮음

단군성조께서 남긴 일은 여러 학자의 책에 번갈아 가며 나오는 것이 적지 않다. 그러나 모두 훼손되고 완전하지 못하여 올바른 역사가 없으니 한탄스럽도다.

이에 널리 고증하고 요약하여 채록하였는데, 허망하거나 간사한 말은 물리쳤고 사실이 혹 모순되는 것은 분변하여 한권의 책을 만들어 이름을 『단조사고』라 하였으니, 가히 지난 일을 물어 징험함이 있길 바란다.

그러나 견문이 좁고 어설피 기록하여 미래의 어질고 밝은 사람을 기다리니, 무릇 우리 동포가 된 자 모두에게 바라는 바이다.

단조사고범례

一. 우선 전체 요지의 뜻을 거론하여 큰 제목으로 삼은 것이 원문이고, 여러 설을 인용하여 작은 제목으로 삼은 것이 주해(註解)이다.

一. 무릇 인용한 모든 책은 처음 시작하는 곳에 반드시 '아무 사람의 아무 책에 이르기를' 이라고 썼다. 만약에 두 번째로 시작되는 곳에는 '아무가 이르기를' 이라고 하였고, 혹은 '아무 책에 이르기를' 이라고 하여 그 글을 생략하였다. 인용한 책이 여러 사람이 아는 경우에는 책이름만 기록하였다.

一. 한 사람이나 혹은 같은 책의 말을 계속하여 인용 할 경우에는 '또 이르기를' 이라는 말로 시작하였다.

一. 국사에 나오는 것은 임금의 시호와 연대만을 썼다.

一. 이 책은 널리 채록하는 것을 위주로 하였으므로, 공사(公私)의 역사책을 두루 망라하였으나, 인용한 책제목을 반드시 모두 기록하지는 않았다.

一. 무릇 인용하는 설은 문장을 끊어서 뜻을 취하기도 했고, 혹은 그 사이의 구절을 삭제하여, 참고하며 살펴보기에 편리하게 하였다. 다만 구절을 삭제는 하였으나 감히 한 글자도 첨가하지는 않았다.

一. 무릇 고증하고 논변하는 곳에는 반드시 '생각하건대[按]' 라고 하여 본문과 구별하였고, 또 한 글자를 들여 썼다.

내편(內篇)

··

삼가 단군성조의 탄생을 상고하고 하늘로 오르신 연대의 통계에 이르기까지의 사실을 기록하여 내편을 서술한다.

삼신을 살펴보면 환인과 환웅과 환검이다.

『신리(神理)』에 이르기를

"환인은 그 위에 더 없는 으뜸자리에 있어, 허울[形] 없음을 몸으로 하여 허울을 만들고 행함이 없음으로 행함을 하고 말이 없음으로 말을 하며 온누리를 주재하니 곧 상제 환웅이다. 상제의 성품으로 만물을 조화하니 곧 천왕 환검이다. 천왕의 목숨과 정기로 만민을 교화하니 곧 으뜸사람[人宗]이다. 삼신일체와 상제삼신이 별개의 것이 아니며, 그 신이 주체가 되면 하나의 상제가 되고 작용하면 삼신이 된다. 오직 신으로서의 상제는 허울 없이 허울을 낳으니 허공이 존재하고 세계가 나온다. 오직 신으로서의 상제는 행함이 없이 행함으로 만물이 생긴다. 오직 신으로서의 상제는 말 없음으로 말 있음을 이루니 만민이 변화된다."

또 말하기를 "한 성품이 삼신이고 삼신이 한 성품이니, 하나가 없으면 그 몸[體]이 없고 셋이 없으면 그 쓰임[用]이 없다. 몸은 셋으로써 쓰임을 삼고 쓰임은 하나로써 몸을 삼는다. 하나가 있으면 그 낳음[生]이 있고 셋이 있으면 그 이룸[成]이 있다. 이룸은 낳음으로써 하나를 삼고 낳음은 이룸으로써 셋을 삼는다. 하나는 둘로 말미 암아 셋에 미치고 셋은 둘로 말미암아 하나를 잇는다. 비록 둘을 말하지 않았으나 둘은 하나와 셋의 가운데 있다. 몸은 만듦[作]으로 말미암아 쓰임에 능하고 쓰임은 만듦으로 말미암아 몸을 안다. 비록 만듦을 말하지 않았으나 만듦은 몸와 쓰임의 가운데에 있다. 낳음은 됨[化]으로 말미암아 이룸에 능하고 이룸은 됨으로 말미암아 낳음을 안다. 비록 됨을 말하지 않았으나 됨은 낳음과 이룸의 가운데에 있다. 주재신의 허울은 허울 없는 허울인데 몸이고 낳음이며, 교화신의 말은 말이 없는 말인데 쓰임이고 이룸이니, 모두 하나이면서 셋이고 셋이면서 하나인 진리이다. 비록 조화신이 만들고 되게 하는 이치를 말하지 아니했으나, 그 속함은 둘에 있고 몸과 쓰임, 낳음과 이룸의 가운데에 있어 위를 받들고 아래를 되게 하여 행함을 한다."

세종 무신년에 우의정에서 물러난 류관(柳觀, 1346 - 1433)이 상서하기를 "문화현은 신의 본관 고을 입니다. 나이 많은 어른들이 말하기를 '구월산은 이 현의 주산이고 단군 시대에는 이름이 아사달이었다'고 합니다. 산의 동쪽 고개가 높고 크고 굽이칩니다. 그 산의 허리에는 신당이 있는데 어느 시대에 창건했는지 모릅니다. 북벽에는 단인천제가 있고 동벽에는 단웅천왕이 있으며 서벽에는 단군천왕이 있는데, 고을 사람들은 삼성당이라고 부르고, 그 산 아래에 사는 사람들도 성당리라고 일컫습니다. 당의 안팎에는 참새 같은 작은 새들이 깃들이지 않고 고라니와 사슴이 들어가지 않습니다."라고 하였다.

단종 임신년에 경창부윤(慶昌府尹) 이광제(李光齊, 1390 - ?)가 소를 올려 말하기를 "제가 삼국유사를 살펴보니 환인천제라고 말한 것이 있는데 곧 유관이 말한 단인입니다. 환웅천제의 서자는 곧 이른바 단웅입니다. 아득한 옛날 사람이 그 근본을 잊

지 못하여 사당을 창건하고 환을 고쳐 단이라고 하고 삼성이라 호칭하였습니다."라
고 하였다.

『고금기(古今記)』에 이르기를
"환인은 하늘이고 환웅은 신(神)이며 단군은 신인(神人)이니 곧 이른바 삼신이다."
라고 하였다.

수산 이종휘(李種徽, 1731-1797)의 『신사지(神事志)』에 이르기를
"조선의 처음에 환국제석이 있었으니 그 서자인 환웅이 천부삼인을 받아 그 무리
삼천 명과 함께 태백산에 내려왔다. 산 위에는 신단이 있고 단수가 그 아래에 있었
기에 환웅은 신시천왕이 되고 환웅의 아들은 단군이라 이름하였다."라고 하였다.

다산 정약용(丁若鏞, 1762-1836)의 『풍속고(風俗考)』에 이르기를
"지금 민가에서는 베주머니를 만들어 정성스레 쌀을 담아 박달나무로 못을 만들어
벽 위에 걸고 공경하여 받들어 쇠하지 않는 것을 삼신제석이라 일컬으니 생산을 맡
은 신이다. 어린아이가 열 살 전에 지혜가 부족하거나 혹은 위험한 처지에 이르면
삼신제석이 반드시 보호를 한다고 한다. 삼신이라는 것은 우리나라 백성의 시조로
단군과 그 아버지 그리고 그 할아버지 삼세이다. 제석이라는 것은 인도 말로 상제
를 일컫는다. 옛 역사기록이 승려의 손에서 기록되었기 때문에 제석이라고 번역하
였으니 결코 무당의 풍속이나 음사에서 나온 것은 아니다. 국내 절에는 반드시 제
석환인의 신위를 봉안하는 것이 또한 이 뜻이다."라고 하였다.

생각하건대 이씨 종휘와 정씨 약용이 모두 환인·환웅·단군으로써 할아버
지·아들·손자의 삼세를 삼았는데, 이것은 『고기』와 『유사』 및 우리나라의
여러 역사책에 의거하여 말한 것이다. 그러나 여러 책에 또한 스스로 서로
모순되는 것이 있다. 여러 책을 살펴보면 이르기를 "신인이 태백산에 내려
왔는데 이가 단군이 된다"고 했으니, 어찌해서 제석의 서자가 환웅이 되고
환웅의 아들이 단군이 된다고 하였는지 의심스러운 것이 하나이다. 이미 신
시라고 말하고 이가 단군이 되었다고 하였으니, 또 어찌하여 신시에서 인간

의 몸으로 변화하기를 기도하여 단군을 낳았다고 하였는지 의심스러운 것이 두 번째이다. 임금이 된 자는 단군이고 천부삼인을 받은 자는 신시이니, 어찌 천부삼인을 받은 자가 즉위하여 임금이 되지 않고 따로 임금이 된 사람이 있었단 말인가. 그 단목에 내려온 것은 한 가지이니, 또 누가 먼저이고 누가 뒤라고 하겠는가. 그 의심스러운 것이 세 번째이다. 일반적으로 말하는 것은 동방에 처음 군장이 없었는데 태백의 산 아래에 내려온 것은 신인뿐이다. 신인이 먼저 나왔는데 어찌 이른바 서자라는 것이 있겠는가. 그 의심스러운 것이 네 번째이다. 대개 삼신일체와 일성삼신의 묘함을 알지 못하기 때문에 그 보는 바에 따라 억지로 이름을 붙여 혹은 둘로, 혹은 셋으로 하고 심지어 삼세라고 지적하고 있으니 미혹된 것이다. 그렇다면 환인은 하나의 단군이고 환웅도 하나의 단군이고 신시씨도 하나의 단군이 된다. 낳음과 이룸에 말미암아 나타나는 것이 하나가 아니고 몸과 쓰임에 말미암아 이름이 혹 다르니 그 변화를 헤아리지 못한다. 『신리』에 말이 수록되어 있다.

또 생각하건대 성스러운 이름과 호칭이 여러 책에 나타나는 것을 상고해보면, 환인·환웅·환검·단인·단웅·단군·임검·왕검·천신·천선·천왕·천군·천제·상제·단제·제석·신인·신시씨·단신·산신·삼성·성조신·기수가한(奇首可汗) 등으로 말했는데, 그 이름이 하나가 아니다. 대개 역대의 언어와 예속에 따라서 시대마다 같지 않으나 사실은 한 가지이다.

갑자에 천부삼인을 잡고 태백산 단목 아래에 내려왔다.

『평양지(平壤志)』에 실려 있는 최명길(崔鳴吉, 1586 – 1647)의 「단군사시(檀君祠詩)」에

"갑자에 터를 여니 오래로구나, 신인의 기이한 자취가 남아있다네."라고 하였다.

『동국사략(東國史略)』에서 말하기를

"동방에 처음 군장이 없었더니 신인이 태백산 단목 아래에 내려왔다. 나라 사람들이 임금으로 세우니 이가 단군이다."라고 하였다.

『고기(古記)』에 이르기를

"환웅이 인간을 변화시키고자 하여 천부삼인을 받아 태백산 단목 아래에 내려오니 신시라고 이른다."고 하였다.

『삼국유사(三國遺事)』에 이르기를

"옛날에 환국의 서자 환웅이 자주 하늘 아래에 뜻을 두고 인간 세상을 구하고자 하였다. 아버지가 아들의 뜻을 알고 삼위태백을 내려다보고 널리 인간을 이롭게 할 수 있겠다고 하여 이에 천부인 세 개를 주어 가서 다스리게 하였다. 환웅이 무리 삼천을 거느리고 태백산 꼭대기 신단수 아래에 내려 신시라고 이르니, 이를 환웅천왕이라 하고 세상에 계시면서 다스리어 교화를 폈다. 당시에 곰 한 마리와 호랑이 한 마리가 같은 구멍에서 살면서 항상 신웅(神雄)에게 기도하여 사람으로 변화하기를 원하였다. 이 때에 신이 신령스러운 쑥 한 줌과 마늘 스무 개를 주면서 말하기를 '너희들은 이것을 먹고 햇빛을 백일동안 보지 않으면 바로 사람의 모습을 얻을 것이다.'라고 하였다. 곰과 호랑이가 얻어서 먹고 삼칠일을 금기하여 곰은 여자의 몸이 되었으나 호랑이는 금기하지 못하여 사람의 몸이 되지 못했다. 웅녀라는 자는 더불어 혼인을 할 자가 없었기 때문에 매번 단수 아래에서 빌어 아기를 갖기를 원하였다. 환웅이 이에 인간으로 화해 혼인을 하여 아기를 배게 하여 아들을 낳으니 단군이라 이름한다."고 하였다.

『잡기(雜記)』에 이르기를

"태백산의 곰이 천신에게 빌어 사람 몸이 되기를 원하였다. 천신이 드디어 영약을 주어 곰이 이를 먹고 갑자에 여자로 변하였다. 천신이 거짓으로 변화하여 혼인을 하여 아들을 낳으니 이가 단군이 된다."라고 하였다.

『신사지』에 이르기를

"태백산의 곰이 일찍이 신시천왕에게 기도하여 사람 몸으로 변화하기를 원하니, 천왕이 동해의 쑥과 경구(瓊丘)의 마늘을 주어 곰이 이를 먹었다. 삼칠일이 되던 갑자에 여자로 변화하여 천왕과 관계를 맺어 단군을 낳았다고 한다."라고 하였다.

『해동악부(海東樂府)』의 「태백단가서(太白檀歌序)」에 이르기를

"우리나라에 비로소 군장이 없더니, 신인이 그 무리 삼천을 거느리고 태백산 단목 아래에 내려와 신시라고 이르고 임금이 되니 이가 단군이다."라고 하였다.

『유사(遺事)』의 태백산 주(註)에 이르기를

"곧 태백은 지금의 묘향산이다."라고 하였다.

『동방지명변(東方地名辨)』에 이르기를

"태백산은 그 위치가 자세하지 않다. 지리로 유추해보면 마땅히 지금의 건주위 (建州衛) 지역에 있어야 할 것이니, 혹 지금의 백두산이 그 곳이 아닐까. 동명왕이 부여에서 난을 피하여 남쪽으로 도망가 졸본에 나라를 세웠는데 졸본이 비록 그 지역이 자세하지 않으나 한서에 기록되어 있는 고구려현으로 지금은 개주위(蓋州衛) 지역이 되었으니, 부여의 지역은 마땅히 동북에 있을 것이므로 백두산이 소재하는 땅이 된다."라고 하였다.

『산보(山譜)』에 이르기를

"백두산은 일명 태백산이다."라고 하였다.

『당서(唐書)』「흑수말갈전」에 이르기를

"속말부는 가장 남쪽에 위치하는데 태백산까지 닿아 있고, 또한 도태산이라고 말하며 고려와 접해 있다. 속말의 동쪽은 백산부라고 한다."라고 하였다.

『도도헌유람록(陶陶軒遊覽綠)』에 이르기를

"해남의 두륜산에 대둔사가 있다. 북미륵암 · 남미륵암 사적(寺蹟)에 이르기를 '계림고기에 천신 환인이 산중에 남녀 어린이를 내려보냈는데, 여자가 완성한 것이 북미륵이고 남자가 왕성한 것이 남미륵이다.'라고 했고, 두륜산 주에 이르기를 '백두산이 굽이쳐 흘러 이 산이 되었기 때문에 이름을 두륜이라 한다."라고 하였다.

생각하건대 단군성조가 처음 내려온 태백산은 곧 지금의 백두산이다. 그 동북쪽은 건주위의 경계가 되고 서북쪽은 개주위의 경계가 되는데 신라와 고려의 도적으로 능히 조사하고 증거할 바가 아니다. 그런데 신라는 그 이

름을 북악에 옮겨 단조사를 세우고, 고려는 묘향산에 그 이름을 억지로 맞추어 단을 쌓고 단조를 제사 지냈다. 또 360여개의 암자를 창건하여 단군성조가 다스리던 인간 삼백육십여 가지 일의 뜻을 붙였다. 고려의 승려 무극 일연이 삼국유사를 지었는데, 변증을 하지 않고 바로 묘향산을 단군성조가 내려온 바의 태백산이라고 하였다. 여지승람에도 그 글에 의거하여 드디어 단군성조가 세상에 내려온 사실을 영변 고적조의 끝에 붙였는데, 뒷사람들이 잘못을 이어 근거로 삼으니 모두 잘못이다.

오사를 주관하니 첫째는 곡식, 두 번째는 명, 세 번째는 병, 네 번째는 형벌, 다섯 번째는 선악이고 인간 삼백육십여 가지 일을 다스렸다.

『고기』에 이르기를

"신시가 풍백 · 우사 · 운사를 거느리고, 곡식을 주관하고 명을 주관하고 병을 주관하고 형벌을 주관하고 선악을 주관하고 인간 삼백육십여 가지 일을 다스렸다."라고 하였다.

『유사』에 이르기를

"환웅천왕이 풍백 · 우사 · 운사를 거느리고, 곡식을 주관하고 명을 주관하고 병을 주관하고 형벌을 주관하고 선악을 주관하고, 무릇 인간 삼백육십여 가지 일을 주관하여 세상에 계시며 다스리어 교화를 폈다."라고 하였다.

삼천단부를 두었다.

『외기(外記)』에 이르기를

"환인과 신시씨의 무리가 삼천이었다."라고 하였다.

『고사(古史)』에 이르기를

"신시씨의 사방 구역 안에 삼천단부를 두었다."라고 하였다.

신(神)으로써 교(敎)를 베푸니 대종(大倧)이라고 한다.

『신사지』에 이르기를

"신시의 시대에 신으로써 교를 베풀었다."라고 하였다.

고운 최치원(崔致遠, 857 - ?)의 「난랑비(鸞郎碑)」에 이르기를
"나라에 현묘한 도가 있으니"라고 했으니, 신교(神敎)가 그것이다.

성호 이익(李瀷, 1681 - 1763)은
"우리나라의 종교(倧敎)는 잘못 지칭하여 선교라고 하나 사실은 단군이 교를 베풀었던 것이다. 종(倧)은 우리 인조 임금의 이름인데 이를 피하여 선배들이 한 획을 더 보태어 종(倧) 자로 만들었다."라고 말했다.

『강희자전(康熙字典)』에 이르기를
"종(倧)은 상고의 신인(神人)이다."라고 하였다.

『속완위여편(續宛委餘編)』에 이르기를
"동방에 단군이 먼저 나와서 신성의 교화로 백성을 가르침에 두텁고 부지런하여 강성한 겨레가 되었다. 교의 이름은 부여는 대천교라 하고 신라는 숭천교라 하고 고구려는 경천교라 하고 고려는 왕검교라 하는데, 매년 시월에 하늘에 절을 한다."라고 하였다.

『만주지지(滿洲地誌)』의 「종교론(宗敎論)」에 이르기를
"만주의 전설에 주신(主神)은 온누리를 통치하는 한량없는 지능이 있고, 그 형체를 나타내지 않으며, 가장 높은 하늘에 앉아있으면서 지상에 있는 작은 신을 부린다."라고 하였다.

또 「부여족론(夫餘族論)」에 이르기를
"법률이 매우 엄하고, 종교는 하늘에 절한다."라고 하였다.

홍만종(洪萬宗, 생몰미상)의 『순오지(旬五志)』에 이르기를
"일찍이 야사와 여러 문집 중에 신이한 자취를 모아 보았는데, 다만 여러 책에 흩어져 있어 참고하고 열람하기가 어려워 드디어 한편을 집성하여 해동이적(海東異蹟)이라 이름하였다. 무릇 전(傳)이 32편이고 사람이 40명인데, 세대가 멀고 오래되어 혹 다만 전에 호만 있고 그 성명을 알지 못하는 경우가 있고, 혹 성은 파악했으나 이름을 파악하지 못한 경우가 있는데, 지금 모두 상고할 수 없어 아래에 기록하여

해박한 선비를 기다린다. 단군 · 혁거세 · 주몽 · 술랑 · 영랑 · 남랑 · 안상 · 옥보고 · 김렴효 · 소하 · 대로 · 참시 · 김가기 · 최치원 · 강감찬 · 권진인 · 김시습 · 홍유손 · 정붕 · 정수곤 · 정희량 · 남주 · 지리산인 · 서경덕 · 정렴 · 정작 · 정초 · 전우치 · 윤군평 · 한라산옹 · 남사고 · 박지화 · 이지함 · 한계노승 · 유형진 · 장한옹 · 남해선 · 곽재우 · 이완.

홍주세(洪柱世, 1612 – 1661)의 시에 이르기를

"들으니 오랜 옛적에 신인이 신단수 아래 내려왔다네. 백성들이 추대하여 군장으로 삼으니 국호는 조선이었지. 평양에선 천여 년이요 당장은 백여 년이네. 한번 아사달로 돌아가시니 부처도 아니요 신선도 아니라네."라고 하였다.

생각하건대 단군성조가 세상에 내려온 것과 나라를 세운 것이 모두 10월 3일이기 때문에 부여·신라·고구려·고려에서 매년 시월 하늘에 절하는 것은 이를 기념하는 것이다. 고구려에서 3월 15일 교외에서 수렵하고 제사를 지내는 것 또한 단군성조가 하늘에 올라간 것을 기념한 것이다. 요즈음 민가에서 시월을 상달이라고 일컫는데 성조고사를 행하여 백성을 안정시켜줄 것을 기원하였다. 성조라는 것은 집과 나라를 이루어 만든다는 뜻이다. 대개 예로부터 내려오는 유속에 단군성조를 제사 지낸 것이 지극했는데, 단군 신앙이 중도에 폐지되어 그 출처를 아는 자가 드물고 다만 부녀에게 맡기어 한갓 무당의 허망하고 간사한 데로 돌아가게 되어 거만하고 무례함이 지극하니 한탄스럽도다.

이에 백성들에게 머리를 땋고 머리에 쓰개를 하는 법을 가르쳐, 비로소 군신과 남녀의 나뉨과 음식과 거처의 절도가 있게 되었다.

『잡기』에 이르기를

"단군의 때에 동쪽 나라에 군장이 없고 백성은 어리석어 새짐승과 무리를 지어 살았다. 이에 단군이 백성들에게 머리를 땋고 머리에 쓰개를 하는 법을 가르쳐 비로

소 군신과 남녀의 나뉨과 음식과 거처의 절도가 있게 되었다."라고 하였다.

미수 허목(許穆, 1595 – 1682)의 『기언(記言)』에 이르기를
"신시와 단군의 시대는 제곡(帝嚳)과 요순(堯舜)의 시대에 해당한다. 군신이 비로
소 있고 백성이 드물었다."라고 하고,

또 이르기를 "구이가 있던 지역에 처음 군장이 없었더니 신시로부터 시작하여 백성
의 다스림을 가르쳤다."라고 하였다.

생각하건대 『유사』에 두 번 갑자가 돌아왔다는 설이 있는데, 단조의 기년
수로 상고해보면 세상에 내려와 나라를 연 기간이 흡사 125년이고, 이것이
동사(東史)에 이른바 신시의 시대라고 일컫는 것이다. 그렇지 않다면 비록
신화가 있더라도 5년 사이에 어찌 능히 감화되어 그 짐승과 더불어 무리를
했던 자가 군신과 남녀와 음식과 거처의 절도가 있는 것을 알았겠는가.

무진에 나라 사람들이 임금을 세우니 이가 단군이다. 성은 환씨이고 이름은 임검이
고 나라는 배달나라이고 태백에 도읍을 세워 임검성이라고 일컬었다.

『계림유사(鷄林類事)』에 이르기를
"단(檀)은 배달이요 국(國)은 나라요 군(君)은 임검이다."라고 하였다.

우리말에도 단의 이름을 배달이라 일컫고 국의 뜻을 나라라 일컫고, 제란 글자, 왕
이란 글자, 군이란 글자의 뜻을 임검이라 일컫는다.

『동사(東史)』에 이르기를
"단군의 이름은 왕검이라 칭하는데, 혹은 성이 환씨(桓氏)라고 한다. 단군이 나라
를 세워 왕이 된 것은 대략 요임금 25년 무진년이다."라고 하였다.

『동국문헌비고(東國文獻備考)』에 이르기를
"단군의 이름은 왕검이니, 옛 기록에 '처음 동방에 군장이 없이 구이(九夷) 종족만
이 있었는데, 신인이 있어 태백산 신단수 아래 내리시니, 당요 임금 25년 무진에 임

금으로 세웠다'라고 말했다"고 하였다.

약파 이희령(李希齡, 1697 - 1776)의 『만록(漫錄)』에 이르기를
"동쪽 나라에는 단목성인으로부터 비롯하여 나라와 백성이 있었는데 기자가 이를
이었다."라고 하였다.

『순오지』에 이르기를
"우리나라는 치우친 땅이다. 옛날에 구이의 종족이 있어 바위굴에 몸을 깃들여 초의
를 입고 나무열매를 먹고 살았다. 그 임금은 단군으로부터 비롯되었다"라고 하였다.

미수의 「단군세가(檀君世家)」에 이르기를
"상고에 환인씨가 있었고 환인이 신시를 낳아 비로소 백성을 다스리는 법을 가르치
니 백성들이 귀의하였다. 신시씨가 단군을 낳았는데 단목 아래에 살았다. 호를 단
군이라고 하며 비로소 나라 이름이 있었다. 상나라가 망하자 가자가 이르렀고, 주
나라가 쇠하자 공자가 살고자 하였다."라고 하였다.

『동국사략(東國史略)』에 이르기를
"단군이 왕검성에 도읍을 하였다"라고 했고,
또 이르기를
"단군의 이름은 왕검이다"라고 하였다.

이종휘의 「직방고론(職方考論)」에 이르기를
"단군이 처음 나라를 세우고 태백에 도읍을 하였고 뒤에 당장으로 옮겼다."라고 하
였다.

『고사』에 이르기를
"태고에 흑수로부터 한수 남쪽에 이르기까지 아홉 개의 작은 나라가 있어 각각 한
지방을 보호했으니, 견족 · 간족 · 방족 · 황족 · 백족 · 적족 · 현족 · 풍족 · 양족이
며 이를 구족이라 이르고 단군이 모두 교화시켰다"라고 하였다.

생각하건대 아득한 옛날에는 글자가 없어 전함이 없고 다만 언어로 전하
였다. 후대에 역사를 편찬하는 자가 한자로 번역을 하였는데, 번역문은 중

국에서 비롯되었고 우리나라 역사도 그 글에 인한 것이 많았다. 그러므로 우리나라의 언어와 서로 어긋나는 것이 많았다. 임검이란 것은 곧 우리말로써 왕자의 뜻인데, 번역하면 마땅히 왕이라 말해야 하거늘 왕검이라 말하니 뜻과 말이 합치된 것이다. 왕검성이라고 칭하는 것은 또한 왕성의 뜻이고 지명이 아닌 것이 분명하다. 곧 왕검성에 도읍을 했다고 이르는 것이 지명과 같은 것처럼 보이나 대개 번역의 잘못이다. 또 생각하건대 고사에는 모두 환인·환웅이라고 칭하였는데 『삼국유사』에는 '옛날에 환국이 있었는데 서자 환웅' 이라고 했고, 또한 『신사지』에 이르기를 '조선의 처음에 환국이 있었는데 제석의 서자 환웅' 이라고 했고, 또 유관의 상소를 상고해 보니 이르기를 '환인천제·단웅천왕' 이라고 했고, 이선제의 상소에는 환을 고쳐 단이라고 하였다. 옛날에 글자가 서로 비슷한 것은 많아 통용하였으니 인(因)과 국(國), 환(桓과 단(檀)이 통용된 것이 의심이 없다. 그러하니 환국은 곧 단국이다. 단국 두 글자는 뜻으로 말하면 마땅히 배달나라라 말해야하고 단군 두 글자는 뜻으로 말하면 마땅히 배달임검이라 말해야 하니 단군이라고 일컫는 것은 단국의 임금이 분명하다.

경인(庚寅)에 평양에 도읍을 하고 국호를 정하여 비로소 조선이라 칭하였다.
『삼국유사』에 이르기를
"단군 왕검은 요 임금 즉위 50년 경인년에 평양에 도읍하여 비로소 조선이라 칭하였다"라고 하였다.
『문헌비고』에 이르기를
"국호는 조선이고 평양에 도읍하였다."라고 하였다.
정약용의 『강역고(疆域考)』에 이르기를
"조선의 명칭은 평양에서 시작되었다."라고 하고,

또 이르기를

"광년현(廣寧縣)은 의무려(醫無閭)의 아래에 있었는데, 의무려는 유주(幽州)의 진산(鎭山)이다."라고 하였다.

『명일통지(明一統志)』에 이르기를

"평양성은 압록강 동쪽에 있었는데 일명 왕검성이다."라고 하고,

또 이르기를

"조선성은 영평부(永平府) 경내에 있다."라고 하였다.

『성경지(盛京志)』에 이르기를

"요서의 광녕현은 주나라 때는 조선과 경계 지역인데, 요동의 해성현(海城縣)·개평현(蓋平縣) 및 금주(金州)가 모두 조선 땅이다."라고 하였다.

미수의 『기언』에 이르기를

"조선이라는 것은 동녘의 해가 뜨는 것을 이름이다."라고 하고,

혹은 이르기를 "선(鮮)은 산(汕)이니 나라에 산수가 있기 때문에 조선이라 했고 평양에 도읍하였다."라고 하였다.

『신리』에 이르기를

"사람의 처음을 조(祖)라 하고 태양이 처음 뜨는 것을 조(朝)라 한다. 단군이 처음 탄강한 것이 태양이 처음 나오는 것 같기 때문에 조(朝)라고 말했다. 선(鮮)은 아름답게 빛나는 빛의 밝음을 가리킨다."라고 하였다.

이종휘는

"단군과 기자의 옛 나라를 온전하게 차지한 것은 삼한이다. 조선의 옛 영토에 겨우 5분의 2를 얻었다."고 말하고

또 이르기를

"요양·심양 일대는 곧 단군과 기자의 옛 강토이다."라고 말하였다.

생각하건대 무진년은 요 임금 즉위 25년이므로 경인년은 마땅히 47년이 된다. 『유사』에 '요 임금 즉위 50년 경인이다.'라고 한 것은 아마 고증의 잘

못인 듯하다.

또 생각하건대 평양은 셋이 있으니 하나는 지금 청나라 영토인 광녕에 있고, 하나는 지금 평안남도 평양군에 있고, 하나는 지금 서울에 있으니 곧 고려의 이른바 남평양이다. 그러므로 중국사에 이르기를 '조선에 세 평양이 있다.' 라고 했다. 단군성조가 도읍했다는 평양은 우리 역사에는 대부분 평남의 평양으로 말하지만, 지리로 유추해보면 마땅히 광녕현의 평양이 옳다.

비서갑(匪西甲) 신녀(神女)에게 장가들어 부인을 삼았다.
『동사』에 이르기를
"단군이 비서갑 하백의 딸에게 장가들어 아들을 낳으니 부루이다."라고 하였다.

『신사지』에 이르기를
"단군이 비서갑의 신녀에게 장가드니 비서갑이란 곳은 그 위치가 자세하지 않다."
라고 하였다.

『요사(遼史)』「지리지(地理志)」에 이르기를
"영주(永州)의 동쪽은 황하이고 남쪽은 토하(土河)이다. 두 물이 합류하는 곳에 목엽산이 있다. 산 위에 시조묘를 세웠는데 기수가한(奇首可汗)은 남묘에 있고 가돈(可敦)은 북묘에 있으며, 두 성인과 함께 여덟 아들의 신상을 흙으로 채색했다. 전해오는 말에 신인은 흰 말을 타고 마우산(馬盂山)으로부터 토하에 떠서 동쪽으로 오고, 천녀(天女)는 청구거(靑盂車)를 타고 평지의 소나무 숲을 거쳐 황하에 떠서 아래로 내려와, 목엽산에 이르러 두 물이 합류되는 곳에서 서로 만나 짝이 되어 여덟 아들을 낳았다고 한다. 매번 행군(行軍)할 때나 춘추로 지내는 제사 때에 반드시 흰 말과 푸른 소를 사용하는 것은 근본을 잊지 않는 것을 보인 것이라고 한다. 요나라 말에 기수(奇首)는 하늘이고 가한(可汗)은 왕이고 가돈(可敦)은 왕후이다." 라고 하였다.

아들 부루를 세워 태자로 삼았다.

『동사』에 이르기를

"단군 태자 부루는 어질고 덕이 있었다." 라고 하였다.

『풍속고』에 이르기를

"지금 민가의 집 안에 장소를 택하여 단을 쌓고 토기에 쌀을 담아 단 위에 놓고 벼
짚을 이어엮어 가려둔 것을 부루단지라고 하고, 혹은 업주가리라고 일컬으니 곧 재
물을 맡은 신이다. 단군의 태자 부루는 어질고 복이 많았기 때문에 나라 사람이 재
신으로 받들었다고 한다."라고 하였다.

작은 아들 부여에게 부여를 맡게 했다.

『동사(東史)』「부여세가(夫餘世家)」에 이르기를

"단군이 작은 아들을 여(餘) 땅에 봉하였는데, 후세에 이로 인하여 부여라고 스스로
이름하였다."라고 하였다.

또 이르기를

"부여는 처음으로 군(君)에 봉해진 이름이다. 그 나라는 압록강의 북쪽 지역에 있는
데 사방이 2천리이다. 단군과 기자를 거치면서 혹은 존재하기도 하고 망하기도 하
였는데, 모두 조선에 신하로 소속되었다. 세(世)가 전한 지 2천여 년에 해부루 왕
때 이르러, 도읍을 가섭원으로 옮겼는데 동해가에 있으니 동부여라고 이른다. 나라
사람 해모수가 천제의 아들이라 칭하면서 부여의 옛 도읍을 차지하였다. 왕이 흥하
자 태자 금와가 즉위했고, 그 후에 제나라 명제 건무 원년에 부여의 잔왕(孱王)이
그 나라를 고구려에 떼어 주었다."라고 하였다.

이종휘가 이르기를

"부여는 큰 나라이다. 단군의 후손이 수천백 년 동안 나라를 세워 왕이라고 칭하고
대대로 끊어지지 않았다. 이는 처음 봉했을 때에 반드시 어진 임금이 있어 어질고
은혜로움이 만물에 미치고 은택이 자손까지 미쳤을 것이지만, 그 사실을 대강도 볼
수 없는 것이 안타깝다"라고 하였다.

세 아들[三郎]로 하여금 혈구에 성을 쌓게 하였다.

『여지고(輿地考)』에 이르기를

"혈구는 지금의 강화부이다."라고 하였다.

『문헌비고』에 이르기를

"강화 정족산성은 단군이 세 아들로 하여금 쌓게 하였다. 그러므로 삼랑성이라 이름한다."라고 하였다.

또 이르기를 "신니동(神泥洞) 궁궐이 전등산 삼랑성에 있으니 고려 원종 5년 5월에 건립하였다."라고 하였다.

『여지승람(輿地勝覽)』에 이르기를

"강화부 32리에 전등산이 있는데, 산 위에는 삼랑성이 있으니 단군이 세 아들로 하여금 쌓게 하였다."라고 하였다.

『동사』에 이르기를

"강화에 단군이 쌓은 성이 있으니 단군의 삼랑이 주관했다고 한다"라고 하였다.

항상 혈구의 바다 마니산의 언덕에서 하늘에 제사지냈으며 산등성이에 성을 파고 단을 쌓았다.

『동사』에 이르기를

"단군이 항상 혈구의 바다 마니산의 언덕에서 하늘에 제를 올리고 산등성이에 성을 파고 제단을 쌓았는데, 제단은 열일곱 자이고 돌로 쌓았다. 위는 네모나고 아래는 둥근데, 위는 사방이 각각 여섯 자 여섯 치이고 아래는 각각 열다섯 자로 둘러쌓았다. 어떤 이는 '마니산은 강해(江海)의 후미진 땅으로 외로이 떨어져 있고 깨끗하며 고요하고 깊숙한 신명의 집이다. 그러므로 제사 터를 세워 하느님과 별들에게 제사 지내는 사당도 있다.'라고 말한다고 하였다.

또 이르기를

"하늘은 음을 좋아하고 땅은 양을 귀하게 여긴다. 그러므로 단을 만드는데 반드시 물 속의 산 위에 만들었다. 위는 모나고 아래는 둥근 것은 땅과 하늘의 의리를 나타낸 것이니 또한 하늘과 땅을 아울러 제사하는 까닭이라 한다."라고 하였다.

『춘관통고(春官通考)』에 이르기를

"우리 나라는 단군이 하늘의 감응을 받아 태어나심으로부터 하늘에 제사하여 근본에 보답하였다. 제단은 강화의 마니산에 있는데 역대에 걸쳐 이를 이어 하늘에 제사하였다."라고 하였다.

『여지승람』에 이르기를

"강화부 남쪽 35리에 마니산이 있다. 산꼭대기에 참성단이 있는데 돌을 쌓아 축조하였다. 위는 모나고 아래는 둥근데 단군이 하늘에 제사하는 곳이다. 본조에서 전왕조의 옛 법을 그대로 따라 이곳에서 별에 제사지내고 우리 태종이 왕으로 등극하기 전 이곳에서 재계하고 하룻밤을 지냈다."라고 하였다.

『문헌비고』에 이르기를

"고려 고종 46년에 교서랑 경유(景瑜)가 '마니산에 궁궐을 세우면 왕업을 연장할 수 있다.'고 말하여, 산의 남쪽에 이궁(離宮)을 세우도록 명하였다."라고 하였다.

팽우에게 명하여 국내 산천을 다스리어 백성들이 살 곳을 정하게 하였다.

『문헌비고』에 이르기를

"단군이 팽우에게 명하여 국내 산천을 다스리어 백성들이 살 곳을 정하게 하였다."라고 하였다.

『동사』에 이르기를

"단군이 9년의 홍수를 당하자 팽우에게 명하여 고산과 대천을 정하고 우수(牛首)에 이르러 그 백성들이 살 곳을 정하게 하였다."라고 하였다.

『본기통람(本紀通覽)』에 이르기를

"우수주(牛首州)는 지금 춘천인데 팽우비(彭吳碑)가 있다."라고 하였다.

또 고시에게 명하여 농사를 가르치게 하고 신지는 글자를 맡게 하였다.

『패사(稗史)』에 이르기를

"단군 때에 고시가 백성에게 농사를 가르쳤다. 그러므로 농부가 밭두둑 사이에서 점심밥을 먹기 전에 반드시 먼저 한 숟갈을 덜어내어 말하기를 '고시네[高矢氏]'라고 하니 대개 농사를 가르친 뜻을 잊지 않은 것이다."라고 하였다.

『용비어천가(龍飛御天歌)』에 이르기를

"구변(九變)의 형국(形局)이 어찌 사람의 뜻이겠는가."라고 하고, 그 주석에 "구변도국(九變圖局)은 단군 때에 신지가 지은 바 도참의 이름이다. 말하자면 우리나라 역대에 도읍을 정한 것이 무릇 그 국이 아홉 번 변하는데, 조선왕조까지 아울러 말한 것이다."라고 하였다.

『대동운옥(大東韻玉)』에 이르기를

"신지는 단군 때 사람으로 스스로 선인(仙人)이라 이름하였다."라고 하였다.

또 이르기를

"서운관비기(書雲觀秘記)에 '구변진단의 도가 있으니 조선이 곧 진단이다.'라고 했는데 그 이야기가 수천 년 전에 나와서 지금에 이르러 징험이 되었다."라고 하였다.

『평양지(平壤志)』에 이르기를

"법수교(法首橋)에 옛 비석이 있으니 한글도 아니고 범자(梵字)도 아니고 전자(篆字)도 아닌데 사람들이 이해하지 못한다."라고 하고,

또『속지(續志)』에 이르기를

"계미년 2월에 법수교에 묻힌 비석을 파서 찾아내어 살펴보니 삼단으로 끊어져 있고 비문은 예서(隷書) 글자도 아니고 범서(梵書)의 모양과 같았다."라고 하였다.

생각하건대 법수교의 옛 비석은 어느 때에 만든 것인지 자세하게 알지 못하겠으나, 신지가 맡았다는 서계문자(書契文字)가 혹 이와 같지 않았을까.

여수기(余守己)로 예국(濊國)의 우두머리를 삼고 아홉 아들로 하여금 여러 고을을 나누어 맡게 하였다.

『문헌비고』에 이르기를

"단군 시대에 여수기가 예국의 우두머리가 되었는데 아홉 아들이 여러 고을을 나누어 맡아 백성에게 공이 있었다."라고 하였다.

『수산집(修山集)』에 이르기를

"단군과 기자의 시대에 동남에 별개의 집단이 있었으니 예(濊)와 맥(貊)이라 하고 서남에는 한(韓)이라 하고 동북에는 부여와 말갈이라고 한다. 이 다섯 종족에 한이 가장 큰데, 그 사람이 진(辰) 땅에 사는 것은 진한이라 하고 변(卞) 땅에 사는 것은 변한이라 하고 마(馬) 땅에 사는 것은 마한이라 한다. 마한은 서쪽에 있기 때문에 진과 변한 사람이 서한(西韓)이라 일컫는다. 지역이 한강 이남에 있는데 사방 천리이고 모두 조선에 신하로 소속되고 나라에 바치는 물건과 세금 내기를 군현처럼 한다."라고 하였다.

갑술(甲戌)에 태자 부루를 보내어 도산(塗山)에서 하나라 우임금과 회동하였다.

『동사』에 이르기를

"갑술년에 아들 부루를 보내어 도산에서 하나라 우임금과 회동하였다."라고 하였다.

생각하건대 단군성조께서 하늘로 올라가심은 순임금 15년 경자년에 해당하니, 갑술년은 요임금 91년이다. 중국 역사에는 "요임금 72년 을묘년에 우로 하여금 수토(水土)를 평하게 하였다."라고 하였고, 또 "하나라 우임금 원년 병자년에 도산에서 제후와 회동을 하였다."라고 했다. 부루의 회합은 마땅히 우가 수토를 평한 즈음이고 단군성조께서 하늘로 올라가기 전이니, 요임금이 늙고 순임금이 섭정을 한 갑술년이지, 하나라 우임금 시절의 병자년 회합이 아니다. 이것으로 헤아려보면 옛날에 해마다 네 번 순수했으니 어찌 갑술년과 병자년에 두 번이나 도산의 회동이 있었겠는가. 그러하니 수토가 비로소 평해져 부루가 한번 회동을 한 것이었고 병자년의 옥백(玉帛)의 회동은 포함되지 않는 것이 분명하다.

백악(白岳)의 당장경(唐藏京)으로 도읍을 옮겼다.

『문헌비고』에 이르기를

"평양에 도읍을 하였다가 백악으로 옮겼다."라고 하고,

백악의 주(註)에 이르기를

"세상에서 전하기를 당장경은 문화(文化)에 있다."라고 하였다.

『위서(魏書)』에 이르기를

"2천년 전에 단군왕검이 있었는데 아사달에 도읍을 하였다."라고 하였다.

『유사』의 아사달 주(註)에 이르기를

"경(經)에 이르기를 무래산(無萊山)이라 이른다. 또한 백악이라고도 이르는데 백주(白州) 땅에 있다. 혹은 개성 동쪽에 있는데 지금 백악궁(白岳宮)이 그곳이라고도 한다."라고 하였다.

『순오지』에 이르기를

"백악은 문화의 구월산이다. 혹은 배천(白川)에 있다고도 하고, 혹은 개성 동쪽의 아사달산이 곧 구월산이라고도 한다."라고 하였다.

『여지승람』에 이르기를

"문화군 서쪽 10리에 구월산이 있는데 곧 아사달산이니, 일명 궁홀(弓忽)이고 일명 증산(甑山), 일명 삼위(三危)이다. 세상에서 전하기는 단군이 처음 평양에 도읍을 정하고 뒤에 또 백악으로 이사했는데 곧 이 산이다."라고 하였다.

또 이르기를

"문화군 동쪽 15리에 장장평(莊莊坪)이 있는데, 세상에서 전하기를 단군이 도읍한 곳이며 터가 아직 남아있으니, 곧 당장경이 잘못 전해져 그렇게 된 것이다."라고 하였다.

경자(庚子)에 아사달산에 들어가 다시 신(神)이 되어 하늘로 올라갔다.

『고기』에 이르기를

"재위한지 93년에 아사달산으로 들어가 신이 되고, 태자 부루가 즉위했다."라고 하

였다.

『외기』에 이르기를

"단군이 상나라 무정(武丁) 을미년에 아사달산으로 들어가 신이 되어다."라고 하였다.

『문헌비고』에 이르기를

"상나라 무정 을미년에 아사달산으로 들어가 신이 되니 재위가 1048년이다."라고 하였다.

또 이르기를

"상나라 무정 갑자년에 예(濊) 땅으로 이사하였다. 자손이 이어져 무릇 1017년이나 된다. 혹은 재위가 1211년. 수가 1908세라고 한다. 태조 병자년에 길창군(吉昌君) 권근(權近)이 명나라에 사신으로 가니, 명나라 태조가 단군(檀君)이란 제목으로 시를 짓게 하였다. 권근이 응제(應製)하기를 '세(世)를 전한 것이 얼마인지 모르나 일찍이 천 년을 지냈다네'라고 하였는데, 실제의 기록으로 여겼다."라고 하였다.

『유사』에 이르기를

"경인년에 평양에 도읍을 하였고 또 백악산으로 도읍을 옮겨 아사달 또는 궁홀산 또는 금미달이라고 했는데, 나라를 다스린 지 1500년이다. 주나라 무왕 기묘년에 조선에 기자를 봉하였다. 단군이 또 당장경으로 옮겼다가 아사달산으로 돌아와 숨어 신이 되었으니 나이가 1908세이다. 단군이 평양을 떠나 400여년을 지내다가 아사달산으로 돌아와 숨어 신이 되었다."라고 하였다.

『잡기』에 이르기를

"주나라 무왕 원년 기묘에 조선에 기자를 봉하였다. 단군이 이에 당장경으로 옮겼다가 뒤에 아사달산으로 들어가 신이 되었으니, 수가 1508세이다."라고 하였다.

『역대세년가(歷代世年歌)』에 이르기를

"단군은 재위가 1408년이다. 지금 사당이 아사달에 있다."라고 하였다.

『해동악부』「태백단가서」에 이르기를

"단군은 수가 1400년이다. 혹은 그 세를 전한 역년의 수라고도 한다."라고 하였다.

생각하건대 『외기』에 이르기를 "단군은 상나라 무정 을미년에 아사달산에 들어가 신이 되었다."라고 하였다. 『삼국유사』에서는 "단군은 주나라 무왕 기묘년에 이르러 아사달산에 들어가 신이 되었다."라고 하였고, 또 이르기를 "나라를 다스린지 1500년이고 수는 1908세이다."라고 하였다. 『잡기』에 이르기를 "수는 1508세이다."라고 하였다. 『해동악부』에서는 "수는 1400세이다."라고 하였다. 『세년가』에 이르기를 "재위가 1408년이다."라고 하였다. 그러나 단군성조 무진년으로부터 계산하여 상나라 무정 을미년에 이르기까지 1048년이 되고, 주나라 무왕 기묘년에 이르기까지 1212년이 되니 이것이 재위의 수이다. 갑자년으로부터 계산하여 을미년에 이르기까지 1272년이 되고 기묘년에 이르기까지는 1336년이 되니, 이는 천하를 통치하여 재위한 합수인데 하나도 부합함이 없다. 여러 설이 고증에 결함이 있는 것은 변론을 기다릴 필요도 없지만, 다만 『문헌비고』에 나오는 연수는 부합하나 을미년에 신이 되었다고 이른 것은 어디에 근거했는지 알지 못하겠다. 또한 단군성조의 수가 1908세가 된다면 이치에 가깝지 않고 이미 재위가 1048년이고 신이 되었다면 어찌 860세에 비로소 나라를 다스렸겠는가. 요컨대 모두 사실을 잘못 전한 것이다. 대개 갑자에 천하를 통치하여 두 번 돌아온 갑자를 거쳐 125년인 무진년에 나라를 다스렸고 93년이 지난 경자년에 하늘로 올라갔으니 수가 217이다. 기자가 동쪽으로 온 것은 기묘년에 있었으므로, 여러 학자가 억측하여 이로써 억지로 판단한 것이고 무정 을미년과 같은 것은 또한 혹 그 자손이 옮기어 장소를 변경한 해가 아닐까.

외편(外篇)

....

역대의 역사책에 단조를 숭상하여 받들고 유속이 오래 전해진 것을 모아서 외편을 서술한다.

문화(文化)에 삼성사(三聖祠)가 있다.

『춘관통고』에 이르기를

"삼성사는 황해도 문화현 구월산에 있는데 환인·환웅·단군을 제향하고 향과 축문을 내려서 제사를 드린다."라고 하였다.

『여지승람』에 이르기를

"구월산에 삼성사가 있는데 환인·환웅·단군이다. 나라 사람들이 사당을 세웠다."라고 하였다.

『수산집』에 이르기를

"구월산에 삼성사가 있는데, 그 동쪽이 옛날에 이른바 당장경이라는 것으로 때대로 그 위에 곱고 맑은 기운이 있다."라고 하였다.

또 이르기를

"대개 단군은 먼저 나온 성인이니 중국에 있어서는 복희·신농의 임금인가."라고 하였다.

단종 임신년에 경창부윤 이선제(李先齊, 1390-1454)의 소(疏)에 이르기를

"신(臣)이 사초(史草)를 정리하다 보니 무신년에 우의정에서 물러난 류관의 상서(上書)에, '단군이 아사달산에 들어가 신이 되었습니다. 이 산의 아래에 삼성당이 아직까지 존재하니 그 자취를 볼 수 있습니다. 현의 동쪽에 당장경이라는 지명이 있는데 나이 많은 어른들이 전하기를 단군의 도읍이라고 합니다. 어떤 사람은 단군이 처음 왕검성에 도읍하였으니 지금 마땅히 기자묘에 같이 모셔야 한다고 합니다만, 대개 단군은 요와 같은 시대에 왕위에 올라 기자에 이르기까지는 천여 년이니 어찌 기자의 묘에 모시는 것이 마땅하겠습니까.'라고 말했습니다.

신(臣) 선제가 『삼국유사』를 공평히 살펴보니, '단군왕검이 요가 즉위한 50년 후인 경인년에 평양에 도읍하여 비로소 조선이라 칭했다. 또 백악산 아사달에 도읍을 옮겨 1500년 나라를 다스렸다. 주나라 무왕이 즉위하여 조선에 기자를 봉하자 단군이 또 당장경으로 옮겼다가 아사달산으로 돌아와 숨어 신이 되었다. 수가 1908세이다.'라고 하였는데, 단군이 평양을 떠나 400여년에 아사달산으로 돌아와 숨어 신이 되었다면 이 곳에서 임금이 되고 이 곳에서 신이 된 것이니 이곳을 싫어하지 않는 것이 분명합니다. 기자가 40대를 전하고, 연나라 사람 위만이 왕검성에 도읍하여 2세를 전하고, 고구려가 705년을 전하고 신라가 200여년을 아우르고 고려 왕씨가 400여년을 전했으니 단군이 평양에 도읍한지는 멀고도 아득한데 평양을 즐겨 돌아보아 사모하겠습니까. 또 산신이 되어 그 지역 사람이 존경하여 제사드리는 것을 받았으니 어찌 평양으로 옮기기를 즐겨 동명왕과 함께 한 사당에 계시고자 하겠습니까.

『삼국유사』의 주석에 이른 환인천제는 곧 류관이 이른바 단인이고 환웅천제의 서자는 곧 이른바 단웅입니다. 아득한 옛날 사람이 그 근본을 잊지 않고 사당집을 세워 환을 고쳐 단이라 하고 삼성을 호칭했는데 과연 어느 때에 비롯되었는지는 알지 못하겠습니다. 지난번에 평양으로 단군을 옮기고 이성(二聖)을 어떤 곳에 두었으니 단군이 그 지역 사람에게 원망을 일으킬 뿐만 아니라 이성이 반드시 사납게 되어 백성에게 해를 줄 것입니다. 어리석은 신의 생각으로는 옛집을 수리하여 새로 신상(神像)을 만듦에, 중조조(中朝朝)의 천궁열수(天宮列宿)의 모습과 같이 하시며, 또 삼차하(三叉河) 해신(海神)의 얼굴과 같이하여 좌우로 나누어 앉히고, 존경을 옛날처럼 하시고 조관을 파견하는 명을 내리시어 성당(聖堂)에 치성으로 아뢰게 하고, 음(陰)으로 도와주시기를 비신다면 어찌 신이 밝게 이르고 복을 내림이 없겠습니까.

어떤 사람은 말하기를 천제(天帝)가 단수(檀樹) 아래에 내려와 단군이 태어났다는 것은 사실이 괴탄하여 족히 믿을 것이 못된다고 합니다. 그러나 신인(神人)이 태어남은 보통과 다르니 간적(簡狄)이 현묘한 새의 알을 삼키어 설(契)을 낳았고, 강원(姜嫄)이 제(帝)의 엄지발가락을 밟고서 후직(后稷)을 낳았으니 이는 중국 상고 시대의 사실이니 어찌 쉽게 논의를 하겠습니까. 엎드려 생각하건대 전하께서는 세종(世宗)의 생각을 존중하시고, 대신을 불러들여 만나시어 천제가 단수에 아들을 내리신 근원과 신주를 옮겨 괴변을 일어난 사실을 궁구하여 논하시고, 나이 지극한 노인들에게 널리 물으시어 성당의 신주를 고쳐 만드신다면 매우 다행이겠습니다."라고 하였다.

성종 3년 임진년에 문화의 구월산에 환인·환웅·단군의 삼성사를 세우고 평양 단군묘의 법식에 의거하여 해마다 향과 축문을 보내어 제사지냈는데, 황해도관찰사 이예(李芮)의 청을 따른 것이다.

영조 41년 을유년 11월에 삼성묘에 독(櫝, 신주를 모시는 궤)을 설치하기를 명하고 제사를 드렸다. 이에 앞서 성종조에 삼성묘를 세웠다. 위판은 흙으로 조성했는데, 연도가 오래되어 훼손되었다. 예조판서 심수(沈鏽)가 보고하니 왕이 예관을 보내어 나무로 삼성의 위판에 독을 만들고 제사를 드리도록 명하였다.

정조 5년 신축년에 관리를 보내어 제사를 드리고 지제교(知製敎) 이병모(李秉模)에게 명하여 제문을 짓게 하였다. 제문에 이르기를 "아, 빛나는 단군이시여, 동방에 으뜸으로 출현하셨네. 덕은 신명에 합하고, 운도는 천지를 개척하도다. 뉘 능히 인도하셨는가, 환인과 환웅이 이끄셨다네. 상서로움 깊이 나타남이여, 밝은 뜻 가슴에 새기었도다. 천부의 보배로운 자취여, 섬김에 비록 징험은 없으나, 신성이 거듭 도우심이여, 우리 역사에 일컬은 바라. 세를 전하기는 몇 세대인가, 은택은 천년을 머물러 왔네. 험준한 저 아사달 뫼는, 인간세의 신령한 땅덩이라. 사당은 옛 자취에 연유하였고, 예도는 근원을 거슬러 거듭남이라. 해마다 향과 축문을 드리니, 모든 제기를 갖췄음이라. 지난날 우리 영왕(寧王, 영조)께옵서, 친히 마르고 재어 계획함이라. 지금 이에 잔을 드림도, 이 뜻을 잇고 받듦이로다. 내 비록 덕이 없으나, 신인께 의지할 바라. 오로지 정성으로 흐트러짐 없으니, 영험함이 어긋남 없도록 바라옵니다. 보호하고 도와주시어, 우리 종국(宗國)을 영원케 하소서. 우리 백성을 좋게 하시고, 우리의 농사를 풍요롭게 하십시오. 제가 많아 요구함이 아니라, 오직 신께 기댐입니다."라고 하였다.

13년 기유년에 삼성사 제품(祭品)과 제식(祭式)에 대해 여러 대신에게 물으니, 우의정 채제공(蔡濟恭, 1720–1799)이 말하기를

"종묘와 사직에 변(籩, 과실을 담는 제기로 굽이 높고 뚜껑이 있음)과 두(豆, 제기 이름)의 숫자가 모두 열두 개인이며, 역대 제왕의 사당에는 열을 쓰고 둘을 감한 것은 뜻이 본래 있는데, 본 사당에서 지금 식처럼 구식을 변경하여 종묘와 사직에 열두 개의 제도를 사용한 것은 어느 사람에 의해 비롯되었는지 알지 못하겠습니다. 옛 그림을 개원례(開元禮)에 비추어보면, 예재(禮齋)와 앙재(盎齋)는 개원례에는 있지마는 그림에는 없고 등대갱(甄大羹, 등은 음식물을 담아 올리는 예기. 대갱은 오미를 가하지 않은 것임)은 개원례에는 없는데 그림에는 있습니다. 비록 딱 부합하여 어긋남이 없다고는 말할 수 없으나, 오례의(五禮儀)가 개원례를 모방하여 만들었으니, 실로 나라 조정에서 준수하여 시행한 식이니, 어찌 오례의에 의거한 구도를 쓰지 않고 도리어 새로운 그림의 격식에 맞춰 터무니없는 것을 쓰겠습니까. 다만 오례의는 형화갱(鉶和羹, 국에 오미를 더하여 형기에 담은 것)이 세 그릇인데, 본 사당의 생(牲, 기를 때는 畜이지만, 제사에 쓰일 때는 牲으로, 제사에 쓰이는 家畜을 말함)은 두 가지(양과 돼지)에 그치니, 옛 그림 형화갱이 그것을 따라 두 그릇이 되는 것은 진실로 마땅한 것입니다. 축문(祝文)의 격식은 직서(直書)하여 별칭이 없는 것은 의아스럽지만, 단군의 때에 풍속이 자리잡지 않았으니 인문(人文)을 어찌 논하겠습니까. 환인 · 환웅이 호(號)가 되고 이름이 되는 것은 지금 억지로 헤아릴 수 없으나, 설령 호가 아니더라도 주공(周公)의 시대에 혹은 단보(亶父)라 말하고 혹은 왕계(王季)라 말하고, 금등(金縢)의 축문에 삼왕(三王)을 칭하여 이르기를 이(爾)라고 하였으니, 이것으로 미루어보면 직서(直書)가 아마 불가할 것이 없습니다. 하물며 위판(位版)에 이미 이것으로 썼으니 이것이 아니면 별칭을 할 수 없음에 있어서이겠습니까. 고례(古禮)에는 제복이 아니면 제사를 지내지 못했습니다. 하물며 본 사당의 홀기(笏記)에 이미 '홀을 꽂는다'. '홀을 잡는다'는 구절이 있는 즉, 연도가 오래되어 훼손되고 부서졌으나 고쳐 갖추지 못함이기 때문이겠습니까. 바로 흑단령(黑團領)을 사용하여 편의대로 행사하는 것은 성복(盛服)의 의(義)에 어그러짐이 있으니, 순영(巡營)과 본현(本縣)에 경계하여 타이르고 명령하여, 예(禮)대로 조치하여 구비하되 떨어진 것은 또 고치시고 변(籩)과 두(豆) 육품(六品)을 바꾸어 사용한 것은 마땅히 새로운 그림에서 제창한 바를 쓰십시오. 지금 만약 옛 법식대로 복설하면 바꾸기를 기다리지 않아도 저절로 바꾸어질 것입니다. 그런데 만약에 본토에서 나는 것이 없어서 얻기 어려운 것은 비슷한 것으로 채우는 것이 또한 해가 되지 않을 것 같습니다."라고 하니 왕이 이를 따랐다.

또 삼성사를 중수(重修)하고 제사를 드렸는데 그 제문에 이르기를

"옛날을 상고해보니 동쪽에 삼성이 있었네. 비로소 군장이 있어 천지를 처음 열었도다. 저 나무는 배달나무요 광명을 열어 무궁하도다. 당장경에 도읍을 정함이여 요와 같은 시절이었네. 세월은 천년이 흘렀고 도덕의 교화가 융성하였네. 건너 서쪽 산 바라보니 새로 지은 궁이 눈을 끌도다. 영고(寧考, 영조)의 축이여 신의 공덕을 은혜롭게 함이라."라고 하였다.

평양에 숭령전이 있다.

『문헌비고』에 이르기를

"숭령전은 평안도 평양부에 있는데, 성 밖에 단군과 기자 및 고구려 동명왕을 제향한다. 봄가을로 향과 축문을 내리고 중사(中祀)로 제사한다."라고 하였다.

고려 숙종 10년에 동명성왕을 제사하고 옷과 폐백을 바쳤다. 사당은 평양부 인리방에 있다. 때때로 임금의 도장이 찍힌 문서를 내려 제사를 행하였고 초하루와 보름에도 관리로 하여금 제사를 행하게 하였다. 고을 사람이 일이 있으면 문득 빌었는데 세상에 전하기는 동명성왕께 제사함이라 한다.

명종 20년에 서도(西都:평양)에 사신을 보내어 예조묘(藝祖廟)에 제사하였다. 서도라고 말한 것은 예조가 일어난 곳이기 때문이다. 의관이 오히려 그 사당에 있기 때문에 후왕이 매번 연등(燃燈)과 팔관(八關)에 대신을 보내어 제사를 드렸다.

『문헌비고』에 이르기를

"고려 때의 동명사(東明祠)는 의심컨대 지금의 숭령전인 듯하다. 다만 단군과 더불어 제사를 드렸는데, 어느 때에 창건되었는지는 자세하지 않다. 조선왕조 세종 때에 비로소 동명사를 설치하였다."라고 하였다.

세종 11년에 비로소 정전(正殿)은 세 기둥에 네 칸, 동쪽 행랑은 세 칸, 서쪽 행랑은 두 칸을 설치하였다.

세조 원년 병자 7월에 조선단군(朝鮮檀君)이라는 신주(神主)를 고쳐 조선시조단군지위(朝鮮始祖檀君之位)라고 정하였다. 5년 경진에 왕이 왕세자를 거느리고 서쪽으로 순행하여 친히 제사하였다.

숙종 5년에 근신(近臣)을 파견하여 제사를 드리고 23년에 또 제사를 드렸다. 왕이 단군사시(檀君祠詩)를 지었는데 이르기를 "동해에 성인이 태어나시니, 일찍이 요임금과 같은 시기라네. 산 능성에는 사당이 남아있고, 상서로운 구름 박달나무에 서리다."라고 하였다.

영조 원년에 사액(賜額)을 내려 숭령전이라 하니 평양감사 이정제(李廷濟, 1670 - 1737)의 말을 따른 것이다. 영조 5년에 숭령전을 지키는 참봉 두 사람을 두고 25년에 승자를 파견하여 제사를 드렸다.

정조 5년 신축년에 관리를 보내어 제사를 드리고 이병모(李秉模, 1742 - 1806)에게 명하여 제문을 짓게 하였다. 제문에 이르기를
"산악에 정기가 자욱함이여, 박달나무 온 곳에 가득하구나. 신인이 처음 탄생함이여, 요임금과 동시에 일어났다네. 태양이 바야흐로 떠오름 같이, 마침내 조선이 시작함이여. 어지러움의 질서 처음 잡히니, 인문(人文)이 시나브로 영글었도다. 영해(嶺海)의 서쪽 땅 요동 들의 새녘에, 임금이랑 우두머리 비로소 생기니, 신의 공덕을 길이 입도다. 태사(太師)가 베푸신 가르침 있어, 공자도 살고자 욕심내던 곳. 훌륭하게 되는 것은 우리의 풍속, 자랑하지 않아도 다 되었도다. 우리 조선 문명 또한 의지한 것 많으니, 그것에 보답함이 어찌 허물이 되리, 오히려 은택은 마르지 않는도다. 성대한 서경이여, 사당의 모습이 고요하구다. 숙종 임금 시를 지어 거시고, 영조께서는 편액을 내리셨네. 우리의 제사에 등급을 매기고, 해마다 이곳에 천제(天祭)를 드림이여. 미천하고 부족한 이내 몸으로, 신인(神人)의 제주(祭主) 됨이 부끄럽구나. 아, 대동강 맑은 물 쳐다보노니, 긴 세월 정회를 멈출 수 없도다. 하물며 주군(主君) 대신 잔을 들임이여, 수많은 선왕(先王)께서 행한 바로다. 땅이 아득타고 이르지 마소서, 정성은 땅 하늘을 가르지 못합니다. 바라건대 잘 흠향하시옵고, 묵묵히 도와 지켜 주소서."라고 하였다.

태상(太上, 고종) 5년 무진년에 교서를 내려 이르기를

"이해는 곧 단군이 나라를 세운 옛 갑년이다. 동쪽 땅에 비로소 터전을 잡은 지 천여 년 세월이 지난 오늘이 정아(正衙)를 다시 완성하고 하늘의 큰 명을 맞이하여 들이니 우연한 일이 아니다. 숭령전에 도신(道臣, 관찰사)을 보내어 제사를 드리도록 하라."라고 하였다.

축문에 이르기를

"실로 하늘이 큰 고이를 드러냄에, 비로소 동녘 땅에 터를 잡았네. 이로써 정성스레 제사하노니, 진실한 복을 실어 내려 주소서."라고 하였다.

최명길의 단군사시에 이르기를

"갑자에 터를 여니 오래되었고, 신인의 이적이 남아있다네. 흘러온 풍속으로 옛 습속을 보고, 사당집 두루 겹담을 둘렀도다. 동명왕도 이곳에 배향하였으니, 멀리 설치한 상(象) 우러러 쳐다보도다. 흥망은 천고의 한이러니, 한번 잔 올리며 정성을 드리도다."라고 하였다.

양촌(陽村) 권근(權近, 1352 – 1409)이 명나라에 사신으로 가서 황제의 명에 응하여 지은 단군시에 이르기를

"이야기 들으니 까마득한 날에, 단군께서 단수(檀樹) 아래 내려오셨네. 동국 땅에 임하여 정좌하시니, 때는 요임금과 한 시절이라. 몇 세를 전했는가 알 수 없으나, 지난 세월 일찍이 과천년(過千年)이라. 뒷날 들어선 기자 시대도, 똑같이 이름하여 조선이라네."라고 하였다.

매월당(梅月堂) 김시습(金時習, 1435 – 1493)의 단군사가(檀君祠歌)에 이르기를

"임금께서 내리심이여 향봉(香峯)이어니, 곰과 범의 포효함이여 터럭도 날리네. 신령한 약재를 줌이여 변하여 인간이라, 아! 화(化)해 감이여 형상마저 변하였네. 단군께서 오심이여 아사달 언덕이거니, 신첩(臣妾)들의 분주함이여 끌채를 잡았도다. 신령의 흥성함이여 모두들 노니노니, 아! 경배함이여 공손하고 삼가도다. 모두들 술 올림이여, 우러러 잔 드리도다. 기장으로 밥 지음이여, 통돼지를 잡아내도다. 그릇과 북을 침이여, 갈대피리 잡아 불도다. 제수를 드리움이여, 마음이 하 즐겁도

다. 시동(尸童)의 기뻐함이여 취한 얼굴이 불그레하니, 밝은 창가에 드리운 춤이여 비틀거리며 흔들리도다. 신령이 복을 줌이여 넘치고 풍족하거니, 아! 즐거움이여 다다름 없이 한량없도다."라고 하였다.

추강(秋江) 남효온(南孝溫, 1454 - 1492)의 알단군묘시(謁檀君廟詩)에 이르기를 "단군께서 우리 땅에 나타나시어, 패수변(浿水邊)서 가르친 것 바른 윤리라. 아사달서 약을 캔 때 오래이거늘, 지금 사람 기억하길 무진년이라."라고 하였다.

명나라 사람 당고(唐皐, 1469 - 1520)의 단군사시에 이르기를 "얼마나 아득한가 나라 열린 때, 이분이 조선의 한배이시라. 가시덤불 잘라 길 내지 않았다면, 누구라 즐겼을까 동녘의 나라."라고 하였다.

명나라 사람 사도(史道, 1485 - 1553)의 단군사시에 이르기를 "단군은 어느 때 나타났는가, 들으니 요임금 때 시작했다네. 거슬러 4천 년이 흘렀지마는, 사당도 산기슭에 남아있다네."라고 하였다.

명나라 사람 공용경(龔用卿, 1500 - 1563)의 단군사시에 이르기를 "단군께서 나라를 연 땅, 띠 풀을 베고 나라 세웠네. 지금의 나라 사람들, 한배[祖]라 일컫는다네."라고 하였다.

명나라 사람 화찰(華察, 1497 - 1574)의 단군사시에 이르기를 "옛적 단군께서 나누신 땅에, 스스로 동방에 와 나라 세웠네. 길이 개국의 공훈 드리움이여, 백세토록 한배라 일컫고 있네"라고 하였다.

명나라 사람 설정총(薛廷寵, 생몰미상)의 유평양기(遊平壤記)에 이르기를 "내가 홍산태사(鴻山太史) 화찰(華察)과 함께, 동쪽으로 강을 건너 평양에 머무르면서 단군사를 배알하였다. 그 시에 이르기를 '단군께 국사(國祀)를 드림이 동녘 땅에 이어지니, 소나무는 울창하게 사당을 덮었네. 삼한의 다섯 도읍 어찌 그리 어수선한가, 이분이 조선 땅의 큰한배[一祖]시라.'"라고 하였다.

명나라 사람 오희맹(吳希孟, 1508 - ?)의 단군사시에 이르기를 "송라(松蘿)가 덮인 사당이 있어, 정성드려 제사하니 한배이시라. 때는 요임금과 한 시작이니, 이분이 처음으로 나라 연 임금."이라고 하였다.

임당(林塘) 정유길(鄭惟吉, 1515－1588)의 서경도시(西京圖詩)에 이르기를

"서경은 본디 아름다운 땅, 단(檀) 아래 진인(眞人)께서 첫 도읍(都邑)한 곳."라고 하였다.

또 이르기를

"우리 임금 보본(報本)의 뜻 한량없으니, 사시사철 풍기네 넘치는 효성."이라고 하였다.

잠곡(潛谷) 김육(金堉, 1580－1658)의 단군사시에 이르기를

"신성(神聖)이 백성의 주인이 되니, 하늘 사람 하늘에서 내려오셨네. 이분이 동쪽 나라 첫 임금이요, 중국의 요임금과 같은 시기라. 태백(太白)엔 용이 난 지 아주 오래고, 아사달엔 학이 간 지 또 오래구나. 황량한 신전은 남아있으니, 제기에 제물로 황초(黃蕉)를 올리도다"라고 하였다.

야당(野塘) 김남중(金南重, 1596－1663)의 단군사시에 이르기를

"엄숙하고 조용한 단군묘에, 영험한 기운만은 변함없도다. 솔바람 소리는 빈 사당에 가득하고, 물빛은 빈 담을 둘러 있구나. 수많은 관리들 찾아와 배알하고, 봄가을 제사 또한 훌륭하구나. 시 한 수 지으니 공경함이 더욱 일어, 그윽이 일어나는 제화(祭花)의 내음."이라고 하였다.

동명(東溟) 정두경(鄭斗卿, 1597－1673)의 단군사시에 말하기를

"성인이 동방에 나시니, 요임금과 같은 시기라. 신령한 나무가 일월(日月)을 맞고, 단목(檀木)에는 상서로운 구름. 천지(天地)는 나라 세움을 기다리고, 산하(山河)의 기운은 나뉘질 않았네. 무진년 천년의 나이를, 우리 임금께 바치고 싶어라."라고 하였다.

금양위(錦陽尉) 박미(朴瀰, 1592－1645)의 서경시(西京詩)에 이르기를

"단목(檀木) 아래 신인(神人)께서 첫 도읍을 잡으시니, 지금껏 옛성 한 편에 사당이 남아있네. 알지 못하겠다만 아사달 어천(御天) 당시도, 단군께서 용의 수염을 잡아오를 수 있었으리."라고 하였다.

심준(沈埈)의 숭령전시(崇靈殿詩)에 이르기를

"엄숙하고 조용한 단군묘는, 천 년 동안 국사(國祀)를 지내오던 곳. 벌레 먹은 탑엔 먼지 쌓이고, 새 엿보는 담에는 이끼 덮혔네. 요임금과 같은 때에 나라를 세워, 터를 개척하니 그 정신 높다. 봄가을로 경건히 제사한 땅에, 향 피우고 축(祝) 읽으며 제화(祭花)를 올리도다."라고 하였다.

소암(疎菴) 임숙영(任叔英, 1576 - 1623)이 말하였다.

"태백의 신인이 영령(英靈)을 잡고 내려와, 조정의 신하들이 받드니 교화로써 어짊을 행하였네. 천 년 동안 억겁의 다스림을 드리우니, 그 여파가 만대에 떨치누나. 지금의 풍속과 옛날의 자취가, 아름다운 모범을 따라서 동귀(同歸)한다네."

영주(永州)에 목엽산묘(木葉山廟)가 있다.

요나라 태조 신책원년(神册元年)에 영주 목엽산에 사당을 세웠다. 사당 가운데 단목이 있으니, 이름하여 임금나무[君樹]라 한다. 해마다 시월에 예화악(豫和樂)을 사용하여 친히 제사지냈다.

『요사』에 이르기를

"하늘을 공경하고 조상을 존숭하여, 출입할 때 반드시 제사를 올린다."라고 하였다.

또「예지(禮志)」에 이르기를

"요는 본래 조선의 옛 땅이다."라고 하고,

또「악지(樂志)」에 이르기를

"예화악으로 천신께 제사를 올리니, 예화는 십이화악(十二和樂)의 으뜸이다."라고 하고,

또「길의(吉儀)」에 이르기를

"산에 제사를 올릴 시에는 목엽산 동쪽에 천신위(天神位)를 설치하고 가운데에 임금나무를 세웠다. 나무 앞에 여러 나무를 심어 조정 열신(列臣)의 모습을 나타내었고, 또 나무 두 그루를 짝으로 심어 신문(神門)을 삼았다. 황제와 황후가 임금나무 앞에 이르러 제를 올리고 음복을 하였다."라고 하고,

또「군의(軍儀)」에 이르기를

"황제께서 친히 정벌할 때나 별안간 군사를 일으킬 때는 반드시 먼저 사당에 고했는데, 이에 삼신주(三神主)를 세우고 제사를 지내니, 그 셋은 선제(先帝)와 도로(道路)와 군려(軍旅)다. 푸른 소와 흰 말을 잡아서 제사를 올리고 출병을 하였다. 또 해마다 시월에 임금과 군신과 더불어서 목엽산에 망제(望祭, 산천에 지내는 제사)를 올렸다."라고 하였다.

요나라 태종 7년 겨울 시월 신미년에 목엽산에 제사를 지냈다.

만주 철령 등지의 숲속에 이따금 옛 제단의 터가 남아있는데, 그 지역 사람이 서로 전하기를 아득한 옛날에 단신(檀神)께 제사하던 곳이라 한다.

봉화(奉化)에 태백산사(太白山祠)가 있다.
『문헌비고』에 이르기를
"신라사(新羅史) 제지(祭志)에 이르기를 '북악은 태백산이다.'라는 부분의 주(註)에 내기군(奈己郡)은 지금 봉화이다."라고 하고,
또 이르기를
" '신라 일성왕(逸聖王) 5년 시월에 왕이 북쪽으로 순수하여 태백에 제사를 지냈다.' 라는 부분의 주(註)에 지금은 삼척부이다."라고 하고,
또 이르기를
"기림왕(基臨王) 3년에 우두주(牛頭州:지금의 춘천)에 이르러 태백산에 망제(望祭)를 올렸다."라고 하였다.

『여지승람』에 이르기를
"태백산은 삼척부 서쪽 120리, 안동부 동쪽 70리, 봉화현 북쪽 72리에 있다. 신라때는 북악(北岳)이라 했고 사당이 산꼭대기에 있는데 속칭 천왕당(天王堂)이라고 한다. 강원도와 경상도의 인근 고을 사람들이 봄가을로 제사를 지낸다. 신좌(神座)에 소를 묶어두고 제대로 돌아보지 않고 달리면서 말하기를, '만일 돌아보면 신께서는 공손하지 못함을 아시고 벌을 주십시오'라고 한다. 3일이 지나 마을에서 그 소를 거두어 사용하는데, 퇴우(退牛)라고 이른다."라고 하였다.

『미수기언』에 이르기를

"태백에 단군사(檀君祠)가 있다."라고 하였다.

또 이르기를

"태백은 설산(雪山)이 공중을 막고 있는데, 꼭대기는 구름과 안개가 서려 있어 볼 수가 없으나, 구름과 안개가 내린 큰 산기슭은 모두 깊고 차고 음산하다. 그 아래가 백석평(百石坪)이고 산 위에는 태백사(太白祠)가 있다."라고 하였다.

또 이르기를

"민간 풍속에 서로 전하기를 '백두옹(白頭翁)은 태백의 신령이라고 이르는데, 태백 사의 원근에서 기도하고 제사하여 길하고 흉함이 바로 응하게 한다.'라고 한다"라 고 하였다.

또 이르기를

"믿음을 밝히고 화목함을 닦음이 근본에 보답함이요, 근본을 돌이켜서 신을 섬기면 사람됨의 방법으로 많은 조짐을 얻게 될 것이다."라고 하였다.

강동(江東)에 신선(神仙)의 능[仙寢]이 있다.

『미수기언』에 이르기를

"'송양(松讓)의 서쪽에 단군씨의 무덤이 있다.'라는 부분의 주(註)에 송양은 지금의 강동현(江東縣)이다."라고 하였다.

『여지승람』 강동고적(江東古蹟) 조에 이르기를

"큰 무덤 하나가 고을의 서쪽 3리 거리에 있는데 둘레가 410자이니, 전해 오기를 단군묘라 한다. 또 하나는 고을의 북쪽 30리 도개산(刀个山)에 있는데, 전해 오기 를 옛 황제묘(皇帝墓)라고 한다."라고 하였다.

『문헌비고』에 이르기를

"단군묘는 평안도 강동현 서쪽 3리에 있는데 둘레가 410이다."라고 하였다.

또 말하기를

"여지승람에 이르기를 '민간에서 전하는 말에 단군묘는 강동에 있다'하니 이것은 단 적인 증거는 없으나 예로부터 전해온 말로 반드시 까닭이 있다."라고 하였다.

고려 충숙왕(忠肅王) 12년에, 관리를 두어 땔나무를 베고 가축 먹이는 일을 금지하였다.

조선 성종(成宗) 24년에, 무너지고 헐은 곳을 수리하도록 명하였다.

영조 22년에 단군으로부터 조선 경종(景宗)의 왕릉에 이르기까지, 관찰사에게 명하여 가을이 되기를 기다려 수리케 하고, 의조(儀曹)에서 향을 하사하고 제사를 드리도록 명하였다. 39년에 단군 · 기자 및 신라 · 백제 · 고구려 시조의 능을 수리하도록 명하였다.

정조 10년에 단군묘에 수호군 2명을 두고 30보까지 금표(禁標)를 표시하였다.

생각하건대 강동의 능은 대개 민간 풍속에 서로 전하는 것이고 또 명확한 증거가 없다. 역대로 수호했다는 것은 다만 속전에 의지할 뿐이다. 하물며 단군성조는 하늘로부터 내려와 다시 하늘에 올라갔으니, 일반 사람의 버려진 해골에 견줄 것 같은 것은 아니니, 어찌 옥갑(玉匣, 옛날 임금의 장사에 쓰던 그릇)의 장례(葬禮)가 있었겠는가. 가령 이러한 능이 있다 하더라도, 의리(衣履, 죽은 이를 기념하는 물품)를 묻은 것에 불과하니, 동명왕의 옥편(玉鞭, 동명왕이 하늘로 올라가면서 떨어뜨렸다고 하는 옥채찍) 따위와 같을 따름이다. 그렇지 않으면 혹 후세의 임금의 능인데 단군묘라고 통칭하는 것은 아닐까. 세월의 흐름이 이미 오래고 능침이 모두 누락되고 실전했으니 전한 바가 다만 이것뿐은 아닌지.

묘향산에 신굴(神窟)이 있다.

『지지(地志)』에 이르기를

"영변 묘향산에 신인굴(神人窟)이 있는데 세상에 전하기를 단군굴이라 한다. 고려 때 그 산에 단을 쌓고 단군을 제사하였다."라고 하였다.

이중환(李重煥, 1690-1752)의 『팔역지(八域志)』에 이르기를

"옛날 요임금 때 신인(神人)이 묘향산 단목(檀木) 아래 석굴 속에서 화하여 나시니 이름을 단군이라 하고 드디어 구이(九夷)의 군장이 되었다."라고 하였다.

『약파만록』에 이르기를

"묘향산은 영변부 동쪽 희천군(熙川郡) 남쪽에 있는데 일명 태백이라 한다. 백두산의 일맥이 서쪽으로 적유령(狄踰嶺)이 되어 굽이쳐, 남쪽으로는 희천(熙川)의 백산(白山)이 되고 서쪽으로는 이 산이 되었다."라고 하였다.

『여지승람』에 이르기를

"묘향산은 부의 동쪽 130리에 있는데 일명 태백산이다. 고기(古記)에 말하길 '그 산에는 360암자가 있다.'고 한다."라고 하였다.

『대동역사(大東繹史)』에 이르기를

"고구려 나라의 왼쪽에 수혈(隧穴)이 있는데 매년 시월에 왕이 친히 제사를 지낸다. 구암 한백겸(韓百謙)의 『지리지(地理志)』에 이르기를 '수혈은 곧 영변 석굴이 그것이다.'"라고 하였다.

『대동운옥』에 이르기를

"묘향산은 일명 태백산이다. 압록강 남쪽 언덕에 있는데 요양(遼陽)과 경계가 되니, 곧 장백산이 나누어진 곳이다. 산에는 향나무가 많고 신인(神人)의 옛 자취가 남아있다."라고 하였다.

백두산에는 박달나무[檀木]와 신령한 집[靈宮]이 있다.

태백산 대숭전(大崇殿) 동쪽 행랑에는 고경각(古經閣)이 있다. 태백산은 곧 백두산이다.

발해 고왕 대조영(大祚榮)은 고구려의 혈통을 이었다. 을지가현(乙支家賢)과 더불어 고경(古經)을 안고 말갈 땅에 들어갔다. 태백산 신령한 집[靈宮]에 제단을 쌓고 하늘에 빌어 나라를 세우고 진단(震壇)이라 칭하였는데, 뒤에 발해로 고쳤다.

『대동운옥』에 이르기를

"발해의 성(姓)은 대씨이고 고구려 별종이다. 대조영이 처음 나라를 세우고 태백산 동북을 확보하여 해동성국이 되었다."라고 하였다.

『발해세가(渤海世家)』에 이르기를

"발해는 단군이 천명을 받아 출생한 땅이다."라고 하였다.

『산해경(山海經)』에 이르기를

"대황(大荒, 중국의 동쪽 끝의 거친 바다)의 가운데에 산이 있으니, 불함(不咸)이라 하고 숙신씨(肅愼氏)의 나라가 있다."라고 하였다.

『후한서』에 이르기를

"동옥저는 고구려 개마대산(盖馬大山)의 동쪽에 있다. 동으로는 큰 바닷가를 접해 있고 북쪽으로는 읍루와 맞닿아 있다."라고 하였다.

『위서』「물길전(勿吉傳)」에 이르기를

"나라에 도태산(徒太山)이 있는데 위(魏) 나라 말로 태백이다. 호랑이 · 표범 · 곰 · 이리가 있는데 사람을 해치지 않는다. 사람이 산에 올라가 오줌을 누어 더럽히지 못하고 산길을 다니는 자는 모두 그릇에 담아 가지고 갔다."라고 하였다.

『북사(北史)』「물길전」에 이르기를

"나라에 도태산이 있는데 중국 말로 태백이다. 풍속에서 그 산을 매우 경외한다." 라고 하였다.

『괄지지(括地志)』에 이르기를

"말갈은 옛 숙신이다. 그 남쪽에는 백산(白山)이 있는데 새 · 짐승과 풀 · 나무가 모두 희다.

『일통지(一統志)』에 이르기를

"장백산은 옛 회령부(會寧府) 남쪽에 있다."라고 하였다.

『성경지』에 이르기를

"장백산은 곧 가이민상견아린(歌爾民商堅阿隣, '歌爾民'은 長이고 '商堅'은 白이며 '阿隣'은 山이다)이다. 그 땅은 선창(船廠, 즉 吉林省城) 동남쪽 1천 3백 리에 있고 산꼭대기에는 다른 수초가 자라지 않으며 백화(白花)가 많다."라고 하였다.

또 말하기를

"금나라 대정(大定) 때에 장백산신(長白山神)을 흥국영응왕(興國靈應王)에 책봉하고, 명창(明昌) 때에는 개선홍성제(開天弘聖帝)로 책봉하여 곤룡포와 면류관을 갖추게 하였으며, 산 북쪽에 사당을 세웠다."라고 하였다.

『산경(山經)』에 이르기를

"백두산은 곧 장백산이니, 회령부에 있다."라고 하였다.

정약용의 『강역고』에 이르기를

"백산(白山)은 동북 모든 산의 조종이다."라고 하였다.

또 이르기를

"살펴보건대 백두산은 무릇 여덟 개의 이름이 있으니, 불함·개마·도·백산·장백·백두·가이민상견이라 하였는데, 옛적과 지금의 나랏말로 번역함이 다른 것이다."라고 하였다.

『금사(金史)』「예지(禮志)」에 이르기를

"대정(大定) 12년에 유사(有司)가 '장백산은 왕이 일어난 땅으로 높이 숭상하는 것이 합당하니, 봉작(封爵)하는 예를 논의하여 사당을 세우십시오.'라고 하였다.

12월에 예부(禮部)와 태상(太常)과 학사원(學士院)이 아뢰어 칙지(勅旨)를 받들어 흥국영응왕에 봉하고, 그 산의 북쪽 땅에 나아가 사당을 건립하였다.

15년 3월에 아뢰어 책봉한 것에 대한 의물(儀物)을 정하였는데, 아홉 가닥의 장식을 드리운 면류관, 아홉 가지 사물을 수놓은 곤룡포, 옥규(玉圭)·옥책(玉册)·술잔·향(香)·돈[幣]·칙서·축문이다. 사(使)와 부사(副使) 각 한 사람을 보내어 회령부에 나아가 예를 행하게 하였다. 관(官)은 이틀 동안 목욕재계하고, 하루 간 몸을 정갈히 하였다. 제를 맡은 이가 사당 안의 제례상 차림을 의례대로 하고, 사당문 밖에 옥책·곤룡포와 면류관·휘장·무기·깃발과 북 등 딸린 물건들을 일품(一品)의 의례로 마련하고, 초헌(初獻)·아헌(亞獻)·종헌(終獻)의 삼헌(三獻)으로 제를 드리니, 산의 기상을 누를 것 같았다. 그 책문에 이르기를 '황제가 이렇게 말하노라. 하늘과 땅이 나누어짐으로부터 산악이 신령스러이 빼어났다네, 각기 나뉜 곳

에 모이어 나라가 일어나려 함을 하늘이 실로 만드심이라. 신의 아름다움을 대함이
여 반드시 섬기어 제사하는 일이라네. 그러므로 터를 개척한 왕의 자취는 기양(岐
陽)과 같고, 산천에 망질(望秩, 섶을 태우며 멀리 산천의 신에게 제사를 지냄)을 함
에 우전(虞典, 尙書의 舜典)을 상고했네. 오직 장백이여 우리 금나라의 덕이거니,
높은 곳 우러러보니 실로 우리 옛 나라의 자태로구나. 혼동강(混同江)은 유유히 흐
르는데 근원이 흘러나온 바라네. 질서가 정연하고 심원함이여 서로 돕는 도가 있음
이로다. 열성(列聖)이 무성히 번창하고, 태조에 이르러 신무(神武)로 징험하니, 응
하여 천하에 무적이로다. 이에 신주(神主)를 만들고 충인(冲人)에 건네니, 성인(聖
人)의 실마리를 이어 아름답도다. 온누리 안에 명산대천이 다 등급을 매기지 않음
이 없으니, 하물며 왕업이 인한 바인데, 저 뭇 기슭을 쳐다보니 그 의례 가히 검소
함이라. 옷과 문장, 작위와 호칭은 공후(公侯)의 지위가 적칭(適稱)일새라. 지금 모
(某) 벼슬아치 아무개를 보내어 부절(符節)을 가지고 물(物)을 갖추어, 이 산의 신을
책봉하여 흥국영응왕(興國靈應王)이라 하고, 이어 유사(有司)에게 칙명을 내려 세
시(歲時)에 제를 받들게 하니, 아! 사당 제물의 드리움은 억만년에 뻗치고 오직 금
나라의 복락이 산과 더불어 다함이 없으니, 어찌 위대하지 아니한가."라고 하였다.
이로부터 해마다 향을 하사하고 유사에게 명하여 봄가을의 두 중월(仲月, 2월과
8월)에 날을 받아 제사를 드렸다. 명창(明昌) 4년 시월에 곤면(衮冕)과 옥책(玉冊)
의 의물을 갖추고 임금이 대안전(大安殿)에 납시어, 황휘입장(黃麾立仗, 황색 깃발
을 들고 서 있는 호위군사) 800명과 행장(行仗, 수행하는 호위군사) 500명을 거느
리고 다시 책봉하여 개천홍성제(開天弘聖帝)로 삼았다."라고 하였다.

기씨조선(箕氏朝鮮)은 사당에서 제사를 드렸다.

『신사지』에 이르기를

"단군사에는 역대로 제사를 지냈다. 기자가 주무왕(周武王)을 위하여 홍범구주(洪
範九疇)를 베푸니, 그 셋째 항이 팔정(八政)이며, 그 세 번째가 사(祀)라고 하였는
데, 근본에 보답하고 조상을 생각하며 제사지내면서 신명(神明)과 사귀는 것이다.
기씨의 시대에는 신인이 크게 순하여 백성이 따를 바를 알고 나라 안이 태평하였
다. 그러나 그 일은 너무 멀고 단절되어 후세에 그 의식을 기억할 수 없고, 위만의

말엽에 이르러 신인이 주관함이 없었다."라고 하였다.

『고기』에 이르기를

"나라(邪羅) 사람이 가장 정성스럽게 믿어, 용감을 선으로 삼고 겁냄을 악으로 삼으니 한배검[祖神]께서 기뻐하였다. 곡식은 풍성하고 백성은 병이 없었다."라고 하였다.

예(濊)와 부여(扶餘)와 삼한(三韓)은 나라 도읍[國邑]에서 제사지냈다.

『문헌비고』에 이르기를

"예는 항상 시월에 하늘에 제사를 지냈다."라고 하였다.

또 이르기를

"부여는 하늘에 제사를 지낼 때, 나라 안에서 대회를 갖고 연일 마시고 먹으며 노래하고 춤추는데 이름을 영고(迎鼓)라고 한다."라고 하였다.

또 이르기를

"삼한의 풍속은 하느님을 믿고 시월에 제천을 하고 밤낮으로 모이어 마시면서 악기를 연주하고 노래하고 무도를 함에 일정한 장단이 있었다."라고 하였다.

또 이르기를

"마한(馬韓) 나라는 항상 시월에 하느님께 제사를 지내고 밤낮으로 모이어 마시면서 노래하고 춤추는데, 수십 명이 땅을 위아래로 밟으면서 손과 발을 서로 응하게 하여 장단을 맞추니, 탁무(鐸舞, 방울춤)과 같았다."라고 하였다.

진수(陳壽)의 『삼국지(三國志)』에 이르기를

"예의 풍속은 시월에 제천을 한다. 밤낮으로 노래하고 춤을 추었는데 이름을 무천(舞天)이라 한다."라고 하였다.

또 이르기를

"한인(韓人)은 하느님을 믿는다. 여러 나라 도읍에 각각 한 사람을 세워서 하느님을 주제(主祭)하게 하는데 이름을 천군(天君)이라 한다."라고 하였다.

『후한서(後漢書)』에 이르기를

"부여의 풍속에 하늘에 제사를 지내는데, 나라 안에서 대회를 가져 연일 마시고 먹으며 노래하고 춤춘다. 이름을 영고라고 한다."라고 하였다.

또 이르기를

"마한 사람은 큰 나무를 세워 영고(鈴鼓, 방울과 북)를 달아 하느님을 섬긴다."라고
하였다.

『동사』에 이르기를

"부여 해부루(解夫婁) 임금 때에 재상 아란불이 꿈에 하늘로 오르니, 하느님이 일러
말하기를 '나의 자손이 장차 나라를 너의 옛 도읍에 세울 것이다. 지금 너의 임금께
동해의 물가 가섭(迦葉)의 언덕으로 옮길 것을 명하노라.'라고 했다. 그 옛 도읍에
는 해모수란 자가 있는데, 하느님의 아들을 칭하면서 와서 살았다."라고 하였다.

『신사지』에 이르기를

"단군의 뒷 세대에 북부여 임금 해부루가 곤연(鯤淵)에 아들 낳기를 빌어 어린아이
금와를 얻었다. 해부루가 세상을 뜨자 금와가 즉위하므로, 부여에 곤연의 제사가
있었다. 금와가 이미 즉위하여 일찍이 백산(白山)의 남쪽에 나가 놀았다. 우발수(優
渤水) 위에서 한 여자를 만났는데 자칭 하백의 딸 유화라고 하였다. 그녀는 '여러
동생과 놀러 나왔다가 웅심산(熊心山) 아래 압록실(鴨淥室) 속에서 해모수에게 더
럽힘을 당하였는데, 부모가 그 중매 없이 다른 사람을 따라간 것을 미워하여 드디
어 이곳으로 귀양왔다'고 하였다. 왕이 기이하게 여겨 데리고 돌아와 그윽한 방 속
에 있게 하였다. 햇빛이 그 앉은 곳을 따라서 비추어 1년이 되어 알 하나를 낳으니,
한 사내아이가 있어 껍질을 깨고 나왔는데 골상이 빼어나고 기이하니 고구려의 첫
임금 주몽이다. 주몽이 점점 자라면서 왕자(王子) 대소(帶素)의 꺼리는 바가 되어
남쪽으로 가 엄사수에 이르러 건널 수 없었다. 주몽이 빌어 말하기를 '몸은 하느님
의 손자이고 하백의 외손이니 하늘은 건너게 해 주십시오.'라고 하였다. 갑자기 물
고기와 자라가 나타나 다리를 만들어주어 쫓던 자가 미치지 못하였다. 주몽이 이미
나라를 세운 지 14년이 지나 유화태후가 동부여에서 작고하였다. 금와가 사당을 세
우게 되니 고구려에서 방물(方物, 그 지방 특산물)을 보내어 사례하였다. 그 뒤 5대
태조왕(太祖王)에 이르러 부여에 친히 행차하여 태후묘에 제사드렸다."라고 하였다.

신라(新羅)와 가락(駕洛)은 신궁(神宮)에서 제사드렸다.

신라 남해차차웅(南解次次雄) 3년에 친누이인 아로(阿老)로 하여금 시조사당 주관하여 사시(四時)로 제사를 드리게 하였다.

유리이사금(儒理尼斯今) 2년 봄에 직접 시조사당에 제사를 드렸다.

소지왕(炤知王) 9년에 나을신궁(奈乙神宮)을 설치하고 시조께 제사를 드렸다.

선덕왕(宣德王) 2년 봄에 직접 신궁에 제사를 드렸다. 이때에 종묘(宗廟)의 제도가 비록 김씨로 시조를 삼았으나, 신궁의 제사는 한결같이 옛 의식을 따랐다. 새로 등극하는 임금이 즉위한 이듬해에 반드시 직접 신궁에 제사를 드리고 죄지은 사람들을 크게 방면하였다.

가락국(駕洛國)은 시조사당에, 매년 정월 3일과 7일, 5월 5일, 8월 5일과 15일에 제사를 드렸다.

『문헌비고』에 이르기를

"신라 소지왕 9년에 나을(奈乙)에 시조 신궁(神宮)을 처음 세우고 제사를 드렸다. 17년에 왕이 신궁에 직접 제사 지냈다는 부분의 주(註)에 이르기를 '삼국사제사지(三國史祭祀志)에 신궁을 창립한 것을 지증왕 때의 일이라고 하였다.' "라고 하고,

또 이르기를

"신라가 하늘에 제사 지내던 곳은 민간의 풍속에 전하기를 영일현(迎日縣)에 있으니 일월지(日月池)라 이름한다."라고 하였다.

『신라사(新羅史)』에 이르기를

"진평왕(眞平王) 때에 신인(神人)이 궁전 뜰에 내려와 왕에게 이르기를 '하느님께서 나에게 명하여 옥대를 전해주게 하였다.'고 하자 왕이 꿇어앉자 받았다. 무릇 천제(天祭)와 사당의 큰 제사 때에 모두 사용하였다. 당시 사람이 기리는 글에 이르기를 '구름 위 하늘에서 옥대를 내려주시니, 임금님 기뻐하시고 곤룡포 우아하게 어울리도다. 우리 임금 이로부터 몸이 더욱 중해지시니, 내일 아침엔 옥대를 견줘 무쇠 지대 뜰을 만드리라.' "라고 하였다.

『고려사』에 이르기를

"태조(太祖) 때에 신라 경순왕이 진평왕의 옥대를 바쳤으니, 곧 금으로 새기고 옥으로 장식한 사방이 반듯한 허리띠로 길이는 열 뼘이고 띠쇠가 육십 두 개이다. 물장고(物藏庫)에 보관하도록 명하였다. 이에 앞서 신라 사신 김률(金律)이 오니, 태조가 묻기를 '신라에는 성제대(聖帝帶)가 있다고 들었는데 있는가.'라고 하니, 김률이 '알지 못한다.'고 하였다. 경순왕이 여러 신하에게 두루 물어도 아는 자가 없었다. 오직 황룡사(黃龍寺)의 중으로 나이가 구십이 넘은 자가 말하기를 '내가 들으니 진평대왕이 두르던 띠가 역대로 전해오던 보물로 남고(南庫)에 보관되어 있습니다.'라고 하였다. 드디어 창고를 열어 찾았는데, 비바람이 갑자기 일어나고 대낮이 어두워져 이에 날을 받아 재계(齋戒)하고 제사를 드린 후에 얻었다."라고 하였다.

고구려와 백제는 교사(郊社)에 제사를 드렸다.

『문헌비고』에 이르기를

"고구려는 항상 시월에 천제(天祭)를 드리니 제사 이름은 동맹이다. 또 3월에 모이어 수렵을 하여 돼지·사슴을 잡아 하늘에 제사를 올렸다. 유리왕(琉璃王) 19년에 하늘에 제사를 드렸다."라고 하였다.

또 이르기를

"백제 온조왕(溫祚王) 20년과 38년, 다루왕(多婁王) 2년, 고이왕(古爾王) 5년과 10년과 14년, 비류왕(比流王) 10년, 근초고왕(近肖古王) 2년, 아신왕(阿莘王) 2년, 전지왕(腆支王) 2년, 동성왕(東城王) 11년에 하늘에 제사를 지냈는데, 북치고 피리를 불었고 왕이 직접 제사 짐승을 베었다."라고 하였다.

『남사(南史)』에 이르기를

"고구려 풍속에 궁궐을 수리하는 것을 좋아하여, 임금이 거처하는 곳의 왼쪽에 큰 집을 세우고 하느님께 제를 올렸다."라고 하였다.

『고구려사』에 이르기를

"산상왕(山上王)이 후대가 없자 하늘에 빌었는데, 밤에 꿈을 꾸니 하늘에서 말하기를 '소후(少后)가 아들을 낳을 테니 걱정하지 말라.'라고 하였다. 왕이 꿈을 깨어 여러 신하에게 말하기를 '꿈에 하늘이 나에게 말한 것이 매우 정성스러웠거늘 소후가 없는 데 어찌할 것인가.'라고 하니, 을파소가 말하기를 '천명은 헤아릴 수 없으니 왕은 기다리십시오.'라고 하였다. 후에 왕이 과연 소후를 얻어 아들을 낳았다."라고 하였다.

『신사지』에 이르기를

"고구려는 항상 시월에 천제를 드렸는데 여러 신하가 다 모임에 참석하였으니 이름을 동맹이라 한다. 또 삼월에 하늘에 제사를 지냈는데 그 희생은 멧돼지와 백록을 사용한다."라고 하였다.

또 말하기를 "고구려에는 수신(隧神)의 제사가 있다. 수신은 어느 신인지 알지 못하겠고 그 제사도 시작된 때를 알지 못하겠다. 해마다 시월에 왕이 직접 국문(國門)의 동쪽 큰 굴의 가운데에서 신을 맞이하여 제사를 지낸다. 무릇 사당이 대부분 나라 도읍의 동쪽에 있는데, 기둥과 서까래의 규모가 자못 굉장하며 하느님께 제사를 드린다. 고국양왕(故國壤王) 9년에 국사(國社, 호국신의 사당)을 세웠고, 또 두 신을 모신 사당이 있으니 하나는 부여신(扶餘神)인데 나무를 새겨 아낙네의 상으로 만들었고, 다른 하나는 고등신(高登神)인데 대개 부여신의 아들이라고 한다. 두 사당에는 사당을 지키는 사람을 두어 수호하게 하였다."라고 하였다.

『백제사』에 이르기를

"온조왕(溫祚王)이 제단을 설치하여 사시로 하늘에 제사를 드렸고, 고모왕(古慕王)이 또 제단을 설치하여 하늘에 제사를 올렸다."라고 하였다.

발해와 고려와 조선은 묘전(廟殿)에서 제사를 올렸다.

『발해속고(渤海俗考)』에 이르기를

"아이가 태어나 생일이 되면 그 부모가 한배사당[神祖廟]에 데리고 가서 '질병을 물리치고 탈 없이 오래 살게 해 주십사.'라는 등의 글자를 오색 베에 써서 끈으로 묶어 아이의 머리털에 매어 드리우는데, 단계(檀戒) 혹은 단기(檀祈, 댕기)라고 한다."라고 하였다.

『시화(詩話)』에 이르기를

"영동(嶺東, 강원도 대관령 동쪽의 땅) 오래된 절에 단군의 진상(眞像)이 있는데, 세상에서 전하기를 솔거가 그린 것이라 한다. 이규보가 기리어 말하기를 '영외(嶺外)에 집집이 모신 신조상(神祖像)은, 그 시절 이름난 화공이 그린 것이네.'라고 했고, 또 청한자 김시습이 지은 시에 '신은 편안히 대동(大東)을 다스렸네.' 라고 하였다.

고려 현종(顯宗) 15년에, 봄부터 5월까지 매우 가물어 백성들이 무리로 모여 하늘에 호소하면서 비가 오기를 기도하였다. 임금이 그 소리를 듣고 반찬을 거두고 목욕재계하며 향을 피우고 궁전 뜰에 서서 하늘을 우러러 빌기를 "과인이 허물이 있으면 청컨대 바로 벌을 내리시고 백성들에게 허물이 있으면 과인이 감당하겠으니 빌건대 기름진 은택을 드리워주시어 백성을 구해주십시오."하니, 드디어 큰 비가 내렸다.

인종(仁宗) 24년에, 임금이 병이 있어 모든 신하들로 하여금 사당 및 절에 나아가 빌게하고, 또 평장사 임원개(林元凱)를 시켜 모든 신하들과 함께 선경전(宣慶殿)에 모이어 하느님께 빌게 하였다.

명종(明宗) 20년에 서도(西都, 평양)에 사신을 보내어 예조묘(藝祖廟)에 제사를 지내게 하니 서도는 예조(藝祖, 역대의 태조)가 일어난 곳이다.

『문헌비고』에 이르기를

"개성의 풍속은 신도(神道)를 좋아하여, 온 나라가 앞다투어 신을 섬기되 매우 공경히 하였다."라고 하였다.

조선 종묘사직(宗廟社稷)의 악장(樂章)은 맨 먼저 몽금척(夢金尺)을 사용했다. 태조가 꿈을 꾸었는데, 신인(神人)이 금척(金尺)을 주면서 말하기를 "이것을 가지고 나라를 정하라"라고 하였다.

태종(太宗) 16년에 가뭄이 들자, 예문제학 변계량(卞季良, 1369 - 1430)이 소를 올려 말하기를

"제후(諸侯)로서 하늘에 제사를 지낸 경우는 노(魯)나라, 기(杞)나라, 송(宋)나라입니다. 선대의 선비가 전하기를 '노론(魯論, 한나라 시대에 노나라에 전한 論語)에서

무우(舞雩)라고 이른 것은 하늘에 제사를 지내 비가 내리기를 비는 곳이라.'고 하였으니, 옛사람이 비가 내리기를 빌 때 반드시 하늘에 제사 지내는 것이 분명합니다. 우리 동방은 단군께서 하늘로부터 내려왔으니 천자(天子)가 분봉(分封)한 것이 아니라 하늘의 명을 받은 것이니, 하늘에 제사 지내는 예가 매우 오래여서 변경할 수 없습니다. 마땅히 남쪽 천단(天壇)에서 하늘에 제사를 지내십시오."라고 하니 왕이 따랐다. 제문은 변계량에게 명하여 지어 올리게 하였다. 대략 말하면 "성인이 예를 마련함에 오직 천자라야 하늘에 제사할 수 있고, 작은 나라의 임금은 감히 제사 지내지 못합니다. 근세에 원단(圓壇, 천제단)의 제사를 정지한 것은 대개 이 때문이니, 어찌 조금이라도 불경한 생각이 있어서이겠습니까."라고 하였다.

단군은 동방 백성의 시조이다.

『순오지』에 이르기를

"동방에 천지의 질서가 잡히지 않음에 원기가 충만하지 않았다. 신라의 혁거세와 고구려의 동명왕은 태어날 때 또한 모두 신이함이 있었고, 단군께서는 곧 동방 백성의 한배[鼻祖]이시다."라고 하였다.

『씨족원류도(氏族源流圖)』에는 단군의 후예를 일컬어 배달족이라 하였다. 다섯 갈래로 나누어지니, 첫째 조선족, 둘째 북부여족, 셋째 예맥족, 네째 옥저족, 다섯째 숙신족이라 한다. 조선족은 곧 부루(扶婁)의 후예이다. 조선이 한족(韓族)에 전하였고 한(韓)과 반배달족(半倍達族)이 합했다가 두 갈래로 나누어지니, 하나는 진한족(辰韓族)이 되고, 다른 하나는 변한족(弁韓族)이다. 진한은 신라족에게 전해지고 신라는 고려족에 전해지고 고려는 현재의 조선족에 전해졌다. 변한은 가락족에 전해지고 가락은 신라족에 편입되었다. 반배달족은 일명 후조선족(後朝鮮族)이니, 곧 기자의 후예이다. 반배달은 마한족에 전해지고 마한은 한족(韓族)과 합했다가 세 갈래로 나누어졌다. 한 갈래는 백제족과 합해졌고 한 갈래는 고구려족과 합해져 정안족(定安族)에 전해졌고, 한 갈래는 탐라족(耽羅族)이 되었다. 북부여족은 곧 부여(扶餘)의 후예이다. 북부여는 다섯 지파로 나누어져 그 한 지류는 동부여족에 전하였고, 한 지류는 규봉족(圭封族)과 합해졌으며, 한 지류는 고구려족에 전해졌고,

한 지류는 백제족에 전해졌으며, 한 지류는 선비족에 전해졌다. 동부여는 고구려족에 편입되었고, 고구려족은 또한 둘로 나뉘어져, 하나는 신라와 합하였고 하나는 발해족이 되었다. 발해는 여진족에 전해졌고 여진은 금족(金族)에 전해졌고 금은 후금족(後金族)에 전해졌으니, 곧 지금의 만주족이다. 백제와 신라족은 합해져 고려족에 편입되었다. 선비는 거란족에 전해졌고, 거란은 발해족과 합해져 요족(遼族)에 전해졌으며, 요는 여진족에 편입되었다. 예맥족은 예와 맥, 곧 두 족을 합하여 일컫는데, 예와 맥은 합해져 고구려족에 편입되었다. 옥저족은 두 갈래로 나뉘어져 한 지류는 예맥족과 합해졌고 한 지류는 발해족과 합해졌다. 숙신족은 읍루족에 전해졌고 읍루는 물길족에 전해졌으며, 물길은 말갈족에 전해졌고 말갈은 여진족에 편입되었다.

『동사』에 이르기를

"부여(扶餘)의 선조는 단군에서 나왔다."라고 하였다.

또 이르기를

"예맥의 선조와 부여는 같은 조상에서 나왔으니, 모두 단군씨의 자손이다."라고 하였다.

또 이르기를

"동옥저 역시 단군의 후예이다."라고 하였다.

또 이르기를

"비류(沸流)와 숙신(肅愼)이 모두 단군에서 나왔다."라고 하였다.

이종휘가 이르기를

"고사(古史)에 일컫기를 '부여와 예맥, 비류와 옥저는 모두 단군에서 나와 나라를 세워 세를 전하여 혹 수천 년이 끊어지지 않았으므로, 이것은 그 지내온 내력이 먼 것이다.'라고 하였으니, 단군의 큰 고이[德]가 요(姚, 순임금의 성), 사(姒, 우임금의 성), 탕(湯), 희(姬, 주나라의 성)와 같은 것이 아니겠는가. 그렇지 않다면 어찌 이와 같이 오래 지속되었겠는가."라고 하였다.

『금사』에 이르기를

"금의 선조는 고려에서 나왔다."라고 하였다.

또 이르기를

"호십문(胡十門, ?-1118)이 말하되 '우리의 먼 조상의 형제 세 사람이 모두 고려에서 나왔으니, 지금 대성황제(大聖皇帝)의 조상은 여진으로 들어갔고 우리 조상은 고려에 머물다가 요에 귀순했으니, 나와 황제는 모두 세 할아버지의 후손이다.' "라고 하였다.

『대동운옥』에 이르기를

"고려 때에 금나라 사신이 내조(來朝)하여 말하기를 '우리 조상은 한 지방에 끼어 지내면서 고려를 부모의 나라로 여기고 있다.'라고 하고, 또 말하기를 '금의 선조는 평산인(平山人)이다.'"라고 하였다.

『문헌비고』에 이르기를

"공민왕(恭愍王) 19년에 태조(이성계)가 동녕부를 정벌할 때, 오로첩목아(吾魯帖木兒)가 갑옷을 버리고 두 번 절하며 말하기를 '저의 선조는 본래 고려 사람이오니 신하가 되기를 원합니다.'라고 하면서, 300호를 이끌고 항복하여 왔다."라고 하였다.

『성호사설(星湖僿說)』에 이르기를

"말갈은 여진으로 이름을 고쳤는데, 동쪽에 가까이 살고 있는 자는 동여진(東女眞)이 되었고 서쪽에 가까이 살고 있는 자는 서여진(西女眞)이 되었다. 금나라의 목조(穆祖) 영가(盈歌)는 서여진 사람으로 경박호(鏡泊湖)의 사이에서 일어났다. 윤관이 구성(九城)을 설치하자, 여진의 요불사현(裏弗史顯)이 찾아와 뵙고 말하기를 '옛날 우리 태조 영가가 일찍이 말하기를 '우리 선조는 고려로부터 나왔으니 자손된 의리로서 돌아가 의지하는 것이 합당합니다. 지금 태사(太師) 오아속(烏雅束) 또한 고려를 부모로 여깁니다. 대개 평주(平州)의 승려 김준(金俊)이 여진에 들어가 아들 고을(古乙)을 낳았으니 곧 영가의 할아버지입니다.'라고 하였다. 이때에 여진이 고려에 항복하여 의지하였는데, 간절하게 앙모(仰慕)하기에 완안(完顔)으로 성을 삼게 했다. 『엄주집(弇州集)』을 살펴보니 완안이라는 것은 곧 왕성(王姓)으로 뜻하건대 고려의 성을 따르겠다는 연유에서 그렇게 된 것이다. 『여지승람』에서는 평주를 평산(平山)으로 보았는데, 아마도 잘못된 것 같다. 지금의 영흥(永興)에 평주성(平州城)의 남은 터가 있는데 옛날에는 웅진(雄鎭)이라 하였고 본조(本朝)에 이르러 영흥으로 이름을 고쳤으니, 이곳이 곧 이 땅인 듯하다."라고 하였다.

『금사』에 이르기를

"상서성(尚書省)에서 아뢰기를 '요동선무부사(遼東宣撫副使) 완안해노(完顔海奴)의 말에, 참의관(參議官) 왕회(王澮)가 말하는데 일찍이 본조(금)는 고신(高辛, 黃帝의 증손 帝嚳)을 이었으니, 황제(黃帝)의 후예이다. 옛날 한(漢)의 조상은 도당(陶唐)이고 당(唐)의 조상은 노자(老子)이니, 모두 사당을 세웠다.'라고 하고, 또 이르기를 '본조가 처음 일어날 때 깃발은 붉은색을 숭상하였으니 이는 화덕(火德)이 됨이 분명하거늘, 오행(五行)의 덕을 제사 지내지 않고 강론하지 않은 것은 또한 예경(禮經)의 제사를 중시하는 뜻이 아니다.'라고 했습니다. 신이 왕회에게 들은 것이 이와 같으니 바라건대 조정에서 그 일을 의논하십시오. 임금이 유사(有司)에게 조서를 내려 물으니, 장행신(張行信)이 아뢰어 말하기를 '시조실록(始祖實錄)을 조사해 보니 다만 고려로부터 왔다고 일컬었고 고신(高辛)에서 나왔다는 것은 듣지 못했습니다. 지금 이것을 근거로 황제의 사당을 세우고자 하니 황제는 고신의 할아버지입니다. '가령'이었다고 말하더라도 마땅히 목덕(木德)이 되어야 하는데, 지금 이에 화덕을 말하는 것은 또한 무엇을 말하는 것입니까. 더구나 국초(國初)에 태조의 가르침이 있으니, 완안부(完顔部)는 흰색을 숭상함이 많고, 또 금의 변하지 않음을 취하여 이에 대금(大金)을 국호로 삼았으며, 일찍이 덕운(德運)은 논의하지도 않았습니다. 왕회가 말한 바를 돌아보면, 분명히 경솔하고 망령된 것에 불과할 따름입니다."라고 하였다. 임금이 옳다고 여겨 기꺼이 받아들이면서, 장행신에게 돈 2만 꿰미와 비단 10필을 하사하였다.

수곡(壽谷) 김주신(金柱臣, 1661 - 1721)이 말하기를

"전(傳)에 이르기를 '사해(四海)의 안이 모두 형제이다.'라고 하였고, 선대의 학자가 또 이르기를 '민(民)은 나의 동포(同胞)이다.'라고 하였으니, 이는 다만 서로의 구별 없이 똑같이 사랑한다는 말일 뿐만이 아니라, 실로 이치가 있는 것이다. 지금 둘 사이의 것에 처한 자가 그 처음은 대개 한 사람으로부터 나누어진 것이니 무엇 때문인가. 무릇 사람의 몸이 있으면 반드시 부모가 있고, 그 부모 또한 반드시 부모가 있고, 부모의 부모, 부모의 부모 역시 모두 부모가 있으므로, 미루어 올라가 둘둘

짝지어 행하여 6대조에 이르면 6대까지 친가·외가의 할아버지·할머니가 모두 64인이 되니, 참으로 태극(太極)이 음양(또는 건곤)을 낳고 음양이 64에 이름과 같다. 20대에 이르면 20대의 친가·외가의 할아버지·할머니는 1백 4만 8천 5백 76인이 된다. 그 위에 한 대 수를 더하면 친가·외가의 할아버지·할머니는 합하여 2백 9만 7천 1백 48인이 된다. 또 미루어 30·40대에 이르면 그 수가 다함이 있어도 헤아리기 어려울 것이다. 무릇 한 사람의 조상이 만약 이와같이 많다면, 이는 사람마다 각기 이러한 수많은 조상이 있는 것이 된다. 이씨의 조상은 김씨의 선조가 되고 김씨의 선조는 이씨의 조상이 되어, 설혹 한 사람으로 여러 번 한 사람의 선조가 되니, 이로 말미암아 살펴보면 그 대수가 멀어 고증할 수 없을 것이다. 진실로 그 근본을 구한다면 천하의 만성이 누군들 나의 일가친척이 아니겠는가. 모두 형제이고 나의 동포라는 설은 본래 근거가 없는 말이 아니다. 내가 지금의 사람들을 보니 이 뜻을 헤아리지 못하므로, 이미 뭇사람을 널리 사랑함에 능하지 못하고, 또 일가친척을 길가는 사람을 보듯이 하는 자가 있으니, 이는 모두 경박한 행동이다. 사람이 가장 신령스럽다는 뜻이 어디에 있는가. 주역에 이르기를 '들[野]에서 사람을 한가지로 한다.'라고 하였으니, 진실로 천하가 본래 일가이고 백성 또한 구족이다."라고 하였다.

동방(東方)을 군자(君子)의 나라라고 이름한다.

『시전(詩傳)』의 주(註)에 이르기를

"봉황(鳳凰)이 동방 군자의 나라에서 나왔다."라고 하였다.

『산해경』에 이르기를

"해동(海東)에는 군자의 나라가 있는데, 의관(衣冠)을 하고 칼을 차고 겸양하기를 좋아하고 다투지 아니하며, 근화초(槿花草)가 있다."라고 하였다.

『고금기』에 이르기를

"군자의 나라는 땅 넓이가 천 리이고 목근화(木槿花)가 많다."라고 하였다.

『포박자(抱朴子)』에 이르기를

"황제(黃帝)가 동쪽으로 청구(靑邱)에 이르러 풍산(風山)을 지나다가, 자부선생(紫

府先生)을 만나보고 삼황내문(三皇內文)을 받으니, 만신(萬神)을 불러 물었다."라고 하였다.

『청일통지(淸一統志)』에 이르기를

"청구는 고려에 있다."라고 하였다.

『악부(樂府)』에 이르기를

"동방이 태평하니 정치의 교화가 순박하고 아름답네. 신령한 조짐이 나타남에 봉황이 울도다."라고 하였다.

『문헌비고』에 이르기를

"신라 사신 김지량(金志良)이 당나라에 가니, 현종(玄宗)이 말하기를 '문장과 예악은 군자의 풍(風)을 밝혔다.'고 하였다."라고 하였다.

또 이르기를

"현종이 홍려시(鴻臚寺) 소경(少卿) 형숙(邢璹)을 파견하여 신라에 사신으로 가게 하였다. 형숙이 출발하려고 할 즈음 황제가 형숙에게 말하기를 '동방은 이름하여 군자의 나라라고 한다.'"라고 하였다.

또 이르기를

"발해국은 나라가 크고 군사가 강하나, 그 사신이 당에 들어가면 신라 사신의 아래에 앉는다."라고 하였다.

『동국궐리지(東國闕里志)』에 이르기를

"원나라 순제(順帝) 때에 한림학사 공소(孔昭)는 대장공주(大長公主)가 고려로 시집올 때 수행하였다. 출발에 임하여 공자가 구이(九夷)에 살고 싶어 하고 뗏목을 타고 바다를 건너고 싶어 했던 뜻에 감동이 되어 말하기를 '동국(東國)이 본래 예의(禮義)의 나라라는 것은 대개 단군과 기자라는 신성한 임금이 교화를 베푼 까닭이니, 내 장차 그곳에 살겠다.'하고, 아내 황보씨(皇甫氏)를 데리고 와서 살았다."라고 하였다.

『성호사설』에 이르기를

"백이(伯夷)가 은나라 주왕(紂王)을 피하여 북해(北海)의 물가에 살았는데, 백이가

봉(封)을 받은 것이 아니고 단군의 시대에 한 때 머물러 살았던 것이다. 처음 단군
께서 바닷가에 나라를 세웠는데, 어진 풍속이 있고 대대로 전하여 쇠하지 않았다는
것을 들었기 때문에 직접 돌아가 의지하였다. 얼마 후 주나라 문왕(文王)이 노인을
잘 섬긴다는 말을 듣고 다시 서쪽으로 달려가 주나라에 이른 것이었다. 모두 역사
가가 빠뜨린 것이었기 때문에 기록한다."라고 하였다.

박초(朴礎, 1367 - 1454)가 이르기를

"통달한 학자와 이름난 선비가 중국보다 많으므로, 당나라 때는 군자(君子)의 나라
라 일컬었고 송나라 때는 문물과 예의의 나라라고 하였다."라고 하였다.

이종휘가 이르기를

"서쪽 바다에 수양산(首陽山)이 있는데, 그 남쪽에는 이른바 백이와 숙제의 형제섬
(兄弟嶼)이 있었다. 그렇다면 기자가 주나라를 피할 때 백이와 숙제 또한 따라와서
동쪽으로 노닐었던가. 고죽국(孤竹國)은 요수(遼水)의 서쪽에 있으니, 어찌 두 사
람이 고국(故國)으로부터 여기에 왔던 것인가. 그 뒤 공자가 또 살고 싶어 했으니,
이렇게 본다면 하늘이 동국(東國)을 만들어 군자가 세상을 피하는 곳으로 삼았던
것인가. 아! 또한 기이하도다."라고 하였다.

분야(分野)로는 미성(尾星)과 기성(箕星)에 해당한다.

『한서(漢書)』에 이르기를

"미성(尾星) 4도로부터 두성(斗星) 6도까지는 석목(析木)의 위차(位次)가 된다. 연
(燕)나라의 분야는 어양(漁陽) · 우북평(右北平) · 요서(遼西) · 요동(遼東) 등지를
얻었고 낙랑(樂浪) · 현도(玄菟)도 마땅히 이에 속한다."라고 하였다.

위(魏)나라 태사령(太史令) 진탁(陳卓, 230 - 320)이 말하기를

"요서 · 요동은 미성 10도에 들어가고 발해는 기성 1도에 들어가고 낙랑은 기성 3도
에 들어가고 현도는 기성 6도에 들어간다."라고 하였다.

『당서』에 이르기를

"발해 구하(九河)의 북쪽에서부터 요서 · 요동 · 낙랑 · 현도에 이르기까지는 운한

(雲漢)의 끝부분에 속하니 모두 북쪽 터이다. 기성은 남방의 두성과 서로 가까운데 요수의 북쪽이 다한 곳에 조선 삼한의 땅이 있다."라고 하였다.

반계(磻溪) 유형원(柳馨遠, 1622 - 1673)이 말하기를
"한서·진서(晉書)·당서에 무릇 지역의 방향에 들어가는 별자리의 도수는 약간 앞 뒤의 차가 있는데 대체로는 모두 같다. 이것으로 보면 우리나라는 미성과 기성으로 분야를 삼는다."라고 하였다.

『성호사설』에 이르기를
"은나라 부열(傅說)이 베옷을 입고 새끼[索]로 띠를 매고 비부(秕傅)의 성을 쌓았다 고 하였으니, 비부가 어디에 있는지는 알지 못하겠다. 조사해 보면 묵자(墨子)에 옛 날 부열이 북해의 물가인 원토(圜土)의 위에 살면서 베옷을 입고 새끼로 띠를 매고 부암(傅巖)의 성을 품팔이로 쌓았다고 한다. 두 이야기가 서로 비슷하니 생각하건 대 부열은 요심(遼瀋)의 사람이 아닐지. 맹자(孟子)가 말하기를 '백이가 은나라 주 왕를 피하여 북해의 물가에 살았다.'고 했으니, 지금 고죽국의 옛터가 요심에 있는 데 북해의 물가라고 이르고 요심은 옛날 유주(幽州)의 지역이다. 뒤에 순임금이 또 공공(共工)을 유주에 귀양 보냈으니, 주(州)라는 것은 물가라는 뜻이다. 중국의 북 쪽 중에 바다에 가까운 것은 이곳이 아니라면 그 지역이 없다. 단군과 기자의 시대 에 그 지역은 조선의 통치를 받았다. 또 순임금은 본래 동이(東夷) 사람인데, 맹자 가 말하기를 '고수(瞽瞍)가 살인을 했다면 순임금이 몰래 업고 도망을 하여 바닷가 를 따라가 살면서 즐거이 천하를 잊었을 것이다.'라고 했으니, 그 도망을 가려고 한 곳이 반드시 중국의 밖에 있었을 것인데, 아마 또한 여기를 가리키는 것 같다. 은나 라에 이르러 부열이 나라를 중흥시킨 재상이 되었고 주나라에 이르러 기자가 봉작 을 받았으니, 그 태평의 호칭을 얻은 것이 마땅하다. 또 관상서(觀象書)에 살펴보 면, 부열(傅說) 일성(一星)이 미성과 기성의 사이에 있고, 또 후궁(後宮)들이 기도하 고 제사하여 아들을 구하는 일을 주관하는데, 부모(傅母)가 이를 기뻐한다고 하는 것을 이른다. 기성과 미성을 타고 갔다는 이야기는 장주(莊周)의 망령된 말이나, 요 심에서 일어나 기성과 미성의 분야에 있다는 것 또한 이상하다."라고 하였다.

풍속이 예법(禮法)과 의기(義氣)를 숭상하였다.

동방삭(東方朔)의 『신이경(神異經)』에 말하기를

"동방에 사람이 있으니 남자는 모두 붉은 옷에 흰 띠을 하고 검은 관을 쓰며, 여자
는 모두 비단옷을 입는다. 남녀가 더욱 사랑을 하고 항상 공손히 앉되, 서로 범하지
않고 서로 가상히 여기되 헐뜯지 않는다. 다른 사람이 근심이 있는 것을 보면 죽음
을 다하여 구제해 주니, 이름하여 선인[善人, 세상에서는 사인(士人)], 경[敬, 세상
에서는 경근(敬謹人)], 미[美, 세상에서는 미인(美人)]라고 한다. 망령되이 말하지
않고 빙그레 웃는데 얼핏 보면 바보와 같다. 주(註)에 이르기를 '시속에서 말하는
선인은 바보와 같다'는 것이 이것을 말한다."라고 하였다.

『문헌비고』에 이르기를

"부여국(扶餘國)은 함께 모임에 있어 절하고 술잔을 씻으며 오르내림에 읍(揖)하여
사양한다."라고 하였다.

또 이르기를

"옛 풍속에 봄가을로 서치례(序齒禮, 연령의 많고 적음으로 차례를 정하는 예)를 행
하는데, 그 맹서에 말하기를 '불효자는 내치고, 우애하지 않는 자는 내치고, 신의가
없는 자는 내치고, 충성하지 않는 자는 내치고, 공손하지 않는 자는 내치고, 덕업에
힘쓰고, 허물을 바로잡으며, 환난을 구휼하고, 예속을 이루어 함께 후(厚)한 데로
돌아가자.'라고 하고 모두 두 번 절한다."라고 하였다.

또 이르기를

"진한(辰韓)은 시집가고 장가듦에 예로써 하며 남녀가 분별이 있다."라고 하였다.

또 이르기를

"예(濊)는 같은 성끼리는 혼인하지 않는다."라고 하였다.

또 이르기를

"신라의 혼인하는 예법은 오직 술과 음식 뿐이요, 그 가볍고 무거움은 빈부에 따른
다."라고 하였다.

또 말하기를

"고구려는 혼인함에 돼지와 술을 보낼 뿐이고 재물을 맞이하는 예는 없다. 혹 재물

을 받는 자가 있으면 사람들이 부끄럽게 여긴다."라고 하였다.

『삼국지』에 이르기를

"부여 사람은 통역하는 이가 말을 전할 때는 꿇어앉아, 손으로 땅을 짚는다."라고 하였다.

『통전』에 이르기를

"신라 풍속에 사람을 뵐 때는 반드시 꿇어앉고 두 손으로 땅을 짚어 공손히 한다." 라고 하였다.

『북사(北史)』에 이르기를

"고구려의 풍속에 걸음걸이에 있어 씩씩하게 걸음을 공경으로 삼는다. 절할 때는 한쪽 다리를 끌며, 서 있을 때는 뒷짐을 지고, 걸을 때는 꼭 소매에 손을 넣는다."라 고 하였다.

또 이르기를

"백제 사람은 절하는 예법이 두 손으로 땅을 짚는 것으로 예를 삼는다."라고 하였 다.

서긍(徐兢, 1091 – 1153)의 『고려도경』에 이르기를

"음식은 조두(俎豆)에 담아 먹고 문자는 해서(楷書)와 예서(隷書)를 합한 것이다. 위로 나라의 관리는 모습이 점잖고 문장을 잘 지으며, 아래로 마을 골목에는 경관 (經舘)과 서사(書社) 두셋이 서로 마주 보고 있다."라고 하였다.

신재(愼齋) 주세붕(周世鵬, 1495 – 1554)의 문집(文集)에 이르기를

"우리나라가 바다 모퉁이에 있으면서 예의의 나라라고 호칭 되는데, 단군의 신령스 런 교화와 기자의 떳떳한 교훈이 진실로 성하지 않음이 없다. 그러나 풍속이 오히 려 아직 다 변화하지 아니함이 있다."라고 하였다.

바다를 둘러있는 것은 오직 삼신산(三神山)이다.

『한서』「열선전(列仙傳)」에 이르기를

"바다 가운데 삼신산이 있으니 방장(方丈) · 봉래(蓬萊) · 영주(瀛洲)라고 한다."라

고 하였다.

『동사』에 이르기를

"봉래는 금강(金剛)이고 방장은 지리(智異)이고 영주는 한라(漢拏)이다."라고 하였다.

『약파만록』에 이르기를

"지리산은 남원부(南原府)의 동쪽에 있는데 산세가 높고 크다. 백두산의 맥이 흘러 이곳에 이르므로, 또한 두류(頭流)라고 이름한다. 혹은 이르기를 그 맥이 바다에 이르러 다하고 여기에 머물렀으므로, 유(流)는 유(留)로 되어 있다. 지리에 또 방장이라고 이름하였는데, 두보(杜甫)의 시에 '방장삼한외(方丈三韓外)'의 주(註)와 통감집람(通鑑輯覽)에 모두 방장이라고 이르고 대방군(帶方郡)의 남쪽에 있다."라고 하였다.

『여지승람』에 이르기를

"한라산은 제주도에 있고 동북쪽에 영주산이 있으니, 세상에서 탐라를 일컫기를 영주라고 한다. 고기(古記)에 이르기를 '이 땅에는 신선이 많으니 곧 바다 위의 삼신산의 하나이다.'"라고 하였다.

『지지』에 이르기를

"금강산은 회양(淮陽)의 속현(屬縣)인 장양현(長楊縣)에 있다. 산 이름이 다섯이니, 첫째 봉래(蓬萊), 둘째 개골(皆骨), 셋째 열반(涅槃), 넷째 풍악(楓岳), 다섯째 기달(怾怛)이니, 백두산의 남쪽 산맥이다."라고 하였다

『신사지』에 이르기를

"제위왕(齊威王)·연소왕(燕昭王)·진시황(秦始皇)·한무제(漢武帝)가 신선을 찾아 죽지 않는 방법을 얻고자, 일찍이 사람들로 하여금 바다에 들어가 봉래·방장·영주의 삼신산을 찾게 하였다. 그 산 위에는 여러 선인(仙人) 및 불사(不死)의 약이 있는데, 은으로 된 누각과 금으로 된 대궐에서 살며 봉황·기린·거북·용 따위를 개나 닭처럼 살게 하였다. 이 삼신산이라는 것은 전해오는 말에 발해의 가운데에 있고 그 동쪽이 고구려이다. 대개 전조선(前朝鮮) 시대부터 세상에 전해오기를 '평

양에 선인왕검(仙人王儉)의 집이 있으니, 곧 단군을 지칭한 것으로 단군을 칭하며 천여 년을 죽지 않았다.'고 하였다. 또 동명왕이 하느님의 자손을 칭하고 즉위한 지 3년 7월에, 검은 구름이 골령(鶻嶺)에서 일어나 산이 보이지 않았는데, 다만 수천 명이 오르고 오르면서 소리를 지르는 것이 들렸다. 왕이 말하기를 '하늘이 나를 위하여 땅을 개척하신다.'하니, 7일 만에 구름과 안개가 흩어지고, 성곽과 궁궐이 이루어지니, 이에 아홉 사다리의 궁궐, 은하(銀河)를 통하는 들보, 청운(青雲)과 백운(白雲)의 다리, 그리고 하늘로 오르는 돌이 만들어졌다. 왕이 일찍이 궁궐 동쪽 굴 속에 검은빛의 얼룩말을 길렀다. 19년 가을 7월에 돌에서 하늘로 올라가 버리니, 모든 벼슬아치들이 우러러 바라보았으나 미치지 못하였다. 얼룩말이 날아 올라가고 왕의 옥채찍이 떨어졌다. 왕이 이미 하늘로 올라가자 태자 및 군신이 옥채찍을 받들어 용산(龍山)에 장사지냈으므로, 후세에 돌이름을 조천석(朝天石)이라 하고 그 굴은 기린굴(麒麟窟)이라 하였다. 그 뒤 태조왕이 119세, 장수왕이 100세, 차대왕(次大王)과 신대왕(新大王)이 근 100세, 그 신하 명림답부(明臨答夫)도 114세를 살았다. 그 나라 모든 관리의 벼슬 이름에 선인(仙人)의 호칭이 있으니, 신선(神仙)을 높이 숭상하는 것을 미루어 알 수 있다. 가락국 수로(首露) 임금도 159세를 살았기에, 중국 사람이 말하기를 동방에 신선이 있다고 말하였다. 고기에도 말하기를 '신라 첫 임금이 하늘로 올라간 지 7일 만에 다섯 몸이 흩어져 떨어지니, 나라 사람들이 그 땅에다 장사지내고 오릉(五陵)이라고 이름하였다. 그리고 계림(鷄林)의 서쪽 산은 이름하여 선도(仙桃)라고 하는데, 그 위에는 성모사(聖母祠)가 있어 나라 사람들이 제사 지내는 곳이다. 옛날 중국 제실(帝室)의 딸 이름이 파소(婆蘇)인데, 신선의 방술을 얻어서 남편이 없이 아기를 가져 이에 삼한(三韓)에 들어가 혁거세 왕을 낳고 천선(天仙)이 되고 성모는 지선(地仙)이 되어 자라서 선도산(仙桃山)에 있었다. 또 술랑(述郎) 사선(四仙)의 무리는 동해에 드러난 자취가 있다고 한다.'라고 하였다. 또 이르기를 '삼신산은 모두 동쪽 나라에 있으니, 봉래는 기달(怾怛)이고 방장은 지리(智異)이고 영주는 한라(漢拏)이다. 또 휴양해(休壤海) 가운데에 총석(叢石)이 있는데, 섞이어 서 있는 것이 다리와 같다.'라고 하였다. 혹은 이르기를 '진(秦)나라 때에 창진(滄津)을 타고 오던 유적이다.'라고 하는데, 그 이야기를 나라 사람이 모두 믿으니 대개 연나라와 제나라 해상의 남은 풍속이다."라고 하였다.

『대동운옥』에 이르기를

"김부식이 송나라에 들어가 우신관(佑神觀)의 한 곳에 설치된 여신상(女神像)을 보았다. 관반(館伴, 외국 사신을 접대하는 벼슬) 왕보(王黼)가 말하기를 '이는 당신 나라의 신이다. 옛날에 제실(帝室)의 딸이 있었는데, 남편 없이 아기를 가져 다른 사람의 의심을 받아 이에 바다에 떠서 진한(辰韓)에 도착하여 아들을 낳아 해동의 첫 임금이 되었다. 여자는 일찍이 신선의 방술을 익혀 지선(地仙)이 되어 길이 선도산에 있었으니, 이것이 그 상이다. 송나라 사신 왕양(王襄)이 동신성모(東神聖母)를 제사한 글에 '어진 이를 잉태하여 나라를 비로소 열었다.'는 말이 있었다. 동신(東神)은 곧 혁거세의 어머니이다."라고 하였다.

『성호사설』에 이르기를

"제주는 옛 탐라국이다. 육지로부터의 거리가 970여 리이고 산봉우리는 오목하게 파지지 않았는데 봉우리마다 모두 그러하다. 새로 날씨가 개인 뒤 올라가 신방(申方, 서남쪽 방향)을 바라보면 수평선에 산이 있으니, 절강(浙江)의 상인(商人)이 이르기를 '송강부(松江府)의 금산(金山)이라'고 한다. 춘분(春分)과 추분(秋分)에는 남극노인성(南極老人星)이 보이고, 산의 형세가 가파르며 높아 다른 산과 다르다. 제주는 산 앞에 있으면서 북쪽을 향하고, 정의(旌義)와 대정(大靜)은 산 뒤에 있으니 정의가 동쪽이고 대정이 서쪽이다. 서복(徐福)과 한종(韓終)이 바다에 들어갔다는 것은 비록 거짓말이라고 이르겠으나, 그들의 말에 '지부산(之罘山)에 올라 삼신산을 바라본다'고 했으니, 지부산(地罘山)은 동해(東海)의 물가에 있는데, 시황이 올라가서 유람한 곳이다. 그곳에 올라가서 바라보았다는 것은 의심컨대 여기를 지적하여 이른 것 같다. 송강부의 금산은 곤신방(坤申方, 서남향)에 있으니, 그곳으로부터 이곳을 바라보면 반드시 동북쪽에 있음이 된다. 섬 속에도 영주라는 이름이 있다."라고 하였다.

김교헌
연보

김교헌의 본관은 경주로, 조선조 개국공신인 계림군(鷄林君) 김균(金稛)의 계파(季派)다. 숙종의 왕후인 인원왕후(仁元王后)의 부친 경은부원군(慶恩府院君) 김주신(金柱臣)이 김교헌의 7대조가 된다. 초명은 교헌(教獻)이며 자는 백유(伯猷), 도호(道號)는 무원(茂園), 당명(堂名)은 보화당(普和堂)이다. 1910년 대종교에 입교하면서 헌(獻)이라는 외자이름으로 개명하고, 홍암 나철에 이어 대종교 2대 교주를 역임하였다.

1868년 음 7월 5일 경기도 수원군 구포리 외조부 조희필(趙熙弼)의 집에서 부친 김창희(金昌熙)와 모친 풍양 조씨 사이에서 4형제 중 장남으로 태어났다.

1885년 정시문과(庭試文科) 병과(丙科)에 급제하여 기거주(起居注)가 되고, 이어 괴원(槐院)에 선발되어 권지승문부정자(權知承文院副正字)가 로 임명되었다.

1887년 예문관검열(藝文官檢閱) 겸 춘추관기사관(春秋館記事官)이 되고 육품(六品)으로 승질(陞秩)하였다. 이어 성균관전적(成均館典籍)·사간원정언(司諫院正言), 그리고 선전관(宣傳官) 및 겸춘추(兼春秋)를 두루 역임하였다.

1888년 친군후영군사마(親軍後營軍司馬)·규장각직각(奎章閣直閣) 등에 선임되었으며, 홍문관부교리(弘文館副校理)·시강원문학(侍講院文學)·홍문관응교(弘文館應敎)·사헌부집의(司憲府執義) 등을 역임하였다.

1889년 시강원사서(侍講院司書) 겸 지제교(知製敎)로 임명되었다.

1890년 검교사서(檢校司書)로 선임되었다.

1893년 참의내무부사(參議內務府事)로 임명되었다.

1894년 병조참지(兵曹參知) 겸 첨지중추부사(僉知中樞府事)·승선원좌승선(承宣院左承宣)을 역임하였으며, 외무아문참의(外務衙門參議) 겸 회계국장(會計局長)으로도 임명되었다.

1895년 외부참서관(外部參書官)에 선임되었다.

1896년 법부참서관(法部參書官) 겸 고등재판소 판사로 임명되었다.

1897년 중추원의관(中樞院議官)으로 선임되었다.

1898년 이 해에 독립협회에 참여하며 만민공동회를 주도하였다. 당시 대한제국은 밖으로는 제정러시아의 본격적인 식민지 속국화 침략 정책의 강화와 열강의 경쟁적인 이권 침탈 요구가 자행되고 있었다. 안으로는 친러 수구파 내각이 수립되어 이에 야합하는 상황에 처하게 되자, 대한제국은 반식민지 상태에 떨어질 위험에 직면하였다. 이러한 시대적 상황을 맞아 김교헌은 만민공동회에 부회장 겸 회장대리급으로 참여하였다. 주목되는 것은 당시 만민공동회의 간부로 참여한 상당수 인물들이 후일 대종교로 흡수된다는 점이다. 김교헌·류근(부회장 또는 회장대리급), 나철(도총무부장·총무장·부총무급), 장지연(편집부장급), 신규식(재무부과장 및 부장급), 최동식·오기호·김인식(선전부과장 및 부장급), 지석영(서무부과장 및 부장급), 신채호(내무부·문서부서기장 및 과장·부장급), 이동녕(간사부과장 및 부장급), 김윤식·박은식(문교부과장 및 부장급) 등등이 그들이다.

1899년 비서원승(祕書院丞) 겸 태의원소경(太醫院少卿)으로 임명되었다.

1903년 문헌비고찬집위원(文獻備考纂輯委員) 및 궁내부비서관에 임명되었다.

1904년 옥구감리(沃溝監理) 겸 옥구항재판소 판사로 임명되었다.

1906년 동래감리 겸 부산항재판소 판사로 시무하였고, 관제(官制) 개정에 의해 마련된 동래부윤에 임명되었다.

1907년 송병준의 무고한 모함으로 동래부윤에서 면직되었다.

1909년 국조보감감인위원(國朝寶鑑監印委員)으로 뽑히는가 하면, 규장각부제학(奎章閣副提學)으로 임명받았다. 이 해 음 1월 15일 대종교가 중광(重光)하였다.

1910년 음 1월 홍암 나철의 감명을 받고 대종교에 입교하였다.
또한 이 해 종이품(從二品) 가선대부(嘉善大夫)로 승차하였다.

1911년 음 4월 이 달에 대종교 믿음의 징표인 영계(靈戒)를 받고 일반적 단계를 건너뛰어 지교(知敎)로 초승(超陞)하였다. 이어 대종교총본사의 부전무(副典務) 및 경리부장(經理部長)을 역임하는가 하면, 도사교(都司敎) 위리(委理)를 맡아 이후 4년간 시무하였다. 이 해에 최초의 단군자료집인 『단조사고(檀祖事攷)』 편찬을 주도하였다.

1914년 교질(敎秩)이 상교(尙敎)로 올라, 당시 국내를 관할하던 대종교 남도본사의 전리(典理)로 임명되었다. 이 해 우리민족의 올바른 역사서이자 대종교의 교사(敎史)를 정리한 『신단실기(神檀實記)』·『신단민사(神檀民史)』를 저술·간행하였다.

1915년 남도본사 도강사(都講師)로 임명되었다.

1916년 이 해 총본사 전강(典講)으로 전임(轉任)되었다.
음 4월 대종교의 교통(敎統)을 이어받을 천궁영선(天宮靈選)에 당선되었다.
음 8월 대종교를 중광한 홍암 나철이 음 8월 15일 순명조천(殉命朝天)하며 남긴 교통 전수의 유명(遺命)을 경건히 받들었다. 나철이 순명조천 직전 「김교헌에게 주는 유서」와 「전수도통문(傳授道統文)」은 아래와 같다.

「김교헌에게 주는 유서」

"보화당(普和堂, 김교헌의 당호-인용자 주)보시오. 아사달메[九月山] 한배님[天祖] 오르신 곳에 들어와서 이 세상을 위하며 이 백성을 위하여 한 번 죽기를 판단하니, 죽음은 진실로 영광이로대 다만 다시 만나서 즐거워함을 얻지 못하고 천고(千古)의 이별을 지으니, 보통 인정으로써 헤아리면 혹시 섭섭할 듯 하나 죽음에 다다라서 한번 생각하건대 선생(김교헌을 칭함-인용자 주)의 지신 짐이 매우 무겁고 크오니 오직 힘써 거둠을 더 하시와, 이 세상에 복이 되며 이 백성이 다행하게 하소서. 두어 낱 서류는 아래 적은 대로 거두시오. 큰길의 편하게 닦음을 길게 기리오며 널리 베푸시고 크게 건지심을 정성껏 비나이다. 개천한지 일흔두돌인 병진 가배절 철형(喆兄, 나철 자신을 칭함-인용자 주)이 임종을 앞두고 초초히 적음"

「전수도통문(傳授道統文)」

대종교 도사교 제2세
한얼명령[神命]의 큰 운수가 너의 밝은 몸에 있으니 힘쓰고 공경할지어다.
단제강세 4373년 병진 8월 15일 대종교도사교 나철
사교 김교헌 철체(哲棣)

음 9월 1일 홍암 나철의 유명을 받들어 대종교의 2대 교주(教主) 자리인 도사교(都司教)에 취임하였다. 취임하며 아래의 '말아야 할 아홉가지[九勿]'로 강론하였다.

　　一, 종규(倧規)에 어기우지 말 것
　　一, 윤리를 어지럽게 말 것
　　一, 신의를 잃지 말 것
　　一, 직업을 버리고 게으르지 말 것
　　一, 사치를 숭상하지 말 것
　　一, 질투심을 가지지 말 것
　　一, 와언(訛言)을 짓지 말 것
　　一, 이기욕을 채우지 말 것
　　一, 함부로 정법(政法)에 간섭하지 말 것

이에 대해 대종교 교인들이 아래와 같은 경광가(景光歌)를 불러 김교헌 교주의 취임을 기렸다.

　　네세일세[四三七三] 가온날 아사달 달밝은 밤에
　　오르라 맡기라신 임뜻 이뤄나셨네
　　맡으심도 임의 뜻이, 즐김이 좇아 자라(길다)리로다

　　나니너니(나와너의) 목숨이 오늘로 새로워짐을
　　뽑히사 이끌으실 김님(김선생) 안아(향하여) 기리세
　　맡으심도 임의 뜻이니 즐김이 좇아 자라리로다

1917년 음 3월 15일 이 해 봄에 일제의 국내 대종교 탄압을 벗어나 대종교의 성지이자 항일투쟁의 거점인 화룡현 청파호로 종교적 망명을 단행하였다. 그리고 어천절(御天節, 음 3월 15일)을 기하여 화룡현 삼도구에 소재한 대종교총본사에서 제1회 교의회를 소집하였으니, 이 회의는 종문최고 의결기관으로 대종교 중광 이후 처음 개최된 의회였다. 당시 이 회의에서는 홍암 나철이 1911년 음 1월 15일에 종령 제1호로 신리(神理)와 함께 제정 반포한 홍범 17조항을 전문 23개항으로 개정하고, 직제(職制)와 교인들이 준수할 종문규약(倧門規約) 등 58개 조항을 67조 규제로 개정 · 발포하여 직제를 현실화하고 교헌(教憲)을 확립하였다.

1918년 이 해 봄부터 대종교 중광단원들을 중심으로 「대한독립선언(무오독립선언)」을 기획 · 주도하였다. 이 선언은 일제강점기 대일선언문으로는 가장 강렬한 투쟁 문구를 담은 것으로, 봉오동 · 청산리독립전쟁 승리의 동력이 되었다. 또한 이 선언의 준비 과정에서 치

밀하게 연결된 인적 조직의 작동 속에서, 동경유학생들을 중심으로 한 「2 · 8독립선언」과 국내 종교인들이 중심이 된 「3 · 1독립선언」의 기폭제 역할을 하였다.

1919년 대종교 동도본사의 책임자로 중광단(후일 북로군정서)을 이끌던 백포(白圃) 서일(徐一)에게 교주의 자리를 선양(禪讓)하려 하였다. 그러나 서일이 무장투쟁에 전념할 때이므로 5년을 유예해 달라고 간청하자 이를 받아들였다.

1922년 청산리독립전쟁 이후 대종교 포교의 본거를 밀산(密山)으로 옮겨간 이후, 이 해 초 대종교총본사를 다시 영안현(寧安縣) 남관(南關)으로 이전하였다. 이곳을 거점으로 시교당 확장사업을 대대적으로 추진하여 1922~1923년 2년 동안 48개소의 시교당을 개척하였다. 당시 대종교의 시교당 설치는 바로 항일운동의 교육장인 동시에 항일독립운동의 거점이 되었다. 그러므로 대종교의 시교당이 늘어난다는 것은 항일독립운동의 의식과 거점이 그만큼 확산된다는 의미이기도 했다.

음 2월 14일 사내(司內)의 기강을 확립하고 교우(敎友)의 신행을 독실하게 하기 위하여 위리령(委理令)으로 아래의 계명 5조항을 발포 · 준수케 하였다.

- 一. 종교와 정치는 구분이 현수(懸殊)하니 대교(大敎)를 신봉하는 인(人)은 정계상(政界上) 경동(輕動)이나 망담(妄談)함이 불가함.
- 一. 사회주의와 과격한 언동은 대종문(大倧門)의 주창 · 선전할 바가 아닌즉 절대로 물들지 말고, 오교(吾敎) 규례는 보통 집회와 다르니 오해 망동함을 부득함.
- 一. 타교문을 훼방함은 도의상 불가할 뿐 아니라 선종사 유계(遺誡)가 있으니 상수(常隨) 주의하되 물론 하(何) 교문하고 선철(先哲)에게 언사(言辭) 간 실경(失敬)함을 부득함.
- 一. 천서(天序) · 각수(恪守)는 오교(吾敎) 규칙인즉 이소능장(以少凌長)하며 이노경유(以老輕幼)하여 손실체면함을 부득함.
- 一. 앞의 사항을 위배하는 자는 즉 아(我) 교규를 무시함이니, 가볍게는 정교(停敎)하고 중하게는 출교(黜敎)함.

음 3월 5일 종령(倧令)으로 동일도본사와 동이도본사의 관할구역을 조정하고 소속 지사의 위치를 따로 정함과 동시에, 증가하는 교도와 시교당의 통솔을 용이하게 하기 위하여 교구분리조례(敎區分離條例)를 발포하였다.

음 6월 4일 종령으로 남일도본사에 소속한 전구역을 제1, 제2, 제3지사로 분획하고 각 지사에서 해당 지사 각 시교당을 관리하게 하기 위하여 남일도본사 교구분리조례를 발포하였다.

9월 대종교 항일단체인 대한군정서의 부활을 위하여 국내 대종교 남도본사와 긴밀히 의논하는 등, 조직적인 재건 활동을 전개하였다. 당시 영안의 대종교총본사에는 해산된 군정서 간부들이 수시로 드나들면서 그 부활을 도모하였다. 이러한 김교헌의 조직적 무장항일투쟁 독려는 만주무장투쟁의 실질적 영도자였던 서일이 죽은 후에도 계속되었다. 서일의 순국 이후 밀산에서 다시 영안으로 대종교총본사를 옮긴 김교헌은, 각지로 흩어진 북로군정서 간부들과 긴밀히 연락하며 재기를 도모하였다. 또한 측근인 신최수(申最秀)를 국내로 파견하는 등 분주하게 움직였고, 특히 무기와 탄약까지 구입하여 조직적 무장투쟁의 준비를 도모하였다.

또한 이 무렵 대종교 재건을 위해 비밀리에 결성된 만몽산업회(滿蒙産業會)에도 고문으로 이름을 올려 구성원들을 독려하였다. 이 조직은 청산리독립전쟁 이후 각 곳으로 흩어진 대종교 세력의 재건을 위해 도모된 비밀조직이었다. 당시 만몽산업회에 참여한 주요 인물들을 보면 대종교 교주로서 고문(顧問)으로 참여한 김교헌을 비롯하여, 김좌진(金佐鎭) · 조성환(曹成煥) · 현천묵(玄天黙)을 위시하여 김영선(金榮璿) · 김원식(金遠植) · 우덕순(禹德淳) · 원풍 · 김규식(金奎植) · 강윤선(姜允善) · 최계화(崔桂華) · 김백(金白) · 유정근(俞正根) · 이재근(李在根) · 이종수(李鍾秀)등, 대종교의 지도급 인사들이 대거 참여하였다.

이 해에 대한민국임시정부가 소학교용 국사교재로 간행한 『배달족역사』를 교열하였다.

1923년 음 1월 15일 중광절을 기해 대종교 대일시교당(大一施敎堂, 밀산현 소재)에서 중광절 경하식을 봉행하고 서일의 묘소에 원(圓)·방(方)·각(角)의 목책(木柵)을 건립하였다. 그리고 교우들로 하여금 시화(時貨) 대양(大洋) 150원을 갹출토록 하고, 밀산현 대흥동(大興洞)에 있는 제전(祭田)을 구입해 향사비(享祀費)에 충당케 하였다.

9월 25일 대종교의 중진인 정신(鄭信)을 상해로 보내, 대종교 동지인 희산(希山) 김승학(金承學)이 운영하는 삼일인서관(三一印書館)에서 『신단민사』를 간행하였다. 이 책은 만주 지역 한인중학생들의 국사교재로 사용되었을 뿐 아니라, 독립군 양성의 교범으로도 활용되어 역사의식 고양에 많은 영향을 끼쳤다. 한편 이 시기를 전후하여 『배달족강역형세도비고(倍達族彊域形勢圖[備考])』·『진단사승(震旦史乘)』 등의 책도 저술한 듯하나, 현재 전하지 않는다.

음 11월 18일 일제의 경신년 만행이 시작되어 그 잔학함이 남북만의 방방곡곡에서 살인과 방화, 약탈의 참변이 다년간 이어졌다. 특히 대종교도들에 대한 탄압이 극심하여 교우들 태반이 피해를 당해 흩어지고 교당은 폐허되지 않은 곳이 없었다. 뿐만 아니라 백포 서일의 죽음과 예관 신규식의 죽음, 그리고 주변에서 힘을 보탰던 대종교 중진 호정(湖亭) 한기욱(韓基昱) 일가가 토비들에게 참화를 당한 사건이 겹치면서 몸져누웠다. 이 해 음 11월 18일에 상교 윤세복(尹世復)에게 유서로써 경각부인(經閣符印, 대종교 교주를 상징하는 직인)을 위임하고, 영안현 남관(南關) 대종교총본사 수도실에서 서거하였다.

1923년 음 1월 김교헌의 유명(遺命)에 의해 대종교 3세 교주에 오른 윤세복은, 영안현의 동남 방향에 있는 황기둔(黃旗屯)에서 김교헌의 화장식을 봉행하였다. 이어 대종교를 중광한 홍암 나철이 봉장(奉藏)된 화룡현 청파호(靑坡湖) 언덕에 영해(靈骸)를 모셨다. 이는 김교헌의 유계(遺誡)를 따른 것이다. 이후 밀산현(密山縣) 당벽진(當壁鎭)에 안장되어 있던 백포 서일의 유해도 이곳으로 옮겨와 함께 봉장하니, 대종교의 삼종사묘역(三宗師墓域)이 바로 이곳이다.

음 3월 이 해 음 3월, 대종교에서는 김교헌의 종교적 덕을 드높여 종사(宗師)의 교종(敎宗)을 바치는 동시에, 철형(哲兄)의 교호(敎號)를 추승(追陞)하였다.

찾아보기